科学出版社“十三五”普通高等教育本科规划教材

高等医学院校
中医药类系列教材

中医基础理论

（第二版）

吕志平　董尚朴　主编

科学出版社
北　京

内 容 简 介

本教材除绪论外，可概括为中医学的哲学基础，中医学对人体生理的认识，中医学对病因、病机及防治的认识，中医学对养生与康复的认识四部分。第一章为中医学的哲学基础，包括精气学说、阴阳学说、五行学说，是学习中医学必须掌握的理论知识和说理工具。第二至四章为中医学对人体生理的认识，包括藏象、精气血津液、经络，是中医学的理论核心。第五章为体质。第六、七章为中医学对病因、病机的认识，阐述了中医病因的分类、致病特点，以及疾病发生、发展与变化的机制。第八章为防治原则，包括预防、治则。第九章为养生与康复，主要介绍了中医养生与康复的基本原则和主要方法。本教材针对第一版教材使用过程中的问题进行了修订与完善，并对所有中医专业名词术语进一步进行了规范。

本教材适用于全国高等医学院校中医学、针灸推拿学、中西医临床医学等专业的本科生使用，也可作为临床医师、执业医师考试及研究生入学考试的参考书。

图书在版编目(CIP)数据

中医基础理论/吕志平，董尚朴主编.—2版.—北京：科学出版社，2017.6

科学出版社“十三五”普通高等教育本科规划教材

高等医学院校中医药类系列教材

ISBN 978-7-03-052810-0

Ⅰ.①中… Ⅱ.①吕… ②董… Ⅲ.①中医医学基础-医学院校-教材 Ⅳ.①R22

中国版本图书馆CIP数据核字(2017)第107833号

丛书策划：潘志坚 方 霞 / 责任编辑：闵 捷

责任印制：谭宏宇 / 封面设计：殷 靓

科学出版社 出版

北京东黄城根北街16号

邮政编码：100717

http://www.sciencep.com

南京展望文化发展有限公司排版

广东虎彩云印刷有限公司印刷

科学出版社发行 各地新华书店经销

*

2013年5月第 一 版 开本：889×1194 1/16

2017年6月第 二 版 印张：12 1/4

2023年9月第十三次印刷 字数：338 000

定价：49.00元

（如有印装质量问题，我社负责调换）

高等医学院校中医药类系列教材

第二届专家指导委员会

高等医学院校中医药类系列教材

《中医基础理论》(第二版)编委会

主　　编　吕志平　董尚朴

副 主 编　麻晓慧　贺晓慧

编　　委(按姓氏笔画排序)

王　莹(河北北方学院)

王　琦(内蒙古医科大学)

吕志平(南方医科大学)

闫　颖(西南医科大学)

李　亮(山西大同大学)

张国华(南方医科大学)

张明泉(河北中医学院)

郑新梅(扬州大学)

贺晓慧(宁夏医科大学)

贾永森(华北理工大学)

高占华(承德医学院)

黄学宽(重庆医科大学)

麻晓慧(承德医学院)

董尚朴(河北中医学院)

秘　　书　张国华(兼)

总　序

教材建设是本科教学改革的重要组成部分，是提高高等学院教学质量、培养优秀人才的关键。坚持育人为本，编写符合教育规律和人才成长规律的具有科学性、先进性、适用性的优秀教材，以适应不同类型高等学校和不同教学对象需要，是中医药事业发展的基础性工程。中医药事业的蓬勃发展，对中医药人才培养质量、知识结构、专业能力、综合素质提出了新的、更高的要求，改进和完善中医药类本科教材的重要性和必要性日益突出。教育部在《高等学校"十三五"科学和技术发展规划》中明确指出：把完善"教材体系和专业课程教材内容定期更新机制"纳入人才培养课程体系。因此，为了进一步做好新时期教材建设工作，进一步提高高等医学院校中医类本科教材的质量，完善教材内容，更好地把握高等医学院校和综合性大学中医类专业本科教学改革和课程体系建设，打造中医药类精品系列教材，科学出版社和高等医学院校中医类教材专家指导委员会共同启动了"高等医学院校中医药类系列教材"的修订工作。

本次修订积极响应教育部推动学科领域科学家和领军人才进入专业基础课程和核心课程教材编写的精神，我们仍采用"跨校、跨区域合作，出版社协助"的模式，组织全国三十余所高等医学院校中医药类专业的教学名师、优秀学科带头人、教学一线的教授、专家共同参与本次教材的修订。本次修订注重加强顶层设计和组织管理，汇集权威专家智慧，突出精品意识，以"明确培养方向，优化编写体例，打造学生'乐学'"教材为原则，以教育部新版的教学大纲和国家中医执业医师、执业中药师资格考试要求为依据，充分吸收现有各版本中医药类教材的特色与合理之处并有所创新，努力打造遵循中医药教育规律、满足高等医学院校中医药类专业的培养目标需求、具有时代精神的高品质教材。

本次修订从教材规划到编写和编辑的各个环节，精心组织，层层把关，步步强化，意在提高教材的内在质量。在教材内容修订上，注重突出中医思维方式，彰显现代中医药教育理念，努力处理好继承与创新、理论与实践、基础与临床的关系。首先对教材中涉及的所有中医专业名词术语进一步进行了梳理，力争概念准确规范。进一步完善了学科知识、理论体系，促进最新科研成果进教材进课堂，并丰富教学方法和教学技术，注重实践技能培养，切合教学实际和临床实际所需，体现"创新性"和"实用性"；在教材版式设计上，力求编排新颖，版式紧凑，形式多样，主体层次清晰，类目与章节安排合理、有序，体现"清晰性""易读性"及"实用性"。

本系列教材在修订过程中，得到了全国各高等医学院校的大力支持，在此致以衷心的感谢！让我们为精心打造中医药类本科精品教材共同努力！

第二届高等医学院校中医药类教材专家指导委员会

2017 年 5 月

第二版前言

中医基础理论是研究和阐释中医学基本概念、基本知识、基本原理和基本思维方法的理论体系。中医基础理论课程是中医学及其相关学科的专业基础课和入门课，是进一步学习中医诊断学、中药学、方剂学、中医经典和临床各学科的理论基础课。因此本教材适用于全国高等医学院校中医学、针灸推拿学、中西医临床医学等专业的本科生使用，也可作为临床医师、执业医师考试及研究生入学考试的参考书。

本教材是根据教育部相关的精神，由科学出版社和高等院校中医药类系列教材第二届专家指导委员会共同组织全国多所高等医学院校编写的。本着提高教材建设和教材质量水平的宗旨，本教材针对第一版使用过程中的问题进行了修订与完善。

本次教材的修订，首先以《中华人民共和国国家标准：中医基础理论术语（GB\T20348－2006）》为标准，对教材中涉及的所有中医专业名词术语进一步进行了规范。编写仍紧扣教学大纲的要求，遵循中医学形成与发展规律，注重中医基础理论的继承、发展与创新，注重中医思维方法的导入，注重理论与临床实际结合，强调思想性、科学性、先进性、启发性和适用性，突出"三基"内容，力求简明扼要、概念规范、层次清晰、通俗易懂、知识点明确，并给课堂讲授留有余地，同时兼顾执业医师考试，便于学生学习与使用。

在编写过程中，本教材参考了以往各版《中医基础理论》教材的成熟理论和先进之处，吸取了近年来中医基础理论研究和教材建设的最新成果，在此一并向致力于《中医基础理论》教材建设的专家、学者表示敬意与感谢。

本教材绪论由吕志平、张国华编写；第一章中医学的哲学基础由董尚朴、张明泉编写；第二章藏象由黄学宽、贾永森编写；第三章精气血津液由高占华、闫颖编写；第四章经络由郑新梅编写；第五章体质由麻晓慧、王琦编写；第六章病因由贺晓慧编写；第七章病机由王莹编写；第八章防治原则由黄学宽编写；第九章养生与康复由麻晓慧、李亮编写。全书由主编吕志平、董尚朴统稿并修改。

本教材在编写过程中，本着严谨求实、保证质量的原则，全体编委会人员精心编撰，反复推敲，最后方定稿出版，但仍可能存在不妥之处，衷心希望各位专家学者及使用本教材的同道提出宝贵意见，以便再版时修订完善。

主　编

2017 年 4 月

目 录

绪论

导学

本章主要介绍中医学的概念、学科属性、中医学理论体系的基本内涵，中医学理论体系的形成与发展，中医学理论体系的基本特点，中医基础理论的主要内容与学习方法。

通过学习，掌握中医学的概念、学科属性，中医学理论体系的基本内涵；熟悉中医学理论体系的形成与发展；了解中医基础理论的主要内容与学习方法。

中医学是中国人民长期同疾病作斗争的极为丰富的经验结晶，是中国优秀传统文化的重要组成部分。中医学是在中国古代唯物论和辩证法思想的影响和指导下，通过长期的医疗实践，不断积累和总结，而逐步形成的独具特色的医学理论体系。中医学以整体观念为主导思想，以脏腑、气血津液、经络的生理和病理为基础，以辨证论治为诊疗特点。中医学历史地凝结了中华民族在特定发展阶段的观念形态，蕴含着中华传统文化的丰富内涵。它宝贵的理、法、方、药理论知识和临床经验，为中华民族的繁衍昌盛和卫生保健事业作出了巨大的贡献，是中国和世界科学史上一颗璀璨的明珠。

中医基础理论是关于中医学的基本理论、基本知识和基本思维方法的学科，旨在研究阐述中医学的基本观念、基本概念、基本原理和基本原则，是中医认识人体结构、生理功能、病理现象和进行诊断、防治疾病的基本理论。它在整个中医学科中占有极其重要的地位，是中医学各分支学科的理论基础。

一、中医学与中医学理论体系

（一）中医学

中医学是研究人体生理、病理、疾病的诊断与防治，以及摄生康复的一门传统医学科学，是世界医学科学的一个重要组成部分。中医学属于自然科学范畴，是一门以自然科学知识为主体、与人文社会科学等多学科知识交融的医学科学。中医学具有鲜明的民族文化特征，是独具特色的理论体系。

（二）中医学理论体系

中医学理论体系是由中医学的基本概念、基本原理，以及按照中医学逻辑演绎程序，从基本原理推导出来的科学结论组成的，即由概念、原理、规律所构成的医学理论体系。中医学理论体系集理、法、方、药理论知识为一体，以临床实践为基础，既关注人的自然属性，又重视人的社会属性，融合了自然、社会、生物、心理等多学科的知识和理论。中医学理论体系不过分注重实体，而注重从整体、联系、运动等观念出发，从宏观的角度，运用综合分析的方法，对人体生命活动及病理变化进行观察，研究和探讨人体在整体层次上的生理、病理反应状态和变化规律，及其对生命活动、病理变化的调控机制。由此形成了以整体观念为指导思想，以精气、阴阳、五行学说等唯物论、辩证法思想为论理方法，以脏腑、经络、精气血津液的生理和病理为理论基础，以辨证论治为诊疗特点的独特的医学理论体系。

中医学理论体系的基本内容包括：精气、阴阳、五行学说等哲学基础；藏象、气血津液、体质、经

笔记栏

络等理论;病因病机制论;预防、治疗、养生、康复理论等。

中医学学科体系的基本结构,从基础与应用而言,可分为基础学科和应用学科两大类;从对疾病的认识、治疗和预防的医疗行为过程来区分,可分为基础医学学科、临床医学学科和养生康复医学学科三大类。基础医学学科包括内经、中医基础理论、中医诊断学、中药学、方剂学等;临床医学学科是中医应用学科的主体,包括伤寒论、金匮要略、温病学、中医内科学、中医外科学、中医妇科学、中医儿科学、中医骨伤科学、中医五官科学、针灸推拿学等;养生康复医学学科包括中医养生学、中医康复学。

二、中医学理论体系的形成与发展

(一) 中医学理论体系的形成

1. 中医学理论体系形成的基础 中医学理论体系的形成,经历了一个漫长的历史时期。由早期零散的、自我意识的、局部的、流传于民间的医学实践经验,上升为具有指导性意义的医学理论知识,成为系统的医学知识体系,需要一定的基础和条件。

中医学发源于先秦,其理论体系形成于战国到秦汉时期。中医学理论体系是在中国古代哲学思想的影响和指导下,在中华民族传统文化的基础上,通过长期的医疗经验积累和理论总结而形成的。

(1) 古代哲学思想的影响:中医学属于自然科学范畴。任何一门自然科学的形成和发展都必然受着哲学思想的支配和制约,特别是古代社会,哲学与自然科学尚未彻底分开之时,显得尤为密切。先秦时期出现的精气、阴阳、五行学说,作为思维方法渗透到中医学当中,对中医学理论体系的形成产生了深刻的影响。中医学以精气、阴阳、五行学说等唯物论和辩证法思想构建其理论体系。精气学说和阴阳、五行学说不仅为中医学提供了唯物辩证的自然观和生命观,而且确立了中医学整体的研究方法,使中医学以联系的、发展的、全面的观点去认识自然、认识生命,借以阐明生命本质及人与自然、健康与疾病的关系等。中医学运用哲学的概念和范畴,观察事物,借以阐明中医学中的一系列问题,并贯穿于中医学理论体系的各个方面,使之成为中医学理论体系的重要组成部分。这些哲学概念和范畴通过中医学的诊疗实践,得到了探索、验证和深化,从而又丰富和发展了中国古代哲学理论。中医学虽然来自长期的经验积累,但并没有像其他经验科学被科学实验方法所淘汰,其根本原因在于中医学理论充满了唯物论和辩证法思想。

(2) 社会自然科学的渗透:春秋战国到秦汉时期,随着生产关系的改变和生产工具的改进,生产力得到了快速的提高,促进了社会自然科学的飞速发展,诸如儒家、道家、墨家、法家、名家、阴阳家、农家、兵家、纵横家等各种文化学术流派涌现,学术上呈现出"诸子百家,百家争鸣"的繁荣景象。通过诸子百家的学术争鸣、交流与交融,使诸如哲学、数学、化学、农学、天文学、历法学、气象学、地理学、声学、物候学、生理学、解剖学、心理学、矿物学及冶炼、酿造技术等各个学科有了诸多的创新,从而奠定了中华民族文化的深厚基础,也为中医学理论体系的形成奠定了坚实的文化、科学、社会历史基础。如当时的冶炼技术为针灸和外科的发展提供了治疗用的针具和手术刀具;又如医和提出的"六气致病说"反映了当时医学汲取了农学和物候学的知识,认识到自然气候的异常变化对人体健康的影响;再如在认识脉搏的正常变化规律时,《黄帝内经》提出:"冬至四十五日,阳气微上,阴气微下;夏至四十五日,阴气微上,阳气微下。阴阳有时,与脉为期……"这里的冬至、夏至就是天文历法知识的内容。由此可见,在这一时期,中医学广泛地吸收、移植、渗透和交融了当时自然科学和社会科学的各种学说、各个学派的先进成就和多学科的知识,为中医学理论体系的形成奠定了文化技术基础。

笔记栏

(3) 长期医疗经验的积累:从原始社会到战国时期,中国古代医药学家积累了丰富的医药学知识。在哲学思想的影响下及社会自然科学的促进下,在长期的生产劳动和医疗实践中,零散的、自我意识的、局部的、流传于民间的医药学知识,经过加工、整理而形成概念、判断,并得以总结、升华和提高,逐步构建起中医学理论的雏形,为中医药学的发展及其理论体系的建立奠定了基础。

殷商时期,药物已相当丰富,不但发明了酒及汤液,而且在医疗实践中应用了治病的“毒药”。根据甲骨文的考证表明,当时已有了一些病名的记载,如“疥”“蛊”“齲”等,以及以症状或部位命名的“耳鸣”“下利”“不眠”“疾目”“疾首”“疾耳”“疾鼻”等。

西周时期,人们对疾病的认识更加深刻,并能为疾病确立专门的病名。《山海经》记载了38种病,其中有固定病名者23种,并记载了动物药、植物药及矿物药共124种。另外,据《周礼·天官》记载,周代,我国已有了初步的医学分科。春秋时期,治疗技术有了很大的发展,如《左传》记载,秦国名医医缓曾说:“攻之不可,达之不及,药不至焉”,说明当时攻(灸疗)、达(针刺)、药(药物治疗)已是医生常用的治疗方法。专业医生的出现,为医学理论的初步形成创造了极为有利的条件。如《左传》记载秦国名医医和给晋侯诊病时提出“六气病源说”,用以解释疾病发生的原因,已勾画出中医病因病机制论的雏形。

战国时期,由于以扁鹊为代表的大批医家的出现,医学知识快速地积累。对疾病已有了一定的诊断方法,《史记·扁鹊仓公列传》记载扁鹊诊病已能“切脉、望色、听声、写形,言病之所在”,说明“四诊”方法这时已基本形成。治病方法也有很大进步,除发展了药物、针砭、艾灸、导引等丰富多彩的治病方法外,还产生了利用情绪变化治病的精神疗法,《吕氏春秋》就记载了文挚用激怒的方法治愈了齐闵王的忧思病。1973年,长沙马王堆汉墓出土的医学著作《五十二病方》,记载了103个病名,涉及内、外、妇、儿、五官等科,并记载了药名247个,药方283个,说明战国时期的医药水平已有很大提高。尤其可贵的是,该书记载了同一疽病,因证不同,治疗有别,体现了早期的辨证论治思想。

医学知识的大量积累,客观上需要整理、总结,使之系统化、理论化,加之社会的发展为此提供了有利的条件,古代的哲学思想提供了论理方法,因而在众多医学家的共同努力下,中医学理论体系逐步确立。

2. 中医学理论体系的确立 中医学理论体系的形成不晚于战国至秦汉时期。《黄帝内经》《难经》《伤寒杂病论》《神农本草经》等医学典籍的出现,标志着中医学发展的飞跃,即由原先零散的医学知识和医疗经验,上升为系统理论,并建立起独特的医学理论框架,形成了理、法、方、药为一体的中医学独特理论体系。这四部医学巨著的问世,标志着中医学理论体系的基本确立,为后世中医学的发展奠定了坚实的基础。

《黄帝内经》是中医学基础理论体系形成的标志,托名黄帝所作,是战国至秦汉时期众多医家集体智慧的结晶。《黄帝内经》包括《素问》和《灵枢》两部分,共18卷,162篇,是先秦至西汉医学经验和理论的总结。《黄帝内经》以人体生命科学为中心,把自然科学与哲学有机地结合,并融合了众多学科的知识,内容十分丰富。该书全面论述了中医学的思维方法,人与自然的关系,人体的解剖形态、藏象经络、生理病理及疾病的诊断、防治等,不但为中医学理论体系的确立奠定了基础,同时也是中医学在理论与实践方面持续发展的基础和理论源泉。历代医家以《黄帝内经》为理论基础,密切结合临床实践,不断创新,使中医学理论得到不断地提升、丰富和发展。《黄帝内经》理论至今仍有效地指导着中医临床。

《难经》成书于汉以前,又名《黄帝八十一难经》,相传系扁鹊所作,是一部可与《黄帝内经》相媲美的古典医籍。该书内容简要,辨析精微,论述了人体生理病理及疾病诊断治疗的诸多内容。《难经》所述内容涉及生理、病理、诊断、病证、治疗等各个方面,尤其对脉学有较详悉而精当的论述和创见,并开创了“独取寸口”的诊脉方法,对经络学说以及藏象学说中命门、三焦的论述,则在《黄帝内经》的基础上有所阐扬和发展,与《黄帝内经》同为后世指导临床实践的重要理论性著作。

《伤寒杂病论》是我国第一部临床医学专著,东汉末年张机(字仲景)所著,该书开创了中医学辨证论治的先河,后经晋代王叔和整理,分为《伤寒论》与《金匮要略》两部分,《伤寒论》以六经辨伤寒,《金匮要略》以脏腑论杂病。该书载方269首,君臣佐使配伍严谨,疗效确凿,故被奉为“经方”。该书提出了“观其脉证,知犯何逆,随证治之”的辨证论治原则,使中医学的基础理论与临床实践紧密结合起来,为临床医学的发展奠定了坚实的基础。由于张仲景对中医学的卓越贡献,被后世尊称为“医圣”。

笔记栏

《神农本草经》,简称《本经》或《本草经》,是我国现存最早的药物学专著。书中载药365种,并根据药物毒性的大小分为上、中、下三品:上品药无毒,主益气;中品药或有毒或无毒,主治病、补虚;下品药有毒,主除病邪、破积聚。该书不但记载了每种药物的性能、主治,为临床用药提供了方便,而更重要的是提出了"四气五味"的药性理论,明确了"治寒以热药,治热以寒药"的用药原则,使药理学与病理学密切结合,使中医学理论体系更加充实。同时,该书提出单行、相须、相使、相畏、相恶、相反、相杀等"七情和合"的药物配伍理论,为组方提供了重要的理论依据。

这四部典籍被历代医家奉为中医学的四大经典,成为整个中医学理论体系的奠基之作,对后世中医学的发展产生了深远的影响。

(二) 中医学理论体系的发展

中医学的历史,是学术不断发展、不断创新的历史。中医学理论体系的发展,是随着中国社会文化科学技术的发展,通过历代医家和人民群众在长期与疾病斗争的实践中,运用相应历史时期的先进文化科学技术,不断地完善、提高而发展的。因此,中医学理论体系的发展反映了相应历史时期的文化科学技术水平。

在中医学理论发展的过程中,上自晋、隋、唐、宋、金、元,下迄明、清、近现代的许多医家,在《黄帝内经》《难经》《伤寒杂病论》等经典著作的基础上,在各自的临床经验和理论研究中,均从不同角度丰富和发展了中医学理论体系。

1. 魏晋隋唐时期 魏晋隋唐时期是中医学进一步充实、系统化的时期。

晋代王叔和著《脉经》,是我国第一部脉学专著,共10卷。该书首次从基础理论到临床实践,对中医脉学进行了全面系统的论述,提倡"寸口诊法",描绘了浮、芤、洪、滑、数、促、弦、紧等24种病脉的脉象形态及其所主病证,推动了寸口脉诊法的普遍应用,丰富了脉学的基本知识和理论。

晋代皇甫谧著《针灸甲乙经》,是我国现存最早的理论联系实际的针灸学专著。全书共12卷,128篇。该书叙述了藏象、经络、腧穴、标本、九针、刺法、诊法、病证、治法等内容,是集魏晋以前针灸经络理论之大成,对后世针灸学的发展影响深远。

隋代巢元方著《诸病源候论》,是我国第一部病因、病机和证候学专著。该书以1 729论分述内、外、妇、儿、五官、皮肤等诸科病证的病因、病机和症状,尤重于病源的研究,如指出"疥疮"是由疥虫所致,"寸白虫(绦虫)病"是吃不熟的牛肉造成,"漆疮"的发生与体质有关,某些传染病是由自然界的"乖戾之气"引起,并有"转相染易"的特点等。

唐代孙思邈的《备急千金要方》《千金翼方》两书总结了唐以前的医学理论、方剂、诊法、治法、食养等,代表了盛唐的医学发展水平,堪称我国最早的临床医学百科全书。《备急千金要方·大医精诚》中提出的对医生在医德方面的要求和所要达到的境界,可谓开中国医学伦理学之先河。

2. 宋金元时期 宋金元时期是中医学不断创新、流派纷呈、建树颇多的时期。

南宋陈言,字无择,著的《三因极一病证方论》,提出了著名"三因学说"。全书共18卷。其中据张仲景"千般疢难,不越三条"的论点,进一步结合自己的临床实践与《黄帝内经》有关论述,将病因归纳为三大类:外感六淫为外因,七情内伤为内因,而饮食所伤、叫呼伤气、虫兽所伤、跌打损伤、中毒、金疮等为不内外因。该书以病因与病证相结合的方法,系统阐述了三因学说。陈言的病因三分法,是对宋代以前病因理论的总结,对后世病因学的发展,影响极为深远。

金元时期,民族大融合也促进了医学的交流和发展。许多医家在继承了前人已有成就的基础上,根据各自的实践经验,勇于创新,提出自己的独到见解,从而形成了各具特色的医学流派。其代表医家是刘完素、张从正、李杲、朱震亨等,他们对中医学理论的发展作出了重要贡献,后人尊称为"金元四大家"。刘完素(约1100年,卒年不详),字守真,创河间学派,后人尊称刘河间,以火热立论,力倡"六气皆从火化""五志过极皆能生火",用药多用寒凉。火热在表,治以辛凉甘寒;火热在里,则用承气诸方;表里俱热,用防风通圣、凉膈以两解之,所以被称为"寒凉派"。刘氏之火热理论,促进了温病学说的发展,对温病学说的形成有深刻的影响。代表作有《素问玄机原病式》《素问病机气宜保命集》等。张从正(约1156~1228年),字子和,师从刘完素,认为病由邪生,攻邪已病,主张"邪去

笔记栏

则正安”，用汗、吐、下三法以攻邪，所以被称为“攻下派”。代表作为《儒门事亲》。他不仅对疾病的机制进行了深入地探讨，而且扩大了汗、吐、下三法的应用范围，对中医治疗学的发展作出了重要贡献。李杲（约 1180～1251 年），字明之，号东垣老人，他提出了“内伤脾胃，百病由生”的内伤学说，治疗重在升补脾阳，被称为“补土派”。代表作为《脾胃论》《内外伤辨惑论》等。朱震亨（约 1281～1358 年），字彦修，号丹溪翁，后人尊称朱丹溪。他重视相火妄动耗伤真阴，提出“阳常有余，阴常不足”之论，治病以滋阴、降火为主，因此被称为“养阴派”。代表作为《格致余论》《丹溪心法》等。金元四大家各具特色，各有创见，均从不同角度丰富和发展了中医学，促进了中医学理论和临床实践的发展。

3. 明清时期　明清时期是中医学理论的综合汇通和深化发展阶段，既有许多新的发明和创见，又有对医学理论和经验的综合整理，编撰了大量的医学全书、丛书和类书。如《医学纲目》《证治准绳》《古今医统大全》《医宗金鉴》《医部全录》《景岳全书》等医药学著作。

这一时期对后世影响较为深远的理论：一是命门学说臻于完整，二是温病学说的形成。命门学说，为中医学的藏象理论增添了新的内容。以张介宾（字会卿，号景岳）、赵献可（字养葵）等医家的影响最为突出。他们对刘完素、朱震亨的学术观点持不同见解，反对以寒凉药物攻伐人体阳气，强调温补肾阳和滋养肾阴在养生康复与防治疾病中的重要性。张介宾提出了“阳非有余”“真阴不足”的见解，主张补养肾阳与肾阴。赵献可认为命门为人身之主，特著《医贯》一书强调“命门之火”在养生、防病中的重要意义。命门学说对中医学理论和临床各科的发展产生了较大影响，尤其对养生防病以及慢性疾病和老年病的康复治疗，至今仍有重要的指导意义。

温病学说的形成和发展，是中医学理论的创新与突破，在温病学说的形成与发展过程中，明代的吴有性以及清代的温病四大家作出了卓越的贡献。吴有性，字又可，创立了传染病病因学的“戾气学说”的新概念，提出了治疗传染病的较完整的学术见解，著成《温疫论》，为温病学说的形成奠定了基础。清代叶桂，字天士，著《温热论》，阐明了温热病发生发展的规律：“大凡看法，卫之后方言气，营之后方言血”，指出温病发病一般要经过“卫、气、营、血”四个由浅入深的阶段，创建了温热病的卫气营血辨证理论，对清代温病学说的发展起着承前启后的作用。清代吴瑭，字鞠通，著《温病条辨》，创立了温热病的三焦辨证理论，指出：“凡病温者，始于上焦，在手太阴”“上焦病不治则传中焦，胃与脾也”“中焦病不治，即传下焦，肝与肾也”，使温病学说得到进一步发展，逐渐走向系统与完善。清代薛雪，字生白，著《湿热病篇》，指出：“湿热之病，不独与伤寒不同，且与温病大异”。清代王士雄，字孟英，著《温热经纬》，此书“以轩岐仲景之文为经，叶薛诸家之辨为纬”。这些温病学家大胆地突破了“温病不越伤寒”的传统观念，创立了以卫气营血、三焦为核心的一套比较完整的温病辨证论治的理论和方法，从而使温病学在证因脉治方面形成了完整的理论体系。温病学说和伤寒学说相辅相成，成为中医治疗外感热病的两大学说，在治疗急性热病方面作出了卓越的贡献。

清代王清任，字勋臣，著《医林改错》，改正了古医籍中在人体解剖方面的某些错误，肯定了“灵机记性不在心在脑”，并发展了瘀血理论，创立了多首治疗瘀血病证的有效方剂，对中医学气血理论的发展作出了一定贡献。

方药学理论是与中医学理论相辅而行的，其肇始于《黄帝内经》，如五味入五脏、气味厚薄阴阳的不同作用、君臣佐使的配伍等。陶弘景又提出了相须、相使、相畏、相恶、相反、相杀之说。张元素则发展了药物归经和升降浮沉的理论。中医临床治疗，以此作为指导用药的依据。《普济方》《本草纲目》是明清有名的方药学著作。其中《本草纲目》总结了 16 世纪以前的药学成果，全书约有 190 万字，52 卷，载药 1 892 种，附方 11 000 多首，附图 1 000 多幅，按自然属性与生态条件分类，分为 16 纲，60 类。英国李约瑟说《本草纲目》是明代最伟大的科学成就。达尔文称其为“中国古代的百科全书”。此书被译成日、朝、拉丁、德、英、法、俄诸种文字，流行全世界。

4. 近代与现代　近代时期，随着西学东渐，中医学理论的发展呈现出新旧并存的两种趋势。一是继续走收集和整理前人的学术成果之路，如 20 世纪 30 年代曹炳章主编的《中国医学大成》，是一部集古今中医学大成的巨著；二是出现了中西医汇通的思潮，唐宗海、朱沛文、恽铁樵、张锡纯为中西汇通学派的代表，以张锡纯所著的《医学衷中参西录》为中西医汇通的代表作。

笔记栏

中华人民共和国成立后，中医学理论取得了长足的进步，在研究的广度和深度及方法上均超过了历史任何时期。当代中医学理论的研究，以系统整理、发扬提高为前提，运用传统方法和现代科学方法，多学科多途径地逐步揭示了中医学理论的奥秘，使中医学理论得到了不断深化和发展。中医学理论的发展主要呈现出三方面的趋势：一是中医学理论经过梳理与研究而更加系统、规范，如20世纪60年代编写的全国统编教材《内经讲义》、20世纪70年代的《中医学基础》、20世纪80年代的《中医基础理论》，运用现代汉语阐发《黄帝内经》等古典医籍的学术思想，构筑了中医基础理论的基本体系。二是运用现代医学及其他现代科学知识和方法，如现代实证科学、哲学、控制论、信息论、系统论等多学科方法研究中医学，大量的专著和科研成果相继出现。特别是实验方法，研究中医学的藏象、经络、气血、证候、诊法、治法等，使中医基础理论研究的方法从经学的、经验的、自然哲学的方法上升为现代科学技术方法，初步阐明了中医学理论某些概念、原理的科学内涵，如证本质、脏本质、经络实质等研究都取得了一定的成果。三是对中医学理论体系构建的思维方法进行研究，探讨中医学理论概念的发生之源与继续发展、创新之路。在中医学理论的研究方法上，除运用文献方法研究中医学理论的本原，进一步揭示其学术内涵外，利用多学科知识和方法研究中医学理论则是当代中医学理论研究的重要特点。中医基础理论蕴含着现代自然科学中某些前沿理论的始基，为哲学、天文学、气象学、数学、物理学、系统科学、生命科学等，提供了一些思维原点或理论模式。诸如《内经的哲学与中医学的方法》的问世，以及泛系理论与辨证论治、天文学与五运六气、太极阴阳理论、运气与气象、控制论与治法理论、气与场、气与量子力学等研究成果的发表，使中医学理论研究与当代前沿科学相沟通，具有强烈的时代特点和创新意识。

中医学理论研究已成为世界性的研究课题，各国学者多有建树。当代中医学理论研究成就瞩目，随着研究的不断深入，中医学理论研究必将取得重大突破，为生命科学的发展作出自己的贡献。

三、中医学理论体系的基本特点

中医学在对人体的生理功能、病理变化、疾病的诊断及治疗等方面的认识，有许多特点，如对病因认识的“六淫”“七情”，诊断上的“四诊”“辨证”，以及治疗上的“治未病”“治病求本”“三因制宜”等，把这些特征概括起来，主要体现在整体观念和辨证论治两个方面。

（一）整体观念

整体就是统一性和完整性，观念就是思想。整体观念是关于事物和现象的完整性、统一性和联系性的认识。中医学的整体观念，是指中医学关于人体自身的完整性及人与自然、社会环境统一性的思想。中医学非常重视人体自身的统一性、完整性及其与自然界的相互关系，认为人体是一个有机的整体，构成人体的各个组成部分之间在结构上不可分割，在功能上相互为用，在病理上则相互影响，而且认为人体与自然界也是密不可分的，人体的生理功能和病理变化，必然受到自然环境和社会条件的影响。

整体观念是中国古代唯物论和辨证思想在中医学中的体现，是同源异构及普遍联系思维方法的具体表达，要求人们在观察、分析、认识和处理有关生命、健康和疾病等问题时，要注重人体自身的完整性及人与自然社会环境的统一性和联系性。整体观念贯穿于中医学的生理、病理、诊法、辨证、养生和治疗等各个方面，是中医学基础理论和临床实践的指导思想。

1. 人体是一个有机整体　人体是一个内外联系、自我调节和自我适应的有机整体。人体各个组成部分之间，在结构上是不可分割的，在生理上是相互联系、相互为用而又相互制约的，在病理上也是相互影响的。

(1) 结构的整体性：人体由五脏(心、肝、脾、肺、肾)、六腑(胆、胃、小肠、大肠、膀胱、三焦)、形体(筋、脉、肉、皮、骨)、官窍(目、舌、口、鼻、耳、前阴、后阴)等构成。各个脏腑组织器官在结构上彼此联系，是一个有机整体，它们以五脏为中心，通过经络系统“内属于腑脏，外络于肢节”的联络作用，构成了心、肝、脾、肺、肾五个生理系统(见表0-1)，每个系统都是以脏为中心，联系相关的腑、体、窍构成，如心、小肠、脉、舌构成“心系统”，肝、胆、筋、目构成“肝系统”，如脾、胃、肉、口构成“脾系统”，

笔记栏

肺、大肠、皮、鼻构成“肺系统”,肾、膀胱、骨、耳及二阴构成“肾系统”。

表 0-1 人体生理系统简表

系 统	五脏	六腑	五体	官窍	经 脉
心系统	心	小肠	脉	舌	手少阴心经,手太阳小肠经
肝系统	肝	胆	筋	目	足厥阴肝经,足少阳胆经
脾系统	脾	胃	肉	口	足太阴脾经,足阳明胃经
肺系统	肺	大肠	皮	鼻	手太阴肺经,手阳明大肠经
肾系统	肾	膀胱	骨	耳及二阴	足少阴肾经,足太阳膀胱经

五个生理系统之间,又通过经络系统的沟通联络作用,构成一个在结构上完整统一的整体。每个生理系统中的任何一个局部,都是整体的一个组成部分,结构的完整为功能的统一奠定了基础。

(2) 功能的统一性:中医学在整体观念指导下,认为人体正常生命活动一方面要靠各脏腑发挥自己的功能,另一方面要靠脏腑间相辅相成的协同作用才能维持。每个脏腑各自协同的功能,又是整体活动下的分工合作,这是局部与整体的统一。这种整体作用只有在心的统一指挥下才能生机不息,如《素问·灵兰秘典论》:“主明则下安……主不明则十二官危”“凡此十二官者,不得相失也。”

功能活动的协调互用、密切联系,取决于形态结构和生命物质的统一性。精、气、血、津液是构成人体、维持人体各种生理功能的基本生命物质。精、气、血、津液分布、贮藏、运行于各个脏腑形体官窍中,是各脏腑形体官窍功能活动的基础,支撑了它们各自的功能,并使它们之间密切配合、相互协调,共同完成人体的各种生理功能,从而维持了五个生理系统之间的协调有序。同时,脏腑的功能活动又促进和维持了精、气、血、津液的生成、运行、输布,从而充实了形体,支持了脏腑形体官窍的功能。在完成整体功能方面,五脏之间是密切配合,协调统一的。这种以五脏为中心的结构与功能相统一的观点,称为“五脏一体观”。中医学还认为形与神也是一个统一的整体,两者既相互依存,又相互影响,中医学称之为“形神一体观”,是整体观念的具体体现之一。

(3) 病理上的整体观:人体是一个内外紧密联系的整体,中医学在认识和分析病理机制时,也是从整体出发的,将重点放在局部病变引起的整体病理变化上,并把局部病理变化与整体病理反应统一起来。人体某一局部的病理变化,往往与全身的脏腑、气血、阴阳的盛衰有关。因而内脏有病,可反映于相应的形体官窍,即《孟子·告子下》所谓:“有诸内,必形诸外”。在分析形体官窍疾病的病理机制时,应处理好局部与整体的辩证关系。局部病变大多是整体生理功能失调在局部的反映。如目的病变,既可能是肝之精气的生理功能失调的反映,也可能是五脏精气功能失常的表现。因而对目病之病理机制,不能单从目之局部去分析,而应从五脏的整体联系去认识。中医学既重视局部发生病变的脏腑、经络、形体、官窍,又不忽视病变之脏腑经络对其他脏腑经络的影响。如肝的疏泄功能失常时,不仅肝脏本身出现病变,而且常影响到脾的运化功能而出现脘腹胀满、不思饮食、腹痛腹泻等症,也可影响肺气的宣发肃降而见喘咳,还可影响心神而见烦躁不安或抑郁不乐,影响心血的运行而见胸部疼痛。因此,五脏之中,一脏有病,可影响他脏。在分析某一脏病的病机时,既要考虑到本脏病变对他脏的影响,也要注意到他脏病变对本脏的影响。由于人体又是形神统一的整体,因而形与神在病理上也是相互影响的。形体的病变,包括精、气、血、津液的病变,可引起神的失常;而精神情志的失常,也能损伤形体而出现精、气、血、津液的病变。

(4) 诊治上的整体观:人体的局部与整体是辩证统一的,各脏腑、经络、形体、官窍在生理与病理上是相互联系、相互影响的,因而在诊察疾病时,可通过观察分析形体、官窍、色脉等外在的病理表现,推测内在脏腑的病理变化,从而作出正确诊断,为治疗提供可靠依据。如《灵枢·本藏》说:“视其外应,以知其内藏,则知所病矣。”

笔记栏

如舌诊是一种由外察内的诊病方法,由于舌直接或间接地与五脏六腑相通,因而内在脏腑的功能状态可反映于舌。面部色泽是内在脏腑精气的外荣,故诊察面部色泽可知脏腑精气的盛衰以及病邪之所在。验舌与面部色诊、“四诊合参”以及“审察内外”等都是中医学整体诊病思想的具体体现。

人体是一个有机的整体，局部病变常是整体病理变化在局部的反映，故在治疗局部病变时，也必须从整体出发，采取适当的措施和治疗方法，进行综合调理，才能取得良好的疗效。如心开窍于舌，心与小肠相表里，口舌生疮多由心与小肠火盛所致，所以可用清心热、泻小肠火的方法治疗口舌糜烂。处方遣药时，酌加利水之品，以让火热随小便而出，心火与小肠火得泻，口舌生疮自愈。再如《素问・阴阳应象大论》“从阴引阳，从阳引阴，以右治左，以左治右”，《灵枢・终始》“病在上者下取之，病在下者高取之”等，都是在整体观念指导下确定的治疗原则。

人体是形神统一的整体，形病可引起神病，神病亦可致形病，故中医学强调形神共养以养生防病，形神共调以康复治疗疾病。

综上，中医学无论在分析人体的组织结构，说明人体的生理功能、病理变化，还是在疾病的诊断、治疗方面，都贯穿着整体观念的指导思想，强调人体是一个有机的整体。

2. 人与自然环境的统一性 人禀天地之气而生。中医学认为世界本原于气，是阴阳二气相互作用的结果。天地阴阳二气的对立统一运动为生命的产生提供了前提。故《素问・宝命全形论》曰：“人生于地，悬命于天，天地合气，命之曰人”“天覆地载，万物悉备，莫贵乎人。”人和天地万物一样，都是天地形气阴阳相感的产物，是物质自然界有规律地变化的结果。自然环境主要包括四季变化、昼夜晨昏、地区方域。自然环境是人类生存的必要条件，如《素问・六节藏象论》曰：“天食人以五气，地食人以五味”。自然界的运动变化又可以直接或间接地影响着人体，机体则相应地发生生理和病理上的变化，如寒暑的更替、地域的差异对人体的生理、病理产生的直接或间接的影响，故《灵枢・邪客》说：“人与天地相应者也。”人与自然环境的统一性具体体现在以下几个方面。

(1) 自然环境对人体生理的影响：自然环境包括自然气候和地理环境，古人以“天地”名之。天地阴阳二气处于不断的运动变化之中，故人体的生理活动与疾病必受四时气候、地域环境的深刻影响。

季节气候：气候是由自然界阴阳二气的运动变化而产生的阶段性天气征象。一年四时气候呈现出春温、夏热、秋燥、冬寒的节律性变化，因而人体也就相应地发生了适应性的变化，气血的运行，在不同季节气候的影响下也有相应的适应性改变。人体的脉象可随季节气候的变化而有相应的变化，如《濒湖脉学》：“春弦夏洪，秋毛冬石，四季和缓，是谓平脉”。《灵枢・五癃津液别》说：“天暑衣厚则腠理开，故汗出……天寒则腠理闭，气涩不行，水下留于膀胱，则为溺与气。”这表明人体的生理功能随季节气候的变化自有相应的适应性调节。

昼夜晨昏：不仅四季气候变化对人体生理活动有影响，一日之内的昼夜晨昏变化，对人体生理也有不同影响，而人体也要与之相适应。如人体的阳气，随着昼夜阳气的朝始生、午最盛、夕始弱、夜半衰的波动而出现规律性的波动。如《素问・生气通天论》说：“故阳气者，一日而主外，平旦人气生，日中而阳气隆，日西而阳气已虚，气门乃闭。”这种人体阳气白天趋于体表，夜间潜于内里的运动趋向，反映了人体随昼夜阴阳二气的盛衰变化而出现的适应性调节。

地区方域：地域环境是人类生存环境的要素之一，地理环境包括地质水土、地域性气候和人文地理、风俗习惯等。地理环境和生活习惯的差异，在一定程度上也影响着人体的生理活动和脏腑功能，进而影响体质的形成。如江南多湿热，人体腠理多稀疏；北方多燥寒，人体腠理多致密。人们长期生活在特定地理环境之中，逐渐形成了功能方面的适应性变化。一旦迁居异地，环境突然改变，个体生理功能难以迅即发生相应的适应性变化，常感到不适应，或生皮疹，或生腹泻，习惯上称为“水土不服”。这是由于地域环境的改变，机体暂时不能适应之故。但经过一段时间后，也就逐渐适应了。这说明地域环境对人体生理确有一定影响，而人体的脏腑也具有适应自然环境的能力。总之，地理环境不同，形成了生理上、体质上的不同特点，因而不同地区的发病情况也不尽一致。

笔记栏

(2) 自然环境对人体病理的影响：人类适应自然环境的能力是有一定限度的，如果气候剧变，超过了人体调节功能的一定限度，或者机体的调节功能失常，不能对自然变化作出适应性调节时，人体就会发生疾病。

季节气候对疾病的影响：在四时气候的异常变化中，每一季节都有其不同特点。因此，除一般性疾病外，有些季节性的多发病或时令性的流行病有着明显的季节倾向。如《素问·金匮真言论》说："春善病鼽衄，仲夏善病胸胁，长夏善病洞泄寒中，秋善病风疟，冬善病痹厥。"在疾病发展过程中，或某些慢性病恢复期中，也往往由于气候剧变或季节交替而使病情加重、恶化或旧病复作。如痹证、哮喘等，往往在气候剧变或季节更替时发作或加剧。

昼夜晨昏对疾病的影响：昼夜的变化，对疾病也有一定影响。一般而言，大多疾病白天病情较轻，傍晚加重，夜间最重，呈现出周期性的起伏变化。故《灵枢·顺气一日分为四时》曰："百病者，多以旦慧昼安，夕加夜甚"。中午之前，人身阳气随自然界阳气的渐生而渐旺，故病较轻；午后至夜晚，人身阳气又随自然界阳气的渐退而渐衰，故病较重。

地区方域对疾病的影响：地域环境的不同，对疾病也有一定的影响。某些地方性疾病的发生，与地域环境的差异密切相关。如《素问·异法方宜论》指出：东方傍海而居之人易得痈疡，南方阳热潮湿之地易生挛痹。地域环境不同，人们易得的疾病也不一样。隋代巢元方《诸病源候论·瘿候》指出瘿病的发生与"饮沙水"有关，已认识到此病与地域水质的密切关系。

(3) 自然环境与疾病防治的关系：由于自然环境的变化时刻影响着人的生理功能和病理变化，因而在疾病的防治过程中，必须重视外在自然环境与人体的关系，在养生防病中顺应自然规律，在治疗过程中遵循因时因地制宜的原则。《素问·阴阳应象大论》说："故治不法天之纪，不用地之理，则灾害至矣。"

气候变化影响着人体的生理、心理和病理变化，故在养生防病中，要顺应四时气候变化的规律，"法于四时""四气调神""春夏养阳，秋冬养阴"，以与自然环境保持协调统一，使精神内守，形体强壮。在气候变化剧烈或急骤时，要"虚邪贼风，避之有时"，防止病邪侵犯人体而发病。在治疗疾病时，要做到"必先岁气，无伐天和"，充分了解气候变化的规律，并根据不同季节的气候特点来考虑治疗用药，即所谓"因时制宜"。"因时制宜"的用药原则一般是春夏慎用温热，秋冬慎用寒凉。但对"能夏不能冬"的阳虚阴盛者，夏不避温热；对"能冬不能夏"的阴虚阳亢者，冬不避寒凉。夏用温热之药培其阳，则冬不发病；冬用凉润之品养其阴，则夏日病减。遵四时之变而预培人体之阴阳，可收到事半功倍之效。此即所谓"冬病夏治""夏病冬治"。另外，根据人体气血随自然界阴阳二气的盛衰而有相应的变化，并应时有规律地循行于经脉之中的推理，古人创立了"子午流注针法"，按日按时取穴针灸，可更有效地调理气血、协调阴阳以防治疾病。

根据地域环境对人体的生理病理的影响，在养生防病中，要选择适宜的地理环境，充分利用大自然所提供的各种条件，并积极主动地适应和改造自然环境，以提高健康水平，预防疾病的发生。我国的地理特点，是西北地势高而东南地势低，西北偏于寒凉干燥而东南偏于温热湿润。由于地有高低之异，气有温凉之别，故治疗时应"因地制宜"，西北少用寒凉之药而东南慎用辛热之品。

3. 人与社会环境的统一性 人既有自然属性，又有社会属性。中医学强调人与自然和谐统一的同时，也强调人与社会的和谐一致及相互联系。人生活在纷繁复杂的社会环境中，其生命活动必然受到社会环境的影响。政治、经济、文化、宗教、法律、婚姻、人际关系等社会因素，必然通过与人的信息交换影响着人体的各种生理、心理活动和病理变化。

(1) 社会环境对人体生理的影响：社会环境不同，造就了个人的身心功能与体质的差异。这是因为社会的变迁，会给人们的生活条件、生产方式、思想意识和精神状态带来相应的变化，从而影响人的身心功能的改变。一般说来，良好的社会环境，有力的社会支持，融洽的人际关系，可使人精神振奋，勇于进取，有利于身心健康；而不利的社会环境，可使人精神压抑，或紧张、恐惧，从而影响身心功能，危害身心健康。

社会角色、地位的不同，对人的身心功能有重要影响。在一定的历史条件下，官僚、贵族阶层多有虚骄之气，而地位低下者多为生计奔波而身心疲惫，分别从不同的角度影响人体脏腑的功能和气血的流通。由于政治、经济地位的不同，对个体体质可产生不同的影响。因此，个人所处的生存环境不同，政治经济地位不同，在身心功能和体质特点上也有一定差异。

笔记栏

(2) 社会环境对人体病理的影响：社会环境常有变更，人的社会地位、经济条件也随之而变。剧烈、骤然变化的社会环境，对人体脏腑经络的生理功能有较大的影响，一旦人体不能对社会环境的变化作出相应的调整，则人就会进入非健康状态，乃至发生病理变化而罹病。《素问·疏五过论》指出："尝贵后贱"可致"脱营"病，"尝富后贫"可致"失精"病，并解释说："故贵脱势，虽不中邪，精神内伤，身必败亡；始富后贫，虽不伤邪，皮焦筋屈，痿躄为挛。"这说明社会地位及经济状况的剧烈变化，常可导致人的精神情志的不稳定，从而影响人体脏腑精气的功能而致某些身心疾病的发生。不利的社会环境，如家庭纠纷、邻里不和、亲人亡故、同事之间或上下级之间的关系紧张等，可破坏人体原有的生理和心理的协调和稳定，不仅易引发某些身心疾病，而且常使某些原发疾病如冠心病、高血压、糖尿病、肿瘤的病情加重或恶化，甚至死亡。随着现代社会的发展，生活水平提高的同时，也出现了人口增长、资源减少、环境污染、人事日烦、失业待岗等困扰，致精神紧张、情绪压抑、安全感与稳定感的低下或缺失，社会因素在疾病的发生和发展变化中所起的作用越来越显著。如现代社会的"多科技综合征""紧张状态病""抑郁症""慢性疲劳综合征"等的发生都与社会因素有着密切关系。在中医学整体观念的指导下，运用中医学的理论和方法研究社会因素对生命、健康和疾病的影响，越来越具有现实意义。

(3) 社会环境与疾病防治的关系：由于社会环境的改变主要通过影响人体的精神情志而对人体的生命活动和病理变化产生影响，因而预防和治疗疾病时，必须充分考虑社会因素对人体身心功能的影响，尽量避免不利的社会因素对人的精神刺激，创造有利的社会环境，获得有力的社会支持，并通过精神调摄提高对社会环境的适应能力，以维持身心健康，预防疾病的发生，并促进疾病向好的方向转化。

总之，人既有自然属性，又有社会属性。天地人三位一体，人生活在天地之间、时空之内，人的生命活动必然受到自然环境和社会环境的影响。因此，置人于自然、社会环境的变化之中，以分析其功能状态，结合环境变化的各种因素进行诊断、治疗、预防、康复等一系列医学实践活动，是中医学的基本原则。

中医学的整体观念，确定了中医学"形-神-自然-社会"的基本医学模式，也从宏观上勾画出了"生物-心理-社会医学"的现代医学模式的原始胚芽。

(二) 辨证论治

辨证论治为辨证和论治的合称，是中医学的整体观念、恒动观念和辨证观念的具体体现，既是中医学认识疾病和治疗疾病的基本原则，又是诊断和防治疾病的基本方法，是中医学术特点的集中表现。

1. 症、证、病的概念　任何疾病的发生、发展，总是通过一定的症状、体征而表现出来的，人们也总是透过疾病的现象去揭示疾病的本质。疾病的临床表现以症状、体征为基本组成要素。

症，即症状和体征的总称，症状是疾病的个别表面现象，是患者主观感觉到的异常感觉或某些病态改变，如恶寒、发热、头痛、咳嗽、恶心、呕吐等。能被医生检查发现的客观表现则称为体征，如舌苔、脉象等。同一个症状，可由不同的致病因素引起，其病理机制不尽相同，因此"症"可见于不同的疾病和证候。孤立的症状或体征不能反映疾病或证候的本质，因而不能作为治疗的主要依据。

证，又称证候，是疾病过程中某一阶段或某一类型的病理本质的概括。证是中医学的特有概念，是中医学认识和治疗疾病的核心。证一般由一组有内在联系的、能揭示疾病某一阶段或某一类型病变本质的症状和体征构成。证候是病机的外在反映；病机是证候的内在本质。由于病机的内涵中包括了病变的部位、原因、性质及邪正盛衰变化，如"脾阳虚证"，其病位在脾，病性为寒，病势属虚。这样，病位之脾，病性之寒，病势之虚，有机地组合在一起，就构成了"脾阳虚证"。另如风寒感冒、肝阳上亢、心血亏虚、心脉痹阻等，都属证候的概念。证候能够揭示病变的机制和发展趋势，中医学将其作为确定治法、处方遣药的依据。

笔记栏

证候反映疾病的阶段性本质，反映了证候的时相性特征。如肺痈(肺脓肿)在不同的病变阶段有不同的临床表现，出现不同的证候，当采用相应的方法治疗。证候反映疾病不同类型的本质，表明了证候的空间性特征。如感冒病分为风寒、风热、风燥、暑湿等几种类型，它们都可出现在疾病的同一阶段，一般不表示病变发展的时相性。临床辨证过程中，应充分考虑证候的时相性和空间性特征。

由于它包括了病变的部位、原因、性质，以及邪正关系，反映出疾病发展过程中某一阶段的病理变化的本质，可见，证比症状更全面、更深刻、更正确地揭示了疾病的本质，所以症与证的概念不同。

病，又称疾病，是在致病邪气的作用下，机体邪正交争，导致阴阳失调、脏腑组织损伤或生理功能障碍，出现具有一定发展规律的完整演变过程，具体表现出若干特定的症状和各阶段的相应证候。疾病的过程，即是邪正斗争的过程。疾病一般都有一定的发病原因及病理演变规律，有较固定的临床症状和体征，有诊断要点和与相似疾病的鉴别点。疾病的这一概念反映了某一种疾病病理变化的全过程和发生、发展、变化的总体特征和规律。如麻疹、水痘、感冒、肺痈、肠痈、痢疾、消渴等，皆属疾病的概念。

症、证、病的关系：症、证、病三者既有联系又有区别，三者均统一在人体病理变化的基础之上；症状和体征是病和证的基本要素，疾病和证候都由症状和体征构成。症只是疾病的个别表面现象，证则反映了疾病某个阶段病理本质的变化，由内在联系的症状和体征组合在一起构成；病则反映了病理变化的全部过程，各阶段或类型的证候贯串并叠合起来，便是疾病的全过程。证的重点在现阶段，而病的重点是全过程。一种疾病由不同的证候组成，而同一证候又可见于不同的疾病过程中。

2. 辨证和论治的概念及其关系　所谓辨证，就是将四诊(望、闻、问、切)所收集的资料、症状和体征，通过分析、综合，辨清疾病的原因、性质、部位，以及邪正之间的关系，概括、判断为某种性质的证候。辨证的关键是“辨”，辨证的过程是对疾病的病理变化作出正确、全面判断的过程，即从感性认识上升为理性认识，分析并找出病变的主要矛盾。

论治，又称为“施治”，就是根据辨证的结果，确定相应的治疗原则和方法，也是研究和实施治疗的过程。合而言之，辨证论治是在中医学理论指导下，对四诊所获得的资料进行分析综合，概括判断出证候，并以证为据确立治疗原则和方法，付诸实施的过程。辨证是决定治疗的前提和依据，论治是治疗疾病的手段和方法。通过论治可以检验辨证的正确与否。辨证论治的过程，就是认识疾病和解决疾病的过程。辨证和论治，是诊治疾病过程中相互联系不可分割的两个方面，是理论和实践相结合的体现，是理、法、方、药在临床上的具体运用，是指导中医临床工作的基本原则。

3. 辨证论治的运用　辨证论治的过程，就是中医临床思维的过程。

(1) 常用的辨证方法：在临床实践中常用的辨证方法有八纲辨证、脏腑辨证、气血津液辨证、六经辨证、卫气营血辨证、三焦辨证、病因辨证等。这些辨证方法，虽有其各自的特点，在对不同疾病的诊断上各有侧重，但又是互相联系和互相补充的。

(2) 辨证论治的过程：在整体观念指导下，运用四诊对患者进行仔细的临床观察，将人体在病邪作用下反映出来的一系列症状和体征，根据“辨证求因”的原理进行推理，判断其发病的病因。再结合地理环境、时令、气候，患者的体质、性别、职业等情况具体分析，从而找出疾病的本质，得出辨证的结论，最后确定治疗法则，选方遣药进行治疗。这是中医临床辨证论治的基本过程。

(3) 病治异同：中医认为，同一疾病在不同的发展阶段，可以出现不同的证型；而不同的疾病在其发展过程中又可能出现同样的证型。因此在治疗疾病时就可以分别采取“同病异治”或“异病同治”的原则。

同病异治：“同病异治”即对同一疾病不同阶段出现的不同证型，采用不同的治法。例如，麻疹初期，疹未出透时，应当用发表透疹的治疗方法；麻疹中期通常肺热明显，治疗则须清解肺热；而至麻疹后期，多有余热未尽，伤及肺阴胃阴，此时治疗则应以养阴清热为主。感冒病可因其病因病机和患者体质的不同而出现风寒、风热、风燥、气虚等不同的证候，因而有辛温解表、辛凉解表、辛润解表、益气解表等相应的治法。

笔记栏

异病同治：“异病同治”是指不同的疾病在发展过程中出现性质相同的证型，因而可以采用同样的治疗方法。比如，心律失常与闭经是两种完全不同的疾病，但均可出现血瘀的证型，治疗都可采用活血化瘀的方法。再如胃下垂、肾下垂、子宫脱垂、脱肛等不同的病变,在其发展变化过程中,可能出现大致相同的“中气下陷”的病理机制,表现为大致相同的证候,故皆可用补益中气的方法来治疗。

(4) 辨证与辨病的关系:在辨证论治中,必须掌握病与证的关系,既要辨病,又要辨证,而辨证更重于辨病。证是疾病不同阶段、不同病理变化的反映。因此,在疾病发展过程中,可出现不同的证候,要根据不同证候进行治疗。如温病的卫分证、气分证、营分证、血分证,就是温病过程中四个不同阶段的病理反映,应分别治以解表、清气、清营、凉血等法。同病可以异证,异病又可以同证。如同为黄疸病,有的表现为湿热证,治当清热利湿;有的表现为寒湿证,又宜温化寒湿,这就是所谓同病异治。再如,不同的疾病,在其发展过程中,由于出现了性质相同的证,因而可采用同一方法治疗,这就是异病同治。如咳嗽、骨软、耳聋等,是不同的病证,但如果均表现为肾气虚证,则均可用补肾气的方法治疗。由此可见,中医治病主要的不是着眼于“病”的异同,而是着眼于“证”的区别。相同的证,用基本相同的治法;不同的证,用基本不同的治法。即所谓“证同治亦同,证异治亦异”。这正是辨证论治的实质所在。

中医临床认识和治疗疾病,既辨病又辨证,并通过辨证进一步认识疾病。例如,消渴是一种疾病,临床可见多饮、多食、多尿、消瘦等症状,但由于引发消渴的原因和机体反应性不同,又表现为肺热津伤、胃热炽盛、肾阴亏虚等不同的证型。只有辨清了消渴属于何种证型,才能正确选择不同的治疗原则和方法。可见辨证有别于见痛治痛、见热退热、见痰治痰的局部对症治疗,又与不分主次、不分阶段、一方一药治一病的单纯辨病治疗有着本质的区别。

四、中医基础理论的主要内容与学习方法

(一) 主要内容

中医基础理论是主要阐述人体的生理、病理、病因,以及疾病的诊断和防治等基本理论知识的一门科学,是中医学理论体系的核心部分,是学习中医各分支学科的基础。其内容主要包括中医学的哲学基础、中医学对人体生理的认识、中医学对疾病及防治的认识、中医学对养生康复的认识四部分,包括精气学说、阴阳五行学说、藏象、精气血津液、经络、体质、病因与发病、病机、防治原则、养生康复等内容。

(二) 学习方法

中医基础理论是中医学的一门主干课程,是学习中医药学各门学科的基础,学好中医基础理论对于一个刚走入中医殿堂的初学者来说,具有重要的意义。中医学有着显明的中国传统文化特征,具有独特的思维方法,因此在学习过程中,要切实掌握中医学的特点,讲究一定的学习方法。

第一,中医学是以自然科学为主体的多学科交融的科学,既属于自然科学体系,也有着浓郁的人文社科特征,中医学深深植根于中国传统文化的沃土中。学习中医基础理论,首先要坚持以辩证唯物主义和历史唯物主义为指导思想,其次要具备一定的中国传统文化知识基础。

第二,学习中医要掌握中医的思维方法、注重中医临床思维的培养。中学阶段的教学强调数理推论和直观形象教学,以还原思维为主,虽然这些对于学习中医也是可借鉴的;但中医主要从宏观的角度,用哲学的方法,从整体上对人体的生命和疾病进行研究,建立了自己独特的理论体系。中医有自己独特的理论框架和独特的思维方法,很显然用中学阶段的学习方法学习中医是远远不够的。要转变原有的思维方式,建立中医的理论思维和临床思维,掌握中医学特有的思维方法是学好中医学的必要条件。学习中医,首先,要从宏观的角度观察事物,注重整体上的研究,这是中医学的基本主导思想。中医学正是以整体观的全方位的研究方法,弥补了缺乏微观的研究手段之不足,形成了自己研究方法的特色。其次,要运用哲学的思维,强调功能联系,要运用运动和辩证的观点看待中医的问题。最后,中医学常用的认知与思维方法还有:司外揣内、整体恒动、取象比类、推演络绎、试探和反证、知常达变、天人相应等。这些思维特点和现代医学明显不同,思维方法不同,研究角度不同,因而对疾病的认识、预防和治疗方法都不同。

第三,要坚持理论联系实际。中医基础理论来源于中医医疗实践,又指导着中医医疗实践,因

笔记栏

此在学习过程中,必须坚持理论联系实际,参加临床见习及病案分析等教学活动,通过实践加深对理论的理解。

第四,正确处理中医学和西医学两个医学体系的关系。中西医是两个不同的医学理论体系,各有长短,在学习过程中,要正确认识中医学的学术特点与优势。既要联系现代医学科学知识,又不能生搬硬套;既要弄清两个医学理论体系的不可通约之处,又不能把它们对立起来,简单地不加分析地肯定一方或否定一方。

千里之行,始于足下,严谨治学,刻苦钻研,掌握好中医学的基本理论、基本知识和基本技能,为今后学好中医药学各门课程打下坚实的基础。

(吕志平　张国华)

笔记栏

第一章　中医学的哲学基础

导　学

本章主要介绍精气学说、阴阳学说、五行学说的基本概念、基本内容及其在中医学中的应用。

通过学习，掌握精气的概念，阴阳、五行的概念和特性，以及事物五行属性归类、阴阳学说、五行学说的基本内容；熟悉精气学说的基本内容；了解精气学说、阴阳学说、五行学说在中医学中的应用。

哲学，是研究自然界、社会和人类思维及其发展的最一般规律的学问，是理论化和系统化的世界观和方法论。科学探索离不开理论思维，离不开世界观和方法论的指导，故科学与哲学之间存在着相互依赖、相互影响的关系。医学是研究人类生命生理病理现象、规律和疾病治疗方法的科学，必然以先进的哲学思想作为世界观和方法论来构建自己的理论体系。

中医学是中国古代比较系统的自然科学体系。它不断吸收各个时代先进的哲学理论和观点，与医学实践经验和理论融合在一起，促进学术发展和进步。

中医学理论体系形成经历了从先秦到两汉的漫长时期。中医学的哲学基础，主要有精气学说、阴阳学说和五行学说。

在“诸子蜂起，百家争鸣”的春秋战国时代，中国古代哲学得到长足的发展，逐渐形成了精气学说、阴阳学说、五行学说。它们是中国古代关于世界本原和发展变化规律的宇宙观和方法论，具有唯物论和辩证法思想，代表了文化进步和科学发展，盛行于天文、地理、政治、兵法、农业、历法、医学等多个领域。其基本观点和方法与医学知识和经验相融合，用以阐释人体的形态结构、生命过程及疾病的原因、病机、诊断、防治等，构筑了独特的医学理论体系。同时，医学对人体形态、生命过程和现象的观察和认识，也丰富、完善、发展了古代哲学思想与方法。

精气学说、阴阳学说和五行学说，是中医学理论体系的重要内容和基础学说，也是中医学的重要思维方法和说理工具。

第一节　精 气 学 说

精气学说，是研究物质世界生成本原及其发展变化的中国古代哲学理论。该学说认为，精气是运动不息的精微物质，是物质世界的本原，构成宇宙万物。精气的运动与变化使宇宙自然界发生发展变化，成为一个万物一统、彼此相通的有机整体。人类作为宇宙万物之一，亦由精气所构成。

一、精气的概念

（一）气的概念

笔记栏

气，在古代哲学中，指宇宙之中的不断运动且无形的极细微物质，是包括人类形体在内的宇宙万物的共同构成本原，是客观存在。《庄子·知北游》说：“人之生，气之聚也。聚则为生，散则为死……故万物一也……通天下一气耳。”

气的本始意义是云气，如《说文》说：“气，云气也。”古人运用“观物取象”的思维方法，“近取诸身,远取诸物"(《周易·系辞下》),在日常对自然和人体现象的观察与体验中,对于天地间飘移的云,流动的风,人体和动物呼吸的气息,散发的热气等,产生诸多联想与推理,概括、提炼、抽象出了气的一般概念:气是无形而运行不息的极细微物质,是宇宙万物生成的本原。

古代最杰出哲学家老子称气为冲气:"万物负阴而抱阳,冲气以为和"(《道德经·四十二章》)。冲,原作沖,空虚的意思;冲气即空虚之气,形象表述了气是看不见摸不到的客观存在,所以"天下万物生于有,有生于无"(《道德经·四十章》)。老子认为气又分为阴气和阳气,构成宇宙万物。庄子继承和发展了老子的哲学,也以阴阳论气:"阴阳者,气之大者也"(《庄子·则阳》)。

(二)精气的概念

气,因为无形可见且变化神妙而又被称为"精"。《管子·内业》说:"精也者,气之精者也。"《管子·心术下》说:"一气能变曰精"。认为精即是精粹的、能够运动变化的"气",故《管子·内业》又说:"凡物之精,比则为生,下生五谷,上为列星,流于天地之间"。《淮南子·天文训》则更进一步说:"天地之袭精为阴阳,阴阳之专精为四时,四时之散精为万物"。

显然,精与气同义,是宇宙万物所生成的原始物质。故古代哲学家又常将精与气合称精气,成为中国古代哲学中的一个重要范畴。如《易传·系辞上》说:"精气为物"。《素问·五运行大论》说:"虚者,所以列应天之精气也。"

在精气概念的运用和演化中,精气有时专指"气"中的精粹部分,是特殊概念。如《淮南子》又把精(或气)分为精气与烦气两类,《淮南子·精神训》说:"烦气为虫,精气为人。"即人类禀受精气而生,动物类禀受烦气而成,故人与动物不仅形体有异,而且人的精神、情感、智慧也为动物所不及,试图用精气学说探讨物质世界多样性和复杂性的根本原因。东汉王充《论衡》认为精气是元气的最精微的部分,是构成人体及其道德精神的精微之气。

元气,是两汉时期出现的哲学范畴。元,原始、原本的意思。西汉董仲舒指出:"元者,为万物之本"(《春秋繁露·重政》)。元气,突出和强调了气是物质世界的本原,元气是由精气概念变化而来。这避免了"精气"普遍概念和特殊概念的混淆,也就是取代了"精气"的普遍概念并认可了"精气"特殊概念。至此,精气学说演变为"气一元论"。

二、精气是宇宙本原

精气学说认为,世界上的一切事物都是由精气所构成的,宇宙万物的生成皆为精气自身运动的结果。所以,精气乃是构成天地万物包括人类的共同的原始物质。《易传·系辞上》说:"精气为物,游魂为变。"认为天地万物和人体都是由精气所生成,是精气活动的表现。精气构物的神秘莫测,像游魂一样变幻不定。《淮南子·天文训》说:"宇宙生气,气有涯垠。清阳者薄靡而为天,重浊者凝滞而为地。"又说:"积阳之热气生火,火气之精者为日;积阴之寒气为水,水气之精者为月。"具体地推测了天地日月的形成。

精气的存在形式有两种,即"无形"和"有形"。所谓"无形",即精气处于弥散而运动的状态,不占有固定空间、不具备稳定形态、松散、弥漫、活跃、多变,充塞于无垠的宇宙之中,这是精气的基本存在形式。由于肉眼不可见,故称为"无形"。如宋代张载《正蒙·太和》说:"太虚无形,气之本体。"所谓"有形",即精气处于凝聚而稳定的状态,指无形之气以聚合的方式,形成各种占有相对固定空间,具备并保持相对稳定形质特点的物体。物体存在的同时,精气亦存在于其中。以这种形式存在的精气,凝聚于一体,结构紧凑,相对稳定,不甚活跃,一般都可以用肉眼观察到或推测出其具体性状,凡此种种物质,都属"有形"之列。因此,"聚合"亦是气的一种存在形式,故《素问·六节藏象论》说:"气合而有形。"气的"无形"与"有形"处于不断的转化之中。

精气生万物的机制,古代哲学家常用天地之气的交感,阴阳二气的合和来阐释。在天之阳气下降,在地之阴气上升,二气交感相错于天地之间,氤氲合和而化生万物。《荀子·礼论》说:"天地合而万物生,阴阳接而变化起。"《易传·咸彖》说:"天地感而万物化生。"《论衡·自然》亦说:"天地合气,万物自生。"

笔记栏

人类作为宇宙万物之一，亦由精气所构成。故《淮南子·精神训》说："精气为人"。《周易·系辞下》还从男女两性生殖之精相结合形成胚胎的现象，推理到雌雄两性之精相结合而生成万物，进而再引申为天地阴阳精气相合而万物化生，指出："男女构精，万物化生"。

三、精气运动与变化

精气活力很强，运行不息。精气的运动，使得由精气所构成的宇宙万物处于不停地运动变化之中。自然界的一切事物的纷繁变化，都是精气运动的反映和结果。宋代张载《横渠易说·系辞上》说："天惟运动一气，鼓万物而生。"

精气的运动，称为气机。精气运动的形式多种多样，但主要有升、降、出、入、聚、散。升与降、出与入、聚与散，虽是对立的，但保持着协调平衡关系。如天气下降，地气上升，天地阴阳二气氤氲交感，相错相荡，产生了宇宙万物，并推动着它们的发展变化。正如《素问·六微旨大论》说："气之升降，天地之更用也……升已而降，降者谓天；降已而升，升者谓地。天气下降，气流于地；地气上升，气腾于天。故高下相召，升降相因，而变作矣。"而万物的存在过程中，都时时刻刻和外界保持着能量交换，不间断地进行着精气的纳入与放出。万物的生成与消亡，也无一不是精气聚与散运动的结果。宋代张载说："太虚不能无气，气不能不聚为万物，万物不能不散而为太虚"(《正蒙·太和》)。

精气的运动具有普遍性。《素问·六微旨大论》指出："是以升降出入，无器不有。"正是由于气的升降出入聚散运动才使整个自然界充满了生机，精气的运动既促进了无数新物质的孕育、发生和分化，又导致无数旧物质的衰退、凋谢、转化、消亡。宇宙万物新陈代谢的动态平衡过程，都离不开精气的运动。故《素问·六微旨大论》说："出入废则神机化灭，升降息则气立孤危。故非出入，则无以生、长、壮、老、已；非升降，则无以生、长、化、收、藏。"

精气运动所产生的变化称为气化。具体而言，凡在精气自身的作用或参与下，各种物质在形态、性能及表现方式上所出现的各种变化，均为气化的结果。各种物质的生成、变化、强盛和衰退等都取决于气的运动和气化的正常与否。

气化的程度基本上分为"化"与"变"两种情形。《素问·六微旨大论》说："夫物之生从乎化，物之极由乎变，变化之相薄，成败之所由也。"

所谓"化"，是指由于精气的运动所导致的渐进、缓和及不明显的改变，类似于现代哲学所谓的"量变"。故王冰说："其微也，为物之化"(《〈素问·六微旨大论〉注》)。所谓"变"，则是指精气的运动所导致的较为激进、剧烈、骤然的显著变化，类似于现代哲学所谓的"质变"。亦如王冰所说："其甚也，为物之变"(《〈素问·六微旨大论〉注》)。

无论化还是变，皆取决于气的运动。一旦气的运动停止，则各种变化也就终止。气的运动是产生气化的前提和条件，而气化过程中又寓有气的各种形式的运动。气的运动及变化是永恒的、不间断的，它们是宇宙万物发生、发展与变化的内在机制。

四、精气产生物质间感应与联系

气分阴阳，以成天地。天地交感，以生万物。天地、万物既生，则它们彼此间就是相对独立的物质实体。但这些形形色色的物质之间并不是孤立的，而是相互联系、相互发生作用的。由于精气是生成天地万物的本原，而天地万物之间又充斥着无形之精气，因而，精气间的相互作用形成了天地万物之间的相互感应、相互联系。

感应和联系，是指物质之间的交感相应、相互影响和关联。物质之间的相互感应和联系是自然界普遍存在的现象，《吕氏春秋·应同》认为同类事物之间存在着"类同则召，气同则合，声比则应"的关系。《易传·彖传》说："二气感应以相与。"诸如乐器的共鸣共振、磁石的吸引、日月吸引海水而形成潮汐，以及日月、昼夜、季节气候等变化对人体生理、病理过程的影响，乃至于电波、磁场及波导等，都属于自然感应范畴。各种物质形态的相互影响、相互联系都是精气相互作用的结果。故《淮南子·泰族训》说："万物有以相连，精祲(高诱注：'气之侵入者也')有以相荡也。"

笔记栏

相互感应和普遍联系是宇宙万物的规律，精气的作用把整个自然界联络成一个有机整体。人为宇宙万物之一，处于天地气交之中，也是这个整体的一部分，与自然的变化息息相通。故《灵枢·岁露论》说："人与天地相参也，与日月相应也。"《素问·至真要大论》亦说："天地之大纪，人神之通应也。"并且人与社会、人体脏腑之间，以及生命物质与精神活动之间同样都存在着普遍的影响和联系，构成了统一联动的系统。

五、精气学说在中医学中的应用

精气学说渗透到中医学中，对中医学理论体系的形成，尤其对中医学精气生命理论和整体观念的构建，产生了深刻的影响。

（一）形成精气理论

中医学的精气理论是研究人体内精与气的内涵、来源、分布、功能、相互关系的系统理论。精气学说关于精或气是宇宙万物本原的认识，对中医学中精是人体生命之本原，气是人体生命之维系，人体诸脏腑形体官窍由精化生，人体的各种功能由气推动和调控等理论的产生，具有极为重要的影响。

中医学的精，又称精气，是指布散于脏腑器官中的液态精华物质，是人的形体和精神的化生之源，是构成人体和维持人体生命活动的最基本物质。人体的各脏腑形体官窍，是由精化生的"同源异构体"，它们之间存在着密切的联系；构成、推动和调控人体生命活动的气与神，也由精化生，精是气和神的化生本原。

精既包括父母遗传的生命物质，称先天之精；又包括后天获得的水谷之精，称后天之精。其主要蕴藏在肾，具有化气荣身养神和生殖繁衍的功能，而后者尤为重要。

中医学的精理论，来源于古人对人类生殖繁衍过程的观察与体验，是基于对生殖之精的认识，结合哲学的精气概念而形成。中医学精的概念与哲学中精的特殊概念相类似。《管子·水地》说："人，水也。男女精气合而水流形。"但生殖之精的本原，恐亦应是运行于宇宙中无形可见的精气。人类作为一个物种，禀受自然界之精气，并将其转化为自身固有的具有遗传特性并能繁衍生命的精，且在繁衍和生存、发展过程中不断地将其进化和优化。

中医学的气，是指人体内生命力很强、不断运动且无形可见的极细微物质，既是人体的重要组成部分，又是激发和调控人体生命活动，推动着人体新陈代谢的动力，又是感受和传递各种生命信息的载体，维系着人体的生命进程。气的运动停止，则意味着生命的终止。

中医学的气概念，源于古代哲学气或精气的概念。中医学认为"气本一气"，人身诸气皆一身之气的划分。即一身之气由精化生，并与吸进的自然界之清气相融合而成；人体内的各种气，包括宗气、营气、卫气和各脏腑经络之气，都是一身之气的分化。根据气运动趋势和所发挥的作用，可分为阴气与阳气：阴气主濡润、滋养、宁静、肃降；阳气主温煦、推动、兴奋、升发。各种气又可统称为人气、元气、真气、正气。

中医学的"人气"能激发和调控精、血、津液等有形之物之间及其与无形之气之间的相互转化，这是古代哲学中气化思想的体现。人体之气，既是人体气化过程的推动力和调控力，又是气化过程的中间产物。人气的运动规律也类同天地之气，在下之气升，在上之气降，即阴升阳降，协调共济，畅达有序。人体之气升降出入的协调运行，称为"气机调畅"。若人体之气的运行失常，出现气郁、气滞或气逆等，则可致精血津液脏腑等有形之物的运行代谢失常，或郁滞不行，或凝聚为癥积，而调理气机，是防治此类病证的主要方法。

人体内外各种生命信息，皆可通过人气来感应和传递，从而构建了人体内外、各脏腑经络组织器官之间的密切联系。体外的信息被感应和传递到内在的脏腑，内在脏腑的各种信息反映于体表，以及内在脏腑的各种信息的相互传递，皆通过人体之气这一载体来感应和传导。如"心气通于舌""肺与大肠相表里""气口成寸以决死生"等，都是中医诊断学和治疗学的理论依据。

总之，古代哲学的精与气，其内涵是同一的，是构成宇宙万物的本原。中医学所讲的人体内的精与

笔记栏

气相互有所区别。中医学精与气的概念和理论是古代哲学精气学说的具体应用,两者同中有异。

(二)构建整体观念

整体观念,是中医学对人体自身的完整性及人与自然、社会环境相统一的认识。它认为人体自身是一个有机整体;人生活在自然、社会环境中,必然受到自然与社会环境各种变化的影响,人类在适应自然与社会环境的过程中维持着机体的生命活动。

精气作为人体的基本物质,不仅构成了人体各种有形质的组织器官,而且精气还弥散于躯体之内各组织器官之间,并周流不息,无所不至。各组织器官在物质组成上的同一性和无形之精气贯通其间产生的作用,使得人体各个组成部分密切相关,相互感应和联系,功能活动协调平衡,成为一个有机的整体。表现在病理上,局部病变可以影响整体,整体病变亦可以反应于局部;本脏病变可以波及他脏,他脏病变也可以影响本脏。因此,通过外病内治、内病外治、上病治下、左病治右等手段,可以调节机体内外功能活动的失调,从而达到整体的阴平阳秘,协调平衡。

人与自然界同样有着精气物质上的同一性,同时人与自然界之间还时刻进行着各种各样的物质与信息的交换。例如,人体通过肺鼻和皮肤腠理,使体内外之气通过升、降、出、入进行着交换,并通过感官接受和传递着某些信息。故《素问·六节藏象论》说:"天食人以五气,地食人以五味。"而这些交换、接受和传递,都是体内外精气的作用。这种作用,使人体感受到天地日月的各种变化,并在生理活动和病理过程中做出相应的反应,与自然界形成息息相关的统一体。

第二节　阴阳学说

阴阳学说,是研究阴阳的性质及其相互关系、运动变化规律,并用以阐释宇宙间事物的发生、发展和变化的哲学理论。是中国古代的唯物论和辩证法思想。

阴阳学说认为:世界是物质性的整体,世界本身是阴阳二气对立统一的结果。阴阳二气的相互作用,促成了事物的发生并推动着事物的发展和变化。如《素问·阴阳应象大论》说:"阴阳者,天地之道也,万物之纲纪,变化之父母,生杀之本始,神明之府也。"

阴阳学说作为中医学独特的思维方法,广泛用来阐释人体的生命活动、疾病的发生原因和病理变化,并指导着疾病的诊断和防治,是中医学理论体系的重要组成部分。

一、阴阳的概念

阴阳,是中国古代哲学的一对范畴,是对自然界相互关联的某些事物或现象对立双方属性的概括。所谓"阴阳者,一分为二也"(《类经·阴阳类》)。阴和阳,既可以表示两个相互对立的事物,又可以表示同一事物内部所存在的相互对立的两个方面。

阴阳最初的含义是指日光的向背而言,朝向日光为阳,背向日光为阴,不具备哲学意义。《说文》说:"阴,暗也。水之南,山之北也。""阳,高明也。"《诗经·大雅》中有"既景乃冈,相其阴阳,观其流泉"等记载。随着观察面的扩展,阴阳的朴素含义逐渐得到引申。如向日光处温暖、明亮;背日光处寒冷、晦暗。于是就以光明、黑暗、温暖、寒冷划分阴阳。如此扩展开去,就把自然界相互关联的事物划分为阴与阳两个方面。这时的阴阳不再特指日光的向背,而变为一个概括自然界具有对立属性的事物的抽象概念。

西周末年,古代先哲开始应用阴阳来分析、阐释复杂事物变化的机制。《国语·周语》记载伯阳父用阴阳来解释周幽王二年(前780年)陕西发生的大地震,曰:"阳伏而不能出,阴迫而不能蒸,于是有地震。"把地震的发生归结为大地内部阴阳两种对立的物质势力运动的不协调。

笔记栏

春秋战国时期,哲学思想发展迅速,阴阳学说也逐渐形成。哲学家们不但认识到事物内部存在着阴阳两种对立的势力,而且认识到这两种势力是运动变化的、相互作用的。如《管子·乘马》说:"春秋冬夏,阴阳之推移也;时之短长,阴阳之利用也;日夜之易,阴阳之化也。"《国语·越语》说:"阳至而阴,阴至而阳,日困而还,月盈而匡。”说明四时与昼夜的更替,日有升落,月有圆缺,皆是阴阳双方运动变化、相互作用的结果。并且把阴阳概念、阴阳学说上升到哲学高度,指出“万物负阴而抱阳”(《道德经·四十二章》),“立天之道,曰阴与阳”(《周易·说卦》),“一阴一阳之谓道”(《周易·系辞上》),认为阴阳的相互作用推动着宇宙中一切事物的产生和变化,把阴阳的存在及其运动变化视为宇宙的基本规律。这标志着阴阳抽象的属性概念已经成熟地运用,阴阳学说作为认识世界的一种方法论已经形成。

这一时期,医学家开始将阴阳概念应用于医学理论之中。《左传·昭公元年》(前 417 年)记载秦名医医和在为晋侯诊病时说:“天有六气,降生五味,发为五色,徵为五声,淫生六疾。六气曰阴、阳、风、雨、晦、明也。分为四时,序为五节,过则为灾。阴淫寒疾,阳淫热疾,风淫末疾,雨淫腹疾,晦淫惑疾,明淫心疾。”自战国至秦汉之际成编的《黄帝内经》运用阴阳学说来阐释医学中的诸多问题以及人与自然界的关系,使阴阳学说与医学密切结合起来,成为中医学的重要思维方法。

二、阴阳的划分

一般说来,凡属温热的、上升的、明亮的、兴奋的、轻浮的、活动的、功能的、功能亢进的等方面的事物和现象,统属于阳的范畴;凡属于寒冷的、下降的、晦暗的、抑制的、沉重的、相对静止的、物质的、功能衰退的等方面的事物和现象,统属于阴的范畴。例如,从事物的位置来看,天为阳,地为阴。天在上故为阳,地在下故为阴。从事物的性质来看,水为阴,火为阳。水有形,性寒而下走故属阴,火无形,性热而炎上故属阳。从事物的运动变化来看,静为阴,动为阳。当事物处于沉静状态时便属阴,当事物处于活动状态时便属阳。阳能化气,阴能成形。故事物表现为气化状态时便属阳,当事物成为有形物体时便属阴。诸如此类(见表 1-1)。

表 1-1　阴阳属性归类表

属性	空间(方位)					时间	季节	温度	湿度	重量	性状	亮度	事物运动状态				
阳	上	外	左	南	天	昼	春夏	温热	干燥	轻	清	明亮	化气	上升	动	兴奋	亢进
阴	下	内	右	北	地	夜	秋冬	寒凉	湿润	重	浊	晦暗	成形	下降	静	抑制	衰退

阴和阳的概念引入医学领域,将人体中具有中空、外向、弥散、推动、温煦、兴奋、升举等特性的事物和现象统属于阳,而将具有实体、内守、凝聚、宁静、滋润、抑制、沉降等特性的事物和现象统属于阴。如脏为阴而腑为阳,精为阴而气为阳,营气为阴而卫气为阳等。

可以看出,阴阳既代表两种对立的物质属性,又表示两种对立的特定的运动趋向或状态。无论是天体日月的运行、昼夜四时的交替、气候寒热的变化,还是人体组织结构和功能状态等诸般事物,都是在相互对立和相互联系中发展变化的,而且大多可以按其一定的属性,分别归属于或阴或阳两类范畴。

三、阴阳的特性

用阴阳可以广泛地概括事物对立统一关系,但必须具备两方面的条件,即对立事物具有一定的关联性和对立双方阴阳属性的规定性。而阴阳属性对不同事物而言,又具有相对性。

(一) 关联性

所谓关联性,是指两个事物或同一事物统一体中的两部分,必须是相互关联的,而不是毫不相关的,才能进行阴阳属性的区分。如水与火,是性质相互对立的两种不同事物,水性寒而下走,火性热而炎上,但两者密切相关,水能灭火,火能煎水,故水属阴,火属阳;又如人体的气和血,都是构成人体和维持生命活动的基本物质,两者的形态和作用不同,气具有温煦和推动作用,血具有营养和濡润作用,但两者联动运行,气行血,血载气,故气属阳,血属阴。如事物之间没有关联性,不构成统

笔记栏

一体的对立双方，则不能用阴阳来区分其相对属性。

（二）规定性

所谓阴阳属性的规定性，是指用阴阳来分析事物，不仅能概括其对立统一的两个方面，而且这两个方面的属性必须符合阴、阳所具有的性质。即相互关联的两个事物或对立着的两个侧面，本身须具有两种相反的属性，才可用阴或阳来概括之。

一般来讲，事物相互对立的阴阳属性，是相比较而言的，是由该事物的性质、位置、趋势等因素所决定的。如《素问·阴阳应象大论》说："天地者，万物之上下也；阴阳者，气血之男女也；左右者，阴阳之道路也；水火者，阴阳之征兆也；阴阳者，万物之能始也。"因此，阴阳学说规定，"阳"代表着积极、进取、刚强等特性和具有这些特性的事物；"阴"则代表着消极、退守、柔弱等特性和具有这些特性的事物。这就是事物或现象阴阳属性的规定性。

应当指出，事物对立双方所具有的阴阳属性的规定性，也显示出阴阳属性的绝对性，即事物属阴或属阳的不可变性。因而阴阳既不能任意配属，也不能随便颠倒或置换，而是在一定的条件下，按着一定的原则规定的。

（三）相对性

阴阳属性虽有规定性，但对于具体事物来说，其阴阳属性又不是绝对的，不可变的，而是相对的、可变的，是与自己的对立面相比较而确定，并随着时间、地点等一定的条件的变更而发生改变。故《局方发挥》指出："阴阳二字，固以对待而言，所指无定在。"所谓"对待""无定在"，即是指阴阳属性的相对性而言。阴阳的相对性主要体现在如下两方面。

1. 阴阳的相互转化 表现为在一定的条件下，阴阳可以向其相反的方面转化，即阴可以转化为阳，阳可以转化为阴。如属阴的寒证在一定条件下可以转化为属阳的热证；属阳的热证在一定条件下也可以转化为属阴的寒证。病变的寒热性质变了，其证候的阴阳属性也随之改变。再如人体气化过程中，精属阴，气属阳：精代谢为能量（气），为阴转化为阳；消耗能量而获得营养物质（精）的产生，为阳转化为阴。

2. 阴阳的层递可分 所谓层递可分性，是指事物的阴阳两方面中任何一面，随着划分条件、范围之改变，可以再次地一分为二，即阴阳的每一方面又可再分阴阳。例如就白昼与黑夜而言，白昼为阳，黑夜为阴。但白昼与黑夜之中还可以再分阴阳，即白天的上午为阳中之阳，下午为阳中之阴；黑夜的上半夜为阴中之阴，下半夜为阴中之阳。这种阴阳之中再分阴阳的情况，反映了事物阴阳属性的深化和细化，以及人们认识事物的多面性。这对于揭示事物的运动变化的本质及其规律，具有深刻和广泛的意义。

（四）广泛性

客观世界是极其复杂的，并且处于不断的变化中。因而，宇宙事物呈现出无限多样性。相互关联的两个事物或事物内部相互对立的两个方面，往往具有阴阳属性。所以用阴阳属性概括事物具有广泛性。故《素问·阴阳离合论》说："阴阳者，数之可十，推之可百，数之可千，推之可万，万之大，不可胜数，然其要一也。"但是，由于客观事物性质的特殊性和阴阳属性的规定性，不是任何相互关联的两个事物或事物内部的两个方面，都可以用阴阳属性来概括或说明。特别是在社会生活领域，许多对立关系不属于阴阳关系。因而，阴阳关系不具有普遍性，这正是阴阳学说的朴素性所在。

四、阴阳的相互关系和作用

阴阳学说的主要内容，包括阴阳之间的相互关系、相互作用，以及这种关系和作用在宇宙万物的发生、发展和变化中的作用和意义。阴阳之间错综复杂的关系和作用主要表现在阴阳的对立制约、互根互用、消长平衡和相互转化、交感互藏等。

（一）对立制约

阴阳对立制约，是指属性相反的阴阳双方在一个统一体中的相互斗争、相互制约和相互排斥。

笔记栏

阴阳学说认为,自然界事物存在着相互对立的阴阳两个方面,如上与下、左与右、天与地、动与静、出与入、升与降、昼与夜、明与暗、寒与热、水与火等。阴阳双方既是对立的,又是统一的,统一是对立的结果。

阴阳的对立,古代哲学家称为阴阳相反,是指自然界中的事物,客观上存在着阴阳两个方面,这两个方面的属性和作用是相反的、相互对立的。有上就有下,有寒就有热,有发散就有收敛。例如,《素问・阴阳应象大论》说:"水为阴,火为阳;阳为气,阴为味。"《素问・阴阳离合论》亦说:"天为阳,地为阴;日为阳,月为阴。"其他如上与下、左与右、动与静、出与入、升与降,以及昼与夜、明与暗、寒与热等,皆具有相互对立之属性。

阴阳既是对立的,又是统一的,对立双方同处在一个关联体中,对立是统一的内容,统一是对立的条件,也是对立的结果。换言之,对立是两者之间相反的一面,统一是两者之间相成的一面。没有对立也就没有统一,没有相反也就没有相成。

所谓阴阳的制约,是指阴阳双方,因对立而相互抑制和互相约束。如《管子・心术上》说:"阴则能制阳矣,静则能制动矣。"《类经附翼・医易》说:"动极者镇之以静,阴亢者胜之以阳",实际上,阴阳相互制约的过程,即是相互斗争的过程,没有斗争就不能够制约。阴与阳相互制约,相互斗争的结果,取得了统一,即取得了动态平衡。所以,阴阳对立的两个方面,并非平静地各不相关地共处于一个统一体中,而是发生着相互制约、相互斗争、相互调控的作用与影响。正是由于阴阳的这种不断对立和制约,才推动着事物的运动、发展和变化,并维持着事物发展的动态平衡。

以自然界四季的气候变化为例,《素问・脉要精微论》说:"是故冬至四十五日,阳气微上,阴气微下;夏至四十五日,阴气微上,阳气微下。""四十五日"是指从冬至到立春,从夏至到立秋,均为三个"节气"四十五日而言。冬至是阳气上升的开始,冬至一阳生,是指从冬至到立春,阳气逐渐上升,阴气逐渐下降,至夏季则阳气盛极,而阴气伏藏。夏至是阴气上升的开始,夏至一阴生,是指从夏至到立秋,阴气逐渐上升,阳气逐渐下降,至冬季则阴气盛极,而阳气伏藏。一年四季春、夏、秋、冬有温、热、凉、寒的气候变化,春天之所以渐趋温暖,夏季之所以气候炎热,取决于寒暖流之间的阴阳制约。

阴阳的对立制约是生命现象的主要矛盾,是生命活动的动力,贯穿于生命过程之始终,维持机体内外的平衡统一。但在其相互制约的过程中,还可以表现为阴阳的任何一方过于强盛,常可抑制对方,使之衰弱,称为"制约太过";或任何一方由于过分不足,常可导致对立面的相对亢盛,称为"制约不及"。这种情况在人的生理、病理过程中是广泛存在的。如疾病的过程,中医学认为是致病因素(邪)和抗病能力(正)相互斗争、相互对抗的过程。邪和正是对立的、相互抑制的。一般来说,阳邪亢盛则阴液受损,表现为"阳胜则阴病";阴邪亢盛则阳气被抑,表现为"阴胜则阳病"。

总之,任何事物阴阳相互对立着的每一方面,总是对另一方面起着制约作用。阴阳的相互制约,保证了事物经常地处于协调平衡状态,即阴阳调和。但是,这种平衡并非仅是数量上的绝对平衡,只是相对的动态平衡而已。如果由于某些原因,导致机体阴阳的对立斗争激化,制约失控,则其相对动态平衡被打破,就可导致阴阳失调,产生疾病。

(二)互根互用

阴阳互根,是指相互对立着的阴阳两个方面,具有相互依存,互为根本的关系。即阴和阳任何一方都不能脱离另一方而单独存在,每一方都以对方的存在作为自己存在的前提和条件。如上为阳,下为阴,没有上就无所谓下,没有下也就无所谓上。热为阳,寒为阴,没有热就无所谓寒,没有寒也就无所谓热等。所以说阳依存于阴,阴依存于阳。阴阳这种相互依存关系,称之为"互根"。

阴阳互用,是指阴阳双方具有相互资生、促进和助长的关系。《素问・阴阳应象大论》说:"阴在内,阳之守也;阳在外,阴之使也。"指出阳以阴为基,阴以阳为偶;阴为阳守持于内,阳为阴役使于外,阴阳相互为用,不可分离。《素问・生气通天论》说:"阴者,藏精而起亟也;阳者,卫外而为固也。"说明藏于体内的阴精,不断地化生为阳气;保卫于体表的阳气,使阴精得以固守于内。正如王冰注《素问・生气通天论》说:"阳气根于阴,阴气根于阳,无阴则阳无以生,无阳则阴无以化。"

笔记栏

阴阳学说运用阴阳互根互用关系，广泛地用来阐释自然界的气候变化和人体的生命活动。就自然界而言，天气、地气的升降和云雨的形成，就是阴阳相互资生、相互促进的过程。《素问·阴阳应象大论》认为："地气上为云，天气下为雨"，地气的上升可夹带水汽蒸腾而为云，雨水之生成有赖于云的凝聚；天气之下降，可致云凝聚之雨水下降，形成降雨过程，从而使大地复得水湿。就人体而言，其相互资生、为用的关系，则体现于相对物质之间、相对功能之间，以及物质与功能之间等方面。如就组成人体和维持人体生命活动的基本物质而言，气和血分属于阳和阴，气能生血、行血和统血，故气的正常，有助于血的生化和正常运行；血能摄气、养气，血之充沛则又可资助气以充分发挥其生理效应。

如果人体阴和阳之间的互根关系遭到破坏，互资互用关系失常，就会出现"阳损及阴"或"阴损及阳"的病理变化，进而导致"孤阴不生，独阳不长"，甚则"阴阳离决，精气乃绝"（《素问·生气通天论》）而死亡。

具有阴阳属性的事物相互对立和相互依存，是普遍存在的，只要是阴阳关系，就存在着相对性和关联性。但是，阴阳的相互制约和相互资生、相互为用，则分别是在阴阳相互对立和相互依存基础上的具体表现和深入分析，它们虽然也是广泛存在的，但却不是普遍存在的。某些范畴的阴阳关系主要体现为阴阳的相互抑制和相互约束，如自然界的水与火、寒与热、燥与湿；疾病过程中的阳邪与阴液、阴邪与阳气等，它们之间的矛盾往往表现为你衰我盛的不可调和性、排斥性。而另外一些范畴的阴阳关系则较多地体现为阴阳之间的相互资生、相互为用。如上述所说的生命过程中物质与物质、功能与功能、物质与功能等的关系，它们彼此之间除了属性的相对外，更多的情况下则表现出其相互维系、相互促进的互利性。还有一些范畴的阴阳关系则兼有上述两种特性。

（三）消长平衡

阴阳消长，是指对立互根的阴阳双方不是一成不变的，而是处于不断地增长和消减的变化之中。阴阳双方在彼此消长的运动过程中保持着动态平衡。

阴阳消长是阴阳运动变化的一种形式，多指的是数量上的变化。所谓"消"，意为减少、消耗；所谓"长"，意为增多、增长。导致消长变化的根本原因在于阴阳之间存在着的对立制约与互根互用的关系。由对立制约关系导致的消长变化主要表现为阴阳的互为消长，或阴长阳消，或阳长阴消；由阴阳互根互用关系导致的阴阳消长变化主要表现为阴阳的皆消皆长，或此长彼长，或此消彼消。

1. 互为消长 在阴阳双方彼此对立制约的过程中，阴与阳之间可出现某一方增长而另一方消减的互为消长的变化，称为阳长阴消、阴长阳消或阳消阴长、阴消阳长。如以四时气候变化而言，从冬至春及夏，气候从寒冷逐渐转暖变热，这是"阳长阴消"的过程；由夏至秋及冬，气候由炎热逐渐转凉变寒，这是"阴长阳消"的过程。四时气候的变迁，寒暑的更易，反映了阴阳消长的过程，但从一年的总体来说，阴阳还是处于相对的动态平衡状态。以人体的生理活动而言，白天阳气盛，故机体的生理功能以兴奋为主；夜晚阴气盛，故机体的生理功能以抑制为主。子夜至日中，阳气渐升，阴气渐衰，机体的生理功能由抑制逐渐转向兴奋，这是"阳长阴消"的过程；日中至黄昏，阴气渐生，阳气渐衰，机体的生理功能也由兴奋逐渐转向抑制，这是"阴长阳消"的过程。

2. 皆消皆长 在阴阳双方互根互用的过程中，阴与阳之间会出现某一方增长而另一方亦增长，或某一方消减而另一方亦消减的皆消皆长的消长变化。前者称为阴随阳长或阳随阴长，后者称为阴随阳消或阳随阴消。如四季气候变化中，随着春夏气温的逐渐升高而降雨量逐渐增多，随着秋冬气候的转凉而降雨量逐渐减少，是阴阳皆长与皆消的消长变化。人体生理活动中，饥饿时出现的气力不足，即是由于阴（精）不足不能化生阳（气）而导致阳的不足，属阳随阴消；而补充营养物质（阴），产生能量，增加了气力，则属阳随阴长。

笔记栏

客观事物纷繁多变，性质各异，因而各类事物中的阴阳关系亦各有侧重。某些事物中的阴阳关系以互根互用为主，如精与气、气与血等，多表现为此消彼亦消、此长彼亦长；另一些事物中的阴阳关系却以对立制约为主，如寒与热、水与火等，多表现为此消彼长、此长彼消。诚如明代张介宾《景岳全书·补略》所说："以精气分阴阳，则阴阳不可离；以寒热分阴阳，则阴阳不可混。"

阴与阳之间的互为消长是不断进行着的,是绝对的;但阴阳双方的消长变化又是在一定范围、限度内的,阴与阳之间维持着相对的平衡。也就是说,在绝对的运动之中包含着相对的静止,在相对的静止之中又蕴伏着绝对的运动。这反映了事物之间对立制约和互根互用关系的协调平衡。若阴阳的消长变化超越了正常的限度,在自然界表现为异常的气候变化,在人体则导致疾病的发生。如"阳胜则阴病""阴盛则阳病"及"阳虚阴盛""阴虚阳亢",皆属对立制约关系失常而出现的超过正常限度的此长彼消或此消彼长;而"精气两虚""气血两亏",则属阴阳互根互用关系失常而出现的异常的阴阳皆消。

(四)相互转化

阴阳转化,是指事物的阴阳属性,在一定的条件下,可以向其对立面转化。阴阳的相互转化,是阴阳运动的另一种基本形式。当阴阳两方面的消长运动发展到一定的阶段,达到一定的程度,就可能导致阴阳属性的转化,即阴可以转化为阳,阳也可以转化为阴。

事物阴阳对立双方之所以能够相互转化,是由于阴阳对立双方共处于一个统一体中,双方已经蕴藏着向其对立面转化的因素和趋势。《素问·六微旨大论》指出:"成败倚伏生乎动,动而不已则变作矣。"所谓"成败倚伏",即是说在新事物生成之际,已经倚伏着败亡之因;旧事物衰败之时,亦孕育着新事物产生之源,而所有的这些变动和转化则都是在"动而不已"的消长运动过程中实现的。

阴阳的转化,必须具备一定的条件。《灵枢·论疾诊尺》说:"四时之变,寒暑之胜,重阴必阳,重阳必阴,故阴主寒,阳主热,故寒甚则热,热甚则寒,故曰:寒生热,热生寒,此阴阳之变也。"《素问·阴阳应象大论》则说:"寒极生热,热极生寒。"《素问·六元正纪大论》亦说:"动复则静,阳极反阴。"所谓的"重""甚""极",即是指发展到一定阶段,达到了极限或顶点,则具备了促进转化的条件。也就是说,阴阳有了"重"这个条件即可以相互转化,寒热到了"极"这个阶段即会互相转化,即所谓"物极必反"。如果说,在一个事物的发展过程中,阴阳的消长是一个量变的过程的话,则阴阳的转化往往表现为量变基础上的质变。

阴阳的消长(量变)和转化(质变)是事物发展变化全过程的密不可分的两个阶段,阴阳的消长是其转化的前提。而阴阳的转化,则是其消长运动的结果。

阴阳的相互转化,既可以表现为渐变形式,又可以表现为突变形式。如一年四季之中的寒暑交替、一天之中的昼夜转化等,即属于"渐变"的形式;夏季酷热天气的骤冷和暴雨冰雹,急性热病中由高热突然出现体温下降、四肢厥冷等,即属于"突变"的形式。

人的生理活动,抑制过程属阴,兴奋过程属阳,抑制和兴奋的转变体现着阴阳转化的规律。在机体物质与功能之间的新陈代谢过程中,营养物质(阴)不断地转化为功能活动(阳),而功能活动(阳)又不断地促进着营养物质(阴)的生成。物质与功能之间的代谢,其本身就是阴阳消长和转化的统一,即量变与质变的统一。

疾病的发展过程中,阴阳的转化常常表现为在一定条件下表证与里证、寒证与热证、虚证与实证的相互转化。某些急性温热病,由于热毒极重,大量耗伤元气,在持续高热的情况下,可突然出现体温下降,四肢厥冷,脉微欲绝等阳气暴脱之寒象,病证由阳转阴;寒饮中阻患者,寒饮若郁滞而化热,其病证亦可以由阴证转化为阳证。病证的转化,主要是由于机体抗病能力的强弱、病邪性质的差异、治疗方法的是否得当,以及抢救是否及时等条件所决定的,不具备内部或外在的一定的条件,其阴阳的属性就不会转化。

(五)交感互藏

阴阳交感,是指阴阳二气在运动中相互感应而交合,即相互发生作用。阴阳交感是宇宙万物赖以生成和变化的根源。

精气是宇宙万物构成的本原。由于精气的性质不同,划分为相互对立的阴阳二气。万物的化生源于阴阳之间的相互作用,如《荀子·礼记》说:"天地合而万物生,阴阳接而变化起。"《易传·咸》说:"咸,感也。柔上而刚下,(阴阳)二气感应以相与。"又说:"天地感而万物化生。"从而指出阴阳交感是万物化生和变化的根本条件,其中的"合""接""感""感应""相与"等都具有相互作用、相互影响之意。

笔记栏

《黄帝内经》也用阴阳二气的交感运动揭示自然界的形成。《素问·天元纪大论》说："在天为气，在地成形，形气相感而化生万物矣。"又说："天有阴阳，地亦有阴阳……动静相召，上下相临，阴阳相错，而变由生也。"《素问·六微旨大论》亦说："天气下降，气流于地；地气上升，气腾于天，故高下相召，升降相因，而变作矣。"即天之阳气下降，地之阴气上升，阴阳二气交感，形成云、雾、雷电、雨露，生命得以诞生，万物化生，纷繁成长。

人类也不例外，也是在自然界万物化生中所产生。故《易经·系辞下传》说："天地氤氲，万物化醇。男女构精，万物化生。"认为天地交感运动，产生自然界；男女媾精，新的生命个体诞生，人类得以繁衍。可见，生命的产生是阴阳交感的结果。

阴阳和谐是发生交感作用的条件。和谐状态是阴阳在运动过程中的一种最佳状态，是平衡与协调，即古代哲学家所谓的"和"。如《老子·四十二章》说："万物负阴而抱阳，冲气以为和。"庄周《庄子外篇·田子方》说："至阴肃肃，至阳赫赫，肃肃出乎天，赫赫发乎地，两者交通成和，而物生焉。"《管子·内业》说："凡人之生也，天出其精，地出其形，合此以为人。和乃生，不和不生。"均强调了"和"与"生"的关系。

阴阳互藏，是指相互对立的阴阳双方中的任何一方都含有另一方，即阴中有阳，阳中有阴。也称"阴阳互寓""阴阳互合"。宇宙万物都含有阴与阳两种不同属性的成分，也就是说，此事物虽然属阴，也含有阳性成分；彼事物虽然属阳，也含有阴性成分。《春秋繁露·基义》所说："物莫无合，而合各有阴阳。阳兼于阴，阴兼于阳。"

阴阳互藏之理源于古人对自然现象的观察与体悟。如以上下而言，上为阳，下为阴，但上中有下，下中寓上，即阳中有阴，阴中有阳。如以天地而言，《素问·阴阳应象大论》所说的"地气上为云，天气下为雨。雨出地气，云出天气"，说明云中有地气，雨中有天气，故《素问·天元纪大论》又说："天有阴阳，地亦有阴阳。故阳中有阴，阴中有阳。"万物由天地阴阳交感合和而生，故皆寓涵阴阳两种不同属性的成分。

宇宙万物，性质不同而有别，其阴阳属性以及形态、色泽、动静、发展趋势、运动形式等各方面的差别，都是由于所禀受和蕴含的阴阳之气的多少和差异所决定。故阴阳的互藏互寓也是宇宙万物普遍存在的规律，是阴阳双方相互依存、相互为用关系的构建基础和维系纽带，也是天地阴阳二气升降交感合和的动力和根源。

综上所述，阴阳的对立制约、互根互用、消长平衡、相互转化、交感互藏等关系是相互联系的，是从不同的方面和角度反映阴阳的运动规律和变化形式，从而体现着了阴阳之间的对立统一关系。阴阳的对立、互根和制约是阴阳相互依存、相互联系的基本关系；阴阳的交感是阴阳之间相互联系、相互作用，导致事物发生的前提；阴阳互藏是阴阳交感运动的动力根源；阴阳的消长与转化则是事物运动的基本形式。而阴阳消长是在对立制约、互根互用基础上表现出的量变过程，阴阳转化是在消长运动量变基础上的质变过程。正是由于阴阳对立制约、交感互藏和互根互用，才使阴阳的消长变化维持在一定的限度内和调控中进行，从而保证了阴阳的动态平衡与协调。

五、阴阳学说在中医学中的应用

阴阳学说作为一种宇宙观和方法论，贯穿在中医学理论体系的各个方面，广泛用来说明人体的组织结构、生理功能、病理变化，并指导养生保健以及疾病的诊断和治疗。

（一）说明人体组成部分

阴阳学说认为人体是一个对立统一的有机整体，其一切部位组织器官及基本物质既彼此相互联系，密切配合，又可相对地划分出阴阳属性，正如《素问·宝命全形论》所说："人生有形，不离阴阳。"

笔记栏

1. 部位与结构的阴阳属性 人体的部位与脏腑组织结构，外为阳，内为阴；背为阳，腹为阴；上为阳，下为阴；体表为阳，体内为阴；皮肤为阳，肌肉筋骨为阴；六腑能消化、传导饮食水谷为阳，五脏主藏精气为阴；五脏之中心肺居上焦为阳，肝脾肾居中下焦为阴。而具体到每一个脏腑，则又有阴阳可分，如心阳、心阴，肾阳、肾阴等。这些阴阳属性的划分，是由脏腑组织所在的位置、生理功能特点等决定的。

2. 气血津液的阴阳属性　气血津液是构成人体和维持人生命活动的基本物质。就气与血来讲，则气为阳，血为阴。这是根据气是无形的物质，具有推动、温煦的生理作用；血是有形的液态物质，具有滋养、濡润的生理作用等而定的。在气中，则卫气为阳，营气为阴。至于津液，根据其性态，则津清稀而薄，属阳；液稠厚而浊，属阴。

3. 经络循行的阴阳属性　经络系统中，循行于人体四肢外侧及背部者属阳(如手足三阳经)，而循行于人体四肢内侧及腹部者多属阴(如手足三阴经)，只有足阳明胃经循行于腹部。

人体各部位、各种组织结构、各脏腑之阴阳属性不是绝对的，而是相对的，它们常根据一定条件的改变而改变。如以胸背关系来说，则背属阳，胸属阴；若以胸腹上下关系来讲，则胸又属阳，腹则属阴。同样，五脏阴阳属性，若以上下来分，则心肺在上属阳，心为阳中之阳脏，肺为阳中之阴脏；肝脾肾在下属阴，肝为阴中之阳脏，肾为阴中之阴脏，脾为阴中之至阴(见表1-2)。

表1-2　人体部位结构阴阳属性归类表

	人体部位				组织结构		
阳	表	上	背	四肢外侧	皮毛	六腑	手足三阳经
阴	里	下	腹	四肢内侧	筋骨	五脏	手足三阴经

(二)说明人体生理功能

人体正常的生命活动，主要表现脏腑组织及其蕴藏的精微物质与脏腑组织的功能活动两方面对立统一的阴阳平衡。

1. 划分物质与功能　脏腑经络的功能，是由贮藏和运行于其中的精与气为基础的。精藏于脏腑之中，主内守而属阴，气由精所化，运行于全身而属阳。也就是说，凡属气的运动所体现的功能活动则属阳，而产生这些功能活动的脏器和精微物质则属阴。例如，心有推动血液循环和主持精神意识思维活动的功能，此种功能属阳，而心血、心脏器质则属阴；胃有受纳和腐熟水谷之功能属阳，而胃之津液及胃腑器质则属阴。

2. 判别不同功能　人体之气，以其不同的功能作用而分为阴气与阳气。阴气主滋润、宁静、抑制、沉降，阳气主温煦、推动、兴奋、升发。正是由于人体内阴阳二气的交感相错、相互作用，推动着人体内物质与物质之间、物质与能量之间的相互转化，推动和调控着人体的生命进程。

不同的阳气阴气所决定的人体的功能状态不同，功能兴奋为阳，功能抑制为阴；功能亢进为阳，功能减退为阴。而在正常的生理活动中，兴奋和抑制、亢进与减退等都是相互拮抗的，并保持着相对的动态平衡状态。

其中，人体的阳气，运动向外，具有保护机体内部组织器官的卫外功能。阴精在内，是阳气的物质基础，并为阳气不断地储备和提供能量补充，故《素问·阴阳应象大论》说："阴在内，阳之守也；阳在外，阴之使也。"《素问·生气通天论》亦说："阴者，藏精而起亟也；阳者，卫外而为固也。"

3. 区分物质走向　人体的精微物质及其功能，又可根据性质和运动趋势的不同划分阴阳。如《素问·阴阳应象大论》说："清阳出上窍，浊阴出下窍；清阳发腠理，浊阴走五脏；清阳实四肢，浊阴归六腑。"即轻清的物质则属阳，重浊的物质则属阴，属阳的轻清之气，它既可以营养和充实四肢，又可以经由皮肤、肌腠或上窍(口、鼻)而发散；而属阴的较为重浊的物质，既可以储藏于五脏，也可以经由六腑，通过下窍(尿道、肛门)而排出体外。

(三)说明人体病理变化

人体阴阳平衡失调则疾病发生，中医学常用阴阳学说来分析疾病的病因和病理变化。

1. 病因属性　疾病是由于病邪作用于人体，引起邪正相争，导致机体阴阳失调、脏腑组织损伤和生理功能失常的结果。而病邪可以分为阴、阳两大类。"夫邪之生也，或生于阴，或生于阳"(《素

笔记栏

问·调经论》）。如六淫，一般而言，风邪、暑邪、火（热）邪为阳，寒邪、湿邪为阴。

2. 病机变化 疾病的发生是人体的阴阳关系由于某种因素的影响失去相对的平衡协调，从而出现偏盛偏衰的结果。疾病的发生，关系到邪、正两方面。所谓正气，即人体的功能活动和抗病功能；所谓邪气，即致病因素。正气与邪气，以及它们相互作用、相互斗争的关系，都可以用阴阳加以概括说明。

正气包括阴精与阳气两部分，病邪有阴邪、阳邪之分。所以，病理上的阴阳失调，多表现为某一方面的偏盛偏衰，且影响及另一方面。例如阳邪致病，可导致阳偏盛而伤阴，因而出现热证；阴邪致病，则可导致阴偏盛而伤阳，因而出现寒证；阳气虚损，不能制阴，可出现阳虚阴盛的虚寒证；阴液亏耗，不能制阳，则可出现阴虚阳亢的虚热证。故《素问·阴阳应象大论》说："阴胜则阳病，阳胜则阴病。"而机体阴精阳气任何一方虚损到一定的程度，亦常导致对方之不足，即所谓"阳损及阴"或"阴损及阳"，最后导致"阴阳两虚"。因此，尽管疾病的变化错综复杂，但就其阴阳状态来说，不外阳盛、阴盛、阳虚、阴虚四大类病变。

（四）用于临床诊断辨证

疾病诊断的过程包括诊察疾病和辨识证候两个方面。"善诊者，察色按脉，先别阴阳"（《素问·阴阳应象大论》）。阴阳学说用于疾病的诊断，主要包括分析四诊所收集的症情表现和概括各种证候的阴阳属性两个方面。

1. 分析四诊资料 即将望、闻、问、切四诊所收集的各种信息，包括症状和体征，用阴阳理论辨析其阴阳属性。

例如望诊，一般面色光滑润泽者为阳，面色沉浊晦暗者为阴；凡见青色、白色、黑色，其证多属阴寒；而见黄色、赤色，则其证多属阳热。又如闻诊，凡气粗声高属阳，气弱声低属阴。而在切诊中，浮、大、滑、数等脉象归属为阳脉；沉、涩、细、迟等脉象归属为阴脉。

2. 概括证候 确定证候是诊断疾病的核心。在临床辨证中，只有分清阴阳，才能抓住疾病的本质，做到执简驭繁。所以辨别阴证、阳证是诊断疾病的关键所在。如八纲辨证中，表证、热证、实证属阳；里证、寒证、虚证属阴。阴阳是八纲辨证的总纲。在脏腑辨证中，脏腑精气阴阳失调可以表现出许多复杂的证候，但概括起来，也无外乎阴阳两大类。如肺热证属阳，心血虚证属阴等。

（五）指导临床防治用药

调整阴阳，使之保持或恢复相对平衡，达到阴平阳秘，是防治疾病的基本原则，也是阴阳学说用于疾病防治的主要内容。

1. 指导养生 养生是保持身体健康无病的重要手段，而其最根本的原则就是要"法于阴阳"，即遵循自然界阴阳的变化规律来调理人体之阴阳，使人体中的阴阳与四时阴阳的变化相适应，以保持人与自然界的协调统一。《素问·四气调神大论》说："夫四时阴阳者，万物之根本也，所以圣人春夏养阳，秋冬养阴，以从其根，故与万物沉浮于生长之门。逆其根，则伐其本坏其真矣。"依据"春夏养阳，秋冬养阴"的原则，对"能夏不能冬"的阳虚阴盛体质者，夏用温热之药预培其阳，则冬不易发病；对"能冬不能夏"的阴虚阳亢体质者，冬用滋润之品预养其阴，则夏不得发病。此即所谓"冬病夏治""夏病冬养"之法。

2. 确定治则 由于疾病表现不一，本质不同，故其治疗方法亦多种多样，临床根据调理阴阳的精神，提出了"寒者热之""热者寒之""虚则补之""实则泻之"（《素问·至真要大论》），以及"阳病治阴，阴病治阳"（《素问·阴阳应象大论》）等众多的治疗法则。总之，治疗的基本原则，就是有余者泻，不足者补，从而使阴阳的偏盛偏衰得以纠正，使其在新的基础上达到阴阳相对平衡。

笔记栏

3. 归纳药物性能 阴阳学说用阴阳来概括药物的性能，作为临床用药的根据。药物的四气、五味，以及升降浮沉等一般性能，都具有阴阳的不同属性。以四气来说，则寒、凉性质的药物属阴，温、热性质的药物属阳。以五味来说，则酸、苦、咸味药物属阴；辛、甘、淡味药物属阳。至于升降浮沉，则是指具有重镇敛降作用的药物属阴，具有轻浮升散作用的药物属阳。所以，临床用药必须注意病证阴阳与药物阴阳的关系，正确运用药物的阴阳的偏性，以改善或调整机体失调的阴阳关系（见表1－3）。

表1－3　药物阴阳属性归类表

	阴	阳
药　性	寒、凉	热、温
五　味	酸、苦、咸	辛、甘(淡)
升降浮沉	沉、降	升、浮

第三节　五行学说

五行学说，是研究五行的概念、特性、生克乘侮规律，并用以阐释宇宙万物的发生、发展、变化及相互关系的哲学思想，属于中国古代唯物论和辩证法范畴。五行学说认为，宇宙间的一切事物都可以用木、火、土、金、水五种属性归纳分类，自然界各种事物的发展变化，都是五行不断运动和相互作用的结果。

一、五行的概念

五行，即木、火、土、金、水五种物质及其运动变化。五，指木、火、土、金、水五种基本物质；行，指具有这五种物质属性的事物的运动变化。

古人认为，宇宙万物是由木、火、土、金、水五种物质或元素构成。五种物质称为“五材”，是人类日常生产和生活中最为常见和不可缺少的基本物质。《左传·襄公二十七年》说：“天生五材，民并用之，废一不可。”《尚书正义》说：“水火者，百姓之所饮食也；金木者，百姓之所兴作也；土者，万物之所资生。是为人用。”而且人们认识到，这五种物质相互作用，构成了宇宙万物。《国语·郑语》说：“以土与金、木、水、火杂，以成百物。”

五行一词，最早见于《尚书》。《尚书·洪范》说：“鲧堙洪水，汩陈其五行。”并对五行的特性从哲学高度作了抽象概括，指出：“五行，一曰水，二曰火，三曰木，四曰金，五曰土。水曰润下，火曰炎上，木曰曲直，金曰从革，土爰稼穑。”此时的五行，已从木、火、土、金、水五种具体物质中抽象出来，上升为哲学的理性概念。古人运用抽象出来的五行特性，采用取类比象和推演络绎的方法，将自然界中的各种事物和现象分归为五类，如《尚书正义》说：“言五者，各有材干也。谓之行者，若在天，则为五气流注；在地，世所行用也。”并以五行“相生”“相克”的关系来解释各种事物发生、发展、变化的规律。因此，五行学说是以木、火、土、金、水五种物质的特性及其相生、相克规律来认识世界、解释世界和探求宇宙变化规律的一种世界观和方法论。

中医学明确地把五行学说作为宇宙的普遍规律来看待，认为宇宙的运动变化，都不能脱离五行的规律。如《灵枢·阴阳二十五人》说：“天地之间，六合之内，不离于五，人亦应之。”《素问·天元纪大论》说：“夫五运阴阳者，天地之道也。”五行学说同阴阳学说一样亦成为中医学理论体系的重要组成部分。

二、五行的特性

五行的特性，是古人在长期的生活和生产实践中，对木、火、土、金、水五种物质的直观观察的基础上，逐渐形成的抽象的理性概念，是五种不同属性的概括、提炼，是用以识别各种事物的五行属性的基本依据。

《尚书·洪范》所说的“水曰润下，火曰炎上，木曰曲直，金曰从革，土爰稼穑”是对五行特性的经典论述。

笔记栏

水曰润下：润，滋润、濡润；下，向下、下行。润下，是指水具有滋润、下行的特性。引申为凡具有滋润、下行、寒凉等性质或作用的事物，归属于水。

火曰炎上：炎，燃烧、炎热、光焰之义；上，上升。炎上，指火具有炎热、上升、光焰的特性。引申为凡具有温热、上升、光明等性质或作用的事物，归属于火。

木曰曲直：曲，屈也；直，伸也。曲直，是指树木的枝干曲直，具有生长、柔和，能屈又能伸，向上向外舒展的特性。引申为凡具有生长、升发、条达、舒展等性质或作用的事物，归属于木。

金曰从革：从，顺也；革，即变革。金有随人意而更改的柔和之性，但质地刚硬锐利，可作兵刃以杀戮、斩除、割锄。兽皮去毛曰“革”。引申为凡具有沉静、肃杀、收敛、清净等性质或作用的事物，归属于金。

土爰稼穑：爰，通“曰”；稼，即种植谷物；穑，即收获谷物。稼穑，指人类种植和收获的农事活动。引申为凡具有承载、受纳、生化、养育性质或作用的事物，归属于土。有“土载四行”“土为万物之母”之说。

五行的特性，来自木、火、土、金、水，但已经超越了木、火、土、金、水具体物质的本身，成为代表事物属性的哲学范畴，因而有更为广泛的涵盖范围。

三、五行属性推演

五行学说依据五行各自的特性，对自然界的各种事物进行推演和归类，从而构建了五行系统。五行归类的方法，主要有取象比类法和推演络绎法。

取象比类法：取象，即是从事物的形象(形态、作用、性质)中找出能反映本质的特有征象；比类，即是以五行特性为基准，与事物的特有征象相比较，以确定其五行归属。如以方位配五行：东方日出，与木升发特性类似，故东方属木；南方炎热，与火特性类似，故南方属火；西方日落，与金之沉静类似，故西方属金；北方寒冷，与水之特性相类似，故北方属水；中原土地肥沃，长养万物，与土之特性类似，故中央属土。

推演络绎法：即根据已知的某些事物的五行归属，推演归纳其他相关的事物，从而确定相关事物的五行归属。如脏腑组织五行归类：已知肝属木，由于肝合胆、主筋、其华在爪、开窍于目，因此可推演络绎胆、筋、爪、目皆属于木；同理，肺属金，大肠、皮肤、毛发、鼻与肺相关，故亦属于金；余可类推。

五行学说以五行特性为依据，运用取象比类和推演络绎的方法，将自然界千姿百态、千变万化的各种事物分别归属于木、火、土、金、水五大类，而每一类的事物中，相互之间都有着相同的或相似的特定属性，彼此构成了一定的联系(见表1-4)。

表1-4　五行属性归类表

自然界							五行	人体						
五音	五味	五色	五化	五气	五方	季节		五脏	五腑	五官	形体	五志	五声	变动
角	酸	青	生	风	东	春	木	肝	胆	目	筋	怒	呼	握
徵	苦	赤	长	暑	南	夏	火	心	小肠	舌	脉	喜	笑	忧
宫	甘	黄	化	湿	中	长夏	土	脾	胃	口	肉	思	歌	哕
商	辛	白	收	燥	西	秋	金	肺	大肠	鼻	皮	悲	哭	咳
羽	咸	黑	藏	寒	北	冬	水	肾	膀胱	耳	骨	恐	呻	栗

四、五行相互关系与作用

笔记栏

五行学说对五行之间的相互关系和相互作用主要归结为五行相生、相克、相乘、相侮和母子相及五个方面。其中五行的相生、相克是指五行间存在着动态有序的相互资生和相互制约的关系；五行的相乘、相侮与母子相及是五行之间异常的生克变化，主要用于阐释事物间异常的关系和变化。

（一）相生、相克

五行相生，是指木、火、土、金、水之间存在着有序的递相资生、助长和促进的关系。

五行相生次序是：木生火，火生土，土生金，金生水，水生木。《春秋繁露·五行之义》说："木，五行之始也；水，五行之终也；土，五行之中也。此其天次之序也。"

在五行相生关系中，任何一行都具有"生我"和"我生"两方面的关系。《难经》将此关系比喻为母子关系："生我"者为母，"我生"者为子。因此，五行相生，实际上是指五行中的某一行对其子行的资生、促进和助长。如以火为例，由于木生火，故"生我"者为木，木为火之"母"；由于火生土，故"我生"者为土，土为火之"子"。

五行相克，是指木、火、土、金、水之间存在着有序的递相克制、制约的关系。

五行相克次序是：木克土、土克水、水克火、火克金、金克木。《素问·宝命全形论》指出："木得金而伐，火得水而灭，土得木而达，金得火而缺，水得土而绝。万物尽然，不可胜竭。"

在五行相克关系中，任何一行都具有"克我"和"我克"两方面的关系。《黄帝内经》把相克关系称为"所胜""所不胜"关系："克我"者为"所不胜"，"我克"者为"所胜"。因此，五行相克，实为五行中的某一行对其所胜行的克制和制约。如以木为例，由于木克土，故"我克"者为土，土为木之"所胜"；由于金克木，故"克我"者为金，金为木之"所不胜"。

五行中的每一行都与其他四行发生一定的联系。从相生看，有"生我"和"我生"两种关系；从相克看，又有"胜我"和"我胜"两种关系。这就表明五行系统中的各部分之间不是孤立的，而是密切相关的，每一部分的变化，必然影响着其他部分的状态，同时又受着五行系统整体的影响和制约。

五行各部分之间，由于总是不停地相生与相克，因而处于不断的运动变化之中。然而就五行系统整体来看，则又在相生和相克总和中表现出相对的动态平衡。而五行中的每一行，由于其既生别行，又被别行所生；既克别行，又被别行所克，故在整体上也呈现为动态均势。可见，五行系统所达到的平衡，不是绝对的静止，而是建立在运动基础上的动态平衡。

（二）相乘、相侮

相乘和相侮，是指五行之间相克关系异常的变化。

相乘，是指五行中一行对其所胜的过度制约或克制。即相克的太过，超过了正常的制约水平，从而使相关事物间失去协调和平衡。

五行相乘的次序与相克相同，即木乘土，土乘水，水乘火，火乘金，金乘木。

此种反常现象的产生，一般有两种情况：一是被乘者本身不足，乘袭者乘其虚而凌其弱。如土气不足，则木乘土。二是乘袭者亢极，恃其强而过度限制其应制之行。如木亢极，则木乘土，从而使土受损。

须知，"相克"与"相乘"是有区别的，相克是正常情况下的制约关系；相乘则是破坏正常制约关系的过度克伐，是反常现象。

相侮，是指五行中一行对其所不胜的反向制约和克制。即相克的反向，又叫"反克"，是五行中相克关系失去正常协调的另一种表现。

五行相侮的次序是：木侮金，金侮火，火侮水，水侮土，土侮木。

相侮同样也有两种情况：一是被克者亢极，不受制约，反而欺侮克者。如金本克木，若木气亢极，不受金制，反来侮金，即为木亢侮金。二是克者本身衰弱，被克者因其衰而侮之。如金本克木，若金气虚衰，则木因其衰而侮金，即为木侮弱金。

一般说来，凡因某一行过度亢盛而产生相乘或相侮，如木亢乘土或木亢侮金等，在病变过程中常表现为功能过亢的实性病理变化；而因某一行虚衰所导致的相乘或相侮，如木乘土虚或木侮弱金等，则常表现为功能不足的虚性病理变化。

相乘与相侮都是异常的相克现象，两者既有区别，又有联系。区别在于，相乘是按五行相克次序的克制太过，相侮则是与相克次序相反方向的克制异常。联系在于，当发生相乘时，有时也可出现相侮；发生相侮时，有时又常伴有相乘。故《素问·五运行大论》说："气有余，则制己所胜而侮所

笔记栏

不胜；其不及，则己所不胜侮而乘之，己所胜轻而侮之。”即某一行之气太过，则可对其所胜之行过度克制，从而发生相乘；而对其所不胜之行发生相侮，即反克。若某一行之气不足，则克我之行必过度制约而乘之；而己所胜者，即我克之行必因我之不足而反克相侮。

（三）母子相及

五行的母子相及包括母病及子和子病及母两种情况，属于五行之间相生关系异常的变化。

母病及子，是指五行中的某一行异常，累及其子行，导致母子两行皆异常。母病及子的一般规律是：母行虚弱，引起子行亦不足，终致母子两行皆不足。例如，水生木，水为母，木为子。若水不足，不能生木，导致木亦虚弱，终致水竭木枯，母子俱衰。

子病及母，一般称为“子盗母气”，是指五行中的某一行异常，影响到其母行，终致子母两行皆异常。子病及母的一般规律有两种：一是子行亢盛，引起母行亦亢盛，结果是子母皆亢盛，一般称为“子病犯母”，如火旺导致木亢，终至木火皆亢。二是子行虚弱，上累母行，引起母行亦不足，终致子母俱不足，如木不足导致水亏，终至木枯水涸。

五、五行学说在中医学中的应用

五行学说在中医学的应用，主要是以五行的特性来分析归纳人体脏腑、经络、形体、官窍等组织器官和精神情志等各种功能活动，构建以五脏为中心的生理病理系统，进而与自然环境相联系，建立天人一体的五脏系统，并以五行的生克乘侮规律来分析五脏之间的生理病理联系，指导疾病的诊断和防治。

（一）说明五脏生理功能及相互关系

1. 五脏生理特点 五行学说将人体的五脏分别归属于五行，并以五行的特性来说明五脏的生理功能。如木有生长、升发、舒畅、条达的特性，肝喜条达而恶抑郁，有疏通气血，调畅情志的功能，故以肝属木。火有温热、向上、光明的特性，心主血脉以维持体温恒定，心主神明，为脏腑之主，故以心属火。土性敦厚，有生化万物的特性，脾主运化水谷、化生精微以营养脏腑形体，为气血生化之源，故以脾属土。金性清肃、收敛，肺具有清肃之性，以清肃下降为顺，故以肺属金。水具有滋润、下行、闭藏的特性，肾有藏精、主水功能，故以肾属水。

2. 五脏天人系统 推演络绎整个人体的各种组织结构与功能，将人体的形体、官窍、精神、情志等分归于五脏，就构建了以五脏为中心的生理病理系统。同时又根据“天人相应”的观点，将自然界的五方、五气、五色、五味等与人体的五脏联系起来，建立了以五脏为中心的天人一体的五脏系统，将人体内外环境联结成一个密切联系的整体。如以肝为例：“东方生风，风生木，木生酸，酸生肝，肝生筋……肝主目”（《素问·阴阳应象大论》），“东方青色，入通于肝，开窍于目，藏精于肝，其病发惊骇，其味酸，其类草木……是以知病之在筋也”（《素问·金匮真言论》），这样把自然界的东方、春季、青色、风气、酸味等，通过五行的木与人体的肝、筋、目联系起来，构筑了联系人体内外的肝木系统，体现了人与自然的统一。

3. 五脏相互关系 五脏的功能活动不是孤立的，而是互相联系的，即五脏之间存在着既相互资生又相互制约的关系。

资生关系：肝生心即木生火，如肝藏血以济心，肝之疏泄以助心行血；心生脾即火生土，如心阳温煦脾土，助脾运化；脾生肺即土生金，如脾气运化，化气以充肺；肺生肾即金生水，如肺之精津下行以滋肾精，肺气肃降以助肾纳气；肾生肝即水生木，如肾藏精以滋养肝血，肾阴资助肝阴以助疏泄条达。

制约关系：肾制约心即水克火，如肾水上济于心，可以防止心火之亢烈；心制约肺即火克金，如心火之阳热，可以抑制肺气清肃太过；肺制约肝即金克木，如肺气清肃，可以抑制肝阳的上亢；肝制约脾即木克土，如肝气条达，可疏泄脾气之壅滞；脾制约肾即土克水，如脾气之运化水液，可防肾水泛滥。

笔记栏

五脏之间的生克关系，说明每一脏因有他脏的资助而不至于虚损，又因有他脏的制约和克制，而不至于过亢。本脏之气太盛，则有他脏之气制约；本脏之气虚损，则又可由他脏之气补之。如脾土之气，其虚，则有心火生之，其亢，则有肝木克之。这种制化关系保证了人体内环境的统一。

五脏的生理功能及其相互资生、相互制约的关系，是以五行的特性及其生克规律来论述的。然而，五脏的功能是多样的，其相互间的关系也是复杂的。五行的特性并不能说明五脏的所有功能，而五行的生克关系也难以完全阐释五脏间复杂的生理联系。因此，在探究脏腑的生理功能及其相互间的内在联系时，不能囿于五行之间相生相克的理论。

（二）说明疾病发生与传变

1. 疾病发生　由于五脏外应五时，故四时六气的发病规律，一般是主时之脏首先受邪而发病。如春季肝先受邪，夏季心先受邪，长夏脾先受邪，秋季肺先受邪，冬季肾先受邪，此即主时之脏受邪发病的一般规律。

如气候失常，时令未至而气先至，则属太过；时令已至而气未至，则属不及。太过之气发病，既可以侮其所不胜之脏，也可以乘袭其所胜之脏，还可以导致我生之脏发病。不及之气发病，既可以是所胜之脏妄行而反侮，也可以是所不胜之脏乘袭而发病，还可以使生我之脏受累及而发病。

2. 相生传变　包括"母病及子"和"子病及母"两个方面。

母病及子，即母脏之病传及子脏。如肾属水，肝属木，肾肝为母子。临床常见的因肾精不足不能资助肝血而致的肝肾精血亏虚证，肾阴不足不能涵养肝木而致的肝阳上亢证，肾阳不足不能资助肝阳而致的少腹冷痛证。母病及子，多见母脏不足累及子脏亏虚的母子两脏皆虚的病证。

子病及母，即所谓"子盗母气"，是指疾病的传变，从子脏传及母脏。如肝属木，心属火，心肝为母子。临床常见的因心血不足累及肝血亏虚而致的心肝血虚证，因心火旺盛引动肝火而形成心肝火旺证，皆属子病及母。子病及母，既有子脏虚引起母脏也虚的虚证，又有子脏盛导致母脏也盛的实证。另外还有子脏盛导致母脏虚的虚实夹杂病变，如肝火亢盛，下劫肾阴，以致肾阴亏虚。

3. 相克传变　包括"相乘"和"相侮"两个方面。

相乘，是相克太过致病。引起相乘的原因有二：一是某脏过盛，而致其所胜之脏受到过分克伐；二是某脏过弱，不能耐受其所不胜之脏的正常克制，从而出现相对克伐太过。如以肝木和脾土之间的相克关系而言，相乘传变就有肝气乘脾和脾虚肝乘两种情况。由于肝气郁结或肝气上逆，影响脾胃的运化功能而出现胸胁苦满、脘腹胀痛、泛酸、泄泻等表现时，称为"木旺乘土"。反之，先有脾胃虚弱，不能耐受肝气的克伐，而出现头晕乏力、纳呆嗳气、胸胁胀满、腹痛泄泻等表现时，称为"土虚木乘"。

相侮，是反向克制致病。形成相侮亦有两种情况：一是太过相侮，是指由于某脏过于亢盛，导致其所不胜无力克制而反被克的病理现象。如肺金本能克制肝木，由于暴怒而致肝火亢盛，肺金不仅无力制约肝木，反遭肝火之反向克制，而出现急躁易怒、面红目赤，甚则咳逆上气、咯血等肝木反侮肺金的症状，称为"木火刑金"。二是不及相侮，是指由于某脏虚损，导致其所胜之脏出现反克的病理现象。如脾土虚衰不能制约肾水，出现全身水肿，称为"土虚水侮"。

五行学说认为，按相生规律传变时，母病及子病情轻浅，子病及母病情较重；按照相克规律传变时，相乘传变病情较深重，而相侮传变病情较轻浅。

由于五行生克规律不能完全阐释五脏间复杂的生理关系，因而五脏间病变的相互影响也难完全以五行乘侮和母子相及规律来说明。《素问·玉机真藏论》说："然其卒发者，不必治于传，或其传化有不以次。"故应当从实际情况出发去把握疾病的传变。

（三）用于疾病诊断

1. 确定病变部位　五行学说以事物五行属性归类和生克乘侮规律确定五脏病变的部位，包括以本脏所主之色、味、脉来诊断本脏之病和以他脏所主之色、味、脉来确定五脏相兼病变。如面见青色，喜食酸味，脉见弦象，可以诊断为肝病；若脾虚患者，而面见青色，为木来乘土，是肝气犯脾。故《难经·六十一难》说："望而知之者，望见其五色，以知其病。闻而知之者，闻其五音，以别其病。问而知之者，问其所欲五味，以知其病所起所在也。切脉而知之者，诊其寸口，视其虚实，以知其病，病在何脏腑也。"

笔记栏

2. 推断病情轻重顺逆 由于内脏疾病及其相互关系的异常变化，皆可从面部色泽的变化中表现出来。因此可以根据主色和客色的变化，以五行的生克关系为基础，来推测病情的顺逆。主色是指五脏的本色，客色为应时之色。主色胜客色，其病为逆；反之，客色胜主色，其病为顺。清代吴谦《医宗金鉴·四诊心法要诀》说："肝青心赤，脾脏色黄，肺白肾黑，五脏之常。脏色为主，时色为客。春青夏赤，秋白冬黑，长夏四季色黄。常则客胜主善，主胜客恶。"

将色诊和脉诊结合，即色脉合参，可以根据五行生克规律来推断疾病的预后。如肝病色青而见弦脉，色脉相符；如果不得弦脉而反见浮脉，则属相胜之脉，即克色之脉，为逆，预后不佳；若得沉脉，则属相生之脉，即生色之脉，为顺，预后较好。《灵枢·邪气藏府病形》说："见其色而不得其脉，反得其相胜之脉，则死矣。得其相生之脉，则病已矣。"

（四）指导疾病治疗

1. 确定治则治法 即以五行相生相克规律来确定疾病的治疗原则和方法。

(1) 依据相生规律确定治则和治法：临床上运用五行相生规律来治疗疾病，其基本治疗原则是补母和泻子，即"虚则补其母，实则泻其子"(《难经·六十九难》)。

补母，是指一脏之虚证，不仅需补益本脏以使之恢复，同时还要依据五行相生的次序，补益其"母脏"，通过"相生"作用而促其恢复。补母适用于母子关系的虚证。如肝血不足，除须用补肝血的药物外，还可以用补肾益精的方法，通过"水生木"的作用促使肝血的恢复。

泻子，是指一脏之实证，不仅需泻除本脏亢盛之气，同时还可依据五行相生的次序，泻其"子脏"，根据"气舍于其所生"的机制，以泻除其"母脏"的亢盛之气。泻子适用于母子关系的实证。如肝火炽盛，除需用清泻肝火的药物外，还可用清泻心火的方法，消除亢盛的肝火。

依据五行相生规律确定的治法，常用的有滋水涵木法、益火补土法、培土生金法和金水相生法四种。

滋水涵木法：是滋肾阴以养肝阴的治法，又称滋肾养肝法、滋补肝肾法。适用于肾阴亏损而肝阴不足，甚或肝阳上亢之证。

益火补土法：是温肾阳以补脾阳的治法，又称温肾健脾法、温补脾肾法。适用于肾阳衰微而致脾阳不振之证。按五行生克次序来说，心属火，脾属土，火不生土应当是心火不生脾土，而益火补土应当是温心阳以暖脾土。但命门学说认为命门之火具有温煦脾土的作用。因此，目前临床上多将"益火补土"法用于肾阳(命门之火)衰微而致脾失健运之证，而少指心火与脾阳的关系。

培土生金法：是健脾益气以补益肺气的治法。主要用于脾气虚衰，生气无源，以致肺气虚弱或肺气虚衰兼见脾运不健的肺脾两虚证。

金水相生法：是滋养肺肾之阴的治法，亦称滋养肺肾法。主要用于肺阴亏虚，不能滋养肾阴，或肾阴亏虚，不能滋养肺阴的肺肾阴虚证。

(2) 依据相克规律确定治则和治法：临床上运用五行相克规律来治疗疾病，其基本治疗原则是抑强扶弱。

抑强，适用于相克太过引起的相乘和相侮。如肝气横逆，乘脾犯胃，出现肝脾不调、肝胃不和之证，称为"木旺乘土"，治疗应以疏肝平肝为主。又如木本克土，若土气壅滞，或脾胃湿热或寒湿壅脾，不但不受木之所克，反而侮木，致使肝气不得疏达，称为"土壅木郁"，治疗应以运脾祛邪除湿为主。

扶弱，适用于相克不及引起的相乘和相侮。如脾胃虚弱，肝气乘虚而入，导致肝脾不和之证，称为"土虚木乘"或"土虚木贼"，治疗应以健脾益气为主。又如土本制水，但由于脾气虚弱，不仅不能制水，反遭肾水之反克而出现水湿泛滥之证，称为"土虚水侮"，治疗应以健脾为主。

依据五行相克规律确定的治法，常用的有抑木扶土法、培土制水法、佐金平木法和泻南补北法四种。

抑木扶土法：是疏肝健脾或平肝和胃以治疗肝脾不和或肝气犯胃病证的治法，又称疏肝健脾法、调理肝脾法或平肝和胃法。适用于木旺乘土或土虚木乘之证。

笔记栏

培土制水法：是健脾利水以治疗水湿停聚病证的治法，又称为敦土利水法。适用于脾虚不运，水湿泛滥而致水肿胀满之证。

佐金平木法：是滋肺阴清肝火以治疗肝火犯肺病证的治法，也可称为“滋肺清肝法”。适用于肺阴不足，右降不及的肝火犯肺证。若属肝火亢盛，左升太过，上炎侮肺，耗伤肺阴的肝火犯肺证，当清肝平木为主，兼以滋肺阴以肃降肺气为治。

泻南补北法：是泻心火补肾水以治疗心肾不交病证的治法，又称为泻火补水法、滋阴降火法。适用于肾阴不足，心火偏旺，水火不济，心肾不交之证。因心主火，火属南方；肾主水，水属北方，故称泻南补北法。

2. 防止疾病传变　五脏中一脏有病，可以传及其他四脏。如肝有病可以影响到心、肺、脾、肾等脏。心、肺、脾、肾有病也可以影响肝脏。因此，临床治疗时除对所病本脏进行治疗之外，还要依据其传变规律，治疗其他脏腑，防止传变。如肝气太过，或郁结或上逆，木亢则乘土，病将殃及脾胃，此时应在疏肝平肝时预先培其脾气，使肝气得平，脾气得健，以免肝病传脾。如《难经·七十七难》所说：“见肝之病，则知肝当传之于脾，故先实其脾气。”

疾病的传变与否，主要取决于脏气的有盛有衰。“盛则传，虚则受”，是五脏疾病传变的基本规律。在临床实践中，既要根据五行的生克乘侮关系调整太过与不及，防患于未然，又要依据具体病情辨证施治，切勿机械地套用。

3. 配伍脏腑用药　不同的药物，气味不同，有酸、苦、甘、辛、咸五味。药物的五味与五脏的关系是按照五行归属来确定的，即：酸入肝，苦入心，甘入脾，辛入肺，咸入肾。不同脏腑的病变宜选择其亲和之味，如白芍、山茱萸味酸入肝经以补肝之精血；丹参味苦入心经以活血安神；石膏味辛入肺经以清肺热；白术味甘以补益脾气；生地黄味咸入肾经以滋养肾阴等。临床脏腑用药，除五味外，还必须结合药物的四气(寒、热、温、凉)和升降浮沉等理论综合应用。

4. 选取针灸腧穴　针灸学将手足十二经近手足末端的井、荥、输、经、合“五输穴”，分别配属于木、火、土、金、水五行。在治疗脏腑病证时，根据不同的病情以五行的生克规律进行选穴治疗。如治疗肝虚证时，根据“虚则补其母”的原则，取肾经的合穴(水穴)阴谷，或本经合穴(水穴)曲泉进行治疗。若治疗肝实证，根据“实则泻其子”的原则，取心经荥穴(火穴)少府，或本经荥穴(火穴)行间治疗，以达到补虚泻实之效。

5. 指导情志相胜　人的情志活动，是五脏功能之一，而情志活动异常，又会损伤相应内脏。由于五脏之间存在相克的关系，故人的情志变化也有相克作用。临床上可以运用情志的相互制约关系来达到调整情志治疗疾病的目的。如“怒伤肝，悲胜怒……喜伤心，恐胜喜……思伤脾，怒胜思……忧伤肺，喜胜忧……恐伤肾，思胜恐”(《素问·阴阳应象大论》)。这就是情志病治疗中的“以情胜情”之法。

(董尚朴　张明泉)

笔记栏

第二章　藏　　象

导　学

本章主要介绍藏象的概念，藏象学说的形成与特点，五脏、六腑、奇恒之腑的生理特点，五脏的生理功能、生理特性及其与形、窍、志、液、时的关系，六腑和奇恒之腑的生理功能和生理特性，脏腑之间的关系等。

通过学习，掌握藏象的概念，五脏、六腑、奇恒之腑的生理特点，五脏的生理功能、生理特性及其与形、窍、志、液、时的关系；熟悉藏象学说的特点，六腑和奇恒之腑的生理功能和生理特性，脏腑之间的关系；了解藏象学说的形成，以及心包络和精室。

藏象学说是研究人体脏腑的形态结构、生理功能、病理变化、相互关系及其与气血津液相互关系的理论，是中医学理论体系的核心。中医学以古代解剖知识为基础，运用以象测藏的方法，通过对人体生理、病理现象的观察，并经过长期的临床实践总结，确立了脏腑的生理功能及其与形体官窍的关系，并将脏腑功能与外在环境相联系。在古代哲学的影响下，建立了以五脏为中心，六腑相配合，气血津液为物质基础，外与形体官窍、自然环境密切相关的五大功能系统，形成了中医学特有的藏象理论。

第一节　概　　论

一、藏象的概念

藏象，是指藏于体内的内脏及其表现于外的生理病理征象及与自然界相通应的事物和现象。“藏象”，首见于《素问·六节藏象论》：“帝曰，藏象何如？岐伯曰：心者，生之本，神之变(处)也，其华在面，其充在血脉，为阳中之太阳，通于夏气。”张介宾《类经·藏象类》云：“象，形象也。藏居于内，形见于外，故曰藏象。”

“藏”，是藏于体内的内脏，包括五脏、六腑和奇恒之腑。由于藏象系统是以五脏为中心的，故“藏”之所指，是以五脏为中心的五个生理病理系统。

“象”，是这五个系统的外在现象和比象，其含义有二：一是指表现于外的生理病理征象，如“肝病者，两胁下痛引少腹，令人善怒”(《素问·藏气法时论》)等；二是指内在五个生理病理系统与外在自然环境的事物现象类比所获得的比象，如心气通于夏，“南方赤色，入通于心”(《素问·金匮真言论》)等。中医学正是通过观察外在征象来研究内脏的活动规律，认识内脏的实质，即所谓“视其外应，以知其内脏”(《灵枢·本藏》)。一般说来，任何外见的表象都有一定的内在形态学基础，自然界的各种变化与内脏的功能活动也有一定的通应联系。“藏象”把形与象有机地结合起来，较确切地反映了中医学对人体生理活动的认识方法。

“藏”与脏器的概念不同。脏器是一个形态学、解剖学概念，是指机体内实体器官的总称。其功能是通过直接对该器官的解剖分析而获得。而“藏”是中医学特有的概念，虽有一定的解剖学知识为基础，但中医学的整体观察和“以象测藏”的认识方法，决定了“藏”的结构是一个在形态性结构框

笔记栏

架的基础上赋予了功能性结构的成分，而形成的形态功能统一的结构。如心“如倒垂莲蕊”的形态及“主血脉”的功能，无疑是通过解剖分析而发现的，而其“主神志”的功能则是通过整体观察推理而赋予心的。因此“藏”的概念，不仅是一个解剖学概念，而更重要的还是一个生理病理学概念，一个功能单位的概念。所以虽然藏象学说中的各脏腑名称与西医解剖学的脏器名称大致相同，但在生理和病理含义中，其内涵却大不一样。藏象学说中的一个脏腑的生理功能，可能包含着西医解剖生理学中几个脏器的生理功能，而西医解剖生理学中的一个脏器的功能，亦可能分散在藏象学说的几个脏腑的生理功能之中。

二、藏象学说的形成

藏象学说在《黄帝内经》中已基本形成一个完整的理论。藏象学说的形成基础，大致有以下几方面。

（一）古代解剖学的认识

追溯藏象理论的形成之源，可发现古代解剖知识不仅为藏象理论的产生奠定了形态学基础，而且古人还在这些形态学知识的基础上，认识了内脏的某些功能。

早在远古时期，人们通过宰杀猎物及解剖战后的尸体，即对动物及人体内部器官进行了早期的观察。随着医药活动的开展，人们迫切需要了解人体内部器官的部位与形态，因此，人们对人体器官的观察成为比较自觉的行动，并力求和医疗实践结合起来。

春秋战国时期，古人对脏腑的形态已有了一定的认识，并应用于医疗实践，如《史记·扁鹊仓公列传》记载了上古时期的名医俞跗已能对人体实施割腹治疾：“割皮解肌，决脉结筋，搦髓脑，揲荒爪幕，湔浣肠胃，漱涤五脏”，反映了当时已积累了一定的解剖学知识。《黄帝内经》对解剖人体观察脏腑更有详细的描述，如《灵枢·经水》说：“其死，可解剖而视之。其藏之坚脆，腑之大小，谷之多少，脉之长短，血之清浊……皆有大数。”《灵枢·肠胃》说：“咽门……至胃长一尺六寸。胃纡曲屈，伸之长二尺六寸，大一尺五寸，径五寸，大容三斗五升……肠胃所入至所出，长六丈四寸四分。”《难经》更详细论述了脏腑的形态、重量、容量、色泽等，如“肠胃凡长五丈八尺四寸”“肾有两枚”“胆在肝之短叶间，重三两三铢，盛精汁三合”等，且有“七冲门”(自口唇至肛门的消化道的七个器官的名称)的记载。中医学对人体一些较为简单的脏腑生理功能的认识，如心主血脉、肺主呼吸、胃为水谷之海、大肠主传化糟粕等，大多是在形态学知识的基础上建立的。

（二）长期生活与医疗实践的观察积累

古代解剖学是比较粗浅的，对人体复杂深奥的生理病理现象还难以作出明确的解释。因此，古人采用了“有诸内，必形诸外”“视其外应，以知其内脏”以及“取象类比”思维方法来认识人体脏腑的功能。通过对人体生命现象的整体观察，分析人体对不同环境条件和外界刺激所作出的不同反应，来认识人体的生理、病理规律，这是藏象学说形成的主要依据。例如，通过解剖观察，发现心位于胸中并与脉管相连。又观察到，血液是在经脉内不停流动着，并且与心脏搏动有着内在联系。如果心跳停止，则血液也就不再流动，神志亦就很快丧失，从而形成了“心主血脉”“心主神志”的理论。再如感冒，由于皮肤汗孔开合失常而见无汗，并见鼻塞、咽喉疼痛、咳嗽等症，并可影响及呼吸之通畅，从而发现皮毛、鼻、喉、肺之间有着密切的关系。经过长期的观察与验证，因而形成了“肺主呼吸”“肺合皮毛”“肺开窍于鼻”“喉为肺之门户”等理论概念。通过临床疗效来探索和反证脏腑的生理病理，又使藏象理论不断得到丰富充实和修正完善。如进食某些动物的肝脏或从治肝入手，可治疗某些眼疾，从而得知肝与目之间存在着内在联系，形成了“肝主目”的理论概念。

（三）古代哲学思想的渗透

以精气、阴阳、五行学说为代表的古代哲学思想渗透到中医学中，对藏象理论的形成及系统化起了重要作用。

阴阳学说渗透到中医学中，用以说明人体的部位、功能等多个方面。在藏象学说中，分脏腑为阴阳，分气血为阴阳，分精气为阴阳。五行学说对中医学最重要的影响在于它促进了五行藏象体系

笔记栏

的建立。五行藏象体系是古代医家借助五行，运用取象比类、推演络绎方法建立的一个以五脏为中心的整体宏观模式。它将复杂的人体组织结构划分为五个功能系统，每个系统都以五脏为核心，联系六腑、五官、九窍、五体、五志，体现了人体整体功能的统一、形神的统一。并将人体内部的五个系统与外部自然界的五方、五时、五气、五化、五色、五味等相联系，体现了人与自然环境的统一性。五行藏象体系的建立，使中医学脏腑的概念逐渐由形态学实体演变为功能态模型。

总之，藏象学说是古代医家在长期生活医疗实践中，以古代解剖知识为基础，认识了内脏的某些功能，在此基础上，运用察外知内、取象类比、整体观察等方法，观察到内在脏腑反映于外的各种征象，经过概括、抽象、推理，逐步归纳出来的。藏象理论正是古人将客观所见的形态与主观推理所得的认识结合在一起而构筑的理论体系。

三、藏象学说的特点

以五脏为中心的系统整体观是藏象学说的基本特点。藏象学说的研究对象是具有生命活力的人，人体是一个以五脏为中心的、极其复杂的有机整体，人体各部分之间，在形态结构、生理功能和病理变化上都有着密切联系，并相互影响。具体体现在以下几个方面。

(一) 五脏一体观

藏象学说认为五脏、六腑、形体官窍是一个整体。人体以五脏为中心，通过经络系统“内属于脏腑，外络于肢节”，把六腑、五体、五官、九窍、四肢百骸等全身组织器官联系成有机的整体，形成以五脏为核心的五大系统。在每个系统之中，脏与腑相表里，五脏藏蓄精气，主持气化，居于核心地位，六腑的功能从属于五脏，奇恒之腑贮藏的精气也源于五脏。五脏功能健旺，人体其他器官活动才能正常，身体才能强壮。故《素问·脉要精微论》说：“五藏者，中之守也”；“得守则生，失守则死。”同时，五大系统之间并非孤立，通过经络及气血津液密切协调、配合，相互资助又相互制约，维持着整体生命活动。在五脏中，心又为一身之大主，在心的主导下，全身脏腑器官的功能活动才能达到协调统一。故《灵枢·口问》说：“心者，五藏六腑之主也。”藏象学说的整体观，还强调五脏与形体官窍之间有密切的联系，是一个有机的整体。一体一窍皆与五脏密切相关，如心，其华在面，其充在血脉，开窍于舌等。

(二) 形神一体观

藏象学说认为，五脏除贮藏精气外，还藏神；人的精神情志、意识思维活动与五脏的生理活动密切相关；人体的心理活动是由心主宰，而分属于五脏。《素问·宣明五气》说：“心藏神，肺藏魄，肝藏魂，脾藏意，肾藏志。”情志活动本由五脏精气化生，《素问·阴阳应象大论》说“人有五藏化五气，以生喜怒悲忧恐。”故情志活动对应于五脏，心在志为喜，肝在志为怒，脾在志为思，肺在志为忧，肾在志为恐，五脏共同维持着心理活动的正常进行。

(三) 天人一体观

五脏与自然相通应。藏象学说应用五行学说将自然界的五时、五方、五气、五化等与人体五大功能系统联系，构成了人体内外环境相应的统一体。如以季节气候而言，“五脏应四时”，肝通于春气、心通于夏气、脾通于长夏、肺通于秋气、肾通于冬气。以此说明人体生理病理变化与季节气候的关系及对预防养生的重要意义。

总之，藏象学说是以五脏为中心，将人体的内脏、形体诸窍和心理活动都归属于五脏，以五脏的功能活动及其相互关系来阐释人体内环境及与外环境的协调统一。

四、五脏、六腑与奇恒之腑的生理特点

笔记栏

脏腑分为脏、腑和奇恒之腑三类。脏有五，即心、肺、脾、肝、肾，合称五脏(在经络学说中，心包亦作为脏，故又称“六脏”)。腑有六，即胆、胃、小肠、大肠、膀胱、三焦，合称六腑。奇恒之腑亦有六，即脑、髓、骨、脉、胆、女子胞。

生理功能特点的不同，是区分脏与腑的主要依据。五脏共同的生理特点是化生、贮藏精气和藏

神,六腑共同的生理特点是受盛和传化水谷。如《素问·五藏别论》说:"所谓五藏者,藏精气而不泻也,故满而不能实;六腑者,传化物而不藏,故实而不能满也。"简明扼要地概括了五脏与六腑各自的生理特点,阐明了两者之间的主要区别。所谓"满而不实""实而不满",是强调五脏的精气宜保持充满,但必须流通布散而不应呆滞;六腑内应有水谷食物,但必须不断传导变化,以保持虚实更替永不塞满的状态。唐代王冰注云:"精气为满,水谷为实。五脏但藏精气,故满而不实;六腑则不藏精气,但受水谷,故实而不能满也。"

奇恒之腑在形态上中空有腔与六腑相类,功能上贮藏精气与五脏相同,与五脏和六腑都有明显区别,故称之。如《素问·五藏别论》说:"脑、髓、骨、脉、胆、女子胞,此六者,地气之所生也,皆藏于阴而象于地,故藏而不泻,名曰奇恒之府。"

由上可见,五脏的生理功能特点是藏精气和藏神,藏而不泻,满而不能实。六腑的生理功能特点是传化水谷,泻而不藏,实而不能满;六腑除胆外,一般与神志活动无直接关系。奇恒之腑的特点为形态似腑,功能同脏,奇恒之腑除脑、胆外,亦与神志活动无直接关系。

中医五脏六腑的生理特点,对临床辨证论治有重要指导意义。一般说来,病理上脏病多虚,腑病多实,故治疗上五脏多补、六腑多泻。

此外,因为藏象学说是以五脏为中心,六腑配属于五脏,所以中医学在论述脏腑生理功能及病理变化时,多详于脏而略于腑。

第二节　五　　脏

五脏,即心、肺、脾、肝、肾的合称。五脏的共同生理特点是化生和贮藏精气,并主藏神,故有"五神脏"之称。五脏的功能各有不同,但又彼此协调,共同维持正常人体的生命活动,同时,五脏的生理活动又与自然环境的变化及精神情志因素密切相关。在经络学说中,心包也作为一脏,故又有"六脏"之称。

本节主要从生理功能、生理特性、及与形、窍、志、液、时的关系的角度,来阐述五脏。

一、心

心位于胸腔之内,横膈之上,外有心包裹护,内有孔窍相通。《类经图翼·经络》说:"心象尖圆,形如莲蕊。"

心的主要生理功能是:主血脉,主藏神。由于心的主血脉和主藏神功能起着主宰人体整个生命活动的作用,故称心为"君主之官""生之本""五脏六腑之大主"。心的生理特性是为阳脏而主通明。

心在体合脉,其华在面,在窍为舌,在志为喜,在液为汗。手少阴心经与手太阳小肠经相互属络于心与小肠,相为表里。心在五行属火,为阳中之阳,与自然界夏气相通应。

(一) 生理功能

1. 主血脉　心主血脉,主,有主司、管理之意。所谓心主血脉,即指心气推动血液在脉道内运行、化生血液,营养周身的生理功能。包括主血和主脉两个方面。

(1) 主血:有运血和生血两个方面的含义。

运血:是心主血的基本内涵。是指心气推动血液运行周身,以营养全身脏腑形体官窍的作用。人体各脏腑器官、四肢百骸、肌肉皮毛以及心脉自身,皆有赖于血液的濡养,才能发挥其正常的生理功能,以维持生命活动。血液的运行与五脏功能密切相关,其中主要依赖心气的推动和调控作用。心气充沛,心阴与心阳协调,心脏搏动有力,频率适中,节律一致,血液才能正常地输布全身,发挥其濡养作用。若心气不足,心脏搏动无力,或心阴不足,心脏搏动过快而无力,或心阳不足,心脏搏动迟缓而无力,均可导致血液运行失常。

生血:指心有生血的作用,即《黄帝内经》所谓"奉心化赤"的功能。饮食水谷经脾胃之气的运

笔记栏

化,化为水谷之精,水谷之精再化为营气和津液,营气和津液入脉,经心火(即心阳)的作用,化为赤色血液,即《素问·经脉别论》所谓"浊气归心,淫精与脉。"清代唐宗海《血证论》说:"火者,心之所主,化生为血液以濡养周身。"若心阳虚衰,可致血液化生障碍。

可见,心有总司一身血液的运行及生成的作用。

(2)主脉:脉即脉管,是容纳和运输血液的通道,故脉有"血府"之称。营气与血并行于脉中,故《灵枢·决气》说:"壅遏营气,令无所避,是谓脉。"心主脉,是指心气推动和调控心脏的搏动和脉管的舒缩,使脉道通利,血流通畅。心与脉直接相连,形成一个密闭循环的管道系统。心气充沛,心脏有规律的搏动,脉管有规律的舒缩,血液则被输送到各脏腑形体官窍,发挥濡养作用,以维持人体正常的生命活动。

心、脉、血三者密切相连,构成一个整体。血液在脉中正常运行,必须以心气充沛、血液充盈、脉管通利为基本条件。其中心气充沛,对血液循环系统生理功能的正常发挥起着主导作用,故说:"心主身之血脉"(《素问·痿论》)。

心气充沛,心阴与心阳协调,血液在脉管中周流不息,营养全身,则呈现面色红润光泽,脉象和缓有力等征象。若心气不充,行血无力,经脉壅塞不通,或阴阳失调,血脉失养,舒缩失常,则常见心悸怔忡或心胸憋闷疼痛,面色、唇舌青紫,脉弱无力或细涩或结代等。

2. 主藏神 心藏神,又称主神明或主神志,是指心有统帅全身脏腑、经络、形体、官窍的生理活动和主司精神、意识、思维、情志等心理活动的功能。故《素问·灵兰秘典论》说:"心者,君主之官也,神明出焉。"

神有广义和狭义之分。广义的神,是指整个人体生命活动的外在表现,如整个人体的形象以及面色、眼神、言语、应答、肢体活动姿态等,无不包含于神的范围。换句话说,凡是机体表现于外的"形征",都是机体生命活动的外在反映,也就是通常所说的"神气"。《素问·移精变气论》说的"得神者昌,失神者亡"就是指这种广义的神。狭义的神,即是心所主之神志,是指人的精神、意识、思维活动。这里所谓心藏之神,既是主宰人体生命活动的广义之神,又包括精神、意识、思维、情志等狭义之神。

在心神的主宰和调节下,人体的脏腑、经络、形体、官窍,各自发挥应有的生理功能,分工合作,共同完成整个机体生命活动。心神正常,则人体各脏腑的功能互相协调,彼此合作,全身安泰,故称心为"五藏六腑之大主"(《灵枢·邪客》)。同时,在藏象学说中将人的精神、意识、思维活动既分属于五脏,又主要归属于心的生理功能。《灵枢·本神》说:"所以任物者谓之心"。任,是接受、担任之义,即是具有接受外来信息的作用。张介宾在《类经》中指出:"心为脏腑之主,而总统魂魄,并该意志,故忧动于心则肺应,思动于心则脾应,怒动于心则肝应,恐动于心则肾应,此所以五志唯心所使也",又说:"情志之伤,虽五脏各有所属,然求其所由,则无不从心而发"。人的精神意识思维活动,虽可分属于五脏,但主要归属于心主神明的生理功能。因此,心主神明的生理功能正常,则精神振奋,神志清晰,思考敏捷,对外界信息的反应灵敏和正常。如果心主神志的生理功能异常,精神意识思维异常,则可见失眠、多梦、神志不宁,甚至谵狂等;或可出现反应迟钝、健忘、精神委顿,甚则昏迷、不省人事等临床表现。

心主神志的生理功能与心主血脉的生理功能密切相关、相互为用的。血液是神志活动的物质基础。心主血脉的生理功能是心主神志的前提和基础,如《灵枢·本神》说:"心藏脉,脉舍神",《灵枢·营卫生会》又说:"血者,神气也"。反之,心神对心主血脉的功能又有调控作用。因此,心主血脉的功能异常,多出现神志的改变;神志的异常,也常影响血的正常运行。

(二)生理特性

笔记栏

心的生理特性是:为阳脏而主通明。心在五行属火,为阳中之阳,故称为阳脏,又称"火脏",其意义在于强调心脏阳气的重要性,心之阳气有推动心脏搏动,温通全身血脉,兴奋精神,以使生机不息的作用。心主通明,是指血脉以通畅为本,心神以清明为要。血脉畅通,是维持正常血液循行的前提之一;心神清明,是指心神明朗清晰,神采奕奕,思维敏捷,是心主神明功能正常的表现。若心的阳气不足，失于温煦鼓动，既可导致血液运行瘀滞、神识衰弱，又可引起水谷运化障碍、水液代谢失常等。此外，心主神明，还因为"心为五脏六腑之大主"，人体各脏腑器官功能的协调，主要依靠神明之心的调控。故《素问·灵兰秘典论》说："主明则下安……主不明则十二官危。"

（三）与形、窍、志、液、时的关系

1. 在体合脉，其华在面 脉是指血脉。心合脉，即是指全身的血脉都属于心。华，是光彩之义。其华在面，即是心的生理功能是否正常，可以显露于面部的色泽变化。由于头面部的血脉极为丰富，如《灵枢·邪气藏腑病形》说："十二经脉，三百六十五络，其血气皆上于面而走空窍"，所以心气充沛，血脉充盈，脉道通畅，则面部红润有光泽；心气不足，则可见面色白、晦滞；心血不足则面色无华；心血瘀阻则面色青紫等。故《素问·五藏生成》也说："心之合脉也，其荣色也。"

2. 在窍为舌 心在窍为舌，又称心开窍于舌，是指心之精气盛衰及其功能常变可从舌的变化得以反映。因而观察舌的变化可以了解心的主血脉及藏神功能是否正常。

舌的功能是主司味觉和表达语言，所以《灵枢·忧恚无言》说："舌者，音声之机也。"舌的味觉功能和正确地表达语言，有赖于心主血脉和心主神志的生理功能，如果心的生理功能异常，可导致味觉的改变和舌强语謇等病理现象。所以《灵枢·脉度》说："心气通于舌，心和则舌能知五味矣。"由于舌面无表皮覆盖，血管又极其丰富，因此，从舌质的色泽可以直接察知气血的运行和判断心主血脉的生理功能。心开窍于舌，是古代医家通过长期对生理、病理现象的观察而得出的理论，而且《灵枢·经脉》说："手少阴之别……循经入于心中，系舌本。"故《素问·阴阳应象大论》说："心主舌"，心"在窍为舌"。心的功能正常，则舌体红活荣润，柔软灵活，味觉灵敏，语言流利。若心有病变，可以从舌上反映出来。若心之阳气不足，则舌质淡白胖嫩；心之阴血不足，则舌质红绛瘦瘪；心火上炎则舌红，甚至生疮；若心血瘀阻，则舌质暗紫或有瘀斑；心主神志的功能异常，则舌卷、舌强、语謇或失语等。

3. 在志为喜 心在志为喜，是指心的生理功能与喜有关。《素问·阴阳应象大论》说："在藏为心，在志为喜。"喜，一般来说属于对外界刺激产生的良性反应。喜乐愉悦有益于心主血脉的功能，所以《素问·举痛论》说："喜则气和志达，营卫通利。"但喜乐过度则可使心神受伤，如《灵枢·本神》说："喜乐者，神惮散而不藏。"从心主神志的功能状况来分析，又有太过与不及的变化。精神亢奋可使人喜笑不休，精神萎靡可使人易于悲哀，如《素问·调经论》说："神有余则笑不休，神不足则悲。"另外，心为神明之主，不仅喜能伤心，而且五志过极均能损伤心神。所以《灵枢·邪气藏府病形》说："愁忧恐惧则伤心。"

4. 在液为汗 汗液，是人体津液经过阳气的蒸化，从汗孔排出之液体。所以《素问·阴阳别论》说："阳加于阴谓之汗。"《温病条辨》亦说："汗也者，合阳气阴精蒸化而出者也。"汗液的排泄，有赖于卫气对腠理的开阖作用。腠理开，则汗出；腠理闭，则无汗。由于汗为津液所化生，血与津液又同出一源，均为水谷精气所化生，因此又有"血汗同源"之说，而心主血，故又有"汗为心之液"的说法。汗与心的这种内在联系具有一定的临床意义，如心气虚损，则可见自汗；心的阳气暴脱，即可见大汗淋漓等。反之，汗出过多，也可损伤心脏阳气。

5. 通于夏气 五脏和自然界的四时阴阳相通应，心与夏季在五行同属火，故心与夏气相通应。从五脏来说，心为阳中之阳，同气相求，故心之阳气在夏季最旺盛。一般说来，心脏疾患，特别是心阳虚衰的患者，其病情往往在夏季缓解，其自觉症状也有所减轻。而阴虚阳盛之体的心脏病和情志病，在夏季又往往加重。

附

心 包 络

心包络，简称心包，又可称"膻中"，是裹护在心脏外面的包膜，具有保护心脏的作用。心包的形态和部位，古人也有描述。《医学正传》说："心包络，实乃裹心之包膜也，包于心外，故曰心包络也。"《医贯》亦说："心之下有心包络，即膻中也，象如仰盂，心即居其中。"心居包络之中，膻中在心之外，所以《黄帝内经》比之为心之宫城，如《灵枢·胀论》说："膻中者，心主之宫城也。"在经络学说中，手厥阴经属于心包络，与手少阳三焦经相为表里，将心包络亦称为

笔记栏

脏。但在藏象学说中,认为心包络是心之外围,有保护心脏的作用,所以外邪侵袭于心,首先心包络受病。《灵枢·邪客》说:“心者,五藏六腑之大主,精神之所舍也,其藏坚固,邪弗能容也。容之则心伤,心伤则神去,神去则死矣。故诸邪之在于心者,皆在于心之包络。”所以,在温病学说中,将外感热病中出现的神昏、谵语等症,称之为“热入心包”或“蒙蔽心包”。

二、肺

肺位于胸腔,左右各一,覆盖于心之上。肺在五脏中位置最高,覆盖诸脏,故有“华盖”之称。肺上连气道、咽喉、口鼻,并通过口鼻与外界直接相通,故有“喉为肺之门户”“鼻为肺之外窍”等称谓。

肺的主要生理功能是:主气司呼吸,通调水道,朝百脉,主治节。肺的生理特性是主宣发和肃降。肺在体合皮,其华在毛,在窍为鼻,在志为悲(忧),在液为涕。手太阴肺经与手阳明大肠经相互属络于肺与大肠,相为表里。肺在五行中属金,为阳中之阴,与自然界秋气相通应。

(一)生理功能

1. 主气,司呼吸 肺主气,是指肺主司人体一身之气的生成、运行及实现体内外气体交换的功能。气,是构成人体和维持人体生命活动的基本物质,全身的气均由肺来主持管理。肺主气包括主呼吸之气与主一身之气两方面。

(1)主呼吸之气:肺主呼吸之气,是指肺是体内外气体交换的场所,通过肺的呼吸,吸入自然界的清气,呼出体内的浊气,实现了体内外气体的交换。通过不断的呼浊吸清,吐故纳新,保证了人体新陈代谢的正常进行。《素问·阴阳应象大论》说:“天气通于肺。”

(2)主一身之气:肺主一身之气,是指一身之气都归属于肺,由肺所主。《素问·五藏生成》说:“诸气者,皆属于肺。”肺主一身之气,首先体现于气的生成方面,特别是宗气的生成,主要依靠肺吸入的清气与脾胃运化的水谷精气相结合。因此,肺的呼吸功能健全与否,直接影响着宗气的生成,也影响着全身之气的生成。其次,肺主一身之气,还体现于对全身的气机具有调节作用。肺的呼吸运动,即是气的升降出入运动。肺有节律的一呼一吸,对全身之气的升降出入运动起着重要的调节作用。陈念祖(字修园)《医学实在易》说:“气通于肺脏,凡脏腑经络之气,皆肺气之所宣。”

肺主司呼吸是主一身之气的基础,也就是说,肺主一身之气的功能取决于肺主呼吸之气的功能。肺的呼吸均匀和调,是气的生成和气机调畅的根本条件。反之,呼吸功能失常,必然会影响宗气的生成和气的运动。一般来说,肺主气的生理功能失常,一方面表现为呼吸功能失常,如肺气不足可见呼吸无力,动则气喘;肺气壅塞而致咳喘胸闷,声高息粗等症;另一方面则可表现为主一身之气的功能失常,宗气的生成、运动障碍,导致全身功能减退,可见身倦乏力,语声低微或血循环不畅及水液代谢障碍等病变。

2. 通调水道 通,即疏通;调,即调节;水道,是水液运行和排泄的道路。肺通调水道的功能,是指肺的宣发和肃降对体内水液的输布、运行和排泄起着疏通和调节的作用。肺主宣发,不但将津液和水谷精微向上、向外宣发至全身,而且在卫气的调节作用下,化生汗液而排出;肺气肃降,将体内的水液不断地向下输送,至其他脏腑以濡润之,并将多余的水液进一步下输至肾,在肾气化生成尿而排出体外。由于肺位于人体的上焦,肺的宣发与肃降对水液代谢具有重要的疏通调节作用,故有“肺为水之上源”“肺主行水”之说。

当肺的宣发、肃降的功能失调,可导致水液代谢障碍,出现咳喘痰多、尿少、颜面周身浮肿等。中医学常用“宣肺化痰”“宣肺利水”的方法治疗,即是肺主通调水道理论在临床上的具体应用。

3. 朝百脉,主治节 肺朝百脉,是指全身的气血均通过经脉朝会于肺,在肺气的协助下,将气血输送到全身。正如《素问·经脉别论》说:“食气入胃,浊气归心,淫精于脉,脉气流经,经气归于肺,肺朝百脉,输精于皮毛……”肺朝百脉有两个方面的生理意义:一是血朝会于肺,进行气体交换;二是肺助心行血,反映了气能行血的气血关系。若肺气虚弱或壅塞,不能助心行血,则可导致心血运行不畅,甚至血脉瘀滞,出现心悸胸闷、唇青舌紫等症。

笔记栏

肺主治节,是指肺气具有治理调节肺之呼吸及全身之气、血、水的作用。《素问·灵兰秘典论》

说:“肺者,相傅之官,治节出焉。”肺主治节的生理作用主要表现在四个方面:一是治理调节呼吸运动:肺气的宣发与肃降作用协调,维持通畅均匀的呼吸,使体内外气体得以正常交换;二是调理全身气机:通过呼吸运动,调节一身之气的升降出入,保持全身气机调畅;三是治理调节血液的运行:通过肺朝百脉和气的升降出入运动,辅佐心脏,推动和调节血液的运行;四是治理调节津液代谢:通过肺气的宣发与肃降,治理和调节全身水液的输布与排泄。由此可见,肺主治节,是对肺的主要生理功能的高度概括。

（二）生理特性

1. 宣发与肃降　肺主宣发,是指肺气向上升宣和向外周布散的生理特性。肺气宣发主要体现在以下几个方面:一是宣发卫气,护卫肌表,抗御外邪,并调节腠理开合,控制汗液的排泄;二是宣散水谷精微和津液,布散周身,滋养脏腑,润泽皮毛;三是通过宣发,呼出体内浊气,完成气体交换。若肺气失宣,则不能宣发卫气至体表,卫气功能降低、常见自汗出,易感外邪;若肺气失宣,津液不能及时布散,水液停聚,常导致痰饮、水肿等;肺气不宣,体内浊气不能及时排出,可见胸闷、喘咳、呼吸困难等。

肺主肃降,是指肺气向内向下清肃通降的生理特性。肺气肃降主要体现在以下几个方面:一是肺气通过肃降,吸入自然界之清气,与宣发相反相成,完成气体交换;二是向下布散水谷精微和津液;三是肃清呼吸道的异物,保持呼吸的通畅。若肺失肃降,清气不能下行反而上逆,可见胸闷、喘咳、呼吸急促表浅;水津不能及时向下输布,可见小便不利、痰饮水肿等;肺气失降,异物不得肃清,可见咳嗽、痰多、呼吸不畅等。

肺气的宣发与肃降,是肺司呼吸、主一身之气机、行水、朝百脉等各种生理功能的基础。肺的宣发和肃降,是相互制约、相互为用的两个方面,在病理情况下,常常相互影响,故当各种原因影响肺气的宣发与肃降而出现相应的临床表现,往往总称“肺失宣降”。

2. 肺为娇脏　娇,即娇嫩之意。肺为娇脏,是对肺的生理病理特征的概括。肺为清虚之体,外合皮毛,开窍于鼻,与天气直接相通,故各种外邪多易直接犯肺。此外,肺叶娇嫩,不耐寒热,易受邪侵,无论外感、内伤及他脏的病变常影响到肺脏,故称之为“娇脏”。因肺叶娇嫩的特性,若肺一旦受邪,治疗当以“治上焦如羽,非轻不举”为法则,用药以轻清、宣散为贵,过寒过热过润过燥之剂皆所不宜。

（三）与形、窍、志、液、时的关系

1. 在体合皮,其华在毛　皮毛,包括皮肤、汗腺、毫毛等组织,是一身之表。依赖于卫气和津液的温养和润泽,成为抵御外邪侵袭的屏障。由于肺具有宣发卫气,输精于皮毛等生理功能,故《素问·五藏生成》说:“肺之合皮也,其荣毛也”。肺的生理功能正常,则皮肤致密,毫毛光泽,抵御外邪侵袭的能力较强;反之,肺气虚,宣发卫气和输精于皮毛的生理功能减弱,则卫表不固,抵御外邪侵袭的能力低下,可出现多汗和易于感冒,或皮毛憔悴枯槁等现象。

汗孔又称作“气门”,汗孔不仅排泄汗液,也随着肺的宣散和肃降进行着体内外的气体交换,唐宗海在《医经精义》中指出,皮毛亦有“宣肺气”的作用。另外,由于肺和皮毛相合,所以在外邪侵犯皮毛,腠理闭塞,卫气郁滞的同时,也常常影响及肺,而致肺失宣降,症见胸闷咳喘等。

2. 在窍为鼻,喉为肺之门户　鼻为肺之窍,鼻与喉相通而连于肺,鼻与喉皆是呼吸道的重要部分。肺通过鼻窍与外界直接相通。鼻的主要生理功能有两方面:一是通气功能,鼻、喉本身即是呼吸道的一部分,其通畅与否,直接关系肺的呼吸功能。二是嗅觉功能,可分辨各种气味。鼻的通气和嗅觉功能均依赖于肺气的作用,如《灵枢·脉度》说:“肺气通于鼻,肺和则鼻能知香臭矣。”喉主通气和发声,须依赖于肺气才能完成,故称喉为肺之门户。在病理情况下,肺的功能失常,常引发鼻与喉的病变,可见鼻塞、流涕、喷嚏、喉痒、喉痛、音哑或失音等。而外邪侵袭,也常从口鼻而入,内合于肺。

3. 在志为忧(悲)　肺在志为忧(悲)。《素问·阴阳应象大论》说:“在藏为肺……在志为忧。”忧和悲的情志变化,虽略有不同,但其对人体生理活动的影响是大体相同的,因而忧和悲同属肺志。

笔记栏

忧愁和悲伤，均属于非良性的情绪反映，它对于人体的主要影响，是使气不断地消耗，如《素问·举痛论》说："悲则气消……悲则心系急，肺布叶举，而上焦不通，营卫不散，热气在中，故气消矣。"由于肺主气，所以悲忧易于伤肺。反之，在肺虚时，机体对外来非良性刺激的耐受性就会下降，从而易于产生悲忧的情绪变化。

4. 在液为涕　涕，即鼻涕，为鼻黏膜的分泌液，有润泽鼻窍的作用。肺功能是否正常，能从涕的变化中得以反映。如肺气充足，则鼻涕润泽鼻窍而不外流。若寒邪袭肺，肺气失宣，肺之精津被寒邪所凝而不化，则鼻流清涕；肺热壅盛，则可见喘咳上气，流涕黄浊；若燥邪犯肺，则又可见鼻干而痛。

5. 通于秋气　肺与秋同属于五行之金。时至秋日，暑去而凉生，草木皆凋。人体肺脏主清肃下行，为阳中之阴，同气相求，故与秋气相应。此时，人体气血运行也随"秋收"之气而衰落，逐渐向"冬藏"过渡。故养生家强调，人气亦当顺应秋气而渐收。如《素问·四气调神大论》云："秋三月……使志安宁，以缓秋刑；收敛神气，使秋气平；无外其志，使肺气清。此秋气之应，养收之道也。"在生理上肺为清虚之体，性喜清润，与秋季气候清肃、空气明润相通应。病理上，秋季气候干燥，容易伤害肺津，引起口鼻干燥、干咳少痰、痰少而黏的肺燥证。

三、脾

脾位于中焦，横膈以下的腹腔内，与胃以膜相连。

脾的主要生理功能是：主运化，统摄血液，主升清。《素问·太阴阳明论》说："脾与胃以膜相连"。脾胃同居中焦，是人体对饮食物进行消化、吸收并输布其精微的主要脏器。人出生之后，生命活动的继续和精气血津液的化生和充实，均赖于脾胃运化的水谷精微，故脾胃有"后天之本""气血生化之源"之称。脾为太阴湿土，又主运化水液，故其性喜燥恶湿。

脾在体合肌肉而主四肢，在窍为口，其华在唇，在志为思，在液为涎。足太阴脾经与足阳明胃经相互属络于脾与胃，相为表里。脾在五行属土，为阴中之至阴，与长夏之气相通应，旺于四时。

（一）生理功能

1. 主运化　运，即运送转输；化，即消化吸收。脾主运化，是指脾具有把水谷（饮食物）化为精微，并将精微物质转输至全身的生理功能。脾主运化，包括运化水谷和运化水液两个方面。

(1) 运化水谷：即是对饮食物的消化和吸收。饮食入胃后，先化（化生精微）后运（运送至周身），由脾的气化功能，将水谷化为精微；再由脾的转输和散精功能，把水谷精微"灌溉四旁"和布散至全身。如《素问·经脉别论》说："食气入胃，散精于肝……浊气归心，淫精于脉"和"饮入于胃，游溢精气，上输于脾，脾气散精，上归于肺"，以及《素问·厥论》说："脾主为胃行其津液者也"等，都是说明饮食物中营养物质的吸收，全赖于脾的转输和散精功能。因此，脾的运化水谷精微功能旺盛，则机体的消化吸收功能才能健全，才能为化生精、气、血、津液提供足够的养料，才能使脏腑、经络、四肢百骸，以及筋肉皮毛等组织得到充分的营养，而进行正常的生理活动。反之，脾的运化水谷精微的功能失常，称为脾失健运，可见腹胀、便溏、食欲不振，以至倦怠、消瘦和气血生化不足等病变。所以说："脾胃为后天之本，气血生化之源"。

(2) 运化水液：亦称"运化水湿"，是指脾对水液的吸收、转输和布散作用，是脾主运化的重要组成部分。脾运化水液的功能包括两个方面：一是摄入到人体内的水液，需经过脾的运化转输，气化成津液，通过心肺布散到全身脏腑组织，发挥其濡养、滋润作用；二是经过代谢后的水液及某些废物，也要经过脾脏转输至肺、肾，再通过肺、肾的气化作用，化为汗、尿等而排出体外，以维持人体水液代谢的协调平衡。由于脾位于人体中焦，故脾在水液代谢中起着重要的枢纽作用。因此，只有脾运化水液的功能健旺，才能防止水液在体内发生不正常停滞，防止湿、痰、饮等病理产物的生成。反之，脾气虚，运化水液功能减退，必然导致水液在体内的停滞，而产生湿、痰、饮等病理产物，甚则导致水肿。所以，《素问·至真要大论》说："诸湿肿满，皆属于脾"，这也就是脾虚生湿、脾为生痰之源和脾虚水肿的发生机制。

笔记栏

运化水谷和运化水液，是脾主运化的两个方面，两者是同时进行的。饮食物是人类出生后所需营养的主要来源,是生成精、气、血、津液的主要物质基础,而饮食物的消化及其精微的吸收、转输都由脾所主,脾气不但将饮食物化为水谷精微,为化生精、气、血、津液提供充足的原料,而且能将水谷精微吸收并转输至全身,以营养五脏六腑、四肢百骸,使其发挥正常功能,并能充养先天之精,促进人体的生长发育,所以脾的运化功能是人体后天生命活动所需营养和能量的根本来源,故中医学将脾称为“后天之本”。李中梓在《医宗必读》中说:“一有此身,必资谷气,谷入于胃,洒陈于六腑而气至,和调于五脏而血生,而人资之以为生者也,故曰后天之本在脾。”在日常生活中注意保护脾胃,使脾气健运,则正气充足,不易受到邪气的侵袭,即所谓“四季脾旺不受邪”(《金匮要略·脏腑经络先后病脉证》)。若脾失健运,气血化生不足,无力抗邪,则人体易病。故元代李杲《脾胃论·脾胃盛衰论》说:“百病皆由脾胃衰而生也。”

2. 主升清 脾主升清,是指脾气的运动特点,以上升为主,具体表现为升输水谷精微和升举内脏两方面生理作用。

(1) 升输精微:“清”是指水谷精微等营养物质。脾主升清,是指脾气的升动转输作用,将水谷精微和津液上输于心肺及头面官窍,以营养脏腑组织官窍,并通过心、肺的作用化生气血,以营养濡润全身。若脾气虚衰或被湿浊所困,不能升散水谷精微,则上不得精气之滋养而见头目眩晕、精神疲惫、面色不华;精微不升反而下流,则见便溏、腹泻。正如《素问·阴阳应象大论》所说:“清气在下,则生飧泄。”

(2) 升举内脏:脾主升举内脏,是指脾气上升能起到维持内脏位置的相对稳定,防止其下垂的作用。若脾气虚弱,无力升举,反而下陷,可导致某些内脏下垂,如胃下垂、肾下垂、子宫脱垂(阴挺)、脱肛(直肠脱垂)等,临床称之为中气下陷或脾气下陷。治疗内脏下垂病证,常采用健脾升阳举陷的补中益气汤。

3. 主统血 脾主统血,是指脾气有统摄、控制血液在脉中正常运行而不逸出脉外的功能。《难经·四十二难》说:“脾裹血,温五脏。”这里的裹,即指脾具有裹护血液,勿使外逸的意思。

脾统血的主要机制,实际上是脾气的固摄作用。如沈目南《金匮要略注》说:“五脏六腑之血,全赖脾气统摄。”脾之所以能统血,与脾为气血生化之源密切相关。脾的运化功能健旺,则气血充盛,而气的固摄作用也较健全,而血液也不会逸出脉外而致出血;若脾气虚损,统血功能失常,中医称之为“脾不统血”,临床可见各种出血,如肌衄、便血、尿血、崩漏等。脾不统血的出血一般量较少,往往气虚与血虚、出血并存,中医常采用“益气健脾摄血”的方药来治疗。

(二) 生理特性

脾的生理特性是:喜燥恶湿。

脾之所以有喜燥恶湿的特性,是与其运化水液的生理功能分不开的。脾气健旺,运化水液功能发挥正常,水精四布,自然无痰饮水湿的停聚。又脾胃在五行中属土,按阴阳学说来分类,脾为阴土,胃为阳土。脾的阳气易衰、阴气易盛。脾又主运化水液,故湿邪侵犯人体,最易伤害脾阳。脾阳虚衰,不仅可引起湿浊内困,还易引起外湿侵袭。如《临证指南医案》说:“湿喜归脾者,与其同气相感故也。”故脾的生理特性为“喜燥恶湿”。临床上,对脾生湿,湿困脾的病证,一般是健脾与利湿同治,所谓“治湿不治脾,非其治也。”

(三) 与形、窍、志、液、时的关系

1. 在体合肉,主四肢 《素问·痿论》指出:“脾主身之肌肉。”这是因为,人体的四肢、肌肉,均需要脾胃运化来的水谷精微的充养。只有脾气健运,气血生化有源,周身肌肉才能得到水谷精微的充养,从而保持肌肉丰满,健壮有力。故《素问集注·五脏生成篇》说:“脾主运化水谷之精,以生养肌肉,故主肌肉。”若脾失健运,气血化源不足,肌肉失养,则可致肌肉瘦削或萎软、倦怠无力,甚至不用。这也是《素问·痿论》所说:“治痿独取阳明”的主要理论依据。

四肢与躯干相对而言,是人体之末,故又称“四末”。人体的四肢,同样需要脾胃运化的水谷精微等营养,以维持其正常的生理活动。四肢的营养输送,全赖于清阳的升腾宣发,故《素问·阴阳应象大论》说:“清阳实四肢。”脾主运化和升清,因此,脾气健运,则四肢的营养充足,而活动也轻劲有

笔记栏

力;若脾失健运,清阳不升,布散无力,则四肢的营养不足,可见倦怠无力,甚或萎弱不用。所以《素问·太阴阳明论》说:“四肢皆禀气于胃而不得至经,必因于脾乃得禀也。今脾病不能为胃行其津液,四肢不得禀水谷气,气日以衰,脉道不利,筋骨肌肉皆无气以生,故不用焉。”即是说明四肢的功能正常与否,与脾的运化水谷精微和升清功能是否健旺密切相关。

2. 在窍为口,其华在唇 脾开窍于口,口腔是消化道的最上端。开窍于口,系指饮食口味等与脾运化功能有密切关系。口味的正常与否,全赖于脾胃的运化功能,即是脾的升清与胃的降浊是否正常。脾胃健运,则口味正常,食欲旺盛。所以《灵枢·脉度》说:“脾气通于口,脾和则口能知五谷矣。”若脾失健运,则可出现纳差、口淡无味、口甜、口腻等。

口唇的色泽,与全身的气血盛衰相关。由于脾为气血生化之源,所以口唇的色泽是否红润,不但是全身气血状况的反映,而且实际上也是脾胃运化水谷精微的功能状态的反映。所以《素问·五藏生成》说:“脾之合肉也,其荣唇也。”脾气健旺,气血充足,则口唇红润光泽;脾失健运,则气血衰少,口唇淡白不泽。

3. 在志为思 脾在志为思,是指脾的生理功能与思相关。思即思虑,属人体的情志活动或心理活动,与思维、思考等概念有别。思虽为脾志,但与心神有关,故有“思出于心,而脾应之”之说。正常限度内的思虑,是人人皆有的情志活动,对机体并无不良影响。但思虑过度,或所思不遂,则会影响机体正常的生理活动,并且主要影响气的运动,导致气滞或气结。从影响脏腑的生理功能来说,思虑太过,最易妨碍脾气的运化功能,致使脾胃之气结滞,脾气不能升清,胃气不能降浊,因而出现不思饮食、脘腹胀闷、头目眩晕等症。

4. 在液为涎 涎为口津,是口腔中分泌的唾液中较清稀的部分,有保护口腔黏膜、润泽口腔的作用,在进食时分泌较多,有助于食物的吞咽和帮助消化的生理功能。故《素问·宣明五气》说:“脾为涎”。在正常情况下,涎液上行于口,但不溢出于口外。若脾胃不和,或脾气不摄,则导致涎液化生异常增多,可见口涎自出。若脾精不足,津液不充,或脾气失却推动激发之能,则见涎液分泌量少,口干舌燥。

5. 通于长夏之气 五脏应四时,脾与四时之外的“长夏”(夏至～处暑)相通应。长夏之季,气候炎热,雨水较多,天阳下迫,地气上腾,湿为热蒸,酝酿生化,万物华实,合于土生万物之象,而人体的脾主运化,化生精气血津液,以奉生身,类于“土爰稼穑”之理,故脾与长夏,同气相求而相通应。因长夏湿气当令,脾又喜燥恶湿,故湿邪易于侵及脾脏,导致运化失常。故长夏季节用药,往往加入藿香、佩兰等芳香醒脾燥湿之品。

此外,又有“脾主四时”之说。如《素问·太阴阳明论》说:“脾者土也,治中央,常以四时长四藏,各十八日寄治,不得独主于时也。”提出脾主四季之末的各十八日,表明四时之中皆有土气,而脾不独主一时。此学说在于强调,人体生命活动依赖脾胃所化生的水谷精微和津液的充养,脾为“后天之本”。

四、肝

肝位于腹腔,横膈之下,右胁之内。

肝的主要生理功能是:主疏泄和主藏血。《临证指南医案·肝风》有肝“体阴而用阳”之说。

肝的生理特性是:主升主动,喜条达而恶抑郁,故称之为“刚脏”。《素问·灵兰秘典论》说:“肝者,将军之官,谋虑出焉。”

肝在体合筋,其华在爪,在窍为目,在志为怒,在液为泪。胆附于肝,足厥阴肝经与足少阳胆经相互属络于肝与胆,相为表里。肝在五行属木,为阴中之阳,与自然界春气相通应。

(一)生理功能

笔记栏

1. 主疏泄 肝主疏泄,是指肝气具有疏通、畅达全身气机,促进全身精血津液的运行输布、脾胃之气的升降、胆汁的分泌排泄以及情志舒畅等作用。肝主疏泄主要表现在以下几个方面。

(1)调畅全身气机:气机,指气的升、降、出、入运动。全身五脏六腑的功能,依赖气的升降出入运动。肝气疏泄对全身气机起着疏通、畅达的作用。肝气的疏泄功能正常发挥，则气机调畅，气血和调，经络通利，脏腑、形体、官窍等的功能活动也稳定有序。病理上，肝气的疏泄功能失常，称为肝失疏泄，可分为两个方面：一为疏泄不及，常因抑郁伤肝，肝气不舒，疏泄失职，气机不得畅达，形成气机郁结的病理变化，称为“肝气郁结”，常见闷闷不乐，悲忧欲哭，胸胁、两乳及少腹胀痛等；二是疏泄太过，常因暴怒伤肝，或气郁日久化火，导致肝气亢逆，升发太过，称为“肝气上逆”，多见急躁易怒，失眠头痛，面红目赤，胸胁窜痛，或气血逆乱见吐血、咯血，甚则猝然昏厥等症。

(2) 推动血与津液的运行输布：血液的运行和津液的输布代谢，有赖于气机的调畅。肝的疏泄功能，能调畅气机，使全身脏腑经络之气的运行畅达有序。一方面，气能运血，气行则血行，故肝气的疏泄作用能促进血液的运行，使之畅达而无瘀滞。病理上，若肝气郁结，则血行障碍，血运不畅，血液瘀滞停积而为瘀血，或为癥积，或为肿块，在女子可出现经行不畅、经迟、痛经、经闭等；若肝气上逆，迫血上涌，又可使血不循经，出现呕血、咯血等出血，或女子月经过多、崩漏不止等症。另一方面，气能行津，气行则津布，故肝的疏泄作用能促进津液的输布代谢，使人体无水液停聚之患。若肝气疏泄功能失常，气机郁结，亦会导致津液的输布代谢障碍，形成水湿痰饮等病理产物，出现水肿、痰核等病证。

(3) 促进脾胃运化：脾气以升为健，胃气以降为和，脾胃的运化功能，体现在脾胃之气的升降相因，平衡协调。肝气疏泄，调畅气机，有助于脾胃之气的升降，从而促进脾胃的运化。当肝失疏泄，往往影响到脾胃的运化。若肝病以影响脾土为主，多称之为“肝脾不调”或“肝脾不和”，导致脾失健运，谷食不化，可出现胸胁胀满、腹胀腹痛等症；若引起脾气不升，“清气在下，则生飧泄”，可出现肠鸣、腹泻等症。若肝病以影响胃土为主，多称之为“肝气犯胃”或“肝胃不和”，导致胃失受纳、和降，可出现胸胁脘腹胀满或疼痛、纳呆、嗳气、恶心、呕吐、泛酸等症。此外，食物的消化吸收还要借助于胆汁的分泌和排泄，因为胆汁是参与饮食物消化和吸收的“精汁”。胆汁乃肝之余气所化，其分泌和排泄受肝气疏泄功能的调控。肝气的疏泄功能正常，胆汁才能够正常的分泌与排泄。如果肝气的疏泄功能失常，出现肝气郁结或肝气上逆，胆汁则不能正常的分泌与排泄，可导致胆汁郁滞，影响饮食物的消化吸收，临床可出现食欲减退、口苦、黄疸、厌食油腻、腹胀、腹痛等症。

(4) 调畅情志：气血是情志活动的物质基础，气机调畅，血行畅达，五脏和调，则心情舒畅，表现为正常的情志活动。肝主疏泄，调畅气机，能使人心情舒畅，缓减不良刺激，避免情志病的发生。肝气的疏泄功能正常，则气机调畅，气血和调，心情舒畅，则情志活动正常。若肝气的疏泄功能不及，肝气郁结，可见心情抑郁不乐，悲忧善虑；若肝郁而化火，或大怒伤肝，肝气上逆，常见烦躁易怒，亢奋激动。反之，强烈或持久的不良情志刺激，亦可影响肝的疏泄功能，导致气机逆乱、气血失和的种种病理变化。

(5) 调节男女生殖：女子的排卵与月经来潮、男子的排精等，与肝气的疏泄功能有密切的关系。《格致余论·阳有余阴不足论》说：“主闭藏者肾也，司疏泄者肝也。”指出男子精液的贮藏与施泄，是肝肾二脏之气的闭藏与疏泄作用相互协调的结果。肝气的疏泄功能发挥正常，则男子精液排泄通畅有度；肝失疏泄，则排精不畅。另一方面，气机调畅又是女子行经能否通畅有度的重要条件，因而亦受肝气的疏泄功能的影响。肝气的疏泄功能正常发挥，则月经周期正常，经行通畅；若肝失疏泄，气机失调，则见月经周期紊乱，经行不畅，甚或痛经。由于肝的疏泄功能对女子的生殖功能的重要性，故有“女子以肝为先天”之说，且临床上治疗此类病证，常以疏肝为第一要法。

2. 主藏血　肝藏血，是指肝脏具有贮藏血液、调节血量和防止出血的功能。其中贮藏血液是调节血量和防止出血的前提。

(1) 贮藏血液：脾胃所化生的水谷精微是血液的来源，血液生成后，一部分为全身各脏腑形体官窍提供营养，另一部分则贮藏于肝内。故中医学有“肝为血海”之说。肝贮藏充足的血液，一方面可化生和涵养肝气，使之冲和畅达，发挥其正常的疏泄功能，防止疏泄太过而亢逆；另一方面肝所贮藏的血液，是女子经血之源。女子以血为本，肝藏血充足，则月经按时来潮。肝血不足时，可见月经量少，甚则闭经。之外，肝藏血液，可濡养肝脏及形体官窍，使其发挥正常的生理功能。如《素问·

笔记栏

五藏生成》说:"肝受血而能视,足受血而能步,掌受血而能握,指受血而能摄。"如果肝脏有病,贮藏血液减少,可出现肝血虚亏,濡养功能减退的病变。如肝血不足,不能濡养目,则两目干涩昏花,或为夜盲;若不能濡养筋,则筋脉拘急,肢体麻木,屈伸不利。

(2) 调节血量:肝贮藏充足的血液,可根据生理需要调节人体各部分血量的分配。在正常情况下,人体各部分的血量,是相对恒定的。但是随着机体活动量的增减、情绪的变化、外界气候的变化等因素,人体各部分的血量也随之有所变化。这种变化是通过肝的藏血和疏泄功能实现的。当机体活动剧烈或情绪激动时,肝脏就通过肝气的疏泄作用将所贮藏的血液向外周输布,以供机体的需要。当人体处于安静或情绪稳定时,机体外周对血液的需求量相对减少,部分血液便又归藏于肝。《素问·五藏生成》说:"人卧血归于肝",王冰注解说:"肝藏血,心行之,人动则血运于诸经,人静则血归于肝脏。何者?肝主血海故也。"

(3) 防止出血:肝藏血功能正常,是防止出血的重要保证,若肝藏血功能失职,常引起各种出血,称为肝不藏血。临床上可出现吐、衄、咯血,或月经过多,或崩漏等出血征象。

肝主疏泄,其用属阳,又主藏血,其体属阴,故有"肝体阴而用阳"之说。疏泄与藏血之间有着密切的关系,如《血证论·脏腑病机论》说:"肝属木,木气冲和调达,不致郁遏,则血脉得畅。"肝的疏泄功能和藏血功能是相辅相成、相互为用的。肝主疏泄关系到人体气机的调畅,肝主藏血关系到血液的贮藏和调节,故两者密切的关系就体现为气与血的调和。肝疏泄功能正常,气机调畅,血运通达,藏血功能才有保障;肝藏血功能正常,则发挥血的濡养作用,不使肝气亢逆,才能保持全身气机疏通畅达。

(二) 生理特性

1. 肝为刚脏 刚,这里指刚强、躁急之意。古人把肝喻为将军之官,在志为怒,肝又为风木之脏,体阴而用阳,其气主升、主动。所谓"体阴",一是指肝为五脏之一,与肾同位于人体下焦,故属阴;二是肝为藏阴血之脏。所谓"用阳",是说肝为风木之脏,外应春生之气,其气主升、主动。因为在生理上肝主升、主动,所以在病理上,肝气易逆,肝阳易亢。肝病在临床上常可见到眩晕,头胀头痛,甚或抽搐的肝气亢逆之象。因为肝气容易亢逆,故前人有"肝无虚证"之说,虽有些失之偏颇,却也反映了肝的生理、病理特性。

2. 肝主升发 肝主升发,是指肝具有升生阳气以启迪诸脏,升发阳气以调畅气机的作用。故又言肝主升发之气。肝在五行属木,通于春气。类比春天树木的生长伸展和生机勃发之性,肝气具有条达舒畅、升发生长和生机盎然的特性。《素问·四气调神大论》说:"春三月,此谓发陈,天地俱生,万物以荣。"春天阳气始发,内孕生升之机,推动自然万物的生长变化。肝气通于春,内藏生升之气,肝气升发,鼓舞诸脏,使气血冲和,五脏安定,生机不息。

(三) 与形、窍、志、液、时的关系

1. 在体合筋,其华在爪 肝在体合筋,是指人体筋膜的功能与肝藏血的功能密切相关。筋膜,包括肌腱和韧带,具有联结关节、肌肉,主司运动的功能。《素问·五藏生成》说:"诸筋者,皆属于节。"筋的功能有赖于肝血的充分滋养,肝血充足,则筋健有力,运动灵活,并能耐受疲劳;如果肝血虚少,血不养筋,则可见肢体麻木,运动力弱,易于疲劳,故《素问·六节藏象论》称肝为"罢极之本"。

爪,即爪甲,包括指甲和趾甲。中医学认为,爪乃筋之延伸到体外的部分,故称"爪为筋之余"。爪甲的荣枯,可反映肝血的盛衰。故《素问·五藏生成》说:"肝之合筋也,其荣爪也。"肝血充足,爪甲坚韧明亮,红润光泽。若肝的阴血不足,爪甲失养,则爪甲软薄,颜色枯槁,甚则变形脆裂。

2. 在窍为目 目,即眼睛,又称为"精明",是视觉器官。《素问·脉要精微论》说:"夫精明者,所以视万物、别白黑、审短长。"肝的经脉上联于目系,视力正常与否,有赖于肝气之疏泄和肝血之荣养,故说:"肝开窍于目。"《灵枢·脉度》亦说:"肝气通于目,肝和则目能辨五色矣。"若肝之阴血不足,则可见两目干涩,视物昏花或夜盲;肝火上炎,则可见两目红肿热痛;肝阴虚而阳亢,可见头目眩晕;肝风内动,则可见目睛上吊等。

笔记栏

应指出,不但肝开窍于目,五脏六腑之精气皆上贯注于目,因此,目与五脏六腑均有其内在的联系，故观察眼睛的变化，即可了解全身功能的盛衰。《灵枢·大惑论》说："五藏六腑之精气，皆上注于目而为之精，精之窠为眼，骨之精为瞳子，筋之精为黑眼，血之精为络，其窠气之精为白眼，肌肉之精为约束，裹撷筋骨血气之精而与脉并为系，上属于脑，后出于项中。"后世医家据此理论提出了"五轮"学说，为眼科疾病的辨证论治奠定了理论基础。

3. 在志为怒　怒是人们受到外界刺激时的一种强烈的情绪反应，是一种不良的情志刺激。怒与肝的关系最为密切，故称肝"在志为怒"。一方面，怒伤肝，如大怒导致肝疏泄失常，肝气上逆，血随气涌，可见面红目赤、心烦易怒，甚则可见吐血、衄血、猝然昏倒、不省人事。如《素问·举痛论》说："怒则气逆，甚则呕血及飧泄"；《素问·生气通天论》说："阳气者，大怒则形气绝，而血菀于上，使人薄厥。"若郁怒不解，则易致肝气郁结，表现为心情抑郁，闷闷不乐，胸胁胀闷窜痛等，称为"郁怒伤肝"。另一方面，肝病多怒，如肝失疏泄、肝之精血不足，或肝阴不足、肝阳偏亢，可见情绪不稳，心烦易怒。如《素问·藏气法时论》说："肝病者，两胁下痛引少腹，令人善怒。"

4. 在液为泪　肝开窍于目，泪从目出，故肝在液为泪。泪有濡润、保护眼睛的功能。在正常情况下，泪液的分泌，是濡润而不外溢，但在异物侵入目中时，泪液即可大量分泌，起到清洁眼目和排除异物的作用。在病理情况下，可见泪液分泌异常。如肝血不足，泪液分泌减少，常见两目干涩；如风火赤眼，肝经湿热，可见目眵增多，迎风流泪等。此外，在极度悲哀的情况下，泪液的分泌也可大量增多。

5. 通于春气　人与天地相参，五脏与自然界四时阴阳相通应，则肝应春气，春季万物复苏、欣欣向荣，有利于肝气的升发、调畅。但如自然界春季风气太盛，可对肝产生不利影响。

五、肾

肾位于腰部脊柱两侧，左右各一。《素问·脉要精微论》说："腰者，肾之府。"

肾的主要生理功能是：主藏精，主水，主纳气。由于肾藏先天之精，主生殖，为人体生命之本原，故称肾为"先天之本"。肾精化肾气，肾气分阴阳，肾阴与肾阳能资助、促进、协调全身脏腑之阴阳，故肾又称为"五脏阴阳之本"。肾藏精，主蛰，又称为封藏之本。

肾在体合骨，生髓，通脑，其华在发，在窍为耳及二阴，在志为恐，在液为唾。足少阴肾经与足太阳膀胱经相互属络于肾与膀胱，相为表里。肾在五行属水，为阴中之阴，与自然界冬气相通应。

（一）生理功能

1. 藏精，主生长发育和生殖　肾藏精，是指肾具有贮存、封藏精气的生理功能。故《素问·六节藏象论》说："肾者，主蛰，封藏之本，精之处也。"精藏于肾，防止其无故流失，才能充分发挥其应有生理效应。

精是构成人体的基本物质，也是人体生长发育及各种功能活动的物质基础，故《素问·金匮真言论》说："夫精者，生之本也"。肾所藏的精气包括"先天之精"和"后天之精"。"先天之精"是禀受于父母的生殖之精。它与生俱来，是构成胚胎发育的原始物质，即是《灵枢·本神》所说的"生之来，谓之精"。《灵枢·决气》说："两神相搏，合而成形，常先身生，是谓精。"所以称"肾为先天之本"。"后天之精"是指出生以后，来源于饮食水谷，通过脾胃运化功能而生成的水谷精微，水谷精微维持机体各脏腑的功能活动，并藏之于肾。"先天之精"与"后天之精"的来源虽然有异，但两者在功能上相互依存，相互为用的。"先天之精"有赖于"后天之精"的不断培育和充养，才能充分发挥其生理效应；"后天之精"的化生，又依赖于"先天之精"的活力资助。

肾精的生理作用包括促进机体的生长、发育和生殖能力的逐步成熟与旺盛。《素问·上古天真论》说："女子七岁，肾气盛，齿更发长；二七而天癸至，任脉通，太冲脉盛，月事以时下，故有子；三七，肾气平均，故真牙生而长极；四七，筋骨坚，发长极，身体盛壮；五七，阳明脉衰，面始焦，发始堕；六七，三阳脉衰于上，面皆焦，发始白；七七，任脉虚，太冲脉衰少，天癸竭，地道不通，故形坏而无子也。丈夫八岁，肾气实，发长齿更；二八，肾气盛，天癸至，精气溢泻，阴阳和，故能有子；三八，肾气平均，筋骨劲强，故真牙生而长极；四八，筋骨隆盛，肌肉满壮；五八，肾气衰，发堕齿槁；六八，阳气衰竭于

笔记栏

上，面焦，发鬓颁白；七八，肝气衰，筋不能动；八八，天癸竭，精少，肾脏衰，形体皆极，则齿发去。”

《素问·上古天真论》的这一段论述，明确地指出了机体生、长、壮、老、已与肾中精气的盛衰密切相关。人在出生以后，由于“先天之精”不断地得到“后天之精”的培育，肾中精气逐渐充盛，出现了幼年时期的齿更发长等生理现象，肾中精气充盛到一定程度，产生一种促进生殖功能成熟、旺盛的精微物质，称“天癸”。天癸至，于是男子就产生精子，女子就按期排卵，月经来潮，性腺的发育渐趋成熟，具备了生殖能力，人也进入了青春期。以后，随着肾中精气由充盛而逐渐趋向衰退，天癸的生成亦随之而减少，甚至逐渐耗竭，性腺亦逐渐衰退，生殖能力亦随之而下降，以至消失，人也就从中年而转入老年。其次，明确地指出了以齿、骨、发的生长状况，作为观察肾中精气盛衰的标志，即作为判断机体生长发育和衰老的标志。这段论述阐明了肾中精气的盛衰决定着机体的生、长、壮、老、已，对于防治某些先天性疾病、生长发育不良、生殖功能低下和防止衰老等，有较普遍的指导意义。

2. 主水　肾主水，是指肾气具有主司和调节全身水液代谢的功能。《素问·逆调论》说：“肾者水藏，主津液。”水液的输布和排泄是一个十分复杂的生理过程。肾气对于水液代谢的主司和调节作用主要体现在以下两方面。

(1) 促进脏腑组织的气化：水液代谢过程中，胃、小肠、大肠中的水液，经脾的运化转输，既可直接“灌溉四旁”，又输送至肺，再经肺气的宣发肃降作用输布全身脏腑组织器官，并将宣发至皮毛肌腠的水液化为汗液排泄，余者下输到肾，再经肾的气化作用，化为尿液排泄。可见，机体水液的输布与排泄，是在肺、脾、肾、胃、大肠、小肠、三焦、膀胱等脏腑的共同参与下完成的。肾气及肾阴肾阳对水液代谢过程中各脏腑的功能，具有促进和调节作用。肾气推动各脏腑的功能，肾阴肾阳是各脏腑阴阳的根本。由此，主司和调节着机体水液代谢的各个环节。

(2) 主司膀胱开阖及尿液的排泄：尿的生成和排泄是水液代谢的一个重要环节。水液代谢过程中，津液由脾化生、输布，经肺气宣发肃降，以三焦为通道，灌溉周身，余者下输于肾，在肾的气化作用下生成尿液，贮存在膀胱，又在肾气的调控下排出体外。尿液的生成和排泄在维持机体水液代谢平衡过程中，起着极其关键的作用。膀胱是人体贮尿和排尿的器官，但尿液的生成和排泄都必须依赖于肾气的作用。只有肾气的蒸化功能发挥正常，肾阴肾阳的推动和调控作用协调，膀胱开合有度，尿液才能正常地生成和排泄。故《素问·水热穴论》说：“肾者，胃之关也，关门不利，故聚水而从其类也，上下溢于皮肤，故为胕肿。胕肿者，聚水而生病也。”由上可见，肾气对于机体水液代谢起着主司和调节作用，故说肾主水。

3. 主纳气　纳，即固摄、摄纳的意思。肾主纳气，是指肾有摄纳肺所吸入的清气，防止呼吸表浅的作用。人体的呼吸功能，虽为肺所主，但必须依赖于肾的纳气作用，《类证治裁·喘症》说：“肺为气之主，肾为气之根，肺主出气，肾主纳气，阴阳相交，呼吸乃和”。肾的纳气功能，是肾的藏精作用在呼吸运动中的体现，也就是说，肺吸入之清气，也是维持人体生命活动的精微物质，必须下藏于肾。故清代何梦瑶《医碥·杂症·气》云：“气根于肾，亦归于肾，故曰肾纳气，其息深深；肺司呼吸，气之出入，于是乎主之。且气上升，至肺而极，升极则降，由肺而降，故曰肺为气主。”因此，肾精充足，肾气充沛，摄纳有权，则呼吸均匀和调。若肾精亏虚，肾气衰减，摄纳无力，肺吸入之清气不能下纳于肾，则会出现呼吸表浅，或呼多吸少，动则气喘等病理表现，称为“肾不纳气”。

(二) 生理特性

1. 肾主封藏　《素问·六节藏象论》说：“肾者主蛰，封藏之本。”指肾有潜藏、封藏、闭藏之生理特性，是对其藏精功能的高度概括。肾的藏精、主纳气、主生殖、主二便等功能，都是肾主蛰藏生理特性的具体体现。肾气封藏则精气盈满，人体生机旺盛，一旦肾的封藏、固摄功能失常，则可出现相应的病理变化，如遗精、喘息、小便清长、遗尿、尿失禁、大便滑脱不禁，女子还可见带下、滑胎等。宋代钱乙《小儿药证直诀·脉证治法·五脏所主》云：“肾主虚，无实也”，充分体现了肾主封藏的生理特性。

2. 肾为“五脏阴阳之本”　肾藏精，肾精化为肾气，肾气分为肾阴、肾阳，又称元阴、元阳，真阴、

笔记栏

真阳。肾阳为一身阳气之本,“五脏之阳气,非此不能发”,能推动和激发脏腑经络的各种功能,温煦全身脏腑形体官窍;肾阴为一身阴气之源,“五脏之阴气,非此不能滋”,能抑制和调控脏腑的各种功能,滋养全身脏腑形体官窍,故称之为“五脏阴阳之本”。由于肾阴和肾阳是各脏阴阳之本,故病变时肾阴、肾阳与其他各脏的阴阳常相互影响。肾精不足,肾的阴阳偏衰、失调,可能会导致其他脏腑的阴阳失调。如肝失去肾阴的滋养,即“水不涵木”,可出现肝阳上亢,甚则肝风内动;心失肾阴的上承,则可引起心火上炎,或导致心肾阴虚;反之,其他各脏的阴阳失调,日久也必累及肾,损耗肾中精气,致肾的阴阳失调。如肺阴虚日久累及肾,演变成肺肾阴虚之证;脾阳虚之腹泻,日久可出现五更泄泻、下利清谷等脾肾阳虚之证。这即是“久病及肾”的理论依据。

由于肾阴和肾阳,均是以肾中精气为其物质基础的,肾的阴虚或阳虚,实质上均是肾中精气不足的表现形式。所以肾阴虚到一定程度的时候,可以累及肾阳,发展为阴阳两虚,称作“阴损及阳”;肾阳虚到一定程度的时候,也可累及肾阴,发展为阴阳两虚,称作“阳损及阴”。

肾中精气亏损的表现形式是多种多样的,在一定条件下,肾中精气虽已亏损,但其阴阳失调的状况,却又不很明显,因而称作肾中精气亏损,或可分别称为肾精不足和肾气虚。

(三)与形、窍、志、液、时的关系

1. 在体合骨,生髓,通于脑,其华在发　肾主骨、生髓的生理功能,实际上是肾中精气具有促进机体生长发育功能的一个重要组成部分。肾藏精,精生髓,骨的生长发育,有赖于骨髓的充盈及其所提供的营养。《素问·阴阳应象大论》说:“肾生骨髓。”《素问·六节藏象论》说肾“其充在骨”,都是说肾中精气充盈,才能充养骨髓,故《素问·痿论》说:“肾主身之骨髓”。小儿囟门迟闭,骨软无力,以及老年人的骨质脆弱,易于骨折等,都与肾中精气不足、骨髓空虚有关。

髓,有骨髓、脊髓和脑髓之分,这三者均属于肾中精气所化生。因此,肾中精气的盛衰,不仅影响骨的生长和发育,也影响及脊髓和脑髓的充盈和发育。脊髓上通于脑,髓聚而成脑,故称脑为“髓海”。肾中精气充盈,则髓海得养,脑的发育就健全,就能充分发挥其“精明之府”的生理功能;反之,肾中精气不足,则髓海失养,而形成髓海不足的病理变化。如《灵枢·海论》说:“髓海有余,则轻劲多力,自过其度;髓海不足,则脑转耳鸣,胫酸眩冒,目无所见,懈怠安卧”。可见,脑的功能虽然总统于心,但与肾亦有密切关系。脑的病变,尤其是虚性病变,常采用补肾填精法治疗。

“齿为骨之余”。齿是骨的一部分,牙齿亦赖肾中精气的充养,《杂病源流犀烛·口齿唇舌病源流》说:“齿者,肾之标,骨之本也。”牙齿松动、脱落及小儿齿迟等,与肾中精气亏损密切相关。

发的生长,有赖于精和血。肾藏精,故说:“其华在发”。发的生长与脱落、润泽与枯槁,不仅依赖于肾中精气之充养,而且亦有赖于血液的濡养,精血又可互化,故称“发为血之余”。青壮年时,由于精血充盈,则发长而光泽;老年人的精血多虚衰,毛发变白而脱落,一般说来,这是正常规律。但临床所见未老先衰、头发枯萎、早脱早白者,与肾中精气不足和血虚有关。

2. 在窍为耳及二阴　耳是听觉器官。听觉的灵敏与否,与肾中精气的盈亏有密切关系。肾中的精气充盈,髓海得养,则听觉灵敏,分辨力较高,故《灵枢·脉度》说:“肾气通于耳,肾和则耳能闻五音矣”。反之,肾中精气虚衰时,则髓海失养,而可见听力减退,或见耳鸣,甚则耳聋。故人到老年,听力多减退。

二阴,即前阴(外生殖器)和后阴(肛门)。前阴是排尿和生殖的器官,后阴是排泄粪便的通道。尿液的排泄虽在膀胱,但须依赖肾的气化才能完成。因此,尿频、遗尿、尿失禁、尿少或尿闭,均与肾的气化功能失常有关。人的生殖功能,亦为肾所主。粪便的排泄,本是大肠的传化糟粕功能,但亦与肾的气化、肾阳的温煦推动、肾阴滋养调控有关。如肾阴不足,可致肠液枯涸而便秘;肾气封藏失司,可见久泄滑脱。故《素问·金匮真言论》说:“肾……开窍于二阴。”

3. 在志为恐　恐是人们对事物惧怕的一种精神状态。惊与恐相似,但惊为不自知,事出突然而受惊吓;恐为自知,俗称胆怯。惊与恐,对机体的生理活动是不良刺激。惊恐虽然属肾,但总与心主神志相关。心藏神,神伤则心怯而恐。故《素问·举痛论》说:“恐则气下……惊则气乱。”即是说明惊恐的刺激,对机体气机的运行可产生不良的影响。“恐则气下”,是指人在恐惧状态中,肾气失于

笔记栏

封藏，常见二便失司，遗尿或大便失禁。“惊则气乱”，则是指机体正常的生理活动，可因惊慌而产生一时性的紊乱，出现心神不定，手足无措等现象。故《素问·举痛论》说：“惊则心无所倚，神无所归，虑无所定，故气乱矣。”

4. 在液为唾 唾，是唾液中较稠厚的部分，多出于舌下，有润泽口腔，软化食物及滋养肾精的功能。唾由肾精化生，《素问·宣明五气》说：“五脏化液……肾为唾。”由于唾源于肾精，若咽而不吐，则能回滋肾精；若多唾久唾，则能耗伤肾精。故古代养生家主张“吞唾”以养肾精。

唾与涎，虽然都是口腔分泌的液体，但是两者有一定区别。涎为脾精所化，出自两颊，质地较清稀，可自口角流出；唾为肾精所生，出自舌下，质地较稠厚，多从口中唾出。故临床治疗口角流涎多从脾论治，唾多频出多从肾论治。

5. 通于冬气 肾通于冬气。冬季是一年中气候最寒冷的季节，自然界的物类，静谧闭藏以度冬时。人体中肾为水脏，有润下之性，藏精而为封藏之本。同气相求，故以肾应冬。《素问·诊要经终论》说：“十一月十二月，冰复，地气合，人气在肾。”冬季养生，当早睡晚起，日出而作，以保证充足的睡眠时间。亦应注意养肾固精，防止肾的精气过度耗泄。同时食用补阴潜阳的膳食，以利阳气潜藏，阴精积蓄。若素体阳虚，或久病阳虚，多在阴盛之冬季发病，即所谓“能夏不能冬”。

附

命 门

命门一词，首见于《黄帝内经》，本意是指眼睛。如《灵枢·根结》说：“命门者，目也”。从《难经》开始，命门被赋予新的含义。如《难经·三十六难》说：“肾两者，非皆肾也，其左者为肾，右者为命门。命门者，诸神精之所舍，原气之所系也；故男子以藏精，女子以系胞。”《难经》以后，命门受到了历代某些医家的重视并进行了深入的研究和阐述，形成了命门学说。历代医家对命门的部位、形态及功能，提出了种种见解。这里择其具有代表性的几种，作简要介绍，以供参考。

1. 右肾为命门说 此说始于《难经》，认为肾有两枚，左右各一，而左者为肾，右者为命门。如《难经·三十九难》说：“其左为肾，右为命门，命门者，诸精神之所舍也。男子以藏精，女子以系胞，其气与肾通。”这段论述具有三方面的意义：其一，明确指出了命门的部位，那就是右肾即为命门。其二，指出了命门的功能及重要性，其功能为男子以藏精，女子以系胞，和人体生殖功能关系极为密切。命门的功能极其重要，为诸精神之所舍，是人体生命的根本，是繁衍和维持人体生命的门户，故称之为命门。其三，是说肾与命门相通，两者虽有左右之分，但关系极为密切而不可分割。《难经》以后，宗此说的医家，尚有晋代王叔和、元代滑寿及明代李梴等人。如《脉诀琮璜·脉赋》说：“肾有两枚，分居两手尺部，左为肾，右为命门。”这不仅肯定了命门的存在，还明确了诊脉的相应部位。《医学入门·脏腑赋》亦说：“命门下寄肾右，而丝系曲透膀胱之间，上为心包，而膈膜横连脂漫之外，配左肾以藏真精，男女阴阳攸分，相君火以系元气，疾病生死是赖。”并注说：“命门即右肾，言寄者，以其非正脏也……命门为配成之官，左肾收血化精运入，藏诸命门，男以此而藏精，女以此而系胞胎。”本论在《难经》的基础上，进一步阐发了命门的生理功能，并且明确指出了命门与肾及心包的联系，肯定了命门的功能是男子以藏精，女子以系胞，“疾病生死是赖”。

2. 两肾俱为命门说 元代医家滑寿虽认同左肾为肾，右肾为命门，但同时亦认为两肾俱为命门。他说：“命门，其气与肾通，是肾之两者，其实则一尔。”至明代虞抟则明确提出了“两肾总号为命门”。如他在《医学正传·医学或问》中说：“夫两肾固为真元之根本，性命之所关，虽为水脏，而实有相火寓乎其中，象水中之龙火，因其动而发也，愚意当以两肾总号为命门。”明代著名医家张介宾虽将命门释为在女子则为产门，在男子则为精关，但亦认为“两肾皆属命门”。他在《类经附翼·求正录·三焦包络命门辨》中说：“肾两者，坎外之偶也；命门一者，坎中之奇也。以一统两，两而包一。是命门总乎两肾，而两肾皆属命门。故命门者，为水火之府，为阴阳之宅，为精气之海，为死生之窦。”张介宾在坚持“命门总乎两肾，而两肾皆属命门”观点的同时，还批评了《难经》的左为肾右为命门说。他说：“《难经》述《灵》《素》而作，为诸家之最先，固其颇有谬误，遂起后世之惑，二千年来，无敢违背，而后世之疑，莫可解救，此外并无左右肾之分，亦无右肾为命门之说。”

笔记栏

3. 两肾之间为命门说 倡此说者，当首推明代医家赵献可。他在《医贯·内经十二官论》中说：“命门在人身之中，对脐附脊骨，自上数下，则为十四椎，自下而上，则为七椎。《内经》曰：‘七节之旁，中有小心’，此处两肾所寄，左边一肾属阴水，右边一肾属阳水，各开一寸五分，中间是命门所居之宫。”他认为命门的部位是在两肾之间。关于命门的功能，他说：“命门为十二经之主。肾无此，则无以作强而技巧不出矣；膀胱无此，则三焦之气不化，水道不行矣；脾胃无此，则不能蒸腐水谷，而五味不出矣；肝胆无此，则将军无决断，而谋虑不出矣；大小肠无此，则变化不行，而二便闭矣;心无此,则神明昏,而万事不能应矣。正所谓'主不明则十二官危'也。"与赵氏同时代的张介宾,在关于命门功能的认识上,与赵有相近之处,如其在《真阴论》中说:"命门之火,谓之元气,命门之水,谓之元精……此命门之水火,即十二脏之化源。故心赖之,则君主以明;肺赖之,则治节以行;脾胃赖之,济仓廪之富;肝胆赖之,资谋虑之本;膀胱赖之,则三焦气化;大小肠赖之,则传导自分。"赵献可和张介宾关于命门的理论,对后世医家产生了深远的影响,一直延续到清代。如陈念祖《医学三字经》、林珮琴《类证治裁》、张璐(字路玉)《本经逢原》、黄宫绣《本草求真》等,均持有类似观点。

4. 命门为肾间动气说 明代医家孙一奎为此种观点的代表。他对命门的主要观点有三:一是命门并不是一个具有形质可见的器官,所以无经脉之循行,亦无动脉之可诊;二是命门虽在两肾之间,但它只是肾间动气,是一种生生不息,造化之机枢而已;三是肾间动气为脏腑之本,生命之源,至关重要。如他在《医旨绪余·命门图说》中说:"细考《灵》、《素》,两肾未尝有分言者,然则分立者,自秦越人始也。考越人两呼命门为精神之舍,原气之系,男子藏精,女子系胞者,岂漫语哉!是极贵重于肾为言,谓肾间原气,人之生命,故不可不重也……越人亦曰:'肾间动气,人之生命,五脏六腑之本,十二经脉之根,呼吸之门,三焦之原。'命门之意,该本于此。观铜人图命门穴,不在右肾,而在两肾俞之中可见也……命门乃两肾中间之动气,非水非火,乃造化之枢纽,阴阳之根蒂,即先天之太极,五行由此而生,脏腑以继而成。若谓属水、属火、属脏、属腑,乃是有形之物,则外当有经络动脉而形于诊,《灵》、《素》亦必著之于经也。"

综观以上各种认识,虽对命门的形态、部位有不同见解,但在命门的生理功能与肾息息相通的认识上是基本一致的。历代医家大多认为命门与肾同为五脏之本,内寓真阴真阳。明代命门学说的兴起进一步为"重肾"理论奠定了基础。因此,可以认为,肾阳即命门之火,肾阴即命门之水。肾阴、肾阳,即是真阴、真阳,或元阴、元阳。古代医家之所以称之"命门",无非是强调肾气及肾阴肾阳在生命活动中的重要性。

第三节 六 腑

六腑,即胆、胃、大肠、小肠、膀胱、三焦的总称。它们共同的生理功能是:受盛和传化水谷。所以《素问·五藏别论》说:"六腑者,传化物而不藏,故实而不能满也。所以然者,水谷入口,则胃实而肠虚,食下,则肠实而胃虚"。由于六腑专司传化饮食物,故说"实而不能满也"。饮食物从进入人体至排出体外,要通过七道关隘,以利于人体对饮食物的消化吸收。这七道关隘在《难经》中称为"七冲门",《难经·四十四难》说:"七冲门何在?唇为飞门,齿为户门,会厌为吸门,胃为贲门,太仓下口为幽门,大肠小肠会为阑门,下极为魄门,故曰七冲门也"。飞门的"飞"字与"扉"相通,即门扇,由于口唇像门扇一样自由开合,故称唇为飞门;户,即门户,引申为把守之意,食物入口,必须经过齿之咀嚼才能下咽,故称齿为户门;会厌是食管和气管的相会处,既是食物下达食管的必经之处,也是呼吸气体的门户,故称会厌为吸门;贲门是胃之上口;太仓又称大仓,是受盛食物的地方,即胃;胃的下口,小肠的上口为幽门;小肠的下口和大肠的上口连接处,称为阑门,阑即遮拦,指饮食物中的精微物质于此得到阻拦,因而得名;下极,即消化道的末端,指排泄粪便的肛门,又称为魄门。如果七冲门中任何一门发生病变,都会影响到饮食物的受纳、消化、吸收和排泄。

因此,每一腑都必须适时排空其内容物,才能保持六腑通畅、功能协调,故六腑以通为用,以降为顺。"通"和"降"若不及或太过,则属于病理状态。

一、胆

胆既是六腑之一,又属于奇恒之腑。胆与肝相连,位于右胁下,而附于肝之短叶间。胆与肝通过足少阳胆经和足厥阴肝经相互络属而构成表里关系。胆的主要生理功能是贮藏排泄胆汁和主决断。

(一)生理功能

1. 贮藏和排泄胆汁 《东医宝鉴》说:"肝之余气泄于胆,聚而成精",即胆汁来源于肝,由肝之余气凝聚而成。胆汁生成后,进入胆腑,贮藏于胆腑的胆汁则在肝气的疏泄作用下排泄并注入肠中,

笔记栏

以促进脾胃对饮食物的消化和吸收。《素问·宝命全形论》说："土得木而达"，即是以五行学说的理论来概括肝胆和脾胃之间存在着克中有用、制则生化的关系。

胆汁的化生和排泄，皆由肝的疏泄功能控制和调节。若肝的疏泄功能正常，则胆汁排泄畅达，脾胃运化功能健旺。反之，肝失疏泄，胆汁排泄不利，则影响脾胃的运化功能而出现胁肋胀痛、食欲减退、腹胀便溏等症；相对于肝气升发而言，胆气则以下降为顺，若胆汁上逆，则可见口苦、呕吐黄绿苦水等症；若湿热蕴结肝胆，以致肝失疏泄，胆汁外溢，浸渍肌肤，则发为黄疸，出现目黄、身黄、小便黄等症。

2. 主决断　胆主决断，是指胆具有判断事物、作出决定的作用。胆的这一功能对于防御和消除某些精神刺激的不良影响，以维持精气血津液的正常运行和代谢，确保脏腑之间的协调关系有着重要作用。胆气豪壮之人，剧烈的精神刺激对其所造成的影响较小，且恢复也较快；而胆气虚怯之人，在受到不良精神刺激时，则易出现胆怯易惊、善恐、失眠、多梦等情志异常的病变。

(二) 胆为奇恒之腑

胆是中空的囊状器官，内盛胆汁。古人认为胆汁是精纯、清净的精微物质，有"精汁"之称，故胆又称为"中精之府""清净之府"或"中清之府"等。胆的形态结构与其他五腑相同，皆属于中空有腔的管状或囊状器官，故为六腑之一；但因其内盛精汁，与五脏"藏精气"的功能特点相似，故又为奇恒之腑之一。

二、胃

胃，又称胃脘，分上、中、下三部。胃的上部称上脘，包括贲门；胃的中部称中脘，即胃体的部位；胃的下部称下脘，包括幽门。胃与脾同居中焦，"以膜相连"，通过足阳明胃经与足太阴脾经相互属络而构成表里关系。胃与脾在五行中皆属土：胃为阳明燥土，属阳；脾为太阴湿土，属阴。胃的主要生理功能是主受纳和腐熟水谷，生理特性是主通降、喜润恶燥。

(一) 生理功能

胃的主要生理功能是主受纳和腐熟水谷。受纳，即接受和容纳；腐熟，是饮食物经过胃的初步消化，形成食糜。饮食入口，经过食管并下纳于胃，故称胃为"太仓""水谷之海"。而机体的生理活动和精气血津液的化生，都需要依靠饮食物的营养，故又称胃为"水谷气血之海"。如《灵枢·玉版》说："人之所受气者，谷也；谷之所注者，胃也；胃者，水谷气血之海也"。容纳于胃中的水谷，经过胃的腐熟后，下传于小肠，其精微经脾之运化而营养全身。所以，胃虽有受纳、腐熟水谷的功能，但必须与脾气的运化功能相互配合，纳运协调，才能将水谷化为精微，进而化生为精气血津液以供养全身。可见，脾胃对饮食水谷的纳运功能，对于维持机体的生命活动至关重要，所以《素问·平人气象论》说："人以水谷为本"；《素问·玉机真藏论》说："五藏者，皆禀气于胃；胃者，五藏之本也"。说明胃气之盛衰有无，关系到人体的生命活动及其存亡。李杲在《脾胃论·脾胃虚实传变论》中说："元气之充足，皆由脾胃之气无所伤，而后能滋养元气。若胃气之本弱，饮食自倍，则脾胃之气既伤，而元气亦不能充，而诸病之所由生也"。因此，临床上诊治疾病十分重视胃气，常把"保胃气"作为重要的治疗原则。故《景岳全书·杂证谟·脾胃》说："凡欲察病者，必须先察胃气；凡欲治病者，必须常顾胃气。胃气无损，诸可无虑"。

(二) 生理特性

1. 胃主通降　胃主通降，是指胃气的向下通降运动以下传水谷及糟粕的生理特性。胃主通降，主要体现在饮食物的消化和糟粕的排泄过程中：① 饮食物入胃，胃容纳而不拒之；② 经胃气腐熟的水谷饮食继续下传小肠；③ 食物残渣下移大肠，燥化后形成粪便；④ 粪便有节制地排出体外。藏象学说以脾胃之气的升降运动来高度概括整个消化系统的生理功能，脾宜升则健，胃宜降则和，脾升胃降协调，方可共同促进饮食物的消化和吸收。

与脾气升清相对而言，胃主通降是降浊，降浊则是受纳的前提条件。所以，胃失通降，不仅可以影响食欲，而且还可因浊气在上而发生口臭、脘腹胀闷或疼痛，以及大便秘结等症状；胃失通降，进

笔记栏

而还可导致胃气上逆,则出现恶心呕吐、呃逆嗳气等症状。脾胃居于中焦,为人体气机升降之枢纽,脾升胃降在生理情况下常相互为用,因而在病理状态时胃失和降与脾气不升也常相互影响。总之,胃失和降不仅影响六腑的通降,还会影响全身气机的升降,从而出现各种病理变化,如《素问·逆调论》即有“胃不和则卧不安”之论。

2. 喜润恶燥 胃喜润恶燥,是指胃应保持充足的津液以利于饮食物的受纳和腐熟。胃的受纳腐熟不仅依赖胃气的推动和蒸化,亦需胃中津液的濡润。胃中津液充足,则能维持其受纳腐熟的功能和通降下行的特性,如清代吴达《医学求是·治霍乱赘言》所说:“胃润则降”。胃为阳土,喜润而恶燥,故其病易成燥热之害,使胃中津液每多受损。所以,治疗胃病时应注意保护胃中津液,即使必用苦寒泻下之剂时,也应中病即止,以祛除实热燥结为度,不可妄施,以免伤津化燥。

三、小肠

小肠,位于腹腔,其上口在幽门处与胃之下口相接,下口在阑门处与大肠之上口相连,是人体对饮食物进行消化、吸收其精微、下传其糟粕的重要脏器。小肠与心通过手太阳小肠经与手少阴心经相互属络而构成表里关系。小肠的主要生理功能是主受盛化物和泌别清浊。

1. 受盛化物 受盛,是接受、以器盛物之义;化物,即变化、消化、化生之义。小肠的受盛化物主要体现在小肠接受经胃初步消化的食糜,并进一步消化和吸收,从而将水谷化为精微与糟粕两部分。所以《素问·灵兰秘典论》说:“小肠者,受盛之官,化物出焉”。

2. 泌别清浊 泌别即分别,小肠的泌别清浊功能主要体现在两个方面:① 将经过小肠消化后的饮食物分别为水谷精微和食物残渣两个部分;② 将食物残渣中的大部分水液前渗膀胱生成尿、余者向大肠输送形成粪便,故又称“小肠主液”。张介宾在注解《素问·灵兰秘典论》中说:“小肠居胃之下,受盛胃中水谷而分清浊,水液由此而渗入前,糟粕由此而归于后,脾气化而上升,小肠化而下降,故曰化物出焉”。如小肠泌别清浊功能正常,则水液和糟粕各走其道而二便正常;如小肠泌别清浊异常,则大便稀薄而小便短少,临床上“利小便即所以实大便”的治法即是这个原理在治疗中的具体应用。

由此可见,小肠受盛化物和泌别清浊的主要功能,在水谷化为精微的过程中十分重要,实际上就是脾胃升清降浊功能的具体表现。因此,小肠的功能失调既可引起浊气在上的腹胀、腹痛、呕吐、便秘等症,又可引起清气在下的便溏、泄泻等症。

四、大肠

大肠居腹中,其上口在阑门处接小肠,其下端连肛门,又称为“魄门”。中医把大肠分为回肠和广肠两部分,大肠的上段称为“回肠”,包括现代解剖学中的回肠和结肠上段;下段称为“广肠”,包括乙状结肠和直肠。大肠与肺通过手阳明大肠经与手太阴肺经的相互属络而构成表里关系。大肠的主要生理功能是传化糟粕和主津。

1. 传化糟粕 大肠接受由小肠下传的食物残渣,吸收其多余水液后形成粪便,通过大肠之气的运动将粪便传送至大肠末端,并经肛门有节制地排出体外,故大肠有“传导之官”之称。如大肠传导糟粕功能失常,则出现大便秘结或泄泻等异常表现。若湿热蕴结大肠引起其传导功能失司,还会出现腹痛、里急后重、下痢脓血等症状。可见,大肠传化糟粕实际上是对小肠泌别清浊功能的承接。除此之外,大肠传化糟粕还与胃气的通降、肺气的肃降、脾气的运化、肾气的蒸化和固摄作用有关。因胃气的通降包括了大肠对糟粕排泄的作用;而肺与大肠互为表里,肺气的肃降也有助于糟粕的排泄;脾气的运化实际上也有助于大肠对食物残渣中水液的吸收;而肾气的蒸化和固摄作用则可主司二便的排泄等。

2. 大肠主津 大肠接受由小肠下传的含有大量水液的食物残渣,可将其中多余水液吸收后使之形成粪便,即所谓大肠的燥化作用。大肠吸收食物残渣中多余水液并参与体内的水液代谢,故说“大肠主津”。大肠主津功能失常,则大肠中的水液不得吸收,水与糟粕俱下,则可出现肠鸣、腹痛、

笔记栏

泄泻等症状;若实热蕴结大肠,消烁津液,或大肠津亏,肠道失润,又可导致大便秘结不通等表现。

五、膀胱

膀胱又称“脬”,位于小腹中央。膀胱和肾通过足太阳膀胱经与足少阴肾经相互属络而构成表里关系。膀胱的主要生理功能是贮尿和排尿。

在肾的气化作用下,津液化为尿液,下输于膀胱,而当尿液在膀胱内潴留至一定程度时,则可及时自主地排出体外。《素问·灵兰秘典论》说:“膀胱者,州都之官,津液藏焉,气化则能出矣。”所以,膀胱的贮尿和排尿功能全赖于肾的气化功能。可见,膀胱气化实际上也隶属于肾的蒸腾气化,即依赖于肾气与膀胱之气的升降协调。肾气主上升,膀胱之气主通降,肾气之升可激发尿液的生成并控制其排泄,膀胱之气通降则可推动膀胱收缩排尿。而膀胱开合失权,主要表现为尿频、尿急、尿痛;或是小便不利、尿有余沥,甚至尿闭;或是遗尿,甚则小便失禁等。如《素问·宣明五气》所说:“膀胱不利为癃,不约为遗溺”。膀胱的这些病变,归根结底都是肾的气化功能失常的表现。

六、三焦

三焦是中医藏象学说中的一个特有名词术语,是上焦、中焦和下焦的合称,为六腑之一。

对于三焦的部位、形态的认识,历史上一直存有争议,有“孤腑”说、“有名无形”和“有名有形”说等,至今尚无统一看法。一般认为,三焦是分布于胸腹腔的一个大腑,包容五脏五腑,惟三焦最大,又无相合之脏,故有“孤腑”之称。关于上、中、下三焦的部位,主要是根据人体不同的部位以及对其所包含脏腑的功能进行概括来划分的,膈以上为上焦,包括心、肺两脏;膈以下至脐以上为中焦,包括脾、胃;脐以下的下腹部为下焦,包括肝、肾、大肠、小肠、膀胱、女子胞等。其中肝脏,按其部位来说,应划归中焦,但因其功能与肾关系密切,故将肝和肾一并归为下焦。对于三焦的形态、部位及实质的认识,虽学术上有分歧,但对三焦生理功能的认识,基本上是一致的。三焦的功能实际上是对五脏六腑生理功能的高度概括。概括而言,三焦的生理功能有二:一是通行元气,总司气化;二是疏通水道,运行水液。

(一)三焦的生理功能

1. 通行元气 元气根源于肾,由先天之精所化,并赖后天之精充养,为人体脏腑阴阳之本,生命活动的原动力。元气通过三焦而输布到五脏六腑,充沛于全身,以激发、推动各个脏腑组织的功能活动,所以说三焦是元气通行的道路。而三焦通行元气的功能关系到整个人体气的升降出入运动和气化的进行,故又有三焦主持诸气,总司全身气机与气化的理论。《难经·六十六难》说:“三焦者,原气之别使也”;《难经·三十八难》也指出,三焦“有原气之别焉,主持诸气”。

2. 运行水液 三焦是全身水液上下输布运行的通道。《素问·灵兰秘典论》说:“三焦者,决渎之官,水道出焉”。全身水液的输布和排泄,是由肺、脾、肾等脏的协同作用而完成的,但必须以三焦为通道,才能升降出入运行。如果三焦水道不利,则肺、脾、肾等脏输布调节水液代谢的功能将难以实现,所以又把三焦对水液代谢的协调平衡作用称作“三焦气化”。正如《类经·藏象类》所说:“上焦不治则水泛高原,中焦不治则水留中脘,下焦不治则水乱二便。三焦气治,则脉络通而水道利”。

三焦通行元气和运行水液的功能是相互关联的。这是因为津液的上下运行,全赖诸气的升降运动,而诸气又依附于津液而得以升降运行。因此,气运行的通道必然是津液升降的通路,而津液升降的通路也必然是气运行的通道。

(二)三焦的生理特性

1. 上焦如雾 上焦如雾是指上焦宣发卫气,敷布精微的作用。如《灵枢·决气》说:“上焦开发,宣五谷味,熏肤、充身、泽毛,若雾露之溉,是谓气”。上焦接受来自中焦脾胃的水谷精微,通过心肺的宣发敷布,布散全身,发挥其营养滋润作用,有如雾露之溉,故曰“上焦如雾”。由于上焦的主要生理功能是接纳水谷精微,故又称“上焦主纳”。也是就说,上焦主气的宣发和升散,但它不是有升无降,而是“升已而降”,故说“若雾露之溉”。《灵枢·营卫生会》也因此将上焦的生理特点概括为“上焦如雾”。《温病条

笔记栏

辨》中提出“治上焦如羽，非轻不举”的治疗原则，也是以上焦如雾为其主要理论依据。

2. 中焦如沤　中焦如沤是指脾胃受纳腐熟水谷，化生气血的作用。胃受纳腐熟水谷，由脾之运化而形成水谷精微，水谷精微经心肺的气化作用而化生气血。因脾胃有腐熟水谷、运化精微的生理功能，故称“中焦如沤”。由于中焦脾胃的受纳腐熟与运化功能可化生水谷精微与气血，故也称“中焦主化”。如《灵枢·营卫生会》说中焦“泌糟粕，蒸津液”，并将其生理特点概括为“中焦如沤”，生动地描述了脾胃肝胆等脏腑消化饮食物的生理过程。《温病条辨》中提出“治中焦如衡，非平不安”的治疗原则，也是以中焦是“升降枢纽”为其主要理论依据。

3. 下焦如渎　下焦如渎是指肾、膀胱、大小肠等脏腑，有分别清浊、排泄废物的作用。下焦将饮食物中的糟粕传至大肠，形成粪便，从肛门排出体外，并将代谢后的水液通过肾和膀胱的气化作用变成尿液，由小便排出体外。因下焦具有向下疏通、向外排泄的特点，故称“下焦如渎”。由于下焦主司二便的排泄，故也称“下焦主出”。《灵枢·营卫生会》将下焦的生理特点概括为“下焦如渎”，喻指肾、膀胱、大肠等脏腑生成和排泄二便的功能。《温病条辨》中提出“治下焦如权，非重不沉”的治疗原则，也是以下焦如渎为其主要理论依据的。

第四节　奇恒之腑

奇恒之腑，是脑、髓、骨、脉、胆、女子胞的总称。奇恒之腑的形态似腑，多为中空的管腔或囊性器官，而功能似脏，主藏精气而不泻。其中除胆为六腑之外，余者皆无表里配合，也无五行配属，但与奇经八脉的联系密切，这明显有别于五脏六腑，故称为奇恒之腑。本节只介绍脑及女子胞，其他如脉、骨、髓、胆已在“五脏”与“六腑”节中述及。

一、脑

脑由髓汇集而成，又名“髓海”，深藏于头部，居颅腔之中，内涵脑髓，为神之所居，清窍之所在，有“元神之府”之称。脑与全身的髓都有密切联系，故《素问·五藏生成》说：“诸髓者皆属于脑”。

（一）生理功能

脑的主要生理功能是主宰生命活动，主精神活动和主感觉运动。

1. 主宰生命活动　脑为元神之府，即元神藏于脑中，是生命的枢机，主宰人体的生命活动。人在出生以前，形体皆具，形具而神生，此神即为元神，如《灵枢·本神》说：“两精相搏谓之神”；《灵枢·经脉》说：“人始生，先成精，精成而脑髓生”。可见，元神来自先天，称为先天之神，由先天之精化生，人在出生之前随形具而生之神。元神存则生命在，元神败则生命逝；得神则生，失神则死。故脑是人体内最重要的器官，是生命活动的要害之所在。

2. 主精神活动　人的精神活动，包括思维、意识和情志活动等，都是客观外界事物反映于脑的结果。思维意识是精神活动的高级形式，是“任物”的结果。《灵枢·本神》说：“所以任物者谓之心”。心是思维的主要器官，而脑为髓海，也主人的思维意识和记忆，故清代医家王清任在《医林改错》说：“灵机记性不在心而在脑”。人的思维意识是在元神的调控下，于后天获得的思维见识活动，属识神的范畴，而识神是思维认知之神，属后天之神。故张锡纯《医学衷中参西录·人身神明诠》说：“脑中为元神，心中为识神。元神者，藏于脑，无思无虑，自然虚灵也；识神者，发于心，有思有虑，灵而不虚也”。情志活动是人对外界刺激的情绪反应，与人的情感、欲望等心身需求有关，故属于神的范畴。因此，脑为精神活动的枢纽，脑主精神活动的功能正常，则精神饱满、意识清楚、语言清晰、思维灵敏、记忆力强、情志正常；反之，便出现精神萎靡、反应迟钝、记忆力下降、狂躁易怒或神识错乱，或意识不清，甚则昏迷或晕厥等症。

神虽分藏于五脏，心藏神，肝藏魂，肺藏魄，脾藏意，肾藏志，但总由脑所主的元神和心所主的识神来调节和控制。

笔记栏

3. 主感觉运动　眼、耳、口、鼻、舌等五脏外窍，皆位于头面，与脑相通。人的视、听、言、动等皆与脑有着密切关系。如《医林改错》说："两耳通脑，所听之声归脑；两目系如线长于脑，所见之物归脑；鼻通于脑，所闻香臭归于脑；小儿周岁脑渐生，舌能言一二字"。此外，脑为元神之府，还能统领肢体运动，与肢体运动紧密相关。

总之，髓海充盈，主感觉运动功能正常，则视物精明、听力正常、嗅觉灵敏、感觉无碍、运动如常、轻劲多力；若髓海不足，主感觉运动功能失常，无论虚实，都会出现听觉失聪、视物不明、嗅觉不灵、感觉障碍、运动不能、懈怠安卧等症状。

(二) 脑与五脏的关系

藏象学说将脑的生理病理统归于心而分属五脏，认为心为君主之官，五脏六腑之大主，神明之所出，精神之所舍，把人的精神意识和思维活动统归于心，称之为"心藏神"。但又把神分为神、魂、魄、意、志五种不同的表现，分别归属于心、肝、肺、脾、肾五脏，所谓"五神脏"。神虽分属五脏，但与心、肝、肾的关系更为密切。因为心主神志，虽然五脏皆藏神，但都是在心的统领下而发挥作用。肝主疏泄，又主谋虑，调节人的精神情志活动。肾藏精，精生髓，髓聚于脑，脑为元神之府，故脑的生理与肾的关系尤为密切。肾精充盈，髓海得养，脑的发育健全，则精力充沛，耳聪目明，思维敏捷，动作灵巧；若肾精亏少，脑髓不足，髓海失养，可见头晕、健忘、耳鸣，甚则思维迟钝等症。

总之，藏象学说认为，五脏是一个系统整体，人的神志活动虽分属于五脏，但以心为主导。脑虽为元神之府，但脑的功能隶属五脏，脑的生理病理也与五脏密切相关，故脑的病变也从五脏论治。此外，对于精神意识思维活动异常的精神情志疾病，也不能仅仅归结为心藏神的病变，而与其他四脏无关。

(三) 脑与精气血津液的关系

脑为奇恒之腑之一，具有贮藏精气的功能，脑的功能活动是以精气为物质基础，并与人体精、气、血、津液之间有着密切的关系。

1. 脑与气血　人体气血通过十二经脉、三百六十五络的传注，皆上达于头面部，而分别入于各个孔窍之中，以发挥其濡养脑髓和孔窍的作用。脑则通过经络的传导而发挥其主视、听、嗅、味等感官作用。故气血不足或气血逆乱都可以导致脑的功能失常和视、听、嗅、味、言、动等的功能障碍。

2. 脑与精　肾藏精，精生髓，髓聚而为脑，脑为髓之海。髓的化生以先天之精为主要物质基础，又赖后天之精的不断充养。髓分布于骨腔之中，由脊髓而上引入脑，成为脑髓，脑与精的关系是十分密切的。精足则髓海有余而轻劲多力，自过其度；精亏则髓海不足而脑转耳鸣，胫酸眩冒，目无所见，懈怠安卧。

3. 脑与津液　津液源于饮食水谷，通过脾胃的功能活动而生成。津液中稠厚而流动性较小的液能灌注骨节、脏腑和脑髓，具有充养脊髓、脑髓和脏腑的作用。故脱液之人可以见到腰膝酸软、头晕耳鸣等髓海空虚的症状。

二、女子胞

女子胞，又称胞宫、子宫、子脏、胞脏、子处、血脏，位于小腹部，在膀胱之后、直肠之前，其下口(即胞门，又称子门)与阴道相连，呈倒置的梨形。女子胞，是女性的内生殖器官，有主持月经和孕育胎儿的功能。

(一) 生理功能

1. 主持月经　月经，又称月信、月事、月水，是女子生殖器官发育成熟后子宫周期性出血的生理现象。健康女子，到14岁左右，天癸至，生殖器官发育成熟，子宫发生周期性变化，28天左右周期性排血1次，即月经开始来潮，而在月经周期中还要排卵一次。如《血证论·男女异同论》说："女子胞中之血，每月换一次，除旧生新"。到49岁左右，天癸竭绝，月经闭止。月经的产生是脏腑经脉气血及天癸作用于胞宫的结果，而胞宫的形态与功能正常与否也会直接影响月经的来潮。

笔记栏

2. 孕育胎儿 女子胞是女性孕育胎儿的器官。女子在发育成熟后，月经应时来潮，月经后便要排卵，因而有受孕生殖的能力。此时，两性交媾，两精相合，就构成了胎孕。《类经·藏象类》说："阴阳交媾，胎孕乃凝，所藏之处，名曰子宫"。受孕之后，月经停止来潮，脏腑经络的气血皆下注于冲任，到达胞宫以养胎，培育胎儿以至成熟而分娩。清代唐宗海《中西汇通医经精义·下卷》说："女子之胞，一名子宫，乃孕子之处。"

（二）女子胞与脏腑经脉的关系

女子胞的生理功能与脏腑、天癸、经脉、气血有着密切关系。而女子胞主持月经和孕育胎儿，也是脏腑、天癸、经脉、气血作用于胞宫的正常生理现象。

1. 与脏腑、天癸的关系 女子以血为本，经水为血液所化，而血来源于脏腑。脏腑之中，心主血，肝藏血，脾统血，脾胃为气血生化之源，肾藏精而化血，肺主气、朝百脉而输精微，它们分别主管着血的生化、统摄、调节等重要作用。故脏腑安和，血脉流畅，血海充盈，则经候如期，胎孕乃成。但在五脏之中，女子胞与肝、心、脾、肾的关系尤为密切。

天癸，是肾精肾气充盈到一定程度时在体内出现的一种能促进生殖器官发育成熟、女子月经来潮及排卵、男子精气溢泻的精微物质。而女子胞的发育成熟、月经按时来潮及其定时排卵，皆与天癸的来至和其对胞宫的作用有着极其密切的关系。《素问·上古天真论》说，女子"二七而天癸至，任脉通，太冲脉盛，月事以时下，故有子……七七，任脉虚，太冲脉衰少，天癸竭，地道不通，故形坏而无子也。"

2. 与经脉的关系 在经脉系统中，女子胞与奇经八脉中的冲、任、督、带四脉密切相关，其中尤以冲、任两脉为最。

冲脉上渗诸阳，下灌三阴，与十二经脉相通，为十二经脉之海。冲脉又为五脏六腑之海，脏腑经络之气血皆下注冲脉，故称冲为血海。因为冲为血海，蓄溢阴血，胞宫才能泄溢经血，孕育胎儿，完成其生理功能。故《景岳全书·妇人规》说："经本阴血也，何脏无之，唯脏腑之血皆归冲脉，而冲为五脏六腑之血海，故经言太冲脉盛则月事以时下，此可见冲脉为月经之本也"。

任脉为阴脉之海，蓄积阴血，为妇人妊养之本。任脉通畅，月经如常，方能孕育胎儿。因一身之阴血经任脉聚于胞宫，妊养胎儿，故称"任主胞胎"。任脉气血通盛是女子胞主持月经、孕育胎儿的生理基础。冲为血海，任主胞胎，两者相资，方能有子。所以，胞宫的作用与冲任二脉的关系更加密切。

督脉为"阳脉之海"，督脉与任脉，同起于胞中，一行于身后，一行于身前，交会于龈交穴，其经气循环往复，沟通阴阳，调摄气血，并与肾相通，运行肾气，从而维持胞宫正常的经、孕、胎、产的生理活动。

"带脉下系于胞宫，中束人身，居身之中央"(《血证论·崩带》)，既可约束、统摄冲任督三经的气血，又可固摄胞胎。

十二经脉气血通过冲脉、任脉、督脉灌注于胞宫之中，为经血之源、胎孕之本。可见，女子胞直接或间接与十二经脉相通，禀受脏腑之气血，泄而为经血，藏而育胞胎，从而完成其生理功能。

附

精 室

男子之胞名为精室，又名精宫、精房，系男子奇恒之腑之一，具有贮藏精液、生育繁衍的功能。精室是男性生殖器官，亦由肾主，并与冲任相关。故《中西汇通医经精义·下卷》说："女子之胞，男子为精室，乃血气交会，化精成胎之所，最为紧要"。精室包括睾丸、附睾、精囊腺和前列腺等，具有化生和贮藏精子等作用，主司生育繁衍，其功能与肾精肾气盛衰的关系十分密切。

第五节 脏腑之间的关系

笔记栏

人体各脏腑、组织、器官的功能活动不是孤立的，而是以五脏为中心，与六腑相配合，以精气血津液为物质基础，通过经络联系使脏与脏、脏与腑、腑与腑之间密切联系，从而将人体构成一个有机整体。脏腑之间的密切联系，除在形态结构上得到一定体现外，主要表现在生理上存在着相互制约、相互依存和相互协同的关系。这种关系突出表现在五脏的系统分属关系、五脏的生克制化关系、五脏的气血阴阳关系等方面。脏腑之间的关系主要有：脏与脏之间的关系，脏与腑之间的关系，腑与腑之间的关系。

一、五脏之间的关系

“五脏之气，皆相贯通”。心、肺、脾、肝、肾五脏有各自的生理功能和特定的病理变化，但五脏之间又存在着密不可分的生理联系和病理影响。五脏之间的关系不能仅局限于五行的生克乘侮范围，而是有着多方面的联系，以实现生理功能之间的相互制约、相互为用、相互资生和相互协调，从而在病理上相互影响。

（一）心与肺

心主血而肺主气，心主行血而肺主呼吸。心与肺的关系，主要表现在气和血的关系。

心主血，肺主气，两者相互协调，从而保证气血的正常运行，维持机体各脏腑组织的新陈代谢。而血液的正常运行，必须依赖于心气的推动和肺气的辅助，如肺朝百脉，方可助心行血，这也是血液正常运行的必要条件；正常的血液运行也能维持肺主气功能的正常进行。此外，宗气贯心脉以行气血、走息道而司呼吸的生理功能，加强了血液运行与呼吸吐纳之间的协调平衡。因此，积于胸中的宗气是连结心之搏动和肺之呼吸的中心环节。在病理上，若肺气虚弱，行血无力或肺失宣肃，均可影响心的行血功能，从而导致血液运行失常，可见胸闷、唇青、舌紫等心血瘀阻症状；反之，若心气不足、心阳不振，心脉瘀阻而导致血行不畅时，也可影响肺的宣发和肃降功能，从而导致咳喘、胸闷等肺气上逆的病理现象。

（二）心与脾

心主血而脾生血，心主行血而脾主统血。心与脾的关系，主要表现在血液生成和运行两个方面。

1. 血液生成方面　脾为气血生化之源，而脾运化的水谷精微通过升清作用，上输于心肺，贯注于心脉而化赤为血。若脾气健旺，血液化源充足，则心血也就充盈。而在病理上，心脾两脏常相互影响，若脾失健运，化源不足，或统血无权，慢性失血，均可导致血虚而致心失所养；而思虑过度，不仅暗耗心血，还可影响脾的运化功能，临床常见眩晕、心悸、失眠、多梦、腹胀、食少、体倦神疲、面色无华等心脾两虚之证。

2. 血液运行方面　血液在脉中正常运行，既有赖于心气的推动以维持通畅而不迟缓，又要依靠脾气的统摄以使血行脉中而不至于逸出脉外。若心气不足，行血无力，或脾气虚损，统摄无权，均可导致血行失常的病理状态，或见气虚血瘀，或见气不摄血等病理反应。

（三）心与肝

心主行血而肝主藏血，心藏神而肝主疏泄、调畅情志。心与肝的关系，主要表现在血液运行以及调节情志两个方面。

1. 血液运行方面　心为一身血液运行的枢纽，肝是贮藏血液、调节血量的重要脏器，而人体血液生化于脾，贮藏于肝，并通过心以运行全身。如心的行血功能正常，则血运正常，肝有所藏。而肝藏血充足，疏泄有度，随人体生理需求进行血量调节，也有利于心行血功能的正常进行。心血与肝血同是一身之血的一部分，正是由于心和肝在血液运行方面的密切相关，故在临床上“心肝血虚”常常同时出现。此外，心血瘀阻可累及肝，肝血瘀阻也可累及心，最终导致心肝血瘀的病理变化。

2. 调节情志方面　人的精神、意识和思维活动虽由心所主，但与肝的疏泄功能密切相关。心肝两脏相互为用，才能共同维持正常的精神活动。心血充盈，心神健旺，有助于肝气疏泄，情志调畅；而肝气疏泄有度，情志畅快，也有利于心神内守。而在病理上，心神不安与肝气郁结，心火亢盛与肝火亢逆，两者常并存或相互引动。前者常出现以精神恍惚、情绪抑郁为主症的心肝气郁证，后者则可出现以心烦失眠、急躁易怒为主症的心肝火旺的病理变化。由于情志所伤，易化火伤阴，因而在

笔记栏

临床上也常见心肝阴虚、心肝火旺的相互影响或同时并见。

(四) 心与肾

心在五行属火，位居于上而属阳；肾在五行属水，位居于下而属于阴。心与肾之间的关系，主要表现为阴阳水火之间关系，可从水火既济、精神互用、君相安位来阐发。

1. 水火既济 心居上焦属阳，在五行属火；肾居下焦属阴，在五行属水。就阴阳水火的升降理论而言，在上者宜降，在下者宜升，升已而降，降已而升。因心位居上，故心火(阳)必须下降于肾，使肾水不寒；肾位居下，故肾水(阴)必须上济于心，使心火不亢，从而维持两脏之间生理功能的协调平衡。根据阴阳交感和互藏的机制，肾气的生理效应表现为肾阴与肾阳，肾阴上济依赖肾阳的鼓动；心气的生理效应表现为心阴与心阳，心火的下降需要心阴的凉润。肾阴在肾阳的鼓动作用下化为肾气以上升济心，心火在心阴的凉润作用下化为心气以下行助肾。反之，若肾水亏虚，不能上济于心而使心火亢于上，可出现一系列以失眠为主症的心悸、怔忡、心烦、腰膝酸软，或见男子梦遗、女子梦交等病理表现；若心阳亏虚，不能下暖肾水而使肾水凝于下，可出现心悸、水肿少尿、形寒肢冷、面色淡白等。此两种情况皆属心肾之间的生理功能失去协调，前者称为“心肾不交”“水火失济”；后者称“水气凌心”。

2. 精神互用 心藏神，肾藏精。精能化气生神，为气、神之源；神能控精驭气，为精、气之主。故积精可以全神，神清可以控精。如《类证治裁·内景综要》说：“神生于气，气生于精，精化气，气化神”；《类经·摄生类》说：“虽神由精气而生，然所以统驭精气而为运用之主者，则又在吾心之神”。

3. 君相安位 心为君火，肾为相火(命火)。君火在上，如日照当空，为一身之主宰；相火在下，系阳气之根，为神明之基础。命火秘藏，则心阳充足；心阳充盛，则相火亦旺。君火相火，各安其位，则心肾上下交济。所以心与肾的关系也表现为心阳与肾阳的关系。

(五) 肺与脾

肺主一身之气，通调水道；脾为生气之源，运化水液。肺与脾的关系主要表现在气的生成与水液代谢两个方面。

1. 气的生成 肺主呼吸，吸入自然界的清气；脾主运化，化生水谷精气。清气与水谷精气在胸中汇为宗气，宗气与元气再合为一身之气。因元气由先天之精化生，而先天之精的量一般是固定不变的，故一身之气的盛衰主要取决于宗气的生成。而脾化生的水谷精气有赖于肺气的宣降运动以输布全身，肺维持其生理活动所需的精气也依靠脾运化的水谷精气来充养，故有“肺为主气之枢，脾为生气之源”之说。只有在肺脾两脏的协同作用下，才能保证一身之气尤其是宗气的生成和敷布。而在病理上，肺气虚累及脾(子病犯母)，脾气虚影响至肺(母病及子)，终致肺脾两虚之候。如肺病日久，也可影响到脾，而致脾的运化功能失常或使脾气虚，从而出现纳食不化、腹胀、便溏，甚则水肿等病理表现，称之为“上病及中”，也是临床“培土生金”治法得以运用的理论依据。

2. 水液代谢 津液正常输布是多个脏腑协调配合的结果。就肺脾而言，脾上输津液至肺，通过肺气宣发肃降而布达全身；肺主通调水道，使津液上下内外布散，依赖脾为之转输。两者相辅相成，共同维持津液的正常输布。若脾失健运，津液停聚，影响肺的宣降；肺失宣降，水道不畅，水湿困脾，则影响脾的运化。两者在病理上相互影响，均可导致津液输布失常，从而形成痰饮或水肿等，故有“脾为生痰之源，肺为贮痰之器”之说。

(六) 肺与肝

肝调畅全身气机，其气主升；肺主一身之气，其气主降。肺与肝的关系，主要表现在气机升降的调节方面。

肝肺两脏气机一升一降，相辅相成，对维持全身气机的正常升降运动起着重要作用。肺主一身之气，肺气以清肃下行为顺，肃降正常，有利于肝气的升发并防止其升发太过；肝气疏泄，升发条达，调畅全身气机，则有利于肺气的肃降。可见，肝升与肺降既相互制约，又相互为用。病理上，肝肺病变可相互影响。如肝郁化火，可耗伤肺阴，使肺气不得肃降，而出现咳嗽、胸痛、咯血等肝火犯肺之证，五行学说称为“木火刑金”。另一方面，肺失清肃，燥热内盛，也可伤及肝阴，致肝阳亢逆，而出现头痛、易怒、胁肋胀痛等。

笔记栏

"左右者，阴阳之道路也。"天地阴阳之气左升右降，人与之相应，故有"肝生于左，肺藏于右"之说。

（七）肺与肾

肺为水之上源，肾为主水之脏；肺主呼吸，肾主纳气；肺属金，肾属水，金水相生。肺与肾的关系，主要表现在水液代谢、呼吸运动及阴液互资三个方面。

1. 水液代谢 肺气宣发肃降而行水的功能，有赖于肾的蒸腾气化；而肾气蒸腾气化及升降的水液，也有赖于肺气的肃降使之下归于肾或膀胱。肺肾两脏，相辅相成，共同完成津液的输布与排泄。肺宣降失职或肾失气化，均可导致水液输布排泄障碍，而出现痰饮、水肿等，故《素问·水热穴论》说："其本在肾，其末在肺，皆积水也"。

2. 呼吸运动 人体的呼吸运动虽由肺所主，但亦需肾的纳气功能协助。只有肾气充盛，封藏功能正常，肺吸入的清气才能经过其肃降而下纳于肾，以维持呼吸的深度。可见，在人体呼吸运动中，肺气肃降有利于肾的纳气，而肾气充足，纳摄有权，也有利肺气之肃降，故《景岳全书·杂证谟》云："肺为气之主，肾为气之根"。病理上，肺气久虚，肃降失司，与肾气不足，摄纳无权，往往互为影响，以致出现呼多吸少、动则气喘等肾不纳气（肺肾气虚）的病理变化。

3. 阴液互资 金为水之母，肺阴充足时可下输于肾，从而使肾阴充盈。而肾阴为一身阴液之根本，肺阴虚时可损及肾阴，肾阴虚时亦不能上滋肺阴，故临床常见两颧潮红、骨蒸潮热、盗汗、干咳音哑、腰膝酸软等肺肾阴虚之证。

（八）肝与脾

肝主疏泄，脾主运化；肝主藏血，脾主生血统血。肝与脾的关系，主要表现在饮食物消化和血液运行两个方面。

1. 饮食物消化 肝主疏泄，调畅气机，能协调脾胃升降，并疏泄胆汁，注入肠道，从而促进脾胃对饮食物的消化、吸收和转输；脾气健旺，运化正常，水谷精微充足，气血生化有源，则肝体得以濡养而使肝气冲和条达，有利于肝之疏泄功能的发挥。病理上，肝脾两脏的病变常常相互影响，肝病可以传脾，脾病可以传肝。若肝失疏泄，气机郁滞，易致脾失健运，形成精神抑郁、胸闷太息、纳呆腹胀、肠鸣泄泻等肝脾不调之候；而脾失健运也可影响肝失疏泄，导致"土壅木郁"之证，或因脾虚生湿化热，湿热郁蒸肝胆，胆热液泄，还可形成黄疸等症。

2. 血液运行 血的正常运行虽由心所主持，但与肝、脾的关系也十分密切。肝主藏血，调节血量，脾主生血，统摄血液。而脾气健旺，生血有源，统血有权，使肝有所藏；肝血充足，藏泻有度，血量得以正常调节，气血才能运行无阻。只有肝脾相互协作，才能共同维持血液的正常运行。病理上，若脾气虚弱，则血液生化无源而血虚，或统摄无权而出血过多，均可导致肝血不足。此外，肝不藏血与脾不统血也可同时并见。

（九）肝与肾

肝肾之间的关系，有"肝肾同源"或"乙癸同源"（以天干配五行，肝属乙木，肾属癸水，故称）之称。肝主藏血而肾主藏精，肝主疏泄而肾主封藏，肝为水之子而肾为木之母。肝与肾之间的关系，主要表现在精血同源、藏泄互用以及阴阳互滋互制等方面。

1. 精血同源 肝藏血，肾藏精，精血皆由水谷精微化生和充养，且能相互资生，故曰同源互化。血的化生有赖于肾中精气的气化，而肾中精气的充盛也有赖于血液的滋养，即精能生血，血能化精，故称之为"精血同源"。在病理上，精血的病变常相互影响，如肾精亏损可导致肝血不足，肝血不足也可引起肾精亏损，从而出现头昏目眩、耳聋耳鸣、腰膝酸软等肝肾精血两亏的病变。

2. 藏泄互用 肝主疏泄，肾主封藏，两者之间存在着相互为用、相互制约的关系。肝主疏泄可促使肾气封藏有度，而肾气闭藏则可防止肝气疏泄太过。疏泄与封藏相反相成，还可调节女子月经来潮、排卵和男子排精的有序进行。若肝肾藏泄失调，女子可见月经周期失常，经量过多、过少或闭经，以及排卵障碍，男子则可见阳痿、遗精、滑泄或阳强不泄等症。

笔记栏

3. 阴阳互资互制 肝肾阴阳息息相通，相互制约，协调平衡，故在病理上也常相互影响。如肾阴不足可引起肝阴不足，阴不制阳而导致肝阳上亢，称之为“水不涵木”；肝阴不足也可导致肾阴亏虚，而致相火偏亢。此外，肝火太盛也可下劫肾阴，形成肾阴不足的病理变化。因此，临床十分常见以腰酸胁痛、头晕耳鸣、男子遗精、女子月经量少、五心烦热、潮热盗汗、舌红少苔等为主要症状的肝肾阴虚证。

（十）脾与肾

脾为后天之本，肾为先天之本；脾主运化水液，肾为主水之脏。脾与肾的关系，主要表现在先后天相互资生和水液代谢两个方面。

1. 先后天相互资生　脾气健运，化生精微，须借助于肾阳温煦，故有“脾阳根于肾阳”之说；而肾中精气也须脾胃化生的水谷精微来培育和充养，才能不断充盈和成熟。因此，脾肾在生理上的关系是先天促后天，后天养先天。在病理上，脾肾病变常相互影响，互为因果，如肾阳不足不能温煦脾阳，或脾阳久虚进而可损及肾阳，最终均可见畏寒肢冷、脘腹冷痛、下利清谷或五更泄泻、腰膝酸软等脾肾阳虚之症。

2. 水液代谢　脾运化水液功能的正常发挥，须赖肾气的蒸腾气化及肾阳的温煦；而肾主水液输布代谢，又须赖脾气及脾阳的协助，即所谓“土能制水”。可见，脾肾两脏相互协同，从而保证水液代谢的协调平衡。病理上，脾气脾阳失运，水湿内生，经久不愈，可发展至肾水泛滥；而肾气肾阳虚衰，蒸腾气化失司，水湿内蕴，也可影响脾气脾阳的运化，最终均可导致尿少浮肿、腹胀便溏、畏寒肢冷、腰膝酸软等脾肾两虚、水湿内停之证。

二、六腑之间的关系

胆、胃、大肠、小肠、膀胱、三焦等六腑的生理功能虽然各不相同，但它们都是传化水谷、输布津液的器官，《灵枢·本藏》云：“六腑者，所以化水谷而行津液者也”。

饮食入胃，经胃的腐熟和初步消化，形成食糜，下传于小肠，通过小肠的进一步消化，泌别清浊。清者，即水谷精微经脾的转输以营养全身；浊者，其中之水液前渗膀胱，经蒸腾气化作用排泄于外而为尿，食物残渣下传大肠，经大肠燥化与传导，形成粪便经肛门排出体外。而在上述饮食物的消化、吸收与排泄过程中，还有赖于胆汁的分泌排泄以助消化，以及三焦疏通水道以渗水液等作用。由于六腑传化水谷，需要不断地受纳、消化、传导和排泄，虚实更替，宜通而不宜滞，故《素问·五藏别论》有“胃实而肠虚”“肠实而胃虚”的论述，这说明了饮食物在胃肠中必须更替运化而不能久留，故有“六腑以通为用”“六腑以通为顺”和“腑病以通为补”之说。

六腑之间在病理上常相互影响。如胃有实热，消灼津液，则可致大肠传导不利，大便秘结不通；而大肠燥结，便闭不行，亦可影响胃的和降，而使胃气上逆，出现恶心、呕吐等症。又如胆火炽盛，常可犯胃，导致胃失和降而见呕吐苦水；而脾胃湿热，熏蒸肝胆，而使胆汁外泄，也可发生黄疸等病证。应当指出，六腑虽然以通为用，但也有太过、不及之异，故必须认真进行辨证分析。

三、脏与腑之间的关系

脏与腑的关系，实际上就是阴阳表里相合的关系。脏属阴而腑属阳，脏为里而腑为表，一脏一腑，一阴一阳，一表一里，相互配合，组成心与小肠、肺与大肠、脾与胃、肝与胆、肾与膀胱等脏腑表里关系（心包与三焦的关系从略）。

而一脏一腑的表里相合关系，其依据主要有三：① 经脉络属。即属脏的经脉络于所合之腑，属腑的经脉络于所合之脏，如手太阴肺经属肺络大肠，手阳明大肠经属大肠络肺，肺与大肠构成脏腑表里关系，而手太阴经与手阳明经则构成表里两经，其他脏腑以此类推。② 生理配合。六腑传化水谷的功能，受五脏之气的支持和调节才能完成，如胃的纳谷腐熟需脾气运化的推动，膀胱贮尿排尿有赖肾气的蒸腾气化等。五脏的功能也有赖于六腑的配合，如脾气运化水谷，又需要胃气腐熟功能的支持；肝气的疏通条达，需要胆气排泄胆汁的配合等。③ 病理相关。如肺热壅盛，失于肃降，可致大肠传导失职而大便秘结；反之亦然。因此，治疗上就有脏病治腑、腑病治脏、脏腑同治诸法。可见

笔记栏

脏腑相合理论，对于指导临床运用具有十分重要的意义。

（一）心与小肠

手少阴心经属心络小肠，手太阳小肠经属小肠络心，通过经脉的相互络属，心与小肠构成了表里相合关系。心与小肠的生理联系，主要表现为相互为用的关系。

心主血脉，心阳之温煦，心血之濡养，有助于小肠的化物功能；而小肠主化物，泌别清浊，吸收的水谷精微和水液，其中浓厚部分经脾气转输于心，化血以养其心脉，即《素问·经脉别论》所谓："浊气归心，淫精于脉"。心与小肠在病理上相互影响。心经实火可移热于小肠，引起尿少、尿赤、尿痛、尿血等小肠实热的症状。这是由于小肠之火随水液经三焦下注膀胱之故。故清心泻小肠火时应在增加水液摄入量的基础上采用苦寒泻火兼淡渗利尿的方药。反之，小肠有热也可循经脉上熏于心，可见心烦、舌红、口舌生疮等症。此外，小肠虚寒，化物失职，水谷精微不生，日久也可出现心血不足的病证。

（二）肺与大肠

手太阴肺经属肺络大肠，手阳明大肠经属大肠络肺，通过经脉的相互络属，肺与大肠构成了表里相合关系。肺与大肠的生理联系，主要表现在肺气肃降与大肠传导之间的相互为用关系。

肺气清肃下降，气机调畅，并布散津液，能促进大肠的传导，有利于糟粕的排出；而大肠传导正常，糟粕下行，也有利于肺气的肃降。两者配合协调，从而使肺主呼吸及大肠传导的功能均归正常。肺与大肠在病变时相互影响。若大肠实热，腑气不通，则可影响肺的肃降而产生胸满、喘咳等症。如肺失清肃，津液不能下达，也可见大便困难等症。

（三）脾与胃

脾与胃同居中焦，以膜相连，足太阴脾经属脾络胃，足阳明胃经属胃络脾，两者构成表里相合关系。脾胃同为气血生化之源、后天之本，在饮食物的受纳、消化及水谷精微的吸收、转输等生理过程中起着主要作用。脾与胃的生理联系，主要表现在水谷纳运相得、气机升降相因、阴阳燥湿相济等三个方面。

1. 纳运相得　胃主受纳腐熟水谷，为脾主运化提供了前提；而脾主运化、消化食物，转输精微，也为胃的继续受纳提供了条件及能量。两者密切合作，才能维持饮食物的消化及精微、津液的吸收转输。故隋代巢元方在《诸病源候论·脾胃诸病候》中说："脾胃二气相为表里，胃受谷而脾磨之，二气平调，则谷化而能食"。若脾失健运，可导致胃纳不振，而胃失和降也可导致脾失健运，最终均可出现纳少脘痞、腹胀泄泻等脾胃纳运失调之证。

2. 升降相因　脾胃居中，为脏腑气机上下升降的枢纽，脾气升则肾气、肝气皆升，胃气降则心气、肺气皆降。在饮食物的消化吸收方面，脾气上升，将运化吸收的水谷精微和津液向上输布，自然有助于胃气之通降；胃气通降，将受纳之水谷、初步消化之食糜及食物残渣通降下行，也有助于脾气之升运。脾胃之气升降相因既保证了饮食纳运功能的正常进行，又维护着内脏位置的相对恒定。若脾虚气陷，可导致胃失和降而上逆，而胃失和降亦影响脾气升运的功能，故《素问·阴阳应象大论》说："清气在下，则生飧泄，浊气在上，则生䐜胀"，这是对脾胃升降失常所致病证的概括。

3. 燥湿相济　脾与胃相对而言，脾为阴脏，以阳气温煦推动用事，脾阳健则能运化升清，故性喜燥而恶湿；胃为阳腑，以阴气凉润通降用事，胃阴足、胃津充则能受纳腐熟，故性喜润而恶燥。故《临证指南医案·卷二》说："太阴湿土，得阳始运，阳明燥土，得阴自安。以脾喜刚燥，胃喜柔润故也"。脾易湿，得胃阳以制之，使脾不至于湿；胃易燥，得脾阴以制之，使胃不至于燥。脾胃阴阳燥湿相济，是保证两者纳运、升降协调的必要条件。若脾湿太过，或胃燥阴伤，均可产生脾运胃纳的失常。如湿邪困脾，脾失健运，可导致胃纳不振；胃津或胃阴不足，亦可影响脾的运化功能。脾湿则其气不升，胃燥则其气不降，可见中满痞胀、排便异常等症。

（四）肝与胆

肝胆同居右胁下，胆附于肝之短叶间，足厥阴肝经属肝络胆，足少阳胆经属胆络肝，两者构成表

笔记栏

里相合关系。肝与胆的生理联系，主要表现在同主疏泄、共主勇怯两个方面。

1. 同主疏泄　肝主疏泄而分泌胆汁，胆附于肝而藏泄胆汁，两者协调合作，使胆汁疏利到肠道以帮助脾胃消化食物。若肝气郁滞，可影响胆汁疏利，或胆腑湿热，也可影响肝气疏泄，最终均可导致肝胆同病，出现肝胆气滞、肝胆湿热、肝胆火旺等病理变化。

2. 共主勇怯　《素问·灵兰秘典论》说："肝者，将军之官，谋虑出焉。胆者，中正之官，决断出焉。"胆主决断与人的勇怯有关，而决断又来自肝之谋虑，两者协调配合，遇事方能作出正确决断。《类经·藏象类》说："胆附于肝，相为表里。肝气虽强，非胆不断。肝胆相济，勇敢乃成"。实际上，肝胆共主勇怯必须以两者同主疏泄为基础，若肝胆气滞，或胆郁痰扰，均可导致情志抑郁或惊恐胆怯等症。

(五) 肾与膀胱

肾为水脏，膀胱为水腑，足少阴肾经属肾络膀胱，足太阳膀胱经属膀胱络肾，两者构成表里相合关系。肾与膀胱的生理联系，主要表现在共主小便方面。

膀胱的贮尿和排尿功能依赖于肾的气化，当肾与膀胱相互协作，便可共同完成小便的生成、贮存与排泄。肾气充足，则蒸腾气化及固摄有权，膀胱开合有度，从而维持水液的正常代谢。若肾气不足，蒸化无力，固摄无权，则膀胱开合失度，其中过合可见尿少、癃闭，而过开则可见小便失禁、多尿等症状。

(黄学宽　贯永森)

笔记栏

第三章　精气血津液

导　学

本章主要介绍精、气、血、津液的概念，精的生成和功能，气的生成、运动、功能和分类，血的生成、运行和功能，津液的代谢、输布、排泄及功能，精气血津液的相互关系。

通过学习，掌握精、气、血、津液的概念，气的生成、运动、功能和分类，血的生成、运行和功能，津液的代谢、输布、排泄及功能，精气血津液的相互关系；熟悉精的代谢和功能。

精、气、血、津液是构成人体和维持人体生命活动的基本物质，被统称为“人体精微”，其化生、输布和代谢是不同脏腑功能协调作用的结果。精、气、血和津液不仅是脏腑实现各自生理功能的物质基础，还是经络、官窍、四肢百骸和神功能活动的物质基础，在人体生命活动中发挥着极其重要的作用。正如《灵枢・本藏》所言：“人之血气精神者，所以奉生而周于性命者也。”因此，精、气、血、津液等生命物质与脏腑、经络等组织器官之间，无论在生理还是在病理方面，始终存在着互为因果的密切联系。

作为人体精微物质，精、气、血、津液具有不同的性状和功能，在机体生命活动过程中，它们相互依存、相互转化、相互为用，密切相关。

精气血津液学说是研究人体精、气、血、津液的生成、运行，及其生理功能和相互关系的理论，是中医学理论的重要组成部分。

精气血津液理论的形成和发展，受到古代哲学思想的影响，但本章所论内容专指人体的生命活动，有别于古代哲学范畴的“精气学说”和“气一元论”等。

第一节　精

中医学对人体生、长、壮、老、已过程的探索，受到精气学说、阴阳学说和五行学说等中国古代哲学思想的深刻影响。其中，精气学说对生命本原和生命体存亡过程认识的影响尤为深刻。中医学在“精气为物”（《周易・系辞上》）、“一气能变曰精”（《管子・心术下》）等基本哲学观点的指导下，形成对人类生命本原和生命现象的基本认识。

中医学认为精是人类生命的本原，是人体生命活动最根本的物质基础。精来源于先天父母生殖之精和后天水谷之精，能够繁衍生命、濡养脏腑形体、化生气血与神。

一、精的概念

中医学认为，精是禀受于父母的先天生命物质与脾胃运化所化生的水谷精微、肺吸入的自然清气相互融合而形成的一种精微物质，是构成和维持人体生命活动的最基本物质。精贮藏于脏腑，布散于形体，如《素问・金匮真言论》所说：“夫精者，身之本也”。

笔记栏

中医学对精的认识具有多重性。因其属性范围不同，人体之精可分为广义之精和狭义之精；据其来源差异，又有先天之精和后天之精之分；从特定功能出发，则有生殖之精之称。此外，按其所藏部位的不同，还有脏腑之精等。

广义之精，泛指体内一切精微，除禀受于父母的先天生命物质与脾胃运化之后天水谷精微外，还包括气、血、津、液、髓及其生理功能。如《读医随笔·气血精神论》所说："精有四：曰精也，曰血也，曰津也，曰液也"。但气、血、津液、髓等精微物质有特定的形态、分布、生成代谢过程等，在中医学理论中另作论述。故广义之精包括先天之精、水谷之精、生殖之精及脏腑之精。

狭义之精，特指生殖之精，是精的本始含义，也是中医学精概念产生的始基。生殖之精来源于肾精，由先天之精在后天之精的资助下合化而成，具有繁衍后代的作用。《素问·上古天真论》中男子"二八……精气溢泻，阴阳和，故能有子"，即指狭义之精。男女生殖之精结合形成胚胎，是在繁衍生命的过程中传递生命信息的物质。

人体之精贮藏并分布于体内，藏于脏腑者，为脏腑之精。脏腑之精能够濡养本脏腑及相关的经络、形体、官窍等。五脏皆藏精，但以肾精最为重要，因为肾藏先天之精，并"受五藏六腑之精而藏之"，是人体生长发育、繁衍生命及脏腑功能活动的原动力。

二、精的生成

精生成的来源包括先天和后天两部分，由禀受于父母的先天之精和后天获得的水谷之精相互融合而成。

（一）先天之精

《灵枢·本神》谓"生之来，谓之精。"先天之精来源于父母的生殖之精，是禀受于父母，形成胚胎的原始物质，是新的生命个体产生的本原和生长发育及生殖的物质基础之一。在对人类繁衍过程的观察及医疗实践中，古代医家认识到新的胎孕始于父母之精的结合，并在母体胞宫中生成、孕育直至诞生，即"男女媾精，胎孕乃成"。《灵枢·决气》言："两神相搏，合而成形，常先身生，是谓精。"

（二）后天之精

后天之精来源于水谷，又称"水谷之精"，是人出生后赖以维持生命活动的精微物质。饮食物经脾胃运化产生水谷精微，在脾气的转输下布散至脏腑、经络和人体周身，化为脏腑之精藏于各脏腑，以维持各脏腑组织的生理功能。在满足上述功能活动需要的同时，精微物质亦转输至肾，化为肾精贮藏于肾，不断地充养所藏之先天之精。正如《素问·上古天真论》所说："肾者主水，受五藏六腑之精而藏之。"

因此，人体之精以先天之精为本原，以后天之精为充养。后天之精受到先天之精的活力资助，先天之精有赖于后天之精的不断培育，两者相互为用、相辅相成。无论是先天精气之不足，还是后天脏腑功能异常，致水谷精微化生不足，或是真精耗伐太过，均能导致人体出现精虚不足的病理变化。

三、精的功能

精是构成人体和维持人体生命活动的精微物质，具有繁衍生殖、促进生长发育、濡养脏腑、生血益髓、化气养神的生理功能。

（一）繁衍生殖

"天癸"是肾中精气充盈到一定程度时所产生的具有促进人体生殖器官成熟，并维持生殖功能的一种精微物质。在天癸的作用下，肾精化生为生殖之精以繁衍生命。如《素问·上古天真论》揭示人体生长规律时指出，男子二八天癸至则精盈满溢而泻、女子二七天癸至则月事应时而下，当人体生殖功能成熟后，男女媾精，阴阳和调，则能繁衍后代。

（二）促进生长发育

精具有促进人体生长发育的重要功能。虽脏腑经络、组织器官的功能活动及人体生命活动的外在表现，在生、长、壮、老、已的过程中表现各不相同，但都取决于肾精的盛衰。

小儿生长发育障碍所见五迟（立迟、行迟、语迟、发迟、齿迟）、五软（头项软、口软、手软、足软、肌肉软），均因精虚失养所致。如《张氏医通·婴儿门》指出五迟"皆胎弱也，良由父母精血不足，肾气

笔记栏

虚弱,不能荣养而然”。《保婴撮要·五软》指出:“五软者……皆因禀五脏之气虚弱,不能滋养充达。”故生长发育迟缓或壮年早衰者,可遵填精补肾之法进行治疗。

(三)濡养脏腑

人体之精濡养脏腑的功能主要体现在精是机体生命活动的物质基础。一方面,由脾气化生的后天水谷精微,在脾气的转运下不断地输布至五脏六腑及全身各组织器官之中,滋养脏腑形体,以维持其功能活动。另一方面,肾中所藏之精作为贮备,对各脏腑有资助和补养的作用,各脏腑之精虚损不足时,能得到肾精的补养和濡润。肾精转化为肾气,肾气之功用分为肾阴和肾阳,为一身阴阳的根本。也就是说,先、后天之精不断濡润滋养着脏腑形体,使其发挥正常的生理功能。当先天禀赋不足,或脏腑功能失常导致精的生成障碍,或精的损耗太过时,则会出现精亏而致五脏虚损,人体功能下降,甚至衰败而亡。

(四)生髓化血

髓有骨髓、脊髓和脑髓之别,由以肾精为主的人体之精化生而成。中医学认为,肾中所藏之精可化生为髓,濡养人体的脑和骨骼等。肾精充盛,则髓有所生,髓居骨中,骨得所养故坚固有力,体格矫健;精盈髓充,濡养脑髓,脑得其养故智慧敏巧,精力充沛。故肾精亏虚,化源不足,髓空骨枯,骨失所养则孱弱无力;脑髓失充,故脑转耳鸣,眩冒健忘。故夜不能寐、健忘痴呆、目眩头晕、耳鸣耳聋、骨脆易折、小儿发育迟缓、成人早衰等病证,多从“肾生骨髓”(《素问·阴阳应象大论》)之理,遵补益肾精,养脑生髓之法进行防治。

精可化生血,是血液生成来源之一,其中肾精是化生血液的基本物质。如《张氏医通·诸血门》所述:“精不泄,归精于肝而化清血”。肾精不仅能直接化生为血,还可通过促进脏腑的生理功能,如脾胃运化、心生血等,间接促进血的生成。故肾精充盈,则化生血液,肾精亏虚,则无以化血;精盈则血充,精衰则血少。因此,临证时常用血肉有情之品,补肾填精,化精为血,以助生血养血之功。

(五)化气养神

精、气、神被称为“人身三宝”,三者可相互转化,相互为用。精与气同是构成人体、维持生命活动的精微物质,精可化生为气,气可化生为精。精气充盈则神旺,神气内守、驭精化气,则精气充盈。

《素问·阴阳应象大论》言“精化为气”。精化生为气具体表现为先天之精可化生为元气,元气是人体之气的重要组成部分,布散周身,发挥推动和激发人体生理功能的重要作用。其次,气的生成还来源于后天水谷精微,《灵枢·五味》言:“谷不入,半日则气衰,一日则气少矣。”精藏于五脏,五脏之精化为五脏之气,完成各脏腑的功能活动。

精能化神,精也是神化生的物质基础。神是人体生命活动的外在总体表现,神的生成有赖于精这一物质基础。先、后天之精分藏于脏腑,化生为各脏腑之气,推动和调节着各脏腑的生理功能,共同维持机体的生命活动,即化生为神,以生命的形式存在于自然界。精旺则神旺,精亏则神疲,精亡则神散,精是生命存在根本保证,故积精可以全神。

第二节 气

中医学将中国古代哲学中“气”的概念和理论应用于认识人体的生命活动,认为气是运行不息的精微物质,构成并维持着人体的生命活动。中医学关于气的认识包括气的概念、生成、分布、功能及其与脏腑经络、精血津液之间的关系等,是中医学理论的重要组成部分。

一、气的概念

笔记栏

气是人体内活力很强运动不息的极精微物质,是构成人体和维持人体生命活动的最基本物质之一。中医学气的概念,源于古人对人体生命现象的观察,并受到古代哲学精气学说、阴阳学说的渗透和影响。

中医学范畴中,气客观存在于人体,气的运动和变化是人体立命之本。古代哲学范畴中的气是构成宇宙万物的本原,其升、降、聚、散运动推动着宇宙的发展和变化;中医学范畴气的概念与哲学范畴气的概念相比,在研究对象和范围方面有着明显的区别。

二、气的生成

(一) 来源

人体之气的生成,其主要物质来源有三个方面:禀受于父母的先天之精气、脾胃所运化的水谷之精气和肺吸入的自然界清气。

先天之精气,是禀受于父母的生殖之精,先身而生,与生俱来的,是生命之本原,是构成生命体的原始物质。先天之精禀受于父母,归藏于肾,也是化生元气的物质基础,为人体之气的根本,是人体生命活动的原动力。先天之精要靠后天之精的不断充养和资助。

水谷之精气,来源于人体所摄入的饮食物,饮食物经过脾胃的运化,化生水谷精微,即水谷之精气,是人体后天之气的主要来源,是人类赖以生存的基本物质。

自然界的清气,是由肺吸入的,参与了人体之气的生成,主要与脾胃所化生的水谷精气相结合,形成宗气,走息道,司呼吸;贯心脉,行气血。所以说肺吸入的自然界的清气也是生成人体之气的重要来源。

(二) 相关脏腑

人体之气的生成,是多个脏腑功能相互为用、综合协调的结果,其中与肾、脾胃和肺的生理功能尤为密切。

1. 肾　肾具有藏精、主纳气的生理功能。肾封藏先天之精和后天之精,后天之精在充养脏腑等组织器官的同时,不断地化藏于肾,以培育和滋养先天之精。先天之精藏于肾,可化生为元气,是人体元气化生的根源。肾精充盛,先天之精得以充养,则元气化生充足。肾精虚衰,先天之精失养,则元气化生不足。此外,肾主纳气功能与肺主气司呼吸功能相互协调,对保证体内外气体交换的正常进行以及自然界的清气进入体内,参与气的生成有着非常重要的意义。

2. 脾胃　水谷精气是人体之气生成的重要来源。饮食物经口入胃,胃司受纳,脾主运化,脾升胃降,纳运协调,水谷之精气得以化生;脾气散精,将水谷之精气运输布散至五脏,化生精微,滋养五脏之气。脾主升清,水谷精气经脾上输于肺,化生宗气。水谷精气之中剽悍滑疾者化为卫气,精专柔和者化为营气。水谷之精亦可濡养五脏,充养肾精,以后天滋养先天,促进元气的化生。

3. 肺　"肺者,气之本"(《素问·六节藏象论》)。肺主气司呼吸,参与一身之气的生成和全身气机的调节,是五脏中与气关系最密切的脏腑。

肺主呼吸之气,为体内外气体交换的场所。《医贯·内经十二官论》说:"喉下为肺,两叶白莹,谓之华盖,以覆诸脏,虚如蜂窠,下无透窍,故吸之则满,呼之则虚。一呼一吸。本之有源,无有穷也,司清浊之运化,为人身之橐龠。"

手太阴肺经起于中焦,中焦脾胃所运化的水谷之精气可上输于肺,和肺吸入的自然界清气在肺中结合形成宗气。宗气对维持人体生命活动、促进全身之气的生成具有重要意义。

总之,人体之气来源于先天之精所化生的元气、后天水谷之精所化生的水谷之气及自然界的清气。脏腑功能正常,肺、脾、胃、肾等生理功能协调,人体之气才能不断化生,充沛于全身。

三、气的运动

(一) 气的运动

笔记栏

1. 气机的概念　气的运动称为气机。运动是气的根本属性。人体之气通过运动推动和激发脏腑、经络等的生理功能,并维持人体的生命活动,气的运动贯穿于整个生命过程,气机一旦停止,生命也随之终止。

2. 气运动的基本形式 人体之气的运动有升、降、出、入四种基本形式。升，指气自下而上的运动；降，指气自上而下的运动；出，指气由内向外的运动，可表现为向外发散；入，指气自外向内的运动，可表现为向内收藏。气的升降出入运动是宇宙万物运动的普遍规律，也是人体生命活动存在的标志。

气机在各脏腑的表现有所不同，如肺气宣发向上、向外的同时，还可向下、向内肃降；脾气升，胃气降等，但从人体的整体生理功能而言，升与降、出与入之间应当协调平衡。气升降出入的协调平衡，是保证生命活动正常进行的重要环节，气运动的协调平衡状态称为“气机调畅”，表现为气运行通畅和气机升降出入的平衡协调两方面。“气机调畅”是生命活动正常进行的重要表现。当气的运动出现异常变化，升降出入之间失去协调平衡时，称为“气机失调”。由于气的运动形式多种多样，所以气机失调也有多种表现，如气机不畅、气滞、气逆、气陷、气闭、气脱等。气的运行受阻而不畅通者，称为“气机不畅”；气机不畅，甚至阻滞不通者，称为“气滞”；气上升太过或下降不及者，称为“气逆”；气下降太过或上升不及者，称为“气陷”；气出太过而不能内守者，称为“气脱”；气不外达闭结于内者，称为“气闭”。

3. 气运动的意义 气机是人体生命活动存在和维系的根本。脏腑生理功能通过气的升降出入运动方能正常发挥，气机一旦停止，生命活动也随之终止。如人体之气升降出入而布散周身，津液、血在气升降出入运动的同时，被推动和输散布于全身发挥相应的生理功能等。又如肺主气司呼吸，促使机体吐故纳新、脾胃摄纳运化食物、小肠泌别清浊、大肠传导化物，促进机体内外新陈代谢等都是气运动的结果。故《素问·六微旨大论》说：“出入废则神机化灭，升降息则气立孤危。故非出入，则无以生长壮老已；非升降，则无以生长化收藏。是以升降出入，无器不有。”

4. 脏腑之气的运动规律 人体脏腑依赖气机升降出入运动方能发挥各自的生理功能，脏腑经络的生理功能又表现为气的升降出入运动。如肺之宣发与肃降、脾之升清、胃之降浊、肝之升发等，既体现了脏腑之气的运动，又说明了脏腑的生理功能和特性。由于五脏的生理功能和特性各有不同，所以其气的升降出入也各有不同的规律。

脏腑气机升降的一般规律是，心肺在上，在上者宜降。肝肾在下，在下者宜升。五脏之中脾胃居中，脾升胃降为气机升降的枢纽，肝升与肺降协调共同治理调节全身气机。六腑受盛，传导化物，以降为顺。

心居于上焦，主行血，其气升降出入，营运周身。肺居于上焦，自然界清气入肺，潜纳于肾，为入为降；呼出全身代谢所产生的浊气，为升为出，气机升降出入协调平衡则肺之呼吸如常，宣肃有节，治节有度。肺气的升降出入，对全身气机运动起到重要的调节作用。

脾胃居于中焦，脾升胃降，化生水谷精微，为气血生化之源。脾胃居心火之下，肾水之上，肝升于其左，肺降于其右，为全身气机之枢纽。肝主疏泄，具有主升、主动的生理特性，具有调畅气机的作用。

肾居于下焦，为先天之本，是调节脏腑气机升降运动的根本。肾中精气化生元气，运行三焦，布散全身；肾主闭藏，摄纳清气，滋养先天；肾主水，肾阳蒸腾气化使水津清者布散全身，浊者变生尿液，贮藏于膀胱后出于体外。

总之，不仅脏腑之间处于升降的统一体中，而且每一脏腑本身也是升降的统一，如此升中有降，降中有升，升已而降，降已而升，才能保证脏腑之气升降运动的平衡与协调，才能维持机体正常的生命活动。

（二）气化

1. 气化的概念 气化，是指通过气的运动而产生的各种变化。受到精气学说等古代哲学思想的深刻影响，中医学认为，生命的过程是气的运动的结果，生命现象是气的运动所产生的各种变化。如人体摄入的水谷饮食、清气，在脏腑气化的作用下，其中精微的部分转化为精、气、血、津液等精微物质，用以维系人体生长壮老已的生命过程，其中糟粕的部分变化生成粪便、尿、浊气并排出体外。《素问·灵兰秘典论》有：“膀胱者，州都之官，津液藏焉，气化则能出矣。”气化是人体内外物质与能量相互转化的过程，其实本质是人体的新陈代谢。中医学认为，气化存在于生命的始终，气化是生

笔记栏

命最基本的特征。气化作用一旦停止，新陈代谢无法进行，生命也无所依存。

2. 气化的形式　气化的形式是对气化现象的概括。《素问·阴阳应象大论》说："味归形，形归气；气归精，精归化；精食气，形食味；化生精，气生形……精化为气"，就是对气化过程的简要概括，即机体内精气血津液各自的代谢及相互转化，是气化的基本形式。

3. 气机与气化的关系　气机与气化之间既有联系，又有区别。气的运动与气化过程"分之为二，合之为一"。气机是气化过程发生和赖以进行的前提和条件，没有气的运动，就没有气化的出现，气的运动停止，气化过程也就终止。机体中只要有气的运动，就会产生各种变化。气机与气化各有侧重，气机重在气的运动及其趋势，在人体以升、降、出、入来体现；而气化则重在因气的运动而产生的各种变化，即机体内外物质转化和能量代谢。如津液的蒸腾气化及其代谢；阳气对机体的温煦；饮食物在机体内的化生精微为人体所用，变生糟粕排出体外等。气化过程中寓有气的各种形式的运动，气的运动也正是从气化过程中体现出来的。

总之，气化以气及其运动为基础，本质是人体内阴阳二气的运动变化，故恒动变化是人体内物质运动变化的功能属性及其作用的规律。

四、气的功能

运动是气的根本属性，气的运动所产生的各种变化又是生命活动的根本。人体之气处于不断的运动之中，它流行于全身各脏腑、经络等组织器官，无处不有，时刻推动和激发机体的各种生理活动。气的主要生理功能有推动、温煦、防御、固摄、营养和气化作用。

（一）推动作用

气的推动作用，是指气对人体功能的激发和促进作用。气是活力很强的精微物质，在气的运行过程中，气激发和促进着人体全身功能的正常发挥，包括激发和促进人体正常的生长发育、脏腑经络等组织器官的生理功能，以及血精津液的化生及其运行输布和生理功能的发挥等。

如元气是人体之气的重要组成部分，由肾中精气所化生，运行三焦，分布于人体的脏腑、经络等组织器官之中，是人体生命的原动力，具有促进人体生长发育和激发脏腑生理功能的作用。元气充沛则人体功能旺盛，生长发育迅速。元气不足则脏腑功能减弱，人体生长发育迟缓或减弱。此外，津液输布周身，发挥滋养和濡润作用；血液行于脉道，荣养脏腑组织、五官九窍及四肢百骸；气血行于经脉，沟通上下内外，均有赖于气的推动和调节作用。

若气虚，推动无力，则会导致人体生长发育迟缓，生殖功能衰退，或早衰，也可引起人体脏腑经络生理功能的下降、血和津液生成不足及运行输布异常的病理变化。

（二）温煦作用

气的温煦作用，是指气是机体热量的来源，气对机体有温暖的作用。"气主煦之"（《难经·二十二难》），即指气可通过脏腑气化，增加热量的产生，发挥温养机体的作用。气的温煦作用是通过阳气的作用来体现的，因人体的阳气具有温养和气化的特性，故又被称为"少火"。中医学尤其注重阳气对机体的温煦作用。《素问·生气通天论》说："阳气者，若天与日，失其所则折寿而不彰，故天运当以日光明。"指出阳气对于人体生命活动的重要性如同太阳对自然界万事万物的作用，各脏腑组织器官均依赖阳气的作用而发挥各自的生理功能。如果阳气运行失常，各脏腑组织器官的功能就会出现异常的病理改变，人体的生命活动就要受到影响。

气的温煦作用主要体现在维持恒定体温；温煦脏腑经络，维持其正常的生理活动；温煦血和津液等液态物质，维持其正常循行，即所谓"得温则行，得寒则凝"。反之，气虚则温煦不足，可出现畏寒喜暖、四肢不温、体温偏低、脏腑功能低下、血和津液运行不畅或停滞等病理变化。

（三）防御作用

气的防御作用，是指气具有护卫肌表、防御外邪、驱邪外出的作用。气是构成人体的具有很强活力的精微物质，气能够抵御邪气、祛邪外出、调节和修复人体功能，故机体防御能力及抗邪能力取决于气的强弱。

笔记栏

气的防御功能正常,则邪气不易入侵,正如《素问·刺法论》说:"正气存内,邪不可干。"即便外邪侵入人体,则气能积极抗邪,并驱邪外出,有利于疾病的康复。

若气虚,防御功能减弱,则邪气易于入侵,机体易罹患疾病,正如《素问·评热病论》说:"邪之所凑,其气必虚。"气虚防御功能减弱,无力驱邪外出,则邪气深入,病程缠绵难愈,甚则疾病恶化或死亡。因此,气的防御作用决定着疾病是否发生及疾病的发展和转归。

(四)固摄作用

固摄,即固护、控制、统摄之意。气的固摄作用,是指气对体内精、血、津液等精微物质具有固护和统摄作用,并防止其无故散逸或丢失。气的固摄作用主要表现为对血液、津液、精液等体内液态物质的固摄。

1. 固摄血液　气能摄血,使血液在脉中正常循行,防止其逸出脉外。脾统血和肝藏血的机制在于气对血的固摄作用。气虚不能摄血,可导致各种出血,如肌衄、崩漏、便血、尿血等。

2. 固摄津液　津液包括汗液、尿液、唾液、胃液、肠液等,气固摄和调节津液的运行和输布,防止津液异常流失。如卫气调节和固摄汗液、脾气固摄和调节唾液、胃肠之液,肾气调节尿液的生成和排泄等。气虚不能摄津,可导致自汗、多尿、小便不禁、流涎等。

3. 固摄精液　固摄精液是指气对肾精的封藏作用,其实本质是肾气对肾精的封藏作用。肾气具有防止精气无故丢失的作用。气不摄精,可导致遗精、早泄、滑精等。

4. 固摄冲任、内脏等　气的固摄作用还表现为肾气固摄冲任以系养胎元,固摄内脏以维持内脏位置的相对恒定。如肾气虚,失于封藏,冲任失养,胎元不固,可致胎动不安、胎漏、滑胎、小产等;中气下陷,气虚失摄,则见内脏下垂、脱肛久利等。

对于血与津液而言,气的固摄作用与推动作用相辅相成。一方面,气推动着血液的运行和津液的输布排泄;另一方面,气又有固摄作用,防止其无故流失。气通过固摄与推动的相互协调,控制和调节体内液态物质的正常运行、分布和排泄,使人体血液运输和津液代谢正常进行。

(五)营养作用

气的营养作用,是指气对人体脏腑、经络及形体官窍的功能活动提供营养物质的作用。如水谷精气是化生气血的主要物质基础,为全身提供生命活动所必需的营养物质。《妇人良方·调经门》说:"荣者,水谷之精,和调于五脏,洒陈于六腑,乃能入于脉也……灌溉一身。"说明营气化生血液,以营养五脏六腑、四肢百骸。

(六)气化作用

气化,指气的运动而产生的各种变化,是生命的基本特征。具体地说,是指精、气、血、津液等物质各自的新陈代谢及其相互转化。例如气、血、津液的生成,都需要将饮食物转化成水谷之精气,然后才能再化生成气、血、津液;又如津液经过代谢气化之后,方能转化成汗液和尿液;而饮食物经过消化吸收之后,其残渣方能转化成糟粕等,这些都是气化作用的具体表现。如果气化功能失常,则能影响到气、血、津液的新陈代谢;影响到饮食物的消化吸收;影响到汗液、尿液和粪便等的排泄,从而形成各种代谢异常之病变。

气的六个功能,虽有区别、各有特点,但都是人体生命活动中不可缺少的,它们密切地协调配合,相互为用,才保持了人体正常的生命活动。

五、气的分类

笔记栏

人体之气,总体而言,是由肾中精气、脾胃所化生的水谷精气和肺吸入的清气,在肺、脾胃、肾等脏腑的综合作用下生成,并充沛到全身。人体之气,由于其来源、组成部分、分布部位和功能特点不同,而有多种不同的名称,如脏腑之气、经络之气、先天之气、后天之气、元气、宗气、营气、卫气等。根据生理功能阴阳属性的不同,人体之气又可分为阳气和阴气。以下重点从来源、分布和生理功能几方面,阐述元气、宗气、卫气、营气。

（一）元气

元气，又名真气、原气，是人体最根本、最重要的气，是人体生命活动的原动力，为人体先天本原之气。

1. 生成与分布　元气根于肾，由肾中所藏之精气化生而来，以先天之精气为基础，又赖后天水谷精气培育和充养，以三焦为通道，运行布散全身。《难经·三十六难》说："命门者，诸神精之所舍，原气之所系也"。《景岳全书·命门余义》说："命门为元气之根。"明确指出了元气根于肾(命门)。

肾中精气以先天之精气为基础。先天之精气来源于父母生殖之精，是构成胚胎的原始物质，在胚胎形成时，元气便产生了。此后，肾中精气又赖后天水谷之气的不断补充和培育，以保持肾中精气新陈代谢的相对平衡和元气的不断化生。故元气的盛衰取决于先天禀赋，亦与后天脾胃运化的水谷之气密切相关。

元气以三焦为通路，分布于脏腑经络、形体官窍等组织器官，并作用于全身。如《难经·六十六难》所说："三焦者，原气之别使也。主通行三气，经历于五脏六腑。"

2. 生理功能　元气的生理功能主要表现在两个方面，其一，推动和调节人体生长发育和生殖功能；其二，推动和调节各脏腑、经络等组织器官生理功能。元气推动人体生长发育和生殖功能，与元气根于肾，为肾中精气所化生密切相关。肾中精气充盛，元气化源充足，可不断激发和促进人体生长和发育。若因先天禀赋不足，或后天失养，或久病及肾，损耗肾精，致使肾中精气亏虚，元气化生乏源，渐致元气虚衰，可导致机体出现生长发育迟缓、生殖功能减退、早衰等异常现象。

元气分为元阴、元阳。元阳具有的激发、推动人体生长发育和生殖功能以及各脏腑、经络等组织器官生理功能的作用；元阴具有的调节、控制人体生长发育、生殖功能以及各脏腑、经络等组织器官生理功能的作用。元气通过三焦流行布散全身，推动和调节人体的功能活动。故元阴、元阳充沛，阴阳水火协调，是全身阴阳平衡的根本。反之，元阳不足，元阴耗散，元气的推动和调节功能减退，则可致机体的阴阳失去平衡。

总之，元气对人体的生长发育和脏腑功能具有激发和调节作用，是人体生长发育和生理功能正常发挥的动力和源泉。元气的充沛与否与肾精的充盈与否直接相关，元阴与元阳的平衡和协调是人体一身阴阳平衡的根本。

（二）宗气

宗气，又名大气，聚于胸中，由肺吸入的清气与脾胃化生的水谷精气结合而成。胸中又称"膻中"，是一身之气最集中之处，故称为"气海"；与"下气海"丹田相对而言，膻中又名"上气海"。宗气的盛衰直接关系到一身之气的盛衰。

1. 生成与分布　宗气主要由水谷精气和自然界清气所组成，其生成与肺、脾二脏密切相关。脾胃运化水谷，化生水谷之精气，由脾升清并上输至肺，与肺所吸入之自然界清气相结合，并聚于胸中形成宗气。因此，水谷之精气与自然界清气的物质来源、肺的呼吸功能和脾胃运化功能是直接影响宗气生成和盛衰的重要因素。

宗气赖肺呼吸清气而生，待其生成之后，则积于胸中，散布于肺、呼吸道(息道)和鼻；贯注于心，通行于脉，循经三焦，向下汇于丹田，并注入足阳明之气街(又名气冲，穴位名，位于腹股沟处)，而下行至足。宗气的分布与其生理功能的正常发挥密切相关。

2. 生理功能　宗气的生理功能主要有以下两个方面。

其一，走息道以司呼吸。宗气积于胸中，上走息道，可推动和调节肺的呼吸功能，故宗气有司呼吸、发声等作用。宗气的盛衰，直接影响着呼吸、语言、声音的强弱。宗气充盛则语声洪亮，呼吸和缓有力。宗气不足则语声低微，呼吸短促无序，语言不清。

其二，贯心脉以行气血。宗气具有贯心脉而行气血的作用。心行血功能主要表现在心搏强弱、节律、速率和气血运行状况等方面。宗气具有助心行血的功能，宗气的盛衰与心搏强弱、节律、速率及气血运行状况密切相关。宗气充盛，则心搏协调，虚里搏动有力；宗气不足，则虚里搏动节律不整，或微弱无力，或躁动散乱等，可见心悸气短，甚则心痛、面色灰暗、舌质瘀斑青紫、脉涩结代等。

笔记栏

《素问·平人气象论》:“胃之大络,名曰虚里,贯膈络肺,出于左乳下,其动应衣,脉宗气也。”虚里位于左乳下心尖搏动处,可依此处的搏动来评测宗气的盛衰。若其搏动正常,则表明宗气充盛;若其搏动躁急,引衣而动,则表明宗气大虚;若其搏动消失,则表明宗气亡绝。

因宗气走息道助肺呼吸,贯心脉助心行血,故人体感觉、运动等多种生理功能皆与宗气有关。如《读医随笔·气血精神论》所说:“宗气者,动气也。凡呼吸、言语、声音,以及肢体运动,筋力强弱者,宗气之功用也”。

（三）营气

营,有营运、营养之义,营气是行于脉中且具有营养作用的气。营,与“荣”通,营气富于养分,故亦称“荣气”。营气行于脉中,与津液并为血液的重要组成部分,是血液化生的主要来源之一,为血中之气,故“营”常与“血”并称为“营血”。营气与卫气相对而言,营行于脉中,卫行于脉外,营气和柔精专,卫气剽悍滑利,营属阴,卫属阳,故营气又被称为“营阴”。

1. 生成与分布　营气来源于脾胃对饮食水谷的运化,为水谷精气的一部分,是水谷精气中精专柔和、最具荣养作用的精粹部分。如《灵枢·营卫生会》所说:“人受气于谷……其清者为营,浊者为卫”。故营气的生成与脾胃运化功能直接相关。营气生成后由脾气升清,上达心肺,渗入血脉之中,与血共同行于脉中,运行全身。如《素问·痹论》所说:“营者,水谷之精气也,和调于五藏,洒陈于六腑,乃能入于脉也,故循脉上下,贯五藏络六腑也”。

2. 生理功能　营气是水谷之精气中富于营养的部分,其性精专柔和,行于脉中,为脏腑、经络等生理活动提供营养物质,具有化生血液、营养全身的生理功能。

营气注于脉中,是化生血液的主要物质基础。营气与津液生成后,经脾气散精而上输于心肺,渗注于脉中,化赤后变生为血。如脾胃失健,营气虚少,则血无以化生。《灵枢·邪客》指出:“营气者,泌其津液,注之于脉,化以为血。”

营气除化而为血,还能行于脉中,通过经脉流注输布全身,营养五脏六腑、四肢百骸。如《灵枢·营卫生会》所说:“此所受气者,泌糟粕,蒸津液,化其精微,上注于肺脉,乃化而为血,以奉身生,莫贵于此,故独得行于经隧,名曰营气。”由此可见,营气的营养作用在生命活动中非常重要。

（四）卫气

卫,有卫护、保卫之义。卫气是行于脉外并具有保卫作用的气。因营气行于脉内,卫气行于脉外,故卫气相对于“营阴”而言,又被称为“卫阳”或“卫阳之气”。

1. 生成与分布　卫气同样来源于脾胃化生的水谷之精气,是水谷精气中剽悍滑利、活力强盛、流动迅速的部分。如《素问·痹论》所说:“卫者,水谷之悍气”;《灵枢·营卫生会》说:“人受气于谷……其清者为营,浊者为卫”等。

卫气行于脉外,散布肌肉、腠理,熏蒸胸腹膏膜,具有卫护肌表、调节汗孔、维持体温及温养全身的作用。如《素问·痹论》所说:“卫者,水谷之悍气也,其气慓疾滑利,不能入于脉也,故循皮肤之中,分肉之间,熏于肓膜,散于胸腹”。

2. 生理功能　卫气具有防御外邪、温养全身、调节腠理汗孔开阖的生理功能,其循行与人体睡眠有关。

卫气具有卫护肌表,防御外邪入侵的功能。如《灵枢·本藏》说:“卫气和,则分肉解利,皮肤调柔,腠理致密矣。”卫气充足,肌肤得养,腠理致密,则可御邪于外。如若卫气不足,肌肤失养,腠理疏松,外邪则可乘虚而入,犯害机体。

卫气具有温养全身的作用。卫气之性剽悍滑疾,外可散布于肌肤腠理,内可熏蒸胸膈脏腑,发挥温养作用,从而保障内脏、肌肤等生理活动的正常进行。卫气充足,则机体体温得以保持相对恒定。如卫气不足,温养失司,则易招致阴邪的侵袭,出现阴盛之寒性病变。若卫阳被遏,郁积不散,则病阳盛之热性病变。如《读医随笔·气血精神论》:“卫气者,热气也。凡肌肉之所以能温,水谷之所以能化者,卫气之功用也。虚则病寒,实则病热。”

笔记栏

卫气可调节腠理的开阖，使汗液正常排泄。《灵枢·本藏》说："卫气者，所以温分肉，充皮肤，肥腠理，司开合者也。"卫气经肺气宣发，充养肌肤腠理，调节汗孔开合。天暑衣厚时，腠理疏松，汗液排泄增加；反之，则腠理致密，汗液排泄减少。正常情况下，卫气通过调节汗液有节制的排泄，促进并维持机体体温的相对恒定。卫气调节腠理开阖、汗液排泄的作用，是气的固摄作用和推动作用相互协调作用的结果。若卫气虚弱，卫表不固，腠理疏松，汗孔开有余而阖不及，则病自汗、漏汗等。

此外，卫气的运行与人体"昼精夜寐"有关。平旦，卫气出于体表，由阴出于阳，故平旦则人寤；入夜，卫气由阳入阴，循行于内脏，故入夜则人寐。若卫气循行失常，平旦未能出于阳，入夜尚未行于阴，则可表现为寤寐异常。

营气和卫气，既有联系，又有区别。营气和卫气均来源于脾胃运化后所生之水谷之精气，但营气精专柔和，为水谷精气之"清者"，卫气剽悍滑疾，为水谷精气之"浊者"；营气富含养分，行于脉中，是血液的重要组成部分；卫气滑利不守，行于脉外，发挥温养机体和防御外邪的作用；营气和卫气在性质、分布以及功能方面均有区别。营者属阴，卫者为阳，阴阳相随，才能发挥其正常的生理功能。若营卫失和，则外扰腠理汗孔之开阖，内伤脏腑经脉之和柔，导致恶寒发热、汗出失常、"昼不精夜不寐"等病理现象的出现。

第三节　血

一、血的概念

血，即血液，是循行于脉中的富有营养的红色液态物质，是构成人体和维持人体生命活动的基本物质之一。

脉，又称"血府"，是人体内血液循行的管道，具有约束血液沿着一定方向循行的作用，使血液能够内至脏腑，外达肌肤，灌溉一身，从而发挥其正常的生理功能。若在某些因素作用下，血在脉中运行受阻，或逸出脉外停于脏腑组织间成为"离经之血"，则不仅丧失其生理功能，而且可成为致病因素。

二、血的生成

（一）物质基础

1. 水谷精微　血，主要由营气和津液所组成。营气和津液都来自脾胃化生的水谷精微。血液的生成过程，是饮食物经胃的腐熟和脾的运化，转化为水谷精微，水谷精微再经脾气的升清上输于肺，与肺吸入的清气相合，通过心肺的气化作用，注之于脉，化赤而为血。《灵枢·决气》就指出："中焦受气取汁，变化而赤，是谓血"，由此可见，经脾胃化生的水谷精微是生成血液的最基本物质，同时也是血液生成的一个重要途径。

2. 肾精　肾精化血，一方面指肾精是血液化生的本原物质，即先天之源。另一方面指精血之间在人体气化过程中存在相互资生和相互转化的关系，即精可化血，血能生精。

总之，血液的化生是以水谷之精化生的营气、津液和肾精为其主要的物质基础。

（二）相关脏腑

血液的生成是在多个脏腑的共同作用下得以完成的，其中与脾胃、心肺、肝肾的关系尤为密切。

1. 脾胃　中焦脾胃受纳、运化饮食水谷，其所化生的营气和津液，是人体后天血液化生的物质基础，因此，称"脾胃为后天之本，气血生化之源"。脾胃运化功能的强健与否，饮食水谷营养的充足与否，均直接影响着血液的化生。若脾胃功能虚弱或失调，或长期饮食营养摄入不足，都可能导致血液化生之源匮乏，从而形成血虚的病证。因而，临床治疗血虚病证，常常从调理脾胃着手。

2. 心肺　脾胃运化水谷精微所化生的营气和津液，由脾气主升，上输于心肺，与肺吸入的清气相结合，一并灌注于心脉，在心气的作用下变化而成为红色血液。清代张志聪《侣山堂·辨血》说：

笔记栏

“血乃中焦之汁……奉心化赤而为血”。《灵枢·营卫生会》说:“此所受气者,泌糟粕,蒸津液,化其精微,上注于肺脉,乃化而为血。”说明血的生成与心肺的气化作用密切相关,营气和津液渗入血脉之中,由心肺的气化而生成血。

3. 肝肾 精和血之间存在着相互资生和相互转化的关系。精藏于肾,血藏于肝。肾精充盈,则化而为血。若肾精亏损,则可能导致血虚不足。所以临床上治疗血虚病证,有时需采用补肾益精的方法。此外,肾阳亏损,火不生土,也可影响脾胃运化功能而导致血液的化生不足。

总之,血液的生成主要依赖于脾胃的运化功能,并与心、肺、肾等脏腑的生理功能密切相关。

三、血的运行

(一)影响血液运行的因素

1. 气 血液的正常循行,受到诸多因素的影响,首先与气的作用关系密切。气的推动与固摄作用之间的协调平衡是保证血液正常运行的重要环节。

血属阴而主静,血的运行需要推行的动力,这种动力主要依赖于气的推动作用和温煦作用,正如《医学正传·气血》说:“血非气不运。”若气的推动和温煦作用减弱,则可见面色青紫、口唇紫绀、四肢发凉等症。血运行在血脉之中,不致溢出脉外,还有赖于气的固摄作用,气的固摄作用下降,可见便血、尿血、肌衄、鼻衄、崩漏等出血病证。

2. 脉道通畅 脉为“血府”,脉管是一个相对密闭的管道系统。只有脉道通畅,血液才能在脉管中运行不息,流布于全身,环周不休,以发挥营养作用。故《灵枢·决气》曰:“壅遏营气,令无所避,是谓脉。”若各种原因导致使脉道不利,则会血行不畅,形成瘀血内阻病证。因此,脉道的完好无损与通畅无阻是维持血液正常运行的必要条件。

3. 血液的状态 包括血液是否充盈、血液的清浊及黏稠状态,都可影响血液自身的运行。津少而血稠,或血液中痰浊较多,可致血行不畅而瘀滞。血量不足则血脉空虚,不能保证血液的正常循行,而致脏腑组织器官失其濡养,功能失常。可见,血液的状态与血液能否正常循行密切相关。

此外,血液的正常运行,还受机体的寒热温凉和病邪的影响。阳邪侵犯人体,或内生火热,可致阳热亢盛。热迫血行,或热伤血络,易使血逸脉外而出血;热伤津液,可致津少而血稠,血行不畅而致瘀。阴邪侵犯人体,或寒从中生,可致阴寒偏盛,寒凝则血瘀,易使血行缓慢,甚至出现瘀血。

(二)相关脏腑

血液的正常运行,与心、肺、肝、脾等脏腑功能密切相关。

1. 心主血脉 心动则血行诸经。心气为血液循行的动力,脉是血液循行的通路,血在心气的推动下循行于脉管之中,输送到全身,发挥其濡养作用。心气充沛与否,心脏搏动是否正常,在血液循环中起着十分关键的作用。

2. 肺朝百脉 心脏的搏动是血液运行的基本动力,而血非气不运,血的运行,又依赖气的推动,随着气的升降而运至全身。肺司呼吸而主一身之气,调节全身的气机,辅助心脏,推动和调节血液运行。

3. 脾主统血 五脏六腑之血全赖脾气统摄,脾之统血与脾为气血生化之源密切相关。脾气健旺,气血充足,固摄有力,则血行常道。

4. 肝藏血,主疏泄 肝主藏血,具有贮藏血液、调节血量和防止出血的功能。根据人体动静的不同情况,调节脉管中的血液流量,使脉中循环血液保持在一个恒定水平上。同时,肝藏血的功能也可防止血逸脉外,避免出血的发生。肝主疏泄,调畅气机,一方面保障肝本身的藏血功能,另一方面对血液通畅地循行也起着一定的作用。

笔记栏

可见,血液的正常循行离不开气的推动和固摄这两种力量。推动力是血液循环的动力,具体体现在心主血脉、肺助心行血及肝主疏泄的功能方面。固摄力是保障血液不溢出脉外的重要因素,具体体现在脾主统血和肝主藏血的功能方面。这两种力量的协调平衡维持着血液的正常循行。如心气不足,血行无力,可形成气虚血瘀。肺气不足,宣降失司,敷布无力也可以导致血瘀。脾气亏虚,统摄无力,可以出现多种出血病证。肝失疏泄,疏泄太过,肝气上逆,血随气逆,可致出血;疏泄不及,肝气郁结,可致血瘀。故《温病条辨·治血论》说"故善治血者,不求之有形之血,而求之无形之气。"确为临床治疗血行失常的指导原则。

四、血的功能

血液的功能可以概括为两个方面,养形与养神。

(一)营养和滋润作用

血,具有营养和滋润全身的生理功能。血在脉中循行,内至脏腑,外达皮肉筋骨,对全身各脏腑组织器官起着营养和滋润作用。《难经·二十二难》将血液的这一功能概况为"血主濡之"。《素问·五藏生成篇》具体指出:"肝受血而能视,足受血而能步,掌受血而能握,指受血而能摄"。血的营养和滋润作用,具体体现在面色的红润、肌肉的丰满壮实、皮肤毛发的润泽有华、感觉和运动的灵活自如等方面。若血虚时,血的营养和滋润作用减弱,机体除脏腑功能低下外,还可见头昏目眩、面色不华或萎黄、毛发干枯、肌肤干燥、肢体或肢端麻木、运动不灵等临床表现。

(二)神志活动的物质基础

《灵枢·营卫生会》说:"血者,神气也。"指出血是神志活动的主要物质基础。《灵枢·平人绝谷》说:"血脉和利,精神乃居"。血气充盛,血脉和利,则精神充沛,神志清晰,思维敏捷,活动自如;若血虚、血热或血运失常,则可见精神衰退、健忘、失眠、多梦、烦躁,甚至出现神志恍惚、惊悸不安、谵狂、昏迷等多种临床表现。

第四节　津　液

一、津液的概念

津液是机体内一切正常水液的总称。包括各脏腑形体官窍的内在液体及其正常的分泌物。如胃液、肠液、关节液、涕、泪、唾等。在机体内,除血液之外,其他所有正常的液体都属于津液的范畴。

津液广泛存在于各脏腑、形体、官窍等组织器官中,含有大量营养物质,对脏腑组织器官起着营养和滋润作用,同时,津能载气,人身之气以津液为载体而运行全身并发挥其生理作用,津液又是化生血液的物质基础之一,与血液的生成和运行密切相关,所以,津液不但是组成人体的基本物质,也是维持人体生命活动的基本物质。

津液是津和液的总称,虽同属于水液,属于"阴"的范畴,都具有滋润、濡养各脏腑组织和平衡阴阳等作用,但两者在性质、功能及其分布部位等方面又有一定的区别。《灵枢·决气》说:"腠理发泄,汗出溱溱,是谓津……谷入气满,淖泽注于骨,骨属屈伸,泄泽,补益脑髓,皮肤润泽,是谓液。"《灵枢·五癃津液别》又说:"津液各走其道,故三焦出气,以温肌肉,充皮肤,为其津;其流而不行者,为液。"一般地说,性质清稀,流动性大,布散于体表皮肤、肌肉和孔窍,并能渗注于血脉,侧重于滋润作用者,称为津;性质较稠厚,流动性小,灌注于骨节、脏腑、脑、髓等组织,侧重于濡养作用者,称为液。

津和液在运行、输布的过程中相互补充、相互转化,两者一般不予严格区分,故津和液常同时并称,但在病理过程中津与液又相互影响,则有"伤津"和"脱液"的区别,临床上一般"伤津"较轻、"脱液"较重。

二、津液的代谢

津液的代谢,是指津液的生成、输布和排泄。它依赖于多脏腑生理功能的相互协调与配合,是一个较为复杂的生理过程。《素问·经脉别论》简要概括为:"饮入于胃,游溢精气,上输于脾,脾气散精,上归于肺,通调水道,下输膀胱,水精四布,五经并行。"

笔记栏

(一) 津液的生成

津液来源于饮食水谷，主要通过脾胃、大小肠等脏腑的气化功能而生成。

水饮流质类食物入胃，胃主受纳，由脾气化，生成津液；小肠受盛化物，泌别清浊，清者仍由脾气化生成津液；下送至大肠的食物残渣中仍含有不少水分，大肠吸收其中部分水分并输布于脾。脾进一步将生成的津液输布至全身。可见，在脾的主导下，由胃、小肠、大肠参与，共同完成了津液的生成过程。

概言之，津液的生成取决于两方面因素：一是有充足的水饮摄入；二是脾胃、大小肠的运化功能正常。如果任何一个脏腑功能失调，均可导致津液生成不足而出现津液亏虚的病理表现。

(二) 津液的输布

津液的输布，主要依赖于肺、脾、肾、肝、三焦等脏腑的生理功能的综合作用而完成。

1. 脾气散精 津液生成之后，借脾之运化，以“灌溉四傍”，将部分津液布散于四周各脏腑组织，大量津液又在脾的升清功能作用下“上归于肺”，通过肺的宣发肃降，再得以将津液布散至全身。若脾失健运，津液输布代谢障碍，水液停聚，或为痰饮，或为水肿、胀满痞塞。故《素问·至真要大论》说：“诸湿肿满，皆属于脾”。

2. 肺主通调水道 肺主宣发肃降，通调水道，为水之上源。肺接受脾转输来的津液，一方面在肺气的宣发作用下，将部分津液向上向外布散于头目和肌肤，以利于发挥其濡养滋润功能；一方面通过肺气的肃降作用，将大量津液向下向内输送，滋润内脏，并将代谢后产生的浊液输送至肾和膀胱。肺气的宣发和肃降，对水液输布通路有疏通和调节作用，体现了“肺主行水”的生理功能。肺气的宣发肃降运动失常，则水液输布障碍，会导致水液停聚而形成痰饮、水肿等病理产物。

3. 肾主水 肾为主水之脏，对津液输布代谢起着主宰作用。《素问·逆调论》说：“肾者水脏，主津液。”肾对水液的输布作用主要体现在两个方面。一是肾气为人体生命原动力，对参与人体水液代谢的各个脏腑具有推动和调控作用。从胃肠道吸收水谷精微，到脾气运化水液，肺气宣发肃降，肝气疏利行津，三焦决渎，乃至津液的排泄，都离不开肾阳的温煦作用与肾阴的滋润作用。二是肾脏本身也是参与津液输布的一个重要环节。由肺下输至肾的津液，在肾的气化作用下，清者再升散于全身，浊者化为尿液注入膀胱，这一升清降浊作用对维持整个水液输布代谢的平衡协调有着重要意义。

4. 肝主疏泄 津液的输布有赖于气机的升降出入运动。肝主疏泄，调畅气机，气行则水行，促进津液的输布环流。若肝失疏泄，气机郁结，往往影响水液的输布，导致水液停滞，产生痰饮、水肿以及痰气互结的梅核气、瘿瘤、鼓胀等多种病证。

5. 三焦决渎 三焦为津液在体内输布的通道，具有运行津液的作用，三焦气化功能正常，则水道通利，津液畅行无阻。若三焦水道不利，也会导致水液停聚，发为多种病证。

综上所述，津液在体内的输布主要依赖于肾气的蒸化和调控、脾气的运化，肺气的宣降、肝气的疏泄和三焦之通利。脾将胃肠吸收而来的津液上输于肺，肺通过宣降运动，经三焦通道，使津液外达皮毛，内灌脏腑，输布全身，并将利用后水液下输于肾，肾主升清降浊，使水液之清者上升，浊者下输于膀胱。总之，津液的正常输布是多个脏腑生理功能密切协调、相互配合的结果，是人体生理活动的综合体现。

(三) 津液的排泄

津液主要通过尿进行排泄。此外，也通过汗、粪便、呼气等途径排泄。其排泄过程主要依赖于肾、膀胱、肺、大肠等脏腑功能的协调配合而完成。

1. 尿液 尿液为津液代谢的最终产物，是津液排泄的主要途径，而且尿液中含有机体代谢所形成的废物。因此，尿液的排泄状况和排出量的多少，不仅关系到全身津液代谢的动态平衡，而且关系到全身各脏腑组织生理活动的正常进行。尿液形成虽与肺、脾、肾等脏腑密切相关，但尤以肾为重要。肾为水脏，肾气的气化作用，将脏腑代谢所产生并下输到肾的浊液分为清浊两部分，清者重新吸收布散至全身，浊者形成尿液下输并贮存于膀胱。当贮存于膀胱的尿液达到一定量时，在肾和

笔记栏

膀胱之气的推动作用下排出体外。由此可见,尿液的生成和排泄,乃肾与膀胱的气化的结果,肾在维持人体津液代谢平衡中起着关键作用。所以说:"水为至阴,其本在肾。"若肾气的蒸化作用失常,则会引起尿少、尿闭、水肿或尿多等津液排泄障碍的病证。

2. 汗液、呼出浊气　肺气宣发,将津液外输于体表皮毛,在阳气的蒸腾作用下形成汗液,由肺宣散至体表的卫气,司毛窍之开合以排出体外。若肺气生理功能失常,宣发失司,则会出现汗液排泄的异常。此外,肺气的宣发运动可通过呼吸作用而呼出一部分水液。

3. 粪便　大肠在其他脏腑的配合下,传化水谷糟粕,其所形成的粪便中亦带走部分水液。当有各种原因导致腹泻时,则引起体内津液的损伤,甚至发生伤津或脱液。

由此可见,津液及其代谢产物主要以尿液、汗及呼气、粪便中夹带水分四种形式排出体外。

综上所述,津液代谢是由多脏腑功能的共同参与并综合协调来完成的,其中尤以肺、脾、肾三脏最为重要。若相关脏腑,尤其是肺、脾、肾三脏的功能失调,均可影响津液的生成、输布和排泄,从而导致津液代谢的失常,出现伤津、脱液等津液不足以及津液输布障碍、水液停聚的病变,如水肿、痰饮等。

三、津液的功能

津液以水为主体,含有丰富的营养物质,具有滋润濡养,化生血液、充养血脉,调节阴阳,排泄废物以及运载等功能。

(一)滋润濡养

津液具有滋润和濡养作用。津以滋润作用为主,液以濡养作用为主。津液广泛分布于人体全身。内至脏腑筋骨,外而肌肤毫毛,全身各脏腑组织器官无不赖津液的滋润和濡养。分布于体表,能滋润皮肤,温养肌肉,使肌肉丰润,毛发光泽。分布体内能滋养脏腑,维持各脏腑的正常功能;注入孔窍,滋润口、眼、鼻等九窍;注入关节,滑利关节;注入髓腔,能充养骨髓和脑髓。若津液不足,失去滋润和濡养作用,则会使皮毛、肌肉、孔窍、关节、脏腑以及骨髓、脊髓、脑髓的生理活动受到影响,脏腑组织的生理结构也可能遭到破坏。

(二)化生血液,充养血脉

水谷精微化生的津液渗入血脉之中,是化生血液的基本成分之一,使血液充足,并濡养和滑利血脉,使血液环流不息。故《灵枢·痈疽》曰:"中焦出气如露,上注溪谷,而渗孙脉,津液和调,变化而赤为血。"

(三)调节阴阳

在正常情况下,人体内部以及人与自然界之间保持阴阳的动态平衡。津液作为阴精的一部分,对调节人体的阴阳平衡起着重要作用。脏腑之阴的正常与否,与津液的盛衰是分不开的。人体根据体内的生理状态和外界环境的变化,通过津液的自我调节使机体保持正常状态,以适应外界的变化,以保持与自然界的协调统一。如天气寒冷,皮肤汗孔闭合,津液不能借汗液排出体外,而下降入膀胱,使小便增多;天气炎热,汗孔开放,津液以汗的形式排出体外,故尿液减少。正如《灵枢·五癃津液别》曰:"水谷入于口,输于肠胃,其液别为五,天寒衣薄则为溺与气,天热衣厚则为汗。"

(四)排泄废物

人体在生理活动过程中,必然会产生代谢废物,这些废物必须通过一定的途径而排出体外。津液在其自身的代谢过程中,能把机体的代谢产物通过汗、尿等方式排出体外,以保证各脏腑功能活动正常进行。若这一作用受到损害和发生障碍,就会导致代谢产物或废物蓄积体内而形成湿毒浊邪,造成严重的病理后果。

第五节　精气血津液的相互关系

笔记栏

精、气、血、津液都是构成人体和维持人体生命活动的基本物质,都依赖于后天脾胃化生的水谷精微不断地充实。虽然在性状、功能及分布上各有不同的特点,但相互之间的关系十分密切。在生理上,它们相互依存,相互促进,相互制约;病理上,又相互影响。

一、气与血的关系

气和血在阴阳属性和生理功能上存在着一定的区别。相对而言,气属阳,主动,主温煦;血属阴,主静,主濡润。故《难经·二十二难》说:"气主煦之,血主濡之。"但因两者都源于脾胃化生的水谷精微和肾中精气,故气血在生成、运行等方面存在着密切关系。气与血的关系常概括为"气为血之帅,血为气之母"。

(一)气为血之帅

气为血之帅,是指气对血的作用。主要体现在气能生血、气能行血、气能摄血三个方面。

1. 气能生血 一是指气化是血液生成的动力。在脾气的作用下,饮食转化成水谷精微;在心肺气化作用下,水谷精微中的营气和津液转化成赤色的血。其中每一个转化过程都离不开气化,而气化又是通过脏腑的功能活动而体现出来的,气化能力旺盛,则脏腑的功能活动旺盛,化生血液的功能亦强;气化能力减弱,则脏腑功能衰退,化生血液的功能亦弱。二是指营气化血,营气与津液入脉化而为血。

气能生血,气旺则血充,气虚则血少。故气虚常可导致血虚,而见气短乏力,面色无华,头昏目眩,心悸怔忡等临床症状。因此,临床治疗血虚疾患时,在使用补血药的同时,常配以益气之品,以促进血液的化生。

2. 气能行血 血的运行,有赖于气的推动。一方面,气可直接推动血行,如宗气贯心脉行气血;另一方面,又可通过促进脏腑的功能活动来推动血液运行,如心主行血,肝主疏泄,调畅气机,促进血液运行。故气的正常运动,对保证血液在脉中正常循行具有重要意义。若气虚推动无力或气机郁滞,都可引起血行迟缓,甚至滞涩而成瘀血;气行逆乱,包括升降出入失常,也可导致血行异常,气逆则血随气升,气陷则血随气下。总之,气行则血行,气滞则血瘀,气有一息之不运,则血有一息之不行,所以临床上治疗血行失常的病变,常以调气为主,调血次之。《温病条辨》曰:"血滞者,调其气而血自通;血外溢者,降其气而血自下"。

3. 气能摄血 指气对血的统摄作用,使其正常循行于脉管之中而不溢于脉外。气的这一功能,实际上是通过脾主统血的作用来完成的。脾气健旺,固摄有力,血行脉中而不逸出脉外,以发挥正常的营养作用。若脾气亏虚,失于统摄,则见尿血、便血、崩漏等出血病证,故治疗时,必须用补气摄血之法,方能达到止血目的。临床每遇血脱之危证,治本"血脱者固气"之法,用大剂独参汤补气摄血而气充血止。故《医宗金鉴》曰:"有形之血难以速生,无形之气所当急固"。

(二)血为气之母

血为气之母,是指血对气的作用。包括血能载气、血能化气两个方面。

1. 血能载气 血是气的载体,气存于血中,赖血之运载而到达全身。气的活力很强,易于脱失,气必须依附于血而不致散脱,若血不载气,则气浮散无根,而发生气脱。所以临床上血虚患者,也会出现气虚病变。大出血患者,气亦常随之脱失,终致气随血脱的危证。

2. 血能化气 指气的充盛及其功能发挥离不开血液的濡养。血在其循行过程中,不断为气的生成和功能活动提供营养,故血盛则气旺,血衰则气少。人体脏腑、肢节、九窍等任何部位,一旦失去血的供养,这些部位即可出现气虚、功能减退的病变。血虚患者往往兼有气虚的表现,故临床上治疗血虚日久而致气虚或气血两虚者,常需补气与养血兼顾。

综合所述,气与血,一阴一阳,相互依存,相互为用。气为血之帅,血为气之母。若血气不和,则百病丛生。因此调整气血之间的关系,使其恢复协调平衡的状态是治疗疾病的常用法则之一。

笔记栏

二、气与津液的关系

气无形而动,属阳,津液有质而静,属阴,是气与津液在属性上的区别,但两者均源于脾胃化生的水谷精微,在其生成和输布过程中有着密切的关系。津液的生成、输布和排泄,离不开气的推动、固摄、气化等作用,而气在体内的存在和运动也离不开津液的运载和滋养。

(一) 气对津液的作用

气对津的作用主要体现在气能生津、气能行津、气能摄津三个方面。

1. 气能生津 气是津液生成动力。津液的生成依赖于气的推动和气化作用。津液生成有赖于脾胃的腐熟运化、小肠"主液"、大肠"主津",在津液生成一系列气化过程中,诸多脏腑之气,尤其是脾胃之气起着至关重要的作用。气化过程推动和激发脾胃的功能活动,使中焦之气旺盛,运化正常,津液充足。若脾胃等脏腑之气亏虚,则化生津液力量减弱,导致津液不足的病变,治疗往往采取补气生津之法。

2. 气能行津 气的运动是津液输布、排泄的动力。气的升降出入运动表现为脏腑的升降出入运动。津液的输布依赖肺、脾、肾、肝及三焦等脏腑的气机运动,将津液布散于全身各脏腑组织,发挥其濡养和滋润作用。津液的排泄主要是通过肺、肾、膀胱等脏腑的气化而化为汗、尿等排出体外,以保证人体水液代谢的平衡。如气虚推动作用减弱,气化无力,或气机郁滞,气化受阻,都可以引起津液的输布、排泄障碍,形成痰饮、水湿等病理产物,称"气不行水";反之,津液停聚又可导致气机不利,称"水停气滞",两者常互为因果。故临床上治疗水肿等病变,常常行气和利水并用。

3. 气能摄津 气的固摄作用控制着津液的排泄,使体内的津液保持一定的量,以维持津液代谢的平衡。若气虚固摄无力,可致多汗、多尿、遗尿、小便失禁等病理现象等。故临床常用补气固津之法,治疗此类病证。

(二) 津液对气的作用

津液对气的作用,主要表现为津能载气、津能化气两方面。

1. 津能载气 津液也是气的载体之一。一方面,气无形而动,必须附着于有形之津液,才能存在体内。津液丢失过多,必定导致气的损耗,如暑热病邪伤人,大汗出,不仅伤津耗液,而且气亦随汗液外泄,出现少气懒言、体倦乏力的气虚表现,而当大汗、大吐、大泻等津液大量丢失时,气亦随之大量外脱,形成"气随津脱"之候。故清代尤在泾在《金匮要略心典·痰饮》说:"吐下之余,定无完气"。另一方面,气依附于津液得以运行,因而津液输布代谢正常,则气机调畅,谓之津行则气行。当津液输布运行受到阻碍时,往往引起气机的郁滞不畅,谓之津停气滞。

2. 津能化气 由饮食水谷化生的津液,通过肺、脾、肾等脏腑输布运行于周身各脏腑组织。在输布过程中受到各脏腑阳气的蒸腾温化,可以化生为气,以敷布于脏腑、组织、形体、官窍等,促进其正常的生理活动。同时,津液因具有濡养滋润作用,机体内各脏腑组织得其营养,功能活动才能得以维持,气的活力才能得以发挥。因此,津足则气旺,津亏则气少。

三、气与精的关系

精与气之间存在相互依存、相互为用的关系。具体表现在气能生精、气能摄精、精能化气三个方面。

1. 气能生精 精包括先天之精和后天之精。人体之精起源于先天之精,由于在生命过程中人体之精要不断被利用,或转化,或被消耗,因此,需要得到后天水谷精微的不断供给和充养。只有脾胃之气充足,升降协调,功能正常,才可以运化吸收饮食水谷之精微,以充盈脏腑之精,脏腑之精流注于肾而充养先天之精,合为肾精。因此,气是人体之精化生的动力,精的化生依赖于气化运动和脏腑生理功能活动。若气虚则精的化生不足,而形成精亏气乏的病证,临床常采用补气生精之法治疗。

2. 气能摄精 气不但能促进精的化生,而且又能固摄精,使精聚而充盈,不致无故耗损外泄,这是气的固摄作用的体现。因此,气聚则精盈,气弱则精走。若肾气亏损,封藏失职,则可致男子滑精等失精病证,临床常采用补气固精之法治疗。

笔记栏

3. 精能化气 五脏藏精,精化为气,以完成五脏的功能。《素问·阴阳应象大论》概括为:"精化为气”。尤其藏于肾之肾精，化生元气，元气运行于全身，促进人体的生长、发育及生殖功能的成熟，推动、激发、调节各脏腑器官的生理功能活动，是生命活动的原动力。故肾精亏损，可见少气不足以息、动则气喘、肢倦神疲、少气懒言等气虚的临床表现。

四、血与津液的关系

血与津液均为液态营养物质，与气相对而言，两者均属于阴而主静，均有滋润和濡养作用。两者之间关系密切，生理上相互补充，相互转化，表现为“津血同源”和“津血互生”的关系。

（一）血对津液的作用

血和津液都来源于水谷精气，两者可相互渗透、相互转化。血液行于脉中，其中的液体成分渗于脉外便转化为津液，以滋润脏腑组织和官窍，也可弥补脉外津液的不足，有利于津液的输布代谢。其中，津液可化为汗液排除于外，故有“血汗同源”之说。若血液亏耗，尤其失血过多时，脉中血少，不能化为津液，反而津液渗入血脉，以补充血之不足，导致脉外津液不足，出现口干、口渴、尿少、皮肤干燥等症状。此时，不能对失血者再使用发汗的治疗方法，以防津液与血液进一步耗竭的恶性后果。故有“夺血者无汗”“亡血者，不可发汗”“衄家不可发汗”之说。

（二）津液对血的作用

津液是血液化生的组成部分，中焦水谷化生的津液，在心肺作用下，进入脉中，与营气相合，变化为血。若当饮食水谷摄入不足，脾胃功能虚弱，或大汗、大吐、大泻，或严重烧烫伤时，脉外津液不足，不仅不能进入脉内以补充化生血液，脉内的津液成分反而渗出脉外，以补充津液的亏耗，导致血液亏少，血液相对变稠，流行不畅。最终形成“津枯血燥”或“津亏血瘀”的病理变化。此时不能再用放血或破血疗法，以防止血液和津液的进一步耗伤，故有“夺汗者无血”之说。

血与津液均是周流于全身的液态物质，不仅同源于水谷精微，而且在运行输布过程中相辅相成，互相交会，津可入血，血可成津，“水中有血、血中有水”“水与血原并行而不悖”，共同发挥滋润、营养作用。在病理上血与津液又相互影响，血能病水，水能病血。水肿可导致血瘀、血瘀亦可导致水肿。瘀血可以是水肿形成后的病理产物，而水肿往往有瘀血见症。故在临床治疗上应注意水病治血，血病治水、水血兼顾等。

总之，津液进入脉中，与营气结合，便化生血液；血液中的津液，与营气分离而渗出脉外，便化为津液。脉中脉外，有进有出，有分有合，就是津液与血液互相转化的生理病理基础。

五、血与精的关系

血和精都由水谷精微化生和充养，化源相同；两者之间又互相资生，互相转化，并都具有濡养和化神等作用，故有“精血同源”之说。

（一）血对精的作用

《诸病源候论》曰：“精者，血之所成也”。血液流于肾中，与肾精化合而成为肾所藏之精。由于血能生精，血旺则精充，血亏则精衰。临床血虚之候往往有肾精亏损之证。

（二）精对血的作用

精是化生血液的物质基础之一，肾为藏精之脏，故肾精化血也是血液生化之源。肾精化血，上荣于发，故发为肾之外化，又为血之余。因此，肾精亏损日久可致血虚，而出现发枯脱落等血虚之候。临床以补肾为主治疗血虚，就是精可化血理论的应用。如目前临床治疗再生障碍性贫血，用补肾填精之法获得良好效果。

五脏之中，肾主藏精，肝主藏血，两者同源互化，即肾精能化肝血，肝血可化肾精，这种精血之间相互资生、相互转化，以维持精血之间动态平衡的关系，称为“精血同源”“肝肾同源”。

（高占华 闫 颖）

笔记栏

第四章　经　　络

导　学

本章主要介绍经络的概念和经络系统的组成，经络的循行和生理功能，经络学说的临床应用。

通过学习，掌握经络的概念，经络系统的组成，十二经脉的名称、走向交接规律、分布规律与表里关系、流注次序、循行；熟悉奇经八脉的概念、循行特点和功能特点，督、任、冲、带脉的循行部位；了解阴阳跷脉、阴阳维脉、十二经别、十五别络、十二经筋、十二皮部的循行以及经络学说的临床应用。

经络是研究人体经络系统的概念、构成、循行分布、生理功能、病理变化及其与脏腑相互关系的一种理论。

经络学说是中医基础理论的重要组成部分，是针灸学的理论核心。它贯串于中医学的生理、病理、诊断和治疗等各个方面，同阴阳五行学说、藏象学说、气血津液学说等共同构成了中医学的理论基础。所以，历代医家都十分重视经络学说，《医学入门》云："不诵十二经络，开口动手便错。"

第一节　经络的概念和经络系统

一、经络的概念

经络是运行全身气血、联络脏腑形体官窍、沟通上下内外、感应传导信息的通路系统，是人体结构的重要组成部分。

经络一词最早见于《黄帝内经》，《灵枢·邪气藏腑病形》："阴之与阳也，异名同类，上下相会，经络之相贯，如环无端。"经络，是经脉和络脉的总称。《医学入门》："经者，径也；经之支脉旁出者为络。"经，有经过、路径的含义，经脉是经络系统中的主干，比较粗大，一般是纵行走向的，分布在机体的较深层；络，有联络、网络的意思，络脉是经脉的分支，比较细小，位于机体较表浅的部位，其分布纵横交错，网络全身，无所不至。正如《灵枢·经脉》所云："经脉十二者，伏行分肉之间，深而不见……诸脉之浮而常见者，皆络脉也"。

二、经络系统

经络系统，由经脉、络脉及其连属部分组成。内属于脏腑，外络于筋肉、皮肤，正如《灵枢·海论》所说："内属于藏腑，外络于肢节"。

经脉是经络系统的主干，分为正经、经别和奇经。正经有十二，又称"十二正经"或"十二经脉"，包括手三阴经、足三阴经、手三阳经、足三阳经。十二正经有一定的起止，一定的循行部位和交接顺序，在肢体的分布及走向有一定的规律，与脏腑有直接的络属关系，相互之间也有表里关系。经别，是从十二经脉别出的重要分支，又称"十二经别"。分别起于四肢肘膝关节以上部位，具有加强十二

笔记栏

经脉中相为表里的两条经脉的联系和补充十二正经的作用。奇经，又称为“奇经八脉”，即督脉、任脉、冲脉、带脉、阴跷脉、阳跷脉、阴维脉、阳维脉，具有统率、联络和调节十二经脉气血的作用。奇经与脏腑没有直接的属络关系，相互之间也无表里关系。正经与奇经的区别，正如《圣济总录》所云：“脉有奇常，十二经者，常脉也；奇经八脉则不拘于常，故谓之奇经。盖人之气血常行于十二经脉，其诸经满溢则流入奇经焉。”

络脉，是经脉的分支，有别络、浮络、孙络之分。别络是络脉中较大和主要的络脉，十二正经与任督二脉各有一支别络，加上脾之大络，合称“十五别络”。具有加强十二经脉相为表里的两经之间在体表的联系，并能通达某些正经所没有到达的部位，可补正经之不足，还有统领一身阴阳诸络的作用。浮络，是循行于人体浅表部位，浮而常见的络脉，起着沟通经脉，输达肌表的作用。孙络，是最细小的络脉，遍布全身，无处不有，《素问·气穴论》认为孙络有“溢奇邪”“通荣卫”的作用。

经筋和皮部，是十二经脉与筋肉和体表的连属部分。经筋，是十二经脉之气“结、聚、散、络”于筋肉、关节的体系，具有连缀百骸，主司关节运动的作用。皮部，是十二经脉功能活动反映于体表的部位，也是络脉之气散布之所在。十二皮部的分布区域，是以十二经体表的分布范围为依据，把全身皮肤划分为十二部分，分属于十二经脉。此外，十二经脉分别隶属于十二个脏腑(见表4-1)。

表4-1　经络系统的组成

- 经络
  - 经脉
    - 十二经脉
      - 手三阴经
        - 手太阴肺经
        - 手厥阴心包经
        - 手少阴心经
      - 手三阳经
        - 手阳明大肠经
        - 手少阳三焦经
        - 手太阳小肠经
      - 足三阳经
        - 足阳明胃经
        - 足少阳胆经
        - 足太阳膀胱经
      - 足三阴经
        - 足太阴脾经
        - 足厥阴肝经
        - 足少阴肾经
    - 奇经八脉——十二经脉以外的重要经脉，包括督脉、任脉、冲脉、带脉、阴维脉、阳维脉、阴跷脉、阳跷脉，有统率、联络和调节十二经的作用
    - 十二经别——从十二经脉别出的经脉，有加强十二经中相为表里的两经之间联系的作用
  - 络脉
    - 十五别络——十二正经与任督二脉各有一支别络，加上脾之大络，共十五支，有加强十二经表里两经在体表的联系和渗灌气血的作用
    - 浮络——浮现于表的络脉
    - 孙络——最细小的络脉
  - 连属部分
    - 外连
      - 十二经筋——十二经脉之气结、聚、散、络于筋肉、关节的体系，具有连缀百骸，主司关节运动的作用
      - 十二皮部——十二经脉的功能活动反映于体表的部位
    - 内属——五脏六腑：十二经脉所属络者

第二节　十二经脉

一、十二经脉的名称

十二经脉对称地分布于人体的两侧，在四肢分别循行于上肢或下肢的内侧或外侧，每一经脉又分别隶属于一个脏或一个腑。因此，十二经脉的名称包括手或足、阴或阳、脏或腑。行于上肢，起于或止于手的经脉，称“手经”；行于下肢，起于或止于足的经脉，称“足经”。分布于四肢内侧面的经脉，属“阴经”；分布于四肢外侧面的经脉，属“阳经”。阴经隶属于脏；阳经隶属于腑。按照阴阳的三分法，一阴分为三阴：太阴、厥阴、少阴；一阳分为三阳：阳明、少阳、太阳(见表4-2)。

笔记栏

表 4-2　十二经脉名称分类表

	阴经(属脏)	阳经(属腑)	循行部位(阴经行于内侧,阳经行于外侧)	
手	太阴肺经	阳明大肠经	上肢	前缘
	厥阴心包经	少阳三焦经		中线
	少阴心经	太阳小肠经		后缘
足	太阴脾经 *	阳明胃经	下肢	前缘
	厥阴肝经 *	少阳胆经		中线
	少阴肾经	太阳膀胱经		后缘

注：* 在小腿下半部和足背部,肝经在前缘、脾经在中线。至内踝上 8 寸处交叉后,脾经在前缘,肝经在中线。

二、十二经脉的走向交接规律

(一) 走向规律

十二经脉的走向和交接是有一定规律的。《灵枢・逆顺肥瘦》说:“手之三阴,从藏走手;手之三阳,从手走头;足之三阳,从头走足;足之三阴,从足走腹。”即手三阴经,从胸腔走向手指端,交于手三阳经;手三阳经,从手指末端走向头面部,交于足三阳经;足三阳经,从头面部走向足趾端,交于足三阴经;足三阴经,从足趾走向腹部和胸部,交于手三阴经。

(二) 交接规律

手阴经与手阳经交接于手,足阳经与足阴经交接于足,手、足阳经交接于头,足、手阴经交于胸腹内脏,十二经脉就构成了“阴阳相贯,如环无端”(《灵枢・营卫生会》)的循环路径(见图 4-1)。

手三阳经止于头部,足三阳经起于头部,手三阳与足三阳在头面部交接,故《难经・四十七难》说:“人头者,诸阳之会也。诸阴脉皆至颈、胸中而还,独诸阳脉皆上至头耳。”

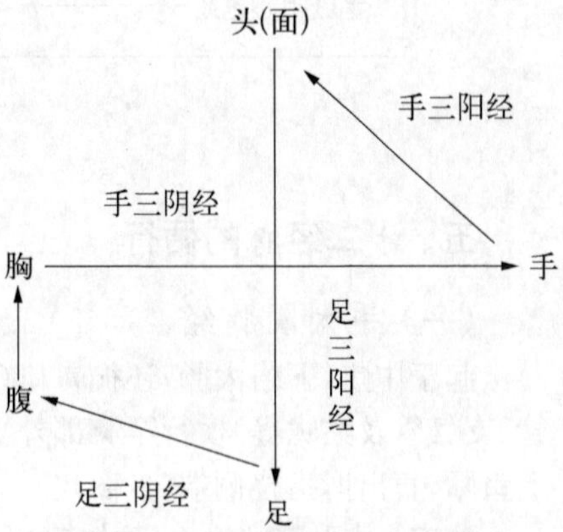

图 4-1　十二经脉走向交接示意图

三、十二经脉的分布规律与表里关系

(一) 分布规律

十二经脉在体表的循行有一定的规律。在头面部,阳明经主要行于面部、额部;少阳经主要行于侧头部;太阳经主要行于面颊部、头顶和头后部。

在四肢部,阴经行于内侧面,阳经行于外侧面。三阴经在四肢内侧的前缘、中线、后缘的顺序为:太阴在前、厥阴在中、少阴在后。但足三阴经在下肢内侧的内踝尖上 8 寸以下为厥阴在前、太阴在中、少阴在后,是属特殊。三阳经在四肢外侧的前缘、中线、后缘的顺序为:阳明在前、少阳在中、太阳在后。

在躯干部,手三阴经均从胸部行于腋下或腋前,手三阳经行于肩部和肩胛部。足三阳经则阳明经行于身前(胸腹面),太阳经行于身后(背腰面),少阳经行于身体侧面。足三阴经均行于腹胸面。循行于腹胸面的经脉,自内向外依次为足少阴肾经、足阳明胃经、足太阴脾经和足厥阴肝经。

(二) 表里关系

手足三阴与三阳经,通过各自的经别和别络相互沟通,组成六对表里相合关系。如《素问・血气形志》说:“手太阳与少阴为表里,少阳与心主为表里,阳明与太阴为表里,是为手之阴阳也”“足太阳与少阴为表里,少阳与厥阴为表里,阳明与太阴为表里,是为足阴阳也”。相为表里的两条经脉,都在四肢末端交接,均循行分布于四肢内外相对应的位置上(足厥阴肝经与足太阴脾经在内踝尖上 8 寸以下交叉变换前后位置),并各自属络于相为表里的脏或腑,即阴经属脏络腑,阳经属腑络脏。如足阳明胃经属胃络脾,足太阴脾经属脾络胃等。如此则既加强了表里两经的联系,又促进了相为

笔记栏

表里的脏与腑在生理功能上的相互协调和配合，同时在病理上也可互相影响(见表4-3)。

表4-3 十二经脉表里关系

表	手阳明大肠经	手少阳三焦经	手太阳小肠经	足阳明胃经	足少阳胆经	足太阳膀胱经
里	手太阴肺经	手厥阴心包经	手少阴心经	足太阴脾经	足厥阴肝经	足少阴肾经

四、十二经脉的流注次序

十二经脉是气血运行的主要通道，它们首尾相贯、依次衔接，因而，脉中气血的运行也是循经脉依次传注的。由于全身气血皆由脾胃运化的水谷之精化生，故十二经脉的流注从起于中焦的手太阴肺经开始，依次流注各经，最后传至足厥阴肝经，复再回到手太阴肺经，从而首尾相贯，如环无端(见图4-2)。

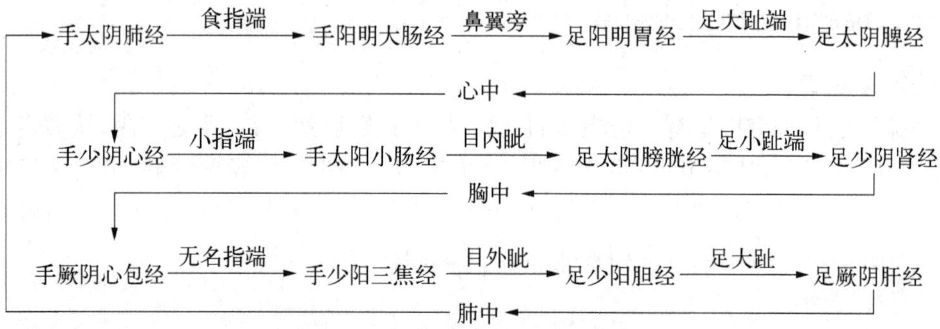

图4-2 十二经脉的流注次序

五、十二经脉的循行

(一) 手太阴肺经

起于中焦，下络大肠，还循胃口(下口幽门，上口贲门)，通过膈肌，属肺，从肺系(与肺相连的气管、支气管及喉咙等)横行至胸部外上方(中府穴)，出腋下，沿上肢内侧前缘下行，过肘窝，入寸口，上鱼际，直出拇指桡侧端(少商穴)。

分支：从手腕的后方(列缺穴)分出，沿掌背侧走向食指桡侧端(商阳穴)，交于手阳明大肠经(见图4-3)。

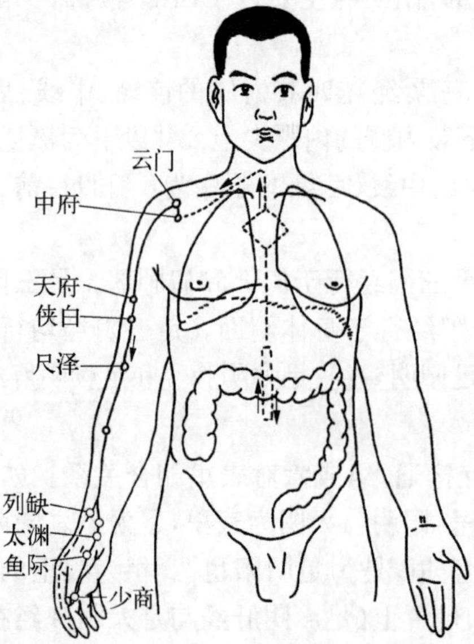

图4-3 手太阴肺经

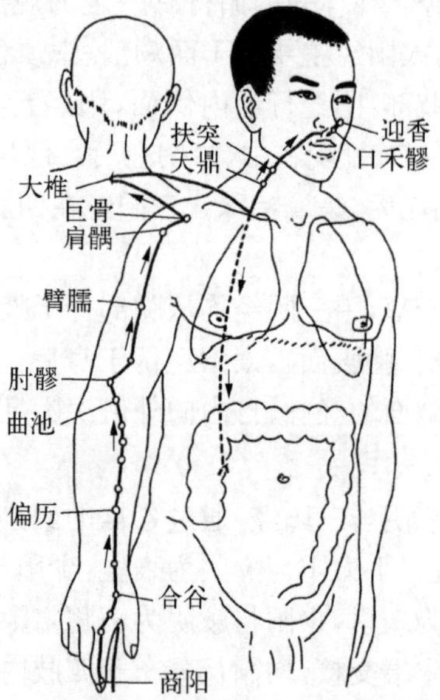

图4-4 手阳明大肠经

笔记栏

（二）手阳明大肠经

起于食指桡侧端(商阳穴),经过手背部行于上肢外侧(伸侧)前缘,上肩,至肩关节前缘,向后到第7颈椎棘突下(大椎穴),再向前下行入缺盆(锁骨上窝),进入胸腔络肺,向下通过膈肌下行至大肠,属大肠。

分支：从锁骨上窝上行,经颈部至面颊,入下齿中,回出挟口两旁,左右交叉于人中,至对侧鼻翼旁(迎香穴),交于足阳明胃经(见图4-4)。

（三）足阳明胃经

起于鼻翼旁(迎香穴),挟鼻上行,左右交会于鼻根部,旁行入目内眦,与足太阳经相交,向下沿鼻柱外侧,入上齿中,出而挟口两旁,环绕口唇,在颏唇沟承浆穴处左右相交,退回沿下颌骨后下缘到大迎穴处,沿下颌角上行过耳前,经过上关穴(客主人),沿发际,到额前。

分支：从颌下缘(大迎穴)分出,下行到人迎穴,沿喉咙向下后行至大椎,折向前行,入缺盆,深入体腔,下行穿过膈肌,属胃,络脾。

直行者：从缺盆出体表,沿乳中线下行,挟脐两旁(旁开2寸),下行至腹股沟处的气街(气冲穴)。

分支：从胃下口幽门处分出,沿腹腔内下行至气街,与直行之脉会合,而后沿大腿外侧前缘下行,至膝髌,向下沿胫骨前缘外侧行至足背,入足第2趾外侧端(厉兑穴)。

分支：从膝下3寸处(足三里穴)分出,下行入中趾外侧端。

分支：从足背(冲阳穴)分出,前行入足大趾内侧端(隐白穴),交于足太阴脾经(见图4-5)。

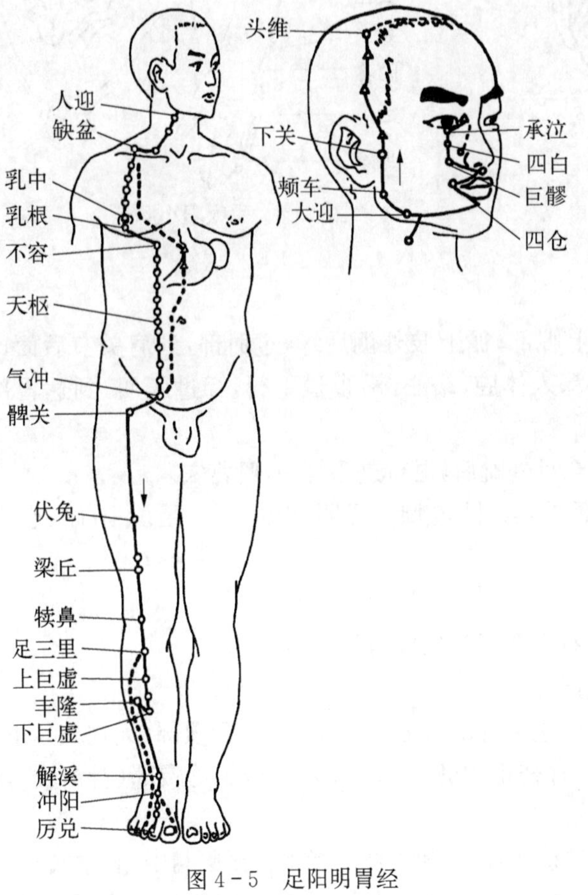

图4-5　足阳明胃经

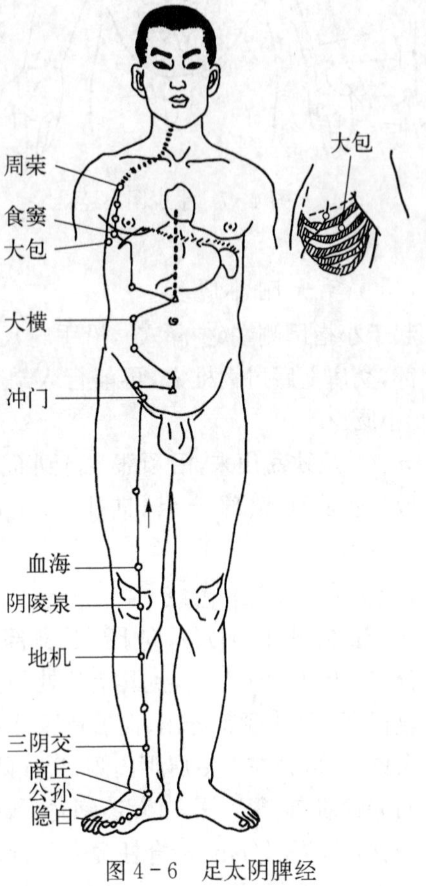

图4-6　足太阴脾经

（四）足太阴脾经

起于足大趾内侧端(隐白穴),沿足内侧赤白肉际,上行过内踝的前缘,沿小腿内侧正中线上行,至内踝尖上8寸处,交出足厥阴肝经之前,上行沿大腿内侧前缘,进入腹中,属脾,络胃。向上穿过膈肌,沿食道两旁,连舌本,散舌下。

笔记栏

分支：从胃别出，上行通过膈肌，注入心中，交于手少阴心经(见图 4－6)。

(五) 手少阴心经

起于心中，走出后属心系(心与其他脏腑相连的脉络)，向下穿过膈肌，络小肠。

分支：从心系分出，挟食道上行，连于目系(目与脑相连的脉络)。

直行者：从心系出来，退回上行经过肺，向下浅出腋下(极泉穴)，沿上肢内侧后缘，过肘中，经掌后锐骨端，进入掌中，沿小指桡侧，出小指桡侧端(少冲穴)，交于手太阳小肠经(见图 4－7)。

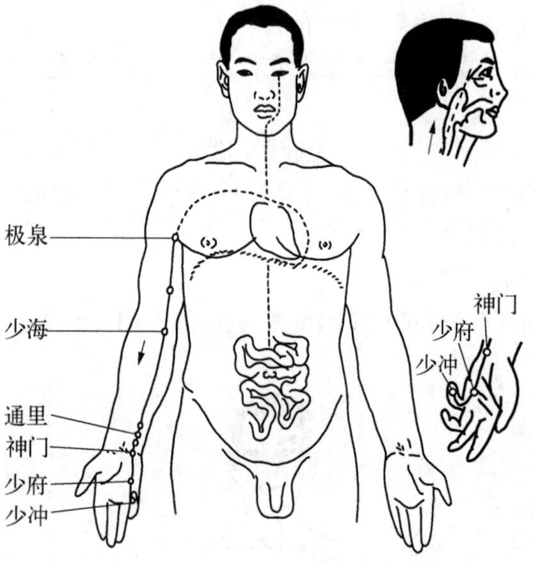

图 4－7　手少阴心经

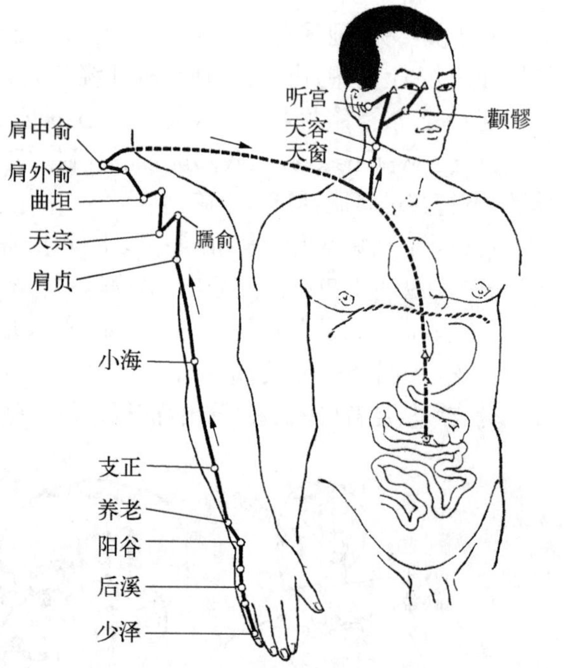

图 4－8　手太阳小肠经

(六) 手太阳小肠经

起于小指尺侧端(少泽穴)，沿手背尺侧上腕部，循上肢外侧后缘，过肘部，到肩关节后面，绕行肩胛部，交肩上后过大椎穴，再前行入缺盆，深入体腔，络心，沿食道下行，穿过膈肌，到达胃部，下行，属小肠。

分支：从缺盆出来，沿颈部上行到面颊，至目外眦后，退行进入耳中(听宫穴)。

分支：从面颊部分出，向上行于目眶下，至目内眦(睛明穴)，交于足太阳膀胱经(见图 4－8)。

(七) 足太阳膀胱经

起于目内眦(睛明穴)，向上到达额部，左右交会于头顶部(百会穴)。

分支：从头顶部分出，到耳上角处的头侧部。

直行者：从头顶部分出，向后行至枕骨处，进入颅腔，络脑，回出后下行到项部(天柱穴)，下行交会于大椎穴，再分左右沿肩胛内侧、脊柱两旁(脊柱正中旁开 1.5 寸)下行，到达腰部(肾俞穴)，进入脊柱两旁的肌肉(膂)，深入体腔，络肾，属膀胱。

分支：从腰部分出，沿脊柱两旁下行，穿过臀部，从大腿外侧后缘下行至腘窝中(委中穴)。

分支：从项部(天柱穴)分出下行，经肩胛内侧，从附分穴挟脊(脊柱正中旁开 3 寸)下行至髀枢(髋关节，当环跳穴处)，经大腿后侧至腘窝中，与前一支脉会合，然后下行穿过腓肠肌，出走于足外踝后，沿足背外侧缘至小趾外侧端(至阴穴)，交于足少阴肾经(见图 4－9)。

笔记栏

(八) 足少阴肾经

起于足小趾下，斜行于足心(涌泉穴)，出行于舟骨粗隆之下，沿内踝后，分出进入足跟部，向上沿小腿内侧后缘，至腘窝内侧，上股内侧后缘入脊内(长强穴)，穿过脊柱至腰部，属肾，络膀胱。

直行者：从肾上行，穿过肝和膈肌，进入肺，沿喉咙，到舌根两旁。

分支：从肺中分出，络心，注入胸中，交于手厥阴心包经(见图 4－10)。

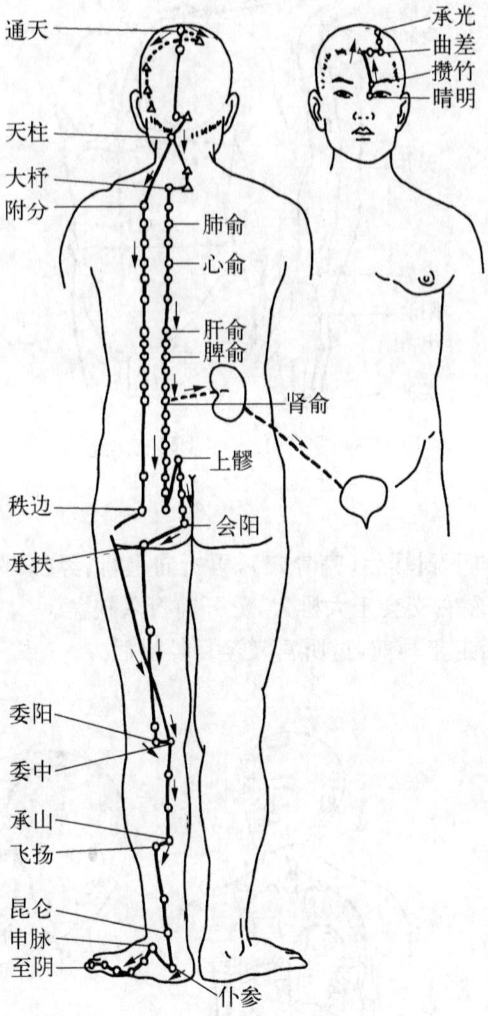

图 4－9　足太阳膀胱经

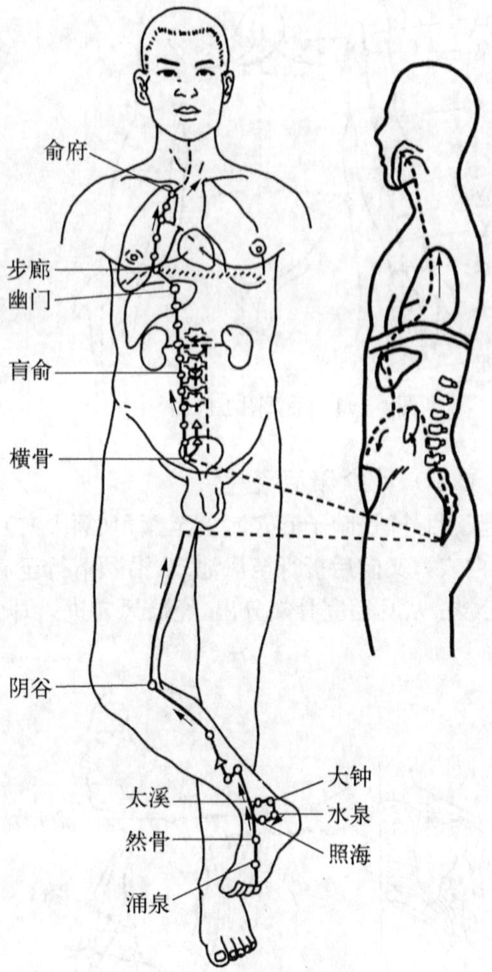

图 4－10　足少阴肾经

（九）手厥阴心包经

起于胸中，出属心包络，向下穿过膈肌，依次络于上、中、下三焦。

分支：从胸中分出，沿胸浅出胁部，当腋下 3 寸处(天池穴)，向上至腋窝下，沿上肢内侧中线入肘，过腕部，入掌中(劳宫穴)，沿中指桡侧，出中指桡侧端(中冲穴)。

分支：从掌中分出，沿无名指出尺侧端(关冲穴)，交于手少阳三焦经(见图 4－11)。

（十）手少阳三焦经

起于无名指尺侧端(关冲穴)，向上沿无名指尺侧至手腕背面，上行前臂外侧尺、桡骨之间，过肘尖，沿上臂外侧向上至肩部，向前行入缺盆，布于膻中，散络心包，穿过膈肌，依次属上、中、下三焦。

分支：从膻中分出，上行出缺盆，至肩部，左右交会于大椎，分开上行到项部，沿耳后(翳风穴)，直上出耳上角，然后屈曲向下经面颊部至目眶下。

分支：从耳后分出，进入耳中，出走耳前，经上关穴前，在面颊部与前一支相交，至目外眦(瞳子髎穴)，交于足少阳胆经(见图 4－12)。

笔记栏

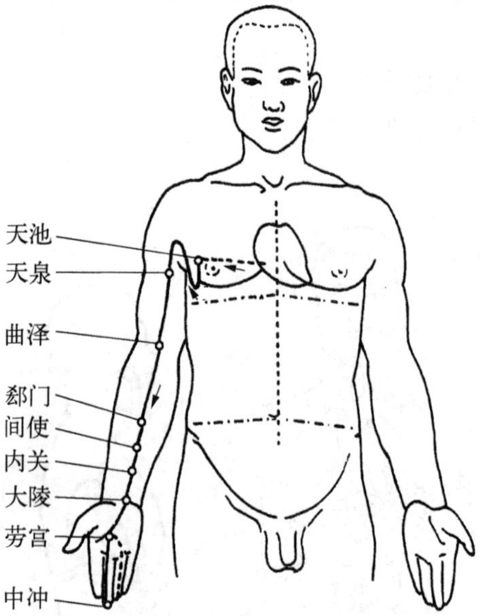

图 4－11　手厥阴心包经

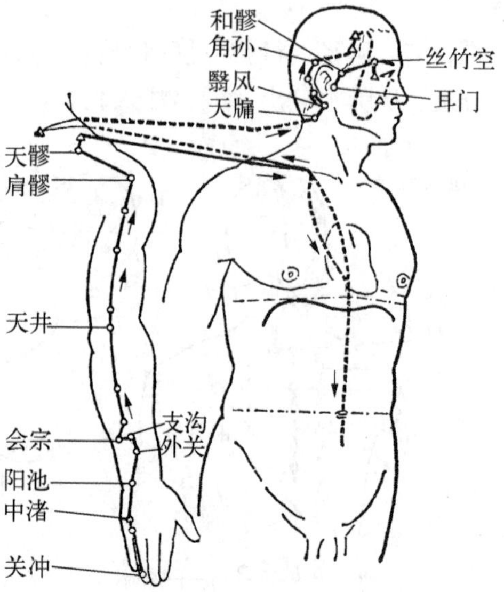

图 4－12　手少阳三焦经

（十一）足少阳胆经

起于目外眦（瞳子髎穴），上至额角（颔厌穴），再向下到耳后（完骨穴），再折向上行，经额部至眉上（阳白穴），又向后折行至风池穴，沿颈下行至肩上，左右交会于大椎穴，分开前行入缺盆。

分支：从耳后完骨穴分出，经翳风穴进入耳中，出走于耳前，过听宫穴至目外眦后方。

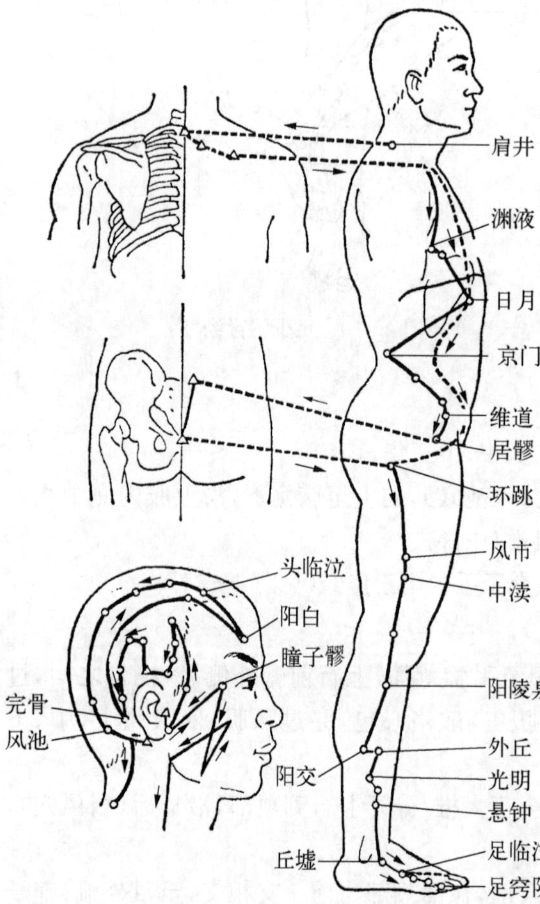

图 4－13　足少阳胆经

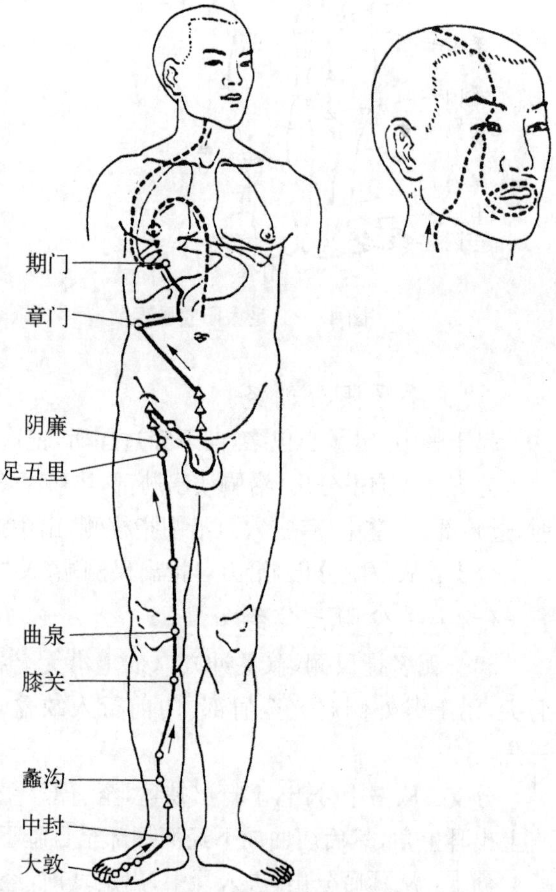

图 4－14　足厥阴肝经

笔记栏

分支：从目外眦分出，下行至下颌部的大迎穴处，同手少阳经分布于面颊部的支脉相合，复行至目眶下，再向下经过下颌角部，下行至颈部，经颈前人迎穴旁，与前脉会合于缺盆。然后下行进入胸腔，穿过膈肌，络肝，属胆，沿胁里浅出气街，绕毛际，横向至髋关节(环跳穴)处。

直行者：从缺盆下行至腋，沿侧胸，过季胁，下行至髋关节(环跳穴)处与前脉会合，再向下沿大腿外侧、膝关节外缘，行于腓骨前面，直下至腓骨下端(绝骨穴)，浅出外踝之前，沿足背下行，出于足第四趾外侧端(足窍阴穴)。

分支：从足背(足临泣穴)分出，前行出足大趾外侧端，折回穿过爪甲，分布于足大趾爪甲后丛毛处，交于足厥阴肝经(见图 4-13)。

(十二) 足厥阴肝经

起于足大趾爪甲后丛毛处，向上沿足背至内踝前 1 寸处(中封穴)，向上沿胫骨内缘，在内踝尖上 8 寸处交出足太阴脾经之后，上行过膝内侧，沿大腿内侧中线进入阴毛中，绕阴器，至小腹，挟胃两旁，属肝，络胆，向上穿过膈肌，分布于胁肋部，沿喉咙的后边，向上进入鼻咽部，上行连接目系，出于额，上行与督脉会于头顶部。

分支：从目系分出，下行颊里，环绕口唇的里边。

分支：从肝分出，穿过膈肌，向上注入肺，交于手太阴肺经(见图 4-14)。

第三节　奇经八脉

一、奇经八脉的概念

奇经八脉，是督脉、任脉、冲脉、带脉、阴跷脉、阳跷脉、阴维脉、阳维脉的总称。奇经是与正经相对而言的，由于其分布不如十二经脉那样有规律，同脏腑没有直接的属络联系，相互之间也没有表里关系，有异于十二正经，故曰“奇经”。又因其数有八，故曰“奇经八脉”。

二、奇经八脉循行特点

奇经八脉纵横交错地循行分布于十二经脉之间，与十二正经相比，其循行分布不似十二经脉之有特定规律，但也有它的特点。八脉中的督、任、冲脉皆起于胞中，同出会阴，称为“一源三歧”。督脉行于人体后正中线，上至头面；任脉行于人体前正中线，上抵颏部；冲脉并肾经行腹部、并督脉行于脊柱前、交气冲穴行于下肢；带脉如腰带环行于腰部；跷脉和维脉皆起于足或下肢，上行至头面。阳跷、阳维脉行于下肢外侧、躯干外侧或后面；阴跷、阴维脉行于下肢内侧、躯干前面(腹胸)。八脉中，督脉、任脉、带脉都只有一条而单行，冲脉除小部分外也是单行的；阴跷脉、阳跷脉、阴维脉、阳维脉各有两条对称循行。

三、奇经八脉功能特点

奇经八脉的共同生理功能特点主要有三方面：① 密切十二经脉的联系。如督脉与手足六阳经交会于大椎而称“阳脉之海”；任脉与足三阴经交会于关元穴，而足三阴又接手三阴经，故任脉因联系手足六阴经而称“阴脉之海”；冲脉通行上下前后，渗灌三阴三阳，有“十二经脉之海”之称；带脉约束纵行诸经，沟通腰腹部的经脉；阳维脉维络诸阳，联络所有阳经而与督脉相合，阴维脉维络诸阴，联络所有阴经而与任脉相会；阳跷、阴跷脉左右成对，有“分主一身左右阴阳”之说。② 调节十二经脉气血。当十二经脉气血满溢时，就会流入奇经八脉，蓄以备用；当十二经脉气血不足时，奇经中所涵蓄的气血则溢出给予补充。③ 与某些脏腑关系密切。奇经八脉与肝、肾等脏及女子胞、脑、髓等奇恒之腑关系较为密切，相互之间在生理、病理上均有一定的联系。

笔记栏

四、奇经八脉的循行及功能

(一) 督脉

1. 循行部位　督脉起于胞中,下出会阴,沿脊柱里面上行,至项后风府穴处进入颅内,络脑,并由项沿头部正中线,经头顶、额部、鼻部、上唇,到上唇系带处。

分支:从脊柱里面分出,络肾。

分支:从小腹内分出,直上贯脐中央,上贯心,到喉部,向上到下颌部,环绕口唇,再向上到两眼下部的中央(见图 4-15)。

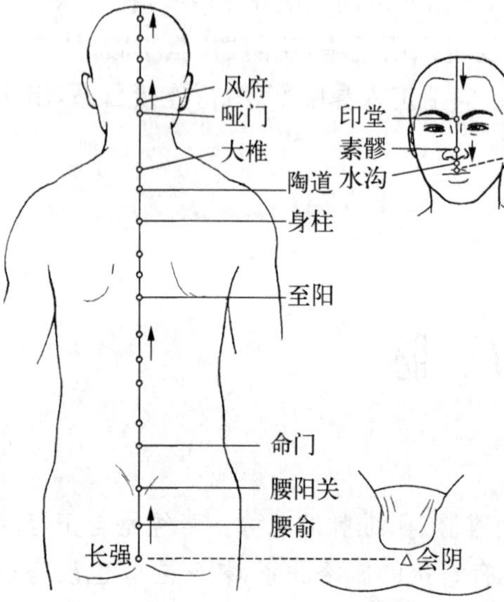

图 4-15　督脉

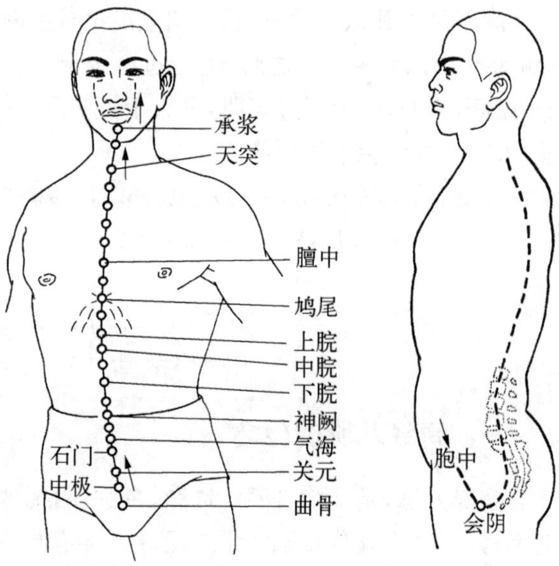

图 4-16　任脉

2. 基本功能　督,有总督、督管、统率之意。督脉行于背部正中,其脉多次与手足三阳经及阳维脉相交会,能总督一身之阳经,故又称为"阳脉之海",对全身阳经气血起调节作用。其次,督脉行脊里,上行入脑,并从脊里分出属肾,与脑、髓、肾有密切联系。

(二) 任脉

1. 循行部位　任脉起于胞中,下出会阴,沿阴阜,沿腹部和胸部正中线上行,至咽喉,上行至下颌部,环绕口唇,沿面颊,分行至目眶下。

分支:由胞中别出,与冲脉相并,行于脊柱前(见图 4-16)。

2. 基本功能　任,有担任、妊养之意。任脉循行于腹面正中线,其脉多次与足三阴经及阴维脉交会,能总任一身之阴经,故又称"阴脉之海",对全身阴经气血起调节作用。任,又与"妊"意相通,任脉起于胞中,与女子月经来潮及妊养、生殖功能有关,称"任主胞胎"。

(三) 冲脉

1. 循行部位　冲脉起于胞中,下出会阴,从气街部起与足少阴经相并,挟脐上行,散布于胸中,再向上行,经喉,环绕口唇,到目眶下。

分支:从少腹输注于肾下,浅出气街,沿大腿内侧进入腘窝,再沿胫骨内缘,下行到足底。

分支:从内踝后分出,向前斜入足背,进入大趾。

分支:从胞中分出,向后与督脉相通,上行于脊柱内(见图4-17)。

笔记栏

2. 基本功能　"冲",有要冲之意。冲脉循经上至头,下至足,后行于背,前布于胸腹,可谓贯穿全身,分布广泛,为一身气血之要冲,故又称"十二经脉之海",能调节十二经脉气血。冲脉起于胞中,又称"血海",与女子月经来潮及妊娠密切相关。

（四）带脉

1. 循行部位 带脉起于季胁，斜向下行到带脉穴，绕身一周，环行于腰腹部。并于带脉穴处再向前下方沿髂骨上缘斜行到少腹(见图4-18)。

2. 基本功能 “带”，有束带之意，指带脉循行，绕身一周。十二正经与奇经中的其余七脉均为上下纵行，惟有带脉环腰一周，有约束纵行诸经的作用。其次，主司妇女带下。

（五）阴跷脉和阳跷脉

1. 循行部位 阴跷脉起于内踝下足少阴肾经的照海穴，沿内踝后直上小腿、大腿内侧，经前阴，沿腹、胸进入缺盆，出行于人迎穴之前，经鼻旁，到目内眦，与手足太阳经、阳跷脉会合(见图4-19)。

阳跷脉起于外踝下足太阳膀胱经的申脉穴，沿外踝后上行，经小腿、大腿外侧，再向上经腹、胸侧面与肩部，由颈外侧上挟口角，到达目内眦，与手足太阳经、阴跷脉会合，再上行进入发际，向下到达耳后，与足少阳胆经会合于项后(见图4-20)。

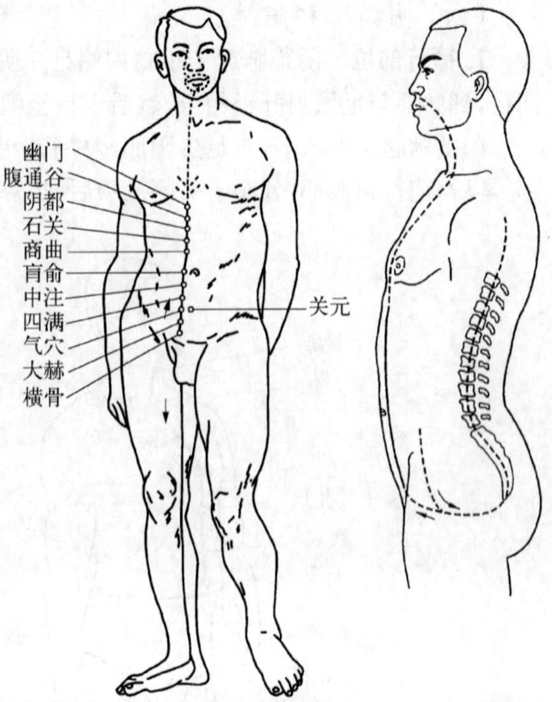

图4-17 冲脉

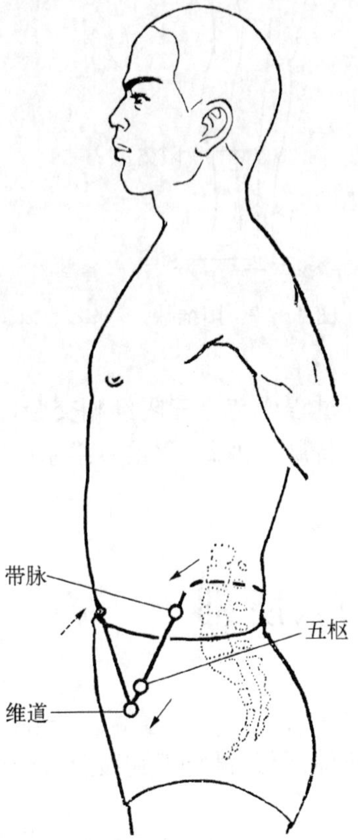

图4-18 带脉

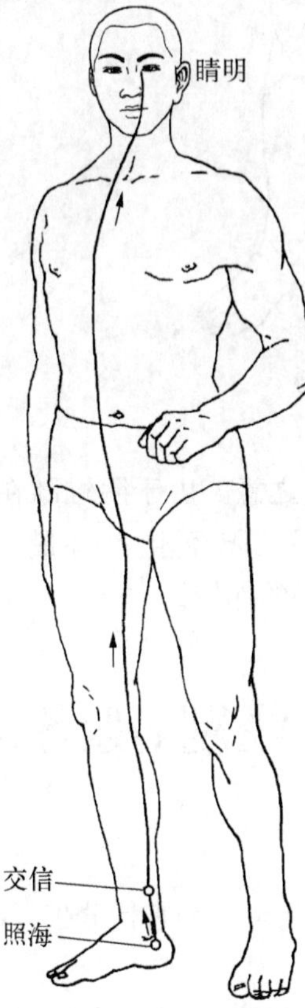

图4-19 阴跷脉

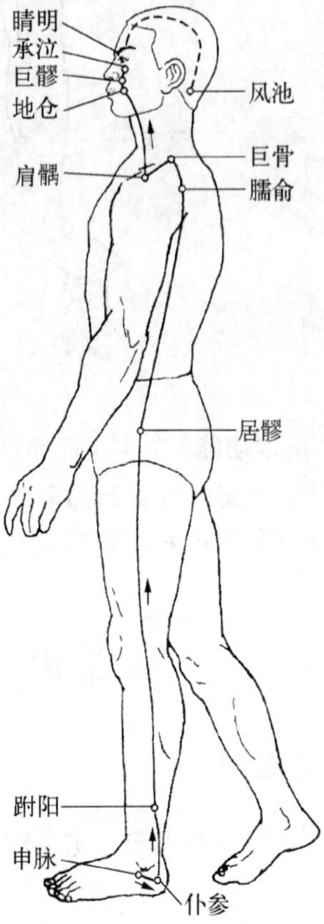

图4-20 阳跷脉

2. 基本功能 “跷”，有轻健跷捷的含义。阴阳跷脉交会于目内眦，阳跷主一身左右之阳，阴跷主一身左右之阴。因此，跷脉具有交通一身阴阳之气和调节肢体肌肉运动的功能，主要使下肢运动灵活矫捷，还有濡养眼目，司眼睑开合的作用。

笔记栏

(六) 阴维脉和阳维脉

1. 循行部位 阴维脉起于小腿内侧足三阴经交会之处,沿下肢内侧上行,至腹部与足太阴脾经同行,到胁部与足厥阴肝经相合,然后上行至咽喉,与任脉相会(见图4-21)。

阳维脉起于外踝下,与足少阳胆经并行,沿下肢外侧向上,经躯干部后外侧,从腋后上肩,经颈部、耳后,前行到额部,分布于头侧及项后,与督脉会合(见图4-22)。

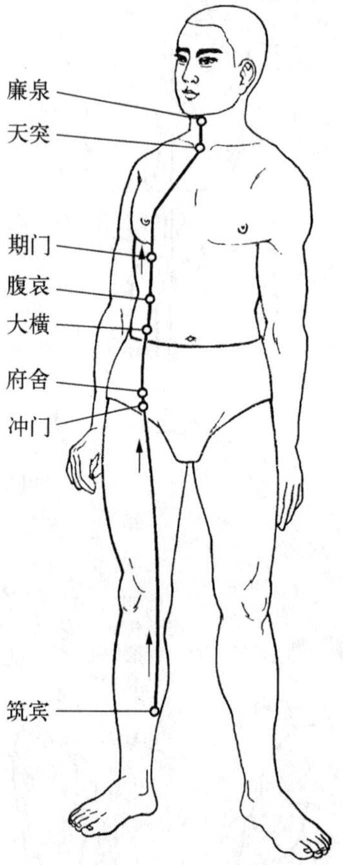

图4-21 阴维脉

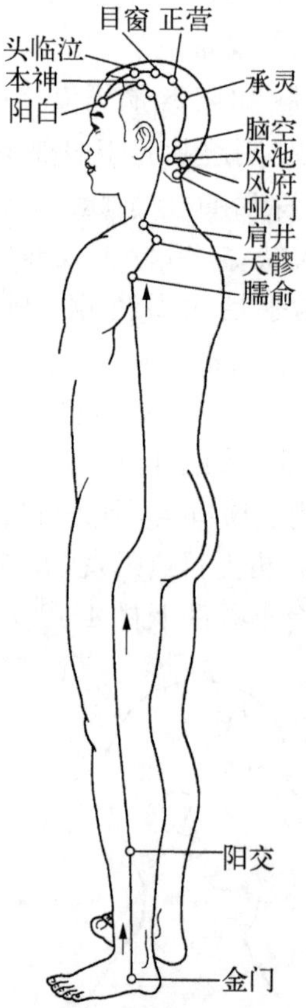

图4-22 阳维脉

2. 基本功能 "维",有维系、维络之意。由于阴维脉在循行过程中与足三阴经相交会,并最后合于任脉;阳维脉在循行过程中与手足三阳经相交,并最后合于督脉。因此,阴维有维系联络全身阴经的作用;阳维有维系联络全身阳经的作用。

第四节 经别、别络、经筋、皮部

一、经别

经别,别行的正经。十二经别,是从十二经别行分出,深入躯体深部,循行于胸腹及头部的重要支脉。

十二经别的循行,多分布于肘膝、脏腑、躯干、颈项及头部。其循行分布特点,可用"离、合、出、入"来加以概括。十二经别循行,多从四肢肘膝以上部位别出,称为"离";走入体腔脏腑深部,称为"入";然后浅出体表,而上头面,称为"出";阴经的经别合于相表里的阳经经别,然后一并注入六条阳经,称为"合"。每一对相表里的经别组成一"合",这样十二经别分手足三阴、三阳共组成六对,称为"六合"。

笔记栏

（一）循行部位

1. 足太阳与足少阴经别(一合)

(1) 足太阳经别：从足太阳经脉的腘窝部分出，其中一条支脉在骶骨下5寸处别行进入肛门，上行归属膀胱，散布联络肾脏，沿脊柱两旁的肌肉到心脏后散布于心脏内；直行的一条支脉，从脊柱两旁的肌肉处继续上行，浅出项部，脉气仍注入足太阳本经。

(2) 足少阴经别：从足少阴经脉的腘窝部分出，与足太阳的经别相合并行，上至肾，在14椎(第2腰椎)处分出，归属带脉；直行的一条继续上行，系舌根，再浅出项部，脉气注入足太阳经的经别。

2. 足少阳与足厥阴经别(二合)

(1) 足少阳经别：从足少阳经脉在大腿外侧循行部位分出，绕过大腿前侧，进入毛际，同足厥阴的经别会合，上行进入季胁之间，沿胸腔里，归属于胆，散布而上达肝脏，通过心脏，挟食道上行，浅出下颌、口旁，散布在面部，系目系，当目外眦部，脉气仍注入足少阳经。

(2) 足厥阴经别：从足厥阴经脉的足背处分出，上行至毛际，与足少阳的经别会合并行。

3. 足阳明与足太阴经别(三合)

(1) 足阳明经别：从足阳明经脉的大腿前面处分出，进入腹腔里面，归属于胃，散布到脾脏，向上通过心脏，沿食道浅出口腔，上达鼻根及目眶下，返回联系目系，脉气仍注入足阳明本经。

(2) 足太阴经别：从足太阴经脉的股内侧分出后到大腿前面，同足阳明的经别相合并行，向上结于咽，贯通舌中。

4. 手太阳与手少阴经别(四合)

(1) 手太阳经别：从手太阳经脉的肩关节部分出，向下入于腋窝，行向心脏，联系小肠。

(2) 手少阴经别：从手少阴经脉的腋窝两筋之间分出后，进入胸腔，归属于心脏，向上走到喉咙，浅出面部，在目内眦与手太阳经相合。

5. 手少阳与手厥阴经别(五合)

(1) 手少阳经别：从手少阳经脉的头顶部分出，向下进入锁骨上窝，经过上、中、下三焦，散布于胸中。

(2) 手厥阴经别：从手厥阴经脉的腋下3寸处分出，进入胸腔，分别归属于上、中、下三焦，向上沿着喉咙，浅出于耳后，于乳突下同手少阳经会合。

6. 手阳明与手太阴经别(六合)

(1) 手阳明经别：从手阳明经脉的肩髃穴处分出，进入项后柱骨，向下者走向大肠，归属于肺；向上者，沿喉咙，浅出于锁骨上窝，脉气仍归属于手阳明本经。

(2) 手太阴经别：从手太阴经脉的渊腋处分出，行于手少阴经别之前，进入胸腔，走向肺脏，散布于大肠，向上浅出锁骨上窝，沿喉咙，合于手阳明的经别。

（二）基本功能

经别分布范围较广，到达某些十二经脉所没有到达的器官和形体部位，所以在生理、病理及治疗等方面都有一定作用。

1. 加强十二经脉表里两经在体内的联系　十二经脉中，阳经为表，阴经为里。十二经别进入体腔后，表里两经的经别是相并而行的；浅出体表时，阴经经别又都合入阳经经别，一起注入体表的阳经，加强了十二经脉分布于肢体的表里经之间的关系。

2. 加强体表与体内、四肢与躯干的向心性联系　十二经别一般都是从十二经脉的四肢部分别出，进入体内后又都呈向心性循行，这对扩大经络的联系以及加强体内外的信息传递，起到了重要作用。

3. 加强十二经脉和头面部的联系　十二经脉主要是六条阳经分布于头面部，而十二经别中不仅六条阳经的经别循行于头面部，六条阴经的经别亦上达头部。足三阴经经别在合入阳经后上达头部；手三阴经经别均经喉咙而合于头面部。十二经别加强了十二经脉对头部的联系，为《灵枢·邪气藏府病形》“十二经脉，三百六十五络，其血气皆上于面而走空窍”的理论奠定了基础。

笔记栏

4. 扩大十二经脉的主治范围　十二经别的循行,使十二经脉的分布和联系的部位更加周密,从而也扩大了十二经脉的主治范围。如足阳明经没有分布到心,而手少阴经也没有到胃,但是,足阳明的经别"属于胃,散络于脾",又"上通于心",沟通了心与胃之间的联系,为心胃相关理论的构建奠定了基础。

5. 加强足三阴、足三阳经脉与心脏的联系　足三阴、足三阳的经别上行经过腹、胸,除加强了腹腔内脏腑的表里联系外,又都与胸腔内的心脏相联系。因此,十二经别对于分析腹腔内脏与心的生理、病理联系,有重要的意义。

二、别络

别络,也是从经脉分出的支脉,大多分布于体表。别络有十五条,即十二经脉各有一条,加之任脉、督脉的别络和脾之大络。另外,若再加胃之大络,也可称为十六别络。

别络是络脉中较为重要的部分,对全身无数细小的络脉起着主导作用。从别络分出的细小络脉称为"孙络",即《灵枢・脉度》所谓"络之别者为孙"。分布在皮肤表面的络脉称为"浮络",即《灵枢・经脉》所谓"诸脉之浮而常见者"。

十二经脉的别络多行于身体的浅表部位,从肘膝关节以下分出后,均走向相表里的经脉,并与其络相通。如此则阴经的别络络于阳经,阳经的别络络于阴经,维系了表里两经的密切关系。督脉别络散布于头部,别走足太阳膀胱经,以沟通背部的经气;任脉的别络散布于胸腹部,以沟通胸腹部的经气;脾之大络散布于胸胁。

别络循行于四肢,或上行头面,进入躯干,虽然也与内脏有某些联络,但均没有固定的属络关系。

(一) 循行部位

1. 手太阴别络　手太阴别络名曰"列缺"。起于腕关节上方,从列缺穴分出,在腕后半寸处走向手阳明经;其支脉与手太阴经相并,直入掌中,散布于鱼际部。

2. 手阳明别络　手阳明别络名曰"偏历"。在腕关节后 3 寸处(偏历穴)分出,走向太阴肺经;其支脉向上沿着臂膊,经过肩髃,上行至下颌角处,遍布于牙齿根部;另一支脉,进入耳中,与耳中所聚集的众多经脉(宗脉)会合。

3. 足阳明别络　足阳明别络名曰"丰隆"。在距离足外踝尖上 8 寸处分出,走向足太阴脾经;其支脉,沿着胫骨外缘,上行络于头项部(会大椎),与该处其他各经的脉气相会合,向下绕喉咙及咽峡部。

4. 足太阴别络　足太阴别络名曰"公孙"。在距离足大趾本节后 1 寸处分出,别行走向足阳明经;其支脉上行进入腹腔,络肠胃。

5. 手少阴别络　手少阴别络名曰"通里"。在腕关节后 1 寸处分出,顺沿着手少阴本经经脉上行,入于心中,再向上联络舌根部,然后归属于眼和脑相连的系带。

6. 手太阳别络　手太阳别络名曰"支正"。在腕关节后 5 寸处,向内侧注入手少阴心经;有一别出的支脉上行肘部,再向上络于肩髃部。

7. 足太阳别络　足太阳别络名曰"飞阳"。在外踝上 7 寸处,从本经分出,走向足少阴经脉。

8. 足少阴别络　足少阴别络名曰"大钟"。从大钟穴分出,在足内踝后绕足跟,走向足太阳经;其支脉与足少阴肾经上行的经脉相并上行,走到心包下,再向外贯穿腰脊。

9. 手厥阴别络　手厥阴别络名曰"内关"。从内关穴分出,在腕后 2 寸处浅出于两筋之间;分支走向手少阳经脉,并沿着本经上行,连系于心包,散络于心系。

10. 手少阳别络　手少阳别络名曰"外关"。在腕关节后 2 寸处分出,绕行于臂膊的外侧,进入胸中,与手厥阴心包经会合。

笔记栏

11. 足少阳别络　足少阳别络名曰"光明"。在光明穴分出,在外踝上 5 寸处,走向足厥阴经脉,向下联络足背。

12. 足厥阴别络　足厥阴别络名曰"蠡沟"。在蠡沟穴分出,在内踝上 5 寸处,走向足少阳经脉;其支脉,经过胫骨部,上行到睾丸,结聚在阴茎处。

13. 督脉别络　督脉别络名曰“长强”。从督脉的长强穴分出，挟脊柱两旁上行到项部，散布头上；下行的络脉，正当肩胛部开始，向左右分别走向足太阳经，深入脊柱两旁的肌肉(膂)。

14. 任脉别络　任脉别络名曰“鸠尾”。从鸠尾(尾翳)穴分出，自胸骨剑突下行，散布于腹部。

15. 脾之大络　脾之大络名曰“大包”。从大包穴分出，浅出于渊腋穴下3寸处，散布于胸胁部。

(二) 基本功能

1. 加强十二经脉表里两经在体表的联系　阴经的别络走向阳经，阳经的别络走向阴经，因而别络具有加强表里两经在体表联系的作用。别络从四肢肘膝关节以下分出，大多分布于体表，虽然也有进入胸腹腔和内脏的，但都没有固定的属络关系。

2. 统率其他络脉，加强人体前、后、侧面统一联系　别络为经脉的斜行细支脉，是络脉中的重要部分，从别络再分出的细小络脉，即为“孙络”，若浮现于体表则称“浮络”，故别络能统率其他络脉。十二经脉的别络，其脉气汇集于十二经的“络穴”，督脉的别络散布于背部，任脉的别络散布于腹部，脾之大络散布于胸胁部，故别络可加强十二经脉及任、督二脉与躯体组织的联系，尤其是加强人体前、后、侧面的联系，并统率其他络脉以渗灌气血。

3. 渗灌气血以濡养全身　从别络分出孙络、浮络，愈分愈细，呈网状扩散，密布全身，同全身各组织发生紧密联系。循行于经脉中的气血，通过别络的渗灌作用注入孙络、浮络，弥散全身，以充分发挥对整个机体的濡养作用。

三、经筋

经筋，是十二经脉之气结、聚、散、络于筋肉、关节的体系，又称“十二经筋”，受十二经脉气血的濡养和调节。

经筋的分布，从四肢末端走向头身，行于体表，结聚于关节、骨骼附近。手足三阳经的经筋分布于肢体外侧，手足三阴经的经筋分布于肢体内侧，有的还进入胸腹腔，但通常不入内脏。十二经筋的循行特点也可用“结、聚、散、络”加以概括。所谓“结聚散络”，是指十二经筋起于四肢末端，结聚于关节，散布于胸背，络于头身的特点。此外，十二经筋多呈向心性循行。

(一) 循行部位

1. 足太阳经筋　起于小趾，向上结于外踝，斜上结于膝部，在下者沿外踝结于足跟，向上沿跟腱结于腘窝部，其分支结于腓肠肌(腨)部，上向膝腘内侧，与前在腘窝部的一支合并上行结于臀部，向上挟脊到达项部；分支入结于舌根；直行者结于枕骨，上行至头顶，从额部下结于鼻；分支形成“目上网”(一作“目上纲”，即上睑)，向下结于鼻旁。背部的分支从腋后外侧结于肩髃部；一支进入腋下，向上出缺盆，上方结于耳后乳突(完骨)。又有分支从缺盆出，斜上结于鼻旁。

2. 足少阳经筋　起于第4趾，向上结于外踝，上行沿胫外侧缘，结于膝外侧；其分支另起于腓骨部，上走大腿外侧，前边结于“伏兔”，后边结于骶部。直行者，经季胁，上走腋前缘，系于胸侧和乳部，结于缺盆。直行者，上出腋部，通过缺盆，行于太阳经筋的前方，沿耳后，上额角，交会于头顶，向下走向下颌，上结于鼻旁；分支结于目外眦，成“外维”。

3. 足阳明经筋　起于第2、3、4趾，结于足背；斜向外上盖于腓骨，上结于膝外侧，直上结于髀枢(大转子部)，向上沿胁肋，连属脊椎。直行者，上沿胫骨，结于膝部。分支结于腓骨部，并合足少阳的经筋。直行者，沿伏兔向上，结于股骨前，聚集于阴部，向上分布于腹部，结于缺盆，上颈部，挟口旁，会合于鼻旁，下方结于鼻部，上方合于足太阳经筋——太阳为“目上网”(上睑)，阳明为“目下网”(下睑)。其分支从面颊结于耳前。

4. 足太阴经筋　起于大趾内侧端，向上结于内踝；直行者，络于膝内辅骨(胫骨内髁部)，向上沿大腿内侧，结于股骨前，聚集于阴部，上腹部，结于脐，沿腹内，结于肋骨，散布于胸中；其在里者，附着于脊椎。

笔记栏

5. 足少阴经筋　起于小趾下边，同足太阴经筋并斜行内踝下方，结于足跟，与足太阳经筋会合，向上结于胫骨内髁下，同足太阴经筋一起向上，沿大腿内侧，结于阴部，沿脊里，挟膂，向上至项，结于枕骨，与足太阳经筋会合。

6. 足厥阴经筋 起于大趾上边，向上结于内踝之前，沿胫内向上结于胫骨内髁之下，向上沿大腿内侧，结于阴部，联络各经筋。

7. 手太阳经筋 起于小指上边，结于腕背，向上沿前臂内侧缘，结于肘内锐骨(肱骨内上髁)的后面，进入并结于腋下，其分支向后走腋后侧缘，向上绕肩胛，沿颈旁出走足太阳经筋的前方，结于耳后乳突；分支进入耳中；直行者，出耳上，向下结于下颌，上方连属目外眦。还有一条支筋从颌部分出，上下颌角部，沿耳前，连属目外眦，上额，结于额角。

8. 手少阳经筋 起于无名指末端，结于腕背，向上沿前臂结于肘部，上绕上臂外侧缘上肩，走向颈部，合于手太阳经筋。其分支当下颌角处进入，联系舌根；另一支从下颌角上行，沿耳前，连属目外眦，上经额部，结于额角。

9. 手阳明经筋 起于食指末端，结于腕背，向上沿前臂结于肘外侧，上经上臂外侧，结于肩峰(肩髃穴)；其分支，绕肩胛，挟脊旁；直行者，从肩髃部上颈；分支上面颊，结于鼻旁；直行者上出手太阳经筋的前方，上额角，络头部，下向对侧下颌。

10. 手太阴经筋 起于拇指上，沿指上行，结于鱼际后，行于寸口动脉外侧，上沿前臂，结于肘中；再向上沿上臂内侧，进入腋下，出缺盆，结于肩髃前方，上面结于缺盆，下面结于胸里，分散通过膈部，会合于膈下，到达季胁。

11. 手厥阴经筋 起于中指，与手太阴经筋并行，结于肘内侧，上经上臂内侧，结于腋下，向下散布于胁肋的前后；其分支进入腋内，散布于胸中，结于膈。

12. 手少阴经筋 起于小指内侧，结于腕后锐骨(豌豆骨)，向上结于肘内侧，再向上进入腋内，交手太阴经筋，行于乳里，结于胸中，沿膈向下，系于脐部。

(二) 基本功能

经筋具有约束骨骼，主司关节运动的功能。如《素问·痿论》说："宗筋主束骨而利机关也。"除附于骨骼外，还满布于躯体和四肢的浅部，对周身各部分的脏器组织能起到一定的保护作用。

四、皮部

皮部，是十二经脉之气在体表皮肤一定部位的反映区，故称"十二皮部"。《素问·皮部论》云："皮有分部""皮者，脉之部也"。十二经脉及其所属络脉，在体表有一定分布范围，十二皮部就是十二经脉及其所属络脉在体表的分区。如《素问·皮部论》所说："欲知皮部，以经脉为纪""凡十二经络脉者，皮之部也。"因此，皮部受十二经脉及其络脉气血的濡养滋润而维持正常生理功能。皮部位于人体最浅表部位，与外界直接接触，对外界变化具有调节作用，并依赖布散于体表的卫气，发挥其抗御外邪的作用。观察不同部位皮肤的色泽和形态变化，有助于诊断某些脏腑、经络的病变。在皮肤一定部位施行贴敷、艾灸、热熨、梅花针等疗法，可治疗内在脏腑的病变，这是皮部理论在诊断和治疗方面的应用。

第五节 经络的生理功能

经络的功能活动，称为"经气"。经络的基本生理功能包括联络脏腑器官、沟通表里上下作用，运输气血濡养脏腑组织作用，感应传导作用和调节平衡作用。

一、联络沟通作用

笔记栏

人体由五脏六腑、四肢百骸、五官九窍、皮肉脉筋骨和经络系统等构成。它们虽然各有不同的生理功能，但又共同组成了有机的整体活动，使机体内外、上下保持协调统一，构成一个有机的整体。十二经脉及其分支的纵横交错，离合出入，通上达下，相互属络于脏腑；奇经八脉联络沟通十二正经；十二经筋和十二皮部联络筋脉皮肉；浮络和孙络联系人体各细微部分。由此，经络将人体的各个脏腑、形体、官窍等组织器官有机地联系起来，从而使人体表里、上下、内外、前后、左右紧密联系，构成一个有机的整体。经络的联络沟通作用主要表现为以下几个方面。

1. 脏腑与外周体表肢节的联系　内在脏腑与外周体表肢节的联系，主要是通过十二经脉的联络沟通作用来实现的。《灵枢·海论》说："夫十二经脉者，内属于腑藏，外络于肢节。"十二经脉中，手之三阴三阳经脉，循行于上肢内外侧，足之三阴三阳经脉，循行于下肢内外侧。每条经脉对内与脏腑发生特定的属络关系，对外联络筋肉、关节和皮肤，即十二经筋与十二皮部。外周体表的筋肉、皮肤组织及肢节等，通过十二经脉的内属外连而与内在脏腑相互沟通。这种联系表现有特定性和广泛性两方面，即体表的一定部位和体内的不同脏腑之间的内外统一关系，以及周身体表肢节与体内脏腑的整体性联系。

2. 脏腑与官窍之间的联系　十二经脉内属于脏腑，在循行分布过程中，又经过口眼耳鼻舌及二阴等官窍。如《灵枢·邪气藏府病形》说："十二经脉，三百六十五络，其血气皆上于面而走空窍。"指出十二经脉与耳、目、舌等官窍的密切联系。又如手阳明"挟口"，足阳明"挟口环唇"，足厥阴"环唇内"，手阳明"挟鼻孔"，足阳明"起于鼻"，手太阳"抵鼻"，足少阳"绕毛际"，足厥阴"入毛中，过阴器"，冲、任、督三脉均"下出会阴"等，使得内在脏腑通过经络与官窍相互沟通而成为一个整体。脏腑的生理功能和病理变化便可以通过经络反映于相应的官窍。

3. 脏腑之间的联系　十二经脉中，每一经都分别属络一脏和一腑，从而加强了相为表里的一脏一腑之间的联系。如手太阴经属肺络大肠，手阳明经属大肠络肺等。某些经脉除属络特定内脏外，还联系多个脏腑。如足少阴肾经，不但属肾络膀胱，还贯肝，入肺，络心，注胸中接心包；足厥阴肝经，除属肝络胆外，还挟胃、注肺中等。也有多条经脉同入一脏的情况，如手太阴经属肺，手阳明经络肺，足厥阴经注肺，足少阴经入肺，手少阴经过肺等。此外，还有经别补正经之不足，如足阳明、足少阳及足太阳的经别都通过心。这样，就构成了脏腑之间的多种联系。

4. 经脉之间的联系　十二经脉的阴阳表里相接，有一定的衔接和流注规律，依次首尾相接如环无端。如十二经脉的流注从起于中焦的手太阴肺经开始，依次流注各经，最后传至足厥阴肝经，复再回到手太阴肺经，从而首尾相贯，如环无端。十二经脉与奇经八脉之间纵横交错，奇经八脉之间又彼此相互联系，形成许多交叉和交会。如手足六条阳经与督脉会于大椎；手少阴经与足厥阴经皆连目系；手足少阳经与手太阳经在目外眦和耳中交会；足少阳胆经和手少阳经的支脉在面部相合；手足太阳经与足阳明经及阴阳跷脉会合于目内眦；足三阴经与阴维脉、冲脉均会于任脉；冲脉从气街起与足少阴经相并而上行；冲脉与任脉并于胸中，后通于督脉，任、督二脉又通会于十二经等。十二经脉中六阴经和六阳经之间存在着阴阳表里相合关系，凡相表里的经脉，在内者属于脏则络于腑，属于腑则络于脏；在外者必在上、下肢端互相交接沟通。此外，还有无数络脉，其在经脉联系中的作用也不容忽视，《类经·经络类》说："络脉所行，乃不经大节，而于经脉不到之处，出入联络，以为流通之用。"它们从经脉分出，网络沟通于经脉与脏腑、经脉与经脉之间，使经络系统成为一种具有完整结构的网络状的调节系统。

二、运输气血作用

气血是人体生命活动的物质基础，全身各组织器官只有得到气血的温养和濡润才能具有正常的生理功能。经络是人体气血运行的通道，能将营养物质输布到全身各组织脏器，使脏腑组织得以营养，筋骨得以濡润，关节得以通利。正如《灵枢·本藏》所云："经脉者，所以行血气而营阴阳，濡筋骨，利关节者也。"《灵枢·脉度》说："阴脉荣其藏，阳脉荣其腑，如环之无端，莫知其纪，终而复始。其流溢之气，内溉藏腑，外濡腠理。"

笔记栏

三、感应传导作用

感应传导作用，是指在经络系统联络沟通作用的基础上，以经气为媒介，将机体内在的生理病理变化传输于体表,另一方面,还可以感受作用于体表的各种刺激并将其传输至内脏的作用。也就是说,感应传导作用包括两个方面:一是由内而外,内脏的变化可以通过经气感应传到体表,反映出不同的症状和体征,这是中医整体观“有诸内必形诸外”的主要生理基础;二是由外而内,指经络系统能够感应及传导针灸或其他刺激信息,如针刺经穴引起的局部酸、麻、胀的感觉及沿经脉走向传导,通常称为“得气”。《灵枢·九针十二原》强调:“刺之要,气至而有效。”因此,经络的感应传导作用是针灸、推拿等疗法的生理基础。

四、调节平衡作用

经络在正常情况下能运行气血,协调阴阳,传递信息到人体各部。对各脏腑形体官窍的功能活动进行调节,使人体复杂的生理功能相互协调,维持阴阳动态平衡状态。《灵枢·经脉》说:“经脉者,所以能决死生,处百病,调虚实。”当人体发生疾病,出现气血不和及阴阳失衡等病证时,也通过经络将疾病的信息反映出来。针灸等治法是通过激发经络本身的功能,疏通经气的传导,使机体阴阳处于平衡状态。如《灵枢·刺节真邪》所言:“泻其有余,补其不足,阴阳平复。”

第六节　经络学说的临床应用

经络学说不仅可以说明人体的生理功能,而且能阐释疾病的病理变化,指导疾病的诊断与治疗。

一、阐释病理变化

在正常生理情况下,经络有运行气血、感应传导的作用。但在病理状态下,经络就可能成为传递病邪和反映病变的途径。

1. 经络是外邪内传脏腑的途径　由于经络内属于脏腑,外布于肌表,因此当体表受到病邪侵袭时,可通过经络由表及里,由浅入深,逐次向里传变而波及脏腑。《素问·皮部论》云:“邪客于皮则腠理开,开则邪入客于络脉,络脉满则注于经脉,经脉满则入舍于藏腑也。”其次,外邪通过经络从皮毛腠理内传脏腑有一定次序的。《素问·缪刺论》云:“夫邪之客于形也,必先舍于皮毛;留而不去,入舍于孙脉;留而不去,入舍于络脉;留而不去,入舍于经脉,内连五藏,散于肠胃。”指出经络是外邪从皮毛腠理内传于脏腑的途径。如外邪侵袭肌表,初见发热恶寒、头身疼痛等,因肺合皮毛,表邪不解,久之则内传于肺,出现咳嗽、胸闷、胸痛等症状。

2. 经络是内脏疾病反映到躯体的途径　由于内脏与躯体通过经络密切相连,故脏腑病变可通过经络的传导反映于外。如《灵枢·九针十二原》云:“五藏有疾也,应出十二原,十二原各有所出。明知其原,睹其应,而知五藏之害矣。”通过经络的传导,内脏的病变可以反映于外,表现于某些特定的部位或与其相应的官窍。如足厥阴肝经绕阴器,抵小腹,布胁肋,上连目系,故肝气郁结可见两胁及少腹痛,肝火上炎易见两目红赤,肝经湿热多见阴部湿疹瘙痒等。手少阴心经行于上肢内侧后缘,故真心痛时,不仅表现为心前区疼痛,而且常引及上肢内侧尺侧缘。

3. 经络是脏腑病变相互传变的途径　由于脏腑之间有经脉沟通联系,所以经络还可成为脏腑之间病变相互传变的途径。由于脏腑经络的相互属络,使相互属络的一脏一腑在病理上常相互影响,如手少阴心经和手太阳小肠经相互属络,心火可下移小肠;手太阴肺经和手阳明大肠经相互属络,大肠实热,腑气不通,可使肺气不利而喘咳胸满。同时,每条经脉的循行常涉及其他脏腑,因此,一个脏腑的病变可以通过经络传到另一脏腑,如足厥阴肝经属肝,挟胃,故肝病可以影响到胃,又“注肺中”,所以肝火又可犯肺;足少阴肾经“入肺”“络心”,所以肾水泛滥,可以“凌心”“射肺”。

笔记栏

二、指导疾病的诊断

由于经络有一定的循行部位和脏腑属络,因而在临床上,可根据疾病症状出现的部位,结合经络循行的部位及所联系的脏腑进行分析，作为疾病诊断的依据，并且可根据症状的性质和先后次序来判断病情的轻重及发展趋势。

1. 循经诊断　循经诊断，即根据疾病表现的症状和体征，结合经络循行分布部位及其属络脏腑进行诊断。《灵枢·官能》云“察其所痛，左右上下，知其寒温，何经所在”，就指出了经络对于指导临床诊断的意义和作用。例如，“虚里”处疼痛，痛连左手臂及小指，则应考虑真心痛；上牙痛，病在足阳明胃经；下牙痛，病在手阳明大肠经。此外，在临床实践中，有些脏腑经络的疾病反映在经络循行部位时并没有像上述那样有明显的征象，如发现一些患者在经络循行通路上，或经气聚结的某些穴位处，有明显的压痛，或有条索状、结节状反应物，或局部皮肤的色泽、形态、温度等发生变化，也常有助于疾病的诊断。如，阑尾穴明显压痛，多为肠痈；脾俞穴有异常变化，可见于长期消化不良的患者。

2. 分经诊断　分经诊断，即根据病变所在部位，详细区分疾病所属经脉进行诊断。如两胁疼痛，多为肝胆疾病；缺盆中痛，常为肺病表现；头痛在前额者，多与阳明经有关；头痛在两侧者，多与少阳经有关；头痛在后头及项部，多为太阳经病变；痛在巅顶，主要与厥阴经有关。此外，《伤寒论》的六经辨证，也是在经络学说的基础上发展起来的辨证体系。

经络学说在疾病诊断中还有多方面的应用，如络脉诊察、观察小儿指纹、耳壳视诊等，均以经络学说为其理论基础。

三、指导疾病的治疗

经络学说被广泛用于指导临床各科疾病的治疗，是针灸、推拿及药物疗法的理论基础。

1. 指导针灸推拿治疗　针灸和推拿疗法，主要是通过针灸或推拿一定的腧穴、经脉以疏通经气，调节人体的脏腑气血功能，从而达到治疗疾病的目的。而穴位的选取，一般是在明确辨证的基础上，根据经络的循行分布路线来选穴，即“循经取穴”，所以取穴的基本原则是“循经所过，主治所及”。又由于经络循行有交叉纵横、错综分布的现象，所以取穴方法多样。临床上常用上病下取、下病上取、中病旁取、左右交叉、表里互取等方法，皆体现了循经取穴的特点。如取合谷穴治疗牙痛，取足三里治疗胃痛。

目前广泛应用于临床的针刺麻醉、电针、穴位注射、穴位结扎、穴位埋线等治疗方法，也是在经络学说指导下发展起来的。

2. 指导药物治疗　药物治疗也要以经络为渠道，通过经络的传导转输，才能使药到病所，发挥其治疗作用。在长期临床实践的基础上，北宋寇宗奭在前人的五味入五脏、五味走五体、五色补五脏等认识的基础上提出“药物归经”理论，认为某些药物对某一脏腑经络有特殊作用。有了药物归经理论，就能把药物的特殊功效更加细微地反映出来，从而更准确地指导临床上对复杂多变病证的治疗。如同是泻火药，黄芩泻肺火，黄连泻心火，黄柏泻膀胱火。金代张元素根据经络学说，在药物归经基础上倡导分经用药，并创立“引经报使”理论。如治头痛，属太阳经的可用羌活，属阳明经的可用白芷，属少阳经的可用柴胡。羌活、白芷、柴胡，不仅分别归手足太阳、阳明、少阳经，且能引他药归入上述各经而发挥治疗作用。

经络学说也能指导方剂组成。如交泰丸，由黄连、肉桂组成，仅从药性分析，黄连苦寒，主要功效是泻火解毒，清热燥湿；肉桂性味辛甘，大热，主要功效是温肾壮阳，温中祛寒。同时从经络上分析，黄连入心、脾、胃经，能清心以泻上亢之火，肉桂入肾、肝、脾经，配之能温肾以蒸肾阴上济，如此则肾阴升而心火降，即所谓引火归原，故黄连、肉桂合用，能使水火升降交济以治疗心肾不交的失眠等病证。临床上，无论是药物配伍的变化，或药物、药量的加减，都要按病情的需要来加减化裁，但又必须以经络理论为指导，才能变化得当，执简驭繁地治疗复杂的病证。

笔记栏

（郑新梅）

第五章　体　　质

导　学

本章主要介绍体质的概念、构成、特性、分类、形成因素及体质学说的临床应用。

通过学习，掌握体质的概念、构成、特性；熟悉中医体质的常用分类方法及常见体质的特征；了解体质的形成因素及体质学说的临床应用。

人是形与神的统一体。人类既有脏腑经络、形体官窍、精气血津液等相同的形质结构、生理功能活动，也有神、魂、魄、意、志，以及喜怒忧思等同样的心理活动，这是人类生命的共性。但在共性的基础上，不同的人体是有差别的，形体结构、生理功能、心理活动又存在着各自的特殊性，这种身心过程的特殊性即是个体的体质。体质由先、后天诸多因素作用形成，形成后除反映在生理过程、心理活动的各个方面，也表现在病理变化的特殊性，如对某些致病因素易感、易患某种疾病、疾病发展变化的特殊倾向性等，还影响着个体对治疗措施的反应。因此，重视体质问题的研究，有助于认识人类生命活动的规律性与特殊性，在此基础上，更有助于临床上对患者及疾病的认识，以指导诊断、治疗、预防和养生。

第一节　体质和体质学说的概念

体质学说是以中医学理论为指导，研究人体体质的概念、构成、特性、类型、体质形成的影响因素，以及体质对疾病发生、发展、演变过程的影响，并以此指导对疾病的诊断、治疗和养生保健，是中医学理论体系的重要组成部分。

中医体质理论源于《黄帝内经》。《黄帝内经》中的诸多篇章明确指出了人的生命过程中表现出刚柔、强弱、肥瘦、阴阳、形质等的差异与类型。如《灵枢·寿夭刚柔》曰："人之生也，有刚有柔，有弱有强，有短有长，有阴有阳""形有缓急，气有盛衰，骨有大小，肉有坚脆，皮有厚薄"。《灵枢·通天》："盖有太阴之人，少阴之人，太阳之人，少阳之人，阴阳平和之人，凡五人者，其态不同，其筋骨气血各不等。"从不同角度、不同方面说明了个体的差异性、体质与疾病发生发展的关系、体质与治疗用药的关系、体质与预防养生的关系等，奠定了中医体质学的基础。在此基础上，后代医家进一步丰富发展了该学说。

尽管历代医家对体质进行了多方面研究论述，并有效地运用于临床实践，但是这些论述中缺乏明确科学的体质概念，理论体系亦不完整。从20世纪70年代开始，中医体质学说的研究重新受到了重视，在对文献系统整理的同时，从理论、临床、实验等方面进行了深入的探讨与研究，涉及人类学、遗传学、免疫学、医学心理学、流行病学等多个学科，取得可喜的成果，有多部专著出版，如《中医体质学》《体质病理学》《人体体质学》等。中医体质学已成为中医学理论体系重要的组成部分，并且促进了中医临床学的发展。

笔记栏

一、体质的概念

体质是人类个体在生命过程中，由遗传性和获得性因素所决定的表现在形态结构、生理功能和心理活动方面综合的相对稳定的特性。也就是说,体质是人群及人群中的个体,禀受于先天,受后天影响,在其生、长、壮、老的生命过程中所形成的与自然、社会环境相适应的相对稳定的人体个性特征,通过人体形态、功能、心理活动的差异性表现出来。在生理上表现为功能、代谢以及对外界刺激反应等方面的个体差异;在病理上表现为对某些病因和疾病的易感性或易罹性,以及病变的类型与疾病传变转归中的某种倾向性。每个人都有自己的体质特点,人的体质特点或隐或显地体现于健康或疾病过程中。因此,体质就是在人类共同生理规律的基础上,不同个体或人群所具有的生理特殊性。

二、体质的构成

形神一体观认为人体的生命活动表现在形与神两个方面,正如张介宾《类经·藏象类》说:"形神俱备,乃为全体。"因此,体质的概念包括了形、神两方面的内容,且两者之间有内在的、必然的关联关系。一定的形态结构必然产生相应的生理功能和心理特征,而不同的心理特征会直接或间接影响生理功能及人体脏腑组织结构。因此,体质是由形态结构、生理功能和心理特征三个方面的差异性构成。

1. 形态结构的差异性 人体形态结构上的差异性是个体体质特征的重要组成部分,包括外部形态结构和内部形态结构(包括脏腑、经络、气血津液等)。外部形态结构即体表形态,包括体格、体型、体重、体态、性征、毛发、肤色、五官形态、舌象、脉象等。体格反映人体生长发育水平、营养状况和锻炼程度的状态,一般通过观察、测量身体各部分的大小、形状、均匀程度,如体重、胸围、肩宽、盆骨宽度、皮肤与皮下软组织情况等来判断,是反映体质的标志之一。体型是指身体各部位大小比例的形态特征,是衡量体格的重要指标。体态是指人的坐、立、行等动静姿态。内部形态结构包括脏腑、经络的形态结构和气血津液的多少清浊等。中医学"司外揣内"的认识方法认为,内部形态结构与外在体表形态之间是有机的整体,外部体表形态是内部形态结构的外在表象,通过观察外部体表形态,可以推测、分析内在脏腑经络结构与气血津液盛衰。

中医对体表形态的观察全面而详尽,包括形体之肥瘦长短,皮肉之厚薄坚松,肤色之黑白苍嫩,行走之动作姿态等。如《灵枢·阴阳二十五人》:"木形之人……其为人苍色,小头,长面,大肩背,直身,小手足……火形之人……其为人赤色,广朋引,锐面小头,好肩背髀腹,小手足,行安地,疾心,行摇,肩背肉满……土形之人……其为人黄色,圆面,大头,美肩背,大腹,美股胫,小手足,多肉,上下相称,行安地,举足浮……"并且由外在的体形体态可以推测内在脏腑气血,如《灵枢·卫气失常》:"人有肥、有膏、有肉……腘肉坚,皮满者,肥。腘肉不坚,皮缓者,膏。皮肉不相离者,肉……膏者多气,多气者热,热者耐寒。肉者多血则充形,充形则平。脂者,其血清,气滑少……"朱震亨在《格致余论》中将体形与发病相联系,提出了"肥人湿多,瘦人火多"的观点。

2. 生理功能的差异性 形态结构是生理功能的基础,个体间不同的形态结构决定了机体生理功能及对外界刺激反应的差异,而机体生理功能的个性特征,又会影响其形态结构,引起一系列相应的改变。

人体的生理功能涉及消化、呼吸、血液循环、生长发育、生殖、感觉运动、代谢、精神活动等多方面,此外,抗病防病、对外界环境的适应能力等都是脏腑、经络、气血津液等结构、物质的功能体现。不同的生命个体在生理功能的各方面表现强弱不等,各有特点,是由脏腑经络功能状态、气血津液盛衰决定的。例如,不同个体在运动中表现的速度、耐力、爆发力、平衡性、灵活性等各不相同,反映了不同的运动能力。人体各种生理功能的状况常常反应在心率、心律、面色、呼吸状况、语声的高低、食欲、口味、二便、性功能、生殖功能、女子月经、体形体态、皮肤肌肉的弹性、须发的多少与色泽、运动能力、睡眠状况、视听嗅觉、体力精力、适应能力等方面。

3. 心理特征的差异性 心理是指客观事物在大脑中的反映,是感觉、知觉、情感、记忆、思维、性格、能力等的总称。属于中医学"神"的范畴。不同人的智力、能力、气质、性格、行为特征等方面具有很大差异。《灵枢·通天》根据人体阴阳的多少,将人分为五类,形象地描述了不同的心理行为特

笔记栏

征,“盖有太阴之人,少阴之人,太阳之人,少阳之人,阴阳平和之人,凡五人者,其态不同,其筋骨气血各不等……太阴之人,贪而不仁,下齐湛湛,好内而恶出,心和而不发,不务于时,动而后之……少阴之人,小贪而贼心,见人有亡,常若有得,好伤好害,见人有荣,乃反愠怒,心疾而无恩……太阳之人,居处于于,好言大事,无能而虚说,志发于四野,举措不顾是非,为事如常自用,事虽败,而常无悔……少阳之人,谌谛好自贵,有小小官,则高自宜,好为外交,而不内附……阴阳和平之人,居处安静,无为惧惧,无为欣欣,婉然从物,或与不争,与时变化,尊则谦谦,谭而不治,是谓至治。”

生理是心理的基础,脏腑的形态结构与功能、气血津液的盛衰与运行是心神活动的内在因素。《素问·阴阳应象大论》说:“人有五藏化五气,以生喜怒悲忧恐。”《灵枢·本藏》说:“心小则安,邪弗能伤,易伤以忧;心大则忧不能伤,易伤于邪。”《灵枢·阴阳二十五人》说“土形之人”的形体特征是“其为人黄色,圆面,大头,美肩背,大腹,美股胫,小手足,多肉,上下相称,行安地,举足浮”,相应的心理特征是“安心,好利人,不喜权势,善附人也”。

人的心理特征还与个体的生活经历以及所处的社会文化环境有着密切的关系,尤其性格、能力、信念、价值观等与家庭环境、父母的教养方式、学校的培养及社会的政治经济文化背景紧密相关。

三、体质的特性

1. 先天遗传性 父母之精是生命个体形成的来源,人的外表与内脏的形态结构、脏腑功能、气血津液精、心理活动中的一些重要特征主要取决于个体的遗传背景。遗传因素维持着个体体质特征的相对稳定性,是体质的重要决定因素。

2. 形神一体性 “形神合一”是中医学人体观的基本观点,体质同样表现在形与神两个方面。人体形体结构与脏腑功能的差异性及心理行为特征是构成体质的主要方面,体现了形神一体。

3. 差异多样与群类趋同性 一方面,体质特征因人而异,有明显的个体差异,且千变万化,呈现出多样性,即每个人都有不同于他人的生理和心理特征;另一方面,同一种族或聚居在同一地域的人,因为遗传背景一致、生存环境和生活习性相同,使人群的体质具有某些相同或相近的特点,称之为群类趋同性。此外,同性别、同年龄段的人群也呈现某些共同的体质规律。因此,体质在人群中既是复杂多样,又有规律可循。

4. 稳定性与可变性 个体秉承父母的遗传信息,在其生命过程中遵循既定的内在规律,呈现出与亲代类似的特征,这些特征一旦形成则具有相对的稳定性,不会轻易改变。但后天各种环境因素、营养状况、饮食习惯、精神因素、年龄变化、重大疾病、针药治疗等又使得体质具有可变性。其中年龄因素带来的体质变化呈现出较明显的规律性。

由于体质具有可变性,通过纠正、改善体质的偏倾,使得提高身体素质、预防疾病的发生成为可能。这是中医学养生防病的重要途径。

5. 连续可测性 体质的连续性体现在不同个体体质的存在和演变时间的不间断性,体质的特征伴随生命自始至终的全过程,具有循着某种类型体质固有的发展演变规律缓慢演化的趋势,这就使得体质具有可预测性,为治未病提供了可能。

第二节 体质的分类

人类在共同的生理及心理过程中表现出纷繁的差异性,但这些差异又是有规律可循的。体质的分类,是认识和掌握体质差异性的重要手段。首先,不同性别、年龄、地域、民族的人群在体质类型方面表现出该类人群特有的规律性,再具体到人群中的每一个人,又由于遗传、饮食劳逸、生活环境及疾病等因素对体质的影响,而有相应的规律性。传统的中医学理论从人的形态结构、脏腑功能、阴阳气血以及性格行为等多个角度描述并划分了不同的体质类型,而当今的中医学着眼于临床应用,通过对我国不同人群的体质研究,以生理功能为侧重点作出了初步的分类。

笔记栏

一、传统分类法

体质的传统分类法主要是根据中医学阴阳五行、脏腑、精气血津液等基本理论来确定人群中不同个体的体质差异性。传统的分类方法主要有五行分类法、阴阳分类法、体型肥瘦分类法、形志苦乐分类法以及禀性勇怯分类法等。

1. 五行分类法 五行分类法见于《黄帝内经》,以五行属性进行分类。《灵枢·阴阳二十五人》根据人群皮肤颜色、形态特征、生理功能、行为习惯、对环境的适应和调节能力、对某些疾病的易罹性和倾向性等各方面的特征,将人的体质归纳为木、火、土、金、水五种类型。

2. 阴阳分类法 《灵枢·通天》根据个体阴阳之气盛衰的不同,将人的体质分为太阴型、少阴型、太阳型、少阳型、阴阳和平型五类。

3. 体型肥瘦分类法 体型肥瘦分类法是以人体外在形态结构特征联系内在的生理功能对体质予以分类的方法。《灵枢·逆顺肥瘦》从形态结构、气血情况等方面把体质划分为肥人、瘦人、常人三种类型。《灵枢·卫气失常》又把肥胖的人分为膏人、肥人(脂人)和肉人三种类型。

4. 形志苦乐分类法 形志苦乐分类法根据劳、逸导致的形与神的特征对体质进行分类。《素问·血气形志》将体质分为五种形志特征,即形乐志乐、形苦志乐、形苦志苦、形乐志苦、形数惊恐五种体质类型。

5. 禀性勇怯分类法 禀性勇怯分类法是根据人在勇怯方面的心理特征,将体质分为勇和怯两种类型。

二、现代临床分类法

在古代体质分类方法基础上,现代医家结合临床实践,应用文献学研究方法、流行病学调查方法及模糊聚类等方法,对体质类型进行了划分。由于观察角度不同,出现了四分法、五分法、六分法、七分法、九分法和十二分法等多种分类方法。在临床上较有影响的是九分法,该法把体质分为阴阳平和质、偏阴质、偏阳质、气虚质、湿热质、瘀血质、痰湿质、气郁质、特禀质九种基本类型。其体质特征主要从形体特征、常见表现、心理特征、发病倾向、对外界环境适应能力五个方面加以描述。

(一)阴阳平和体质

阴阳平和质是功能较为协调的体质类型,即正常、理想的体质。《素问·调经论》:“阴阳匀平……命曰平人。”

形体特征:体形匀称健壮。常见表现:面色、肤色润泽,虽有五色之偏,但都明润含蓄;目光有神,嗅觉通利,唇色红润,精力充沛,反应灵活,思维敏捷,睡眠良好,二便正常,舌色淡红,苔薄白,脉和有神。心理特征:性格随和开朗。发病倾向:具有这种体质特征的人,不易感受外邪,很少生病;即使患病,多为表证、实证,且易于治愈,康复亦快,有时会不药而愈。对外界环境适应能力:对自然环境和社会环境适应能力较强。

(二)偏阴体质

偏阴质是指具有抑制、偏寒、多静等特征的体质类型。

形体特征:体形适中或偏胖,但较弱,容易疲劳。常见表现:面色偏白而少光泽,平素畏冷,手足不温,喜热饮食,但食量较小,消化吸收功能一般,精力偏弱,动作迟缓,反应较慢,性欲较弱。睡眠偏多,大便溏薄,小便清长,舌淡胖嫩边有齿痕,苔白润,脉象沉迟。心理特征:性格多沉静,内向,或胆小易惊。发病倾向:由于本类体质者阳气不足,脏腑功能偏弱,发病易从寒化,易发生痰饮水湿等病证。对外界环境适应能力:平素不耐受寒邪,易感湿邪,耐夏不耐冬。

(三)偏阳体质

偏阳质是指具有亢奋、偏热、多动等特征的体质类型。

形体特征:形体适中或偏瘦,但较结实。常见表现:面色多略偏红或微苍黑,或呈油性皮肤;食量较大,消化吸收功能健旺;精力旺盛,动作敏捷,反应灵敏,性欲较强。大便易干燥,小便易黄赤;

笔记栏

平时畏热喜冷,或体温略偏高,动则易出汗,喜饮水;唇、舌偏红,苔薄易黄,脉多偏阳。心理特征:性格外向,喜动好强,易急躁,自制力较差。发病倾向:发病易从阳热而化,或损伤阴液,常见阳亢、阴虚、痰火等病理性改变。对外界环境适应能力:对风、暑、热等阳邪的易感性较强,故平素不耐受热邪,耐冬不耐夏。

(四)气虚体质

气虚体质是指一身之气不足,以气息低弱、脏腑功能状态低下为主要特征的体质状态。

形体特征:肌肉不健壮,松软。常见表现:平素气短懒言,语音低怯,精神不振,肢体容易疲乏,易出汗,舌淡红,舌体胖嫩,边有齿痕,脉象虚缓。面色萎黄或淡白,目光少神,口淡,唇色少华,毛发不泽,头晕,健忘,大便正常等,或虽便秘但不结硬,或大便不成形,便后仍觉未尽,小便正常或偏多。心理特征:性格内向,情绪不稳定,胆小不喜欢冒险。发病倾向:平素体质虚弱,卫表不固易患感冒,或病后抗病能力弱,易迁延不愈;易患内脏下垂、虚劳等病。对外界环境适应能力:不耐受寒邪、风邪、暑邪。

(五)湿热体质

湿热体质是以湿热内蕴为主要特征的体质状态。

形体特征:形体偏胖。常见表现:平素面垢油光,易生痤疮粉刺,舌质偏红苔黄腻,容易口苦口干,身重困倦,心烦懈怠,眼睛红赤,大便燥结,或黏滞,小便短赤,男易阴囊潮湿,女易带下增多,脉象多见滑数。心理特征:性格多急躁易怒。发病倾向:易患疮疖、黄疸、火热等病证。对外界环境适应能力:对湿环境或高温,尤其夏末秋初,湿热交蒸气候较难适应。

(六)瘀血体质

瘀血体质是指体内有血液运行不畅的潜在倾向或瘀血内阻的病理基础,以血瘀表现为主要特征的体质状态。

形体特征:瘦人居多。常见表现:平素面色晦暗,皮肤偏暗或色素沉着,容易出现瘀斑,易患疼痛,口唇暗淡或紫,舌质暗有瘀点,或片状瘀斑,舌下静脉曲张,脉象细涩或结代。眼眶暗黑,鼻部暗滞,发易脱落,肌肤干或甲错,女性多见痛经、闭经或经色紫黑有块、崩漏。心理特征:性格内郁,心情不快易烦,急躁健忘。发病倾向:易患出血、中风、胸痹等病。对外界环境适应能力:不耐受风邪、寒邪。

(七)痰湿体质

痰湿体质是指由于水液内停而痰湿凝聚,以黏滞重浊为主要特征的体质状态。

形体特征:体形肥胖,腹部肥满松软。常见表现:面部皮肤油脂较多,多汗且黏,胸闷,痰多。面色淡黄而暗,眼胞微浮,容易困倦,平素舌体胖大,舌苔白腻,口黏腻或甜,身重不爽,脉滑,喜食肥甘,大便正常或不实,小便不多或微混。心理特征:性格偏温和,稳重恭谦,多善于忍耐。发病倾向:易患消渴、中风、胸痹等病证。对外界环境适应能力:对梅雨季节及潮湿环境适应能力差,易患湿证。

(八)气郁体质

气郁体质是指由于长期情志不畅、气机郁滞而形成的以性格内向不稳定,忧郁脆弱,敏感多疑为主要特征的体质状态。

形体特征:形体偏瘦者为多。常见表现:平素忧郁面容,神情多烦闷不乐,胸胁胀满,或走窜疼痛,多伴善太息,或嗳气呃逆,或咽间有异物感,或乳房胀痛,睡眠较差,食欲减退,惊悸怔忡,健忘,痰多,大便偏干,小便正常,舌淡红,苔薄白,脉象弦细。心理特征:性格内向不稳定,忧郁脆弱,敏感多疑。发病倾向:易患郁证、脏躁、百合病、不寐、梅核气、惊恐等病证。对外界环境适应能力:对精神刺激适应能力较差,不喜欢阴雨天气。

笔记栏

(九)特禀体质

特禀体质是指由于先天禀赋不足和禀赋遗传等因素造成的一种特殊体质。包括先天性、遗传性的生理缺陷与疾病、过敏反应等。

形体特征：无特殊，或有畸形，或有先天生理缺陷。常见表现：遗传性疾病有垂直遗传，有先天性、家族性特征；胎传性疾病为母体影响胎儿个体生长发育及相关疾病特征。心理特征：因体质特异情况而不同。发病倾向：过敏体质者易药物过敏，易患花粉症；遗传疾病如血友病、先天愚型及中医学所称之“五迟”“五软”“解颅”等；胎传疾病如胎寒、胎热、胎惊、胎肥、胎痫、胎弱等。对外界环境适应能力：适应能力差，如过敏体质者对过敏季节适应能力差，易引发宿疾。

以上的体质分类，是对纷繁复杂的个体体质的规律性的总结描述，是临床上的常见类型，但并不能概括所有人，还有一些人是其他的体质类型，或是其中两种、多种兼有的体质类型，这些正反映了体质的差异性和多样性。

第三节　体质的形成因素

体质是脏腑经络、精气血津液等的形质结构与功能的综合体现。体质禀受于先天，形成于后天，在体质的形成、发展、变化过程中受内外环境的影响。因此，凡能影响脏腑经络、精气血津液等的各种内外因素，均可影响体质。

一、先天禀赋

《灵枢·决气》：“两神相搏，合而成形。”首先，父母生殖之精的遗传物质决定了子代个体生命的基本特征。父母机体的阴阳偏倾、功能活动差异，可遗传给子代，使子代有同样的倾向性。如身体强弱、肥瘦、刚柔、长短、五官、肤色、五脏功能、气血盛衰、性格、气质等往往表现出子女与父母相像。父母的身体素质、生育年龄及母亲怀孕过程中的精神、营养、疾病等因素无不影响子代体质。现代优生学的目的就是从各方面提高子代的身体素质。先天之精充盈，则禀赋足而周全，出生之后体质强壮而少偏倾；先天之精不足，禀赋虚弱或偏倾，可致小儿生长发育障碍，影响身体素质和心理素质的健康发展。如《医宗金鉴·幼科杂病心法要诀》说：“小儿五迟之证，多因父母气血虚弱，先天有亏，致儿生下筋骨软弱，行步艰难，齿不速长，坐不能稳，要皆肾气不足之故。”可见，在体质的形成过程中，先天因素起着关键性作用，是它确定了体质的“基调”，对体质的发展提供了可能性，与后天各种因素共同作用，决定每个人的个体体质。

二、年龄因素

体质是一个随着个体发育的不同阶段而不断演变的生命过程，某个阶段的体质特点与另一个阶段的体质特点是不同的。因为在人体生、长、壮、老、已的过程中，脏腑经络及精气血津液的生理功能都发生着相应的变化，脏腑精气由弱到强，又由盛至衰，影响着人体的生理活动和心理变化，决定着人体体质的演变。

随着年龄的变化，体质的形成和演变可分为不同的阶段。出生后至青春期阶段，是人体生长发育、体质形成的阶段，在青春期末体质基本定型。其中的儿童时期，精气阴阳均未充分成熟，被称为“稚阴稚阳”，又因其生机蓬勃，称之为“纯阳之体”。前人概括小儿的体质特点是：脏腑娇嫩，形气未充，易虚易实，易寒易热。青春期后至更年期前阶段，是人的青、壮年时期，气血调和，脏腑功能旺盛，但也常常因饮食、劳逸、生育、情志、疾病等后天因素的影响导致病理体质形成。到更年期阶段，肾精衰少，天癸竭，体质会发生显著变化。最后的老年阶段，由于脏腑功能减退，体质呈现虚弱，阴阳失调，而多兼有痰瘀。总之，随着年龄的增长，体质呈现规律性的变化。

三、性别因素

笔记栏

由于男女在遗传性征、身体形态、脏腑结构等方面的差别，相应的生理功能、心理特征也有不同，因而体质上存在男女性别差异。男性多禀阳刚之气，体魄健壮魁梧，脏腑功能较强，能胜任繁重的体力和脑力劳动，心理特征多外向，粗犷，心胸开阔；女性多禀阴柔之气，形体小巧苗条，脏腑功能较弱，体力较差，心理特征多内向，喜静，细腻，多愁善感。男子以肾为先天，以精为本，其病多由伤精耗气；女子以肝为先天，以血为本，其病多由伤血。女子特殊的经、带、胎、产、乳等的生理过程也会影响体质。《金匮要略》将产后体质特点总结为："新产血虚，多汗出，喜中风，故令病痉；亡血复汗，寒多，故令郁冒；亡津液，胃燥，故大便难。"

四、饮食因素

饮食结构与营养状况对体质有明显的影响。长期的饮食习惯和固定的膳食品种质量，日久可影响、改变体质，故《素问·至真要大论》："久而增气，物化之常也。气增而久，夭之由也。"如饮食不足，影响气血津液精等的生化，可使体质虚弱；偏嗜肥甘，化生痰湿，则易形成痰湿体质；过食辛辣，化火伤阴，易致阴虚体质；饮酒过度，湿热内生，易伤肝脾。因此，合理的膳食结构，科学的饮食习惯，适当的营养水平，能保持和促进身体的正常生长发育，使精气旺盛，脏腑功能协调，阴阳平和，体质强壮而少偏颇。

五、劳逸因素

适度的劳作或体育锻炼，可促进新陈代谢，使气机通畅，气血调和，脏腑功能旺盛，筋骨强劲；适当的休息，有利于消除疲劳，恢复体力和脑力，调养气血，维持人体正常的功能活动。劳逸结合，可使人保持健康、平和的体质。过度的劳作，导致气血精津耗伤、脏腑功能减弱，或损伤筋骨，日久易形成虚性体质。《素问·举痛论》："劳则气耗"，《素问·宣明五气》："久立伤骨，久行伤筋。"而过度安逸，缺乏必要的劳动与体育锻炼，则导致脏腑功能减弱，气血流行不畅，代谢减缓，易形成痰瘀体质。如《灵枢·根结》："王公大人，血食之君，身体柔脆，肌肉软弱。"

六、情志因素

情志，泛指喜、怒、忧、思、悲、恐、惊等心理活动，是人体对外界客观事物刺激的反应。脏腑精气是情志活动的内在基础，《素问·阴阳应象大论》："人有五藏化五气，以生喜怒悲忧恐。"反之，情志活动也作用于脏腑精气，直接影响脏腑气机，《素问·举痛论》："怒则气上，喜则气缓，悲则气消，恐则气下……惊则气乱……思则气结。"精神情志调和、适度，则气血调畅，脏腑功能协调；过度的情志活动可导致气血逆乱，脏腑功能失常。因此，剧烈的或长期的情志刺激可影响人体体质。如"气郁质""木火质"多由郁怒致肝气郁结，进而化火，继续发展，又可演变为"血瘀质""阴虚质"等。

此外，教育、社会环境等因素对于个体的心理、行为特征也有重要的影响。

七、地理因素

从现代医学地理学的角度来看，地球在其漫长的演化过程中，逐渐形成了地壳元素的分布不均一性，这种不均一性在一定程度上控制和影响着世界各地区人类、动物和植物的生长，造成了生物生态的明显地区性差异。因此，不同地区或地域具有不同的地理特征，包括地壳的物理性状、土壤的化学成分、水土性质、物产及气候条件等特征。这些特征影响着不同地域人群的饮食结构、居住条件、生活方式、社会民俗等，从而影响不同地域生存的不同人群的形态结构、生理功能和心理行为特征的形成和发展。也就是说，人类具有能动的适应性，由于自然环境条件不同，人类各自形成了与其生存环境条件相协调的自我调节机制和适应方式，从而产生并形成了不同自然条件下的体质特征。早在《素问·异法方宜论》中就详细论述了地域方土不同，形成的东、南、西、北、中五方人的体质差异及特征。《医学源流论·五方异治论》指出："人禀天地之气以生，故其气体随地不同。"我国的不同地域，北方人形体多壮实，腠理致密；东南之人多体型瘦弱，腠理偏疏松；滨海临湖之人，多湿多痰。

笔记栏

八、疾病与治疗因素

疾病是促使体质改变的一个重要因素，特别是一些重大疾病，即使痊愈后，也会带来体质的病理性改变。如大病、久病之后，常使体质虚弱；结核病患者多呈现阴虚体质。一些慢性疾病，随着其病程的发展演变，体质也会发生相应改变。如慢性肝炎早期多为气滞型体质，后期可转为瘀血型、阴虚型等体质。一般来说，疾病改变体质多是向不利方面变化，但某些感染性疾病，如麻疹、痄腮等，痊愈后会使机体具有相应的免疫力，使患者终生不再罹患此病。

各种针对疾病的疗法，包括药物、针灸、推拿及现代医学的手术、放射、介入等，在治疗疾病的同时，无不或多或少地改变人体的生理功能甚至组织结构，以至于影响人的心理、行为。当这些治疗因素适当，可治疗疾病，改善患者的病理体质；但如果治疗因素运用不当，则可能导致病理体质的加重或异常变化。

第四节　体质学说的临床应用

体质的特殊性是由脏腑之盛衰，气血之盈亏所决定的，反映了机体阴阳运动形式的特殊性。由于体质的特异性、多样性和可变性，形成了个体对疾病的易感倾向、病变性质、疾病过程及其对治疗的反应等方面的明显差异。因此，中医学强调“因人制宜”，并把体质学说同病因学、病机学、诊断学、治疗学和养生学等密切地结合起来，以指导临床实践。

一、预测发病倾向

每一个个体具有不同的体质特点，其脏腑的结构和功能的差异，精气血津液之盈亏，阴阳寒热之偏颇，决定了个体处于不同的功能状态，从而对各种致病因素的反应性、耐受性不同。不同体质对某些病因和疾病有特殊易感性。

中医病因学对这一现象早有认识，针对某种体质容易感受相应淫邪的特点有“同气相求”之说。如偏阳质者易感受风、暑、热之邪而耐寒，偏阴质者易感受寒湿之邪而耐热等。正如清代吴德汉《医理辑要・锦囊觉后编》所说：“要知易风为病者，表气素虚；易寒为病者，阳气素弱；易热为病者，阴气素衰；易伤食者，脾胃必亏；易劳伤者，中气必损。须知发病之日，即正气不足之时。”明确指出了体质的差异往往决定着个体对某些病邪的易感性。《灵枢・五变》中还有“五藏皆柔弱者，善病消瘅”“小骨弱肉者，善病寒热”“粗理而肉不坚者，善病痹”等记载。由此可见，由于脏腑组织有坚脆刚柔之别，不同体质的人发病情况也各不相同，说明了体质的偏颇是造成机体易患某病的根本原因。

二、阐释发病机制

疾病的发生与否，主要取决于正气的盛衰，而正气的盛衰和个体体质状况密切相关。《素问・评热病论》：“邪之所凑，其气必虚。”《素问・刺法论》：“正气存内，邪不可干。”人体脏腑功能正常，精气血津液充盈，则体质强壮，正气旺盛，卫外固密，抗病能力强，病邪难以侵犯人体，即使病邪侵入，亦能调节修复，驱邪外出，疾病也就无从发生。反之，体质虚弱之人，一遇气候变化、季节更替，或情志刺激，或饮食不调，或劳倦内伤等，即易患病。强调正气，即是强调体质的强与弱。

在外感病的发生中，体质虚弱，则正虚感邪而发病。《灵枢・百病始生》说：“风雨寒热，不得虚，邪不能独伤人。卒然逢疾风暴雨而不病者，盖无虚，故邪不能独伤人。此必因虚邪之风，与其身形，两虚相得，乃客其形。”在内伤病的发生中，体质同样具有决定意义，清代吴谦《医宗金鉴・杂病心法要诀》说：“凡此九气(怒、喜、悲、恐、寒、炅、惊、劳、思)丛生之病，壮者得之气行而愈；弱者得之气著为病也。”说明当有病邪所伤时，机体发病与否，不仅与病邪的种类及其量、质有关，更重要的是与机体体质有关。

笔记栏

体质不仅关系到人体受邪之后是否发病，既病之后的发病倾向也与体质密切相关。由于个体有脏腑气血阴阳偏颇的体质差异，因此表现为不同的病、证类型。如同是感受寒邪，卫气虚者发为风寒感冒，中阳虚者发为虚寒腹泻，心阳素虚者发为寒凝心痹。《素问·风论》说："风之伤人也，或为寒热，或为热中，或为寒中，或为疠风，或为偏枯，或为风也，其病各异。"所以体质的差异在一定程度上决定了发病的倾向性。

三、阐释病理变化

体质因素决定病机的从化。从化，即病情随体质而变化。由于体质的特殊性，不同的体质类型有其潜在的、相对稳定的倾向性，可称之为"质势"。人体遭受致病因素的作用时，在体内产生相应的病理变化，而且不同的致病因素具有不同的病变特点，这种病理演变趋势称之为"病势"。病势与质势结合就会使病变性质发生不同的变化。这种病势依附于质势，随体质而发生的转化，称之为"质化"，即"从化"。正如《医门棒喝·六气阴阳论》所说："邪之阴阳，随人身之阴阳而变也。"即六气之邪，有阴阳的不同，其伤人，又随人身阴阳强弱变化而为病。如同为风寒之邪，偏阳质者得之易从阳化热，偏阴质者得之易从阴化寒。同为湿邪，阳热之体得之，易从阳化热而为湿热之候；阴寒之体得之，易从阴化寒而为寒湿之证。正常质者，感受寒邪则为寒病(病势)，感受湿邪则为湿病(病势)。因禀性有阴阳，脏腑有强弱，故机体对致病因素有化寒、化热、化湿、化燥等区别。质化(从化)的一般规律是：素体阴虚阳亢者，功能活动相对亢奋，受邪后多从热化；素体阳虚阴盛者，功能活动相对不足，受邪后多从寒化；素体津亏血耗者，受邪后多从燥化；气虚湿盛者，受邪后多从湿化。

体质因素决定病机的传变。传变是言疾病的变化和发展趋势，是指病变部位在脏腑经络等之间的传递转移，以及疾病性质的转化和改变。病位的转移及病性的变化往往是因人而异的。除上述病势依附于质势，随体质而发生的质化，另外，体质强壮者，正气充足，抗邪能力强，多为实证，一般不易传变，病程也较短暂。体质虚弱者，不但易于感邪，且易深入，病情多变，易发生重证或危证；若在正虚邪退的疾病后期，精气血津液的大量消耗，身体不易康复；若罹患某些慢性病，则病势较缓，病程缠绵，难以康复。总之，疾病传变与否，病位如何转移、病性如何变化、传变的快慢等除与邪之盛衰、治疗得当与否有关，还取决于体质因素。

四、指导临床辨证

中医辨证是一种将患病个体周围环境、正气强弱与疾病特点加以综合考虑的诊断方法。中医对疾病的认识，是从整体的人出发的，认为疾病的发生发展、诊断不能离开患者的体质，体质是决定疾病病理变化的内因。因此体质与证候有密切关系。

从临证中可以看到，在同样的致病因素下，常会发生不同的病理反应；虽同一种疾病，又有许多不同证型，这些差异性常常是由体质因素形成的。也就是说，"同病异证""异病同证"多与体质有关。同病异证，虽病相同，却因不同的体质而表现出不同证候。如同是心痹，素体气虚者多见气虚血瘀证；痰湿体质者多见痰湿闭阻证；气郁体质者多见气滞血瘀证。又如仲景所论之伤寒少阴证，有少阴寒化证与少阴热化证之别，其原因在于热化者素体阴虚，寒化者素体阳虚。另一方面，异病同证亦与体质有关，不同的病因或不同的疾病，由于患者的体质相同，出现相同或类似的临床证型。如泄泻和水肿都可以表现出脾肾阳虚之证，是由于体质同是阳虚质；乳癖(乳腺增生)、胁痛(胆囊炎)都可见肝气郁结证，是由于体质同是气郁质，所以表现异病同证。可见，体质是形成"证"的生理基础之一，辨体质对辨证有重要意义。

五、指导临床治疗

笔记栏

中医治疗的基本原则是辨证论治，而体质对证候的形成有重要作用，是其内在的基础。疾病的治疗作用往往是通过对不同体质状态进行调治而获得的。故患者的体质状态是中医临床立法处方用药的重要客观依据之一。此外，由于个体差异，患者对同一疗法、同一药物的治疗反应可能不同。

如针刺疗法以得气为取得疗效的前提条件，不同的人针刺后反应差距很大，有的人轻刺激即有酸麻胀痛等针感，有的人重刺激方有轻微针感，甚至没有针感。应用药物时也有类似情况，同样的药物、相同剂量，在不同患者治疗效果不同，这些与个体差异有关。因此，体质与治疗有着密切的关系。

（一）因人施治，权衡制宜

在疾病的防治过程中因人施治，即根据年龄、性别、禀赋、生活习惯、地理环境等因素形成的不同体质进行治疗。因人制宜实指“因体质制宜”。徐大椿（字灵胎）在《医学源流论·卷上》中指出：“天下有同此一病，而治此则效，治彼则不效，且不唯无效，而反有大害者，何也？则以病同而人异也。夫七情、六淫之感不殊，而受感之人各殊。或身体有强弱，质性有阴阳，生长有南北，性情有刚柔，筋骨有坚脆，肢体有劳逸，年力有老少，奉养有膏粱藜藿之殊，心境有忧劳和乐之别，更加天时有寒暖之不同，受病有深浅之各异”，说明人之体质各有不同，所以病虽相同，治当分类，有宜于此而不宜于彼者，应因人而施治。可见因人施治是重要的中医治疗原则，是强调个体化治疗的体现。

1. 因年龄长幼施治 人类有其生、长、壮、老、已的生命规律，在这个过程中，人体五脏六腑、气血津液的生理功能都发生着不同的生理变化。人生的不同年龄阶段，有其不同的体质特点，故在“辨证施治”原则的前提下，对具体立法、处方、用药应有所区别。

小儿生机旺盛，但气血未充，为“稚阴稚阳”之体，肌肤疏薄，易于感受邪气而致病，脏腑柔嫩，感病之后，易于传变。易寒易热，易虚易实，病情变化较快，易于伤阴。在治疗中，当以存阴为第一要义。由于稚阳不充，忌苦寒之药，因苦寒善伐生生之气。在祛邪同时不忘扶正。故治小儿病，忌投峻攻，少用补益，用药量宜轻，中病即止。老年人大多肾气已衰，生机减退，易受邪致病，而既病之后，多见虚证，或虚中夹实，治病用药尤须审慎。虚证宜补，攻邪要慎。清代叶桂亦十分注意老年人的体质特点，认为六旬以后主要为下元肾衰，如谓“男子向老，下元先亏”“高年水亏”“高年下焦阴弱”等，因此在治疗上很重视调补肾阴、肾阳。而青壮年者，气血充盛，脏腑功能健旺，病多邪实而正不虚，治疗重在祛邪。且体质盛壮，对药物及针灸等治疗耐受性强，故药量或刺激量可略大。

2. 因男女之别施治 由于男女体质、生理特点有所不同，因人施治时也要考虑到男女体质上的差别。

根据中医阴阳学说，男子属阳，女子属阴；气属阳，血属阴。男子以气为主，女子以血为主。男子脏腑功能较强，代谢旺盛；女子脏腑功能较弱，代谢偏低；女子性格一般内向，多愁善感；男子性格外向，心胸开阔。故在治疗中，男子用药剂量一般较重且多峻猛，女子则相反，用药多较轻。男子阳旺，要慎用大辛大热之品，以免助阳生火；女子阴盛，要少用寒凉之物。由于男子以阴血为贵，伤阴耗血后要注意滋补阴血；女子以阳气为贵，阳气不足或气随血脱之时，更要注意大补阳气，以温阳益气摄血。

此外由于妇女经、孕、产、乳伤于血，常常影响肾、肝、心、脾的正常功能而导致冲、任、督、带受损，产生经带胎产诸疾。在临床治疗中，以滋肾补肾、疏肝养肝、健脾和胃、调理气血为治疗原则进行调整，以肾、肝、脾之脏最为重要。

3. 因生活条件施治 由于人体体质不仅禀赋于先天的因素，而且在更大的程度上依赖于后天的获得和修正，与生活习惯、饮食、营养状况密切相关。这些因素对体质有一定的影响，不同的生活条件形成不同的体质，在疾病的状况下影响着疾病的发展、转归，故在治疗时要考虑到患者的生活条件，判断他们的体质状况，给予适当的治疗，才能取得较好的临床效果。如“膏粱之体，遇外感经病，宜用轻清解表，不得过用猛烈；藜藿之体，遇外感经病，发表宜重宜猛，若用轻清，因循贻误。”

4. 因地域差异施治 由于不同地域存在气候、地理环境和生活习惯的不同，在一定程度上也影响着人体的生理活动，形成不同的体质。所以治疗应有所变化。如我国西北高原地区，气候寒冷、干燥少雨，其民依山陵而居，经常处在风寒的环境之中，体质表现为皮肤腠理致密，如患外感风寒证，用辛温解表，药量较重，常用麻桂之类；东南地区，滨海傍水，温热多雨，人体腠理多疏松，同是患外感风寒证，用辛温解表，药量较轻，多用荆防，麻桂之用量比较轻。因此，治疗用药需考虑不同地域的人的体质差异。

笔记栏

（二）针药宜忌

体质有寒热虚实之异，药物有性味偏颇，针刺也有补泻手法的不同，因此，治疗时就要注意体质对针药的宜忌，把握用药及针刺的“度”，中病即止，既可治愈疾病，又不损伤正气。

1. 药性宜忌 一般来说，体质偏阳者宜甘寒、酸寒、咸寒、清润，忌辛热温散；体质偏阴者宜温补益火，忌苦寒泻火；素体气虚者宜补气培元，忌耗散克伐；痰湿质者宜健脾芳化，忌阴柔滋补；湿热质者宜清热利湿，忌滋补厚味；瘀血质者，宜疏利气血，忌固涩收敛；阴阳平和质者宜视病情权衡寒热补泻，忌妄攻蛮补等。

2. 药量宜忌 不同的体质对药物的反应不同，如大黄泻下通便，有人服用 9 g 即足以通便泻下，有人服至 18 g 仅见大便转软，即是其例。一般来说，体质强壮者，对药物耐受性强，剂量宜大，用药可峻猛；体质瘦弱者，对药物耐受性差，剂量宜小，药性宜平和。正如《灵枢·论痛》所说：“胃厚、色黑、大骨及肥者皆胜毒，故其瘦而薄胃者，皆不胜毒也。”

3. 针刺宜忌 体质有差异，针刺治疗反应有别，因而临床针刺治疗的施用有宜忌。如《灵枢·逆顺肥瘦》记载，身体强壮的人，气血充盛，皮肤坚固，感受外邪时，应采取深刺的方法，而且留针时间要长；瘦弱的人皮肤浅薄，肌肉消瘦，气血容易散失，所以针刺的方法应是浅刺而出针快；婴儿的肌肉脆薄而血少气弱，针刺应当选用毫针浅刺而快出。

六、指导养生防病

中医学的养生方法，贯穿于衣食住行的各个方面，主要有顺时摄养、调摄精神、起居有常、劳逸适度、饮食调养及运动锻炼等，无论在哪一方面的调摄，都应兼顾体质特征。例如，在食疗方面，体质偏阳者，进食宜凉而忌热；体质偏寒者，进食宜温而忌寒；形体肥胖者多痰湿，食宜清淡而忌肥甘；胃酸偏多者，则不宜酸咸食品。在精神调摄方面，要根据个体体质特征，采用各种心理调节方法，以保持心理平衡，维持和增进心理健康。如气郁质者，精神多抑郁不爽，神情多愁闷不乐，性格多孤僻内向，多愁善感，气度狭小，故应注意情感上的疏导，消解其不良情绪，以防过极。音乐能够调养心身，偏阴质者喜静、内向可多听欢乐明快的乐曲，偏阳质者喜动、外向可多听舒缓宁静的乐曲。正如《乐礼·师已》所言：“爱者宜歌《商》；温良而能断者宜歌《齐》；宽而静、柔而正者宜歌《颂》，广大而静、疏达而信者宜歌《大雅》；恭俭而好礼者宜歌《小雅》；正直而静、廉而谦者，宜歌《风》。”

（麻晓慧 王 琦）

笔记栏

第六章　病　　因

导　学

本章主要介绍外感病因、内伤病因、病理产物性病因及其他病因。

通过学习，掌握六淫、痰饮、瘀血的概念、形成与致病特点，以及七情的概念、七情与内脏气血的关系与七情内伤的致弱特点；熟悉饮食失宜、劳逸过度、结石的概念与致病特点；了解疠气、外伤、寄生虫、药邪、医过、胎传、环境毒邪的概念与致病特点。

病因是指导致人体发生疾病的原因，又称“致病因素”，或“病原”（古作“病源”）、“病邪”等。病因作用于人体，导致机体的生理平衡状态被破坏，脏腑功能失调，就会引起疾病的发生。病因的种类繁多，包括六淫、疠气、七情内伤、饮食失宜、劳逸过度、痰饮、瘀血、结石、外伤、寄生虫以及药邪、医过、胎传、环境毒邪等。其中痰饮、瘀血、结石与其他病因有别，它们既是致病因素，又是病理产物。

对于病因的分类，历代医家均重视研究致病因素的来源、性质和致病特点，提出了各种不同的分类方法。《黄帝内经》有阴阳分类法和三部分类法，其中阴阳分类法影响最大，即把风、雨、寒、暑等外来病因归属于阳，把饮食、居处、喜怒等归属于阴。东汉张仲景的《金匮要略》在《灵枢·百病始生》的“喜怒不节则伤藏，风雨则伤上，清湿则伤下”三部分类法的基础上，将疾病的发生概括为三个途径，即把经络受邪入脏腑归属于内所因，把病变局限于四肢九窍等相对浅表部位的致病原因归属于外皮肤所中，把房事、金刃、虫兽所伤归属于不内外因。晋代陶弘景在《补阙肘后百一方》中提出“三因论”，即“一为内疾，二为外发，三为它犯”。宋代陈言在前人病因分类的基础上，于《三因极一病证方论》中明确地提出外因、内因、不内外因的“三因学说”，即六淫侵袭为外所因，七情所伤为内所因，饮食劳倦、跌仆金刃以及虫兽所伤为不内外因。明清医家通过对温病的认识，提出新的外感病邪——“疠气”，并将“伏邪”学说扩大发展。现代中医学者通过反复临床实践，发现环境污染对人体的巨大危害，提出环境毒邪、异物致病、放射性物质致病等学说。近年来，中医学术界综合了历代医家对病因分类的认识，根据病因的发病途径及形成过程，将病因分为外感病因、内伤病因、病理产物性病因和其他病因四类，即将六淫、疫气归属于外感病因，七情内伤、饮食失宜、劳逸过度归属于内伤病因，痰饮、瘀血、结石归属于病理产物性病因，外伤、寄生虫以及药邪、医过、胎传、环境毒邪致病等归属于其他病因。

中医病因学说是研究各种致病因素的性质、致病特点及其临床表现的系统理论，是中医学理论体系的重要组成部分。中医病因学说经春秋战国（《黄帝内经》）的萌芽时期、东汉（《金匮要略》）的发展时期，到宋元（《三因极一病证方论》）的成熟时期，已趋定型，又经历代医家对病因不断充实完善，才形成现代基本完备的病因学体系，随着时代的发展，新的致病因素不断涌现，中医病因学将继续被充实发展。

中医临床探求病因的方法主要有两种：一是直接询问病因，如详细询问患者是否感受外邪、有无情志因素及饮食劳逸伤和外伤、有无接触传染因素等。二是辨证求因，即以疾病的临床表现为依据，通过对疾病的症状和体征进行综合分析来推求病因，这种方法又叫作“审证求因”，是中医病因学探求病因的特点，也是中医临床探求病因的重要方法。总之，中医在认识病因过程中更强调多因复合致病，尤其重视致病过程的阶段性病理变化，关注体质因素对疾病的影响，强调辨证求因的重要性，从而使中医病因学具有独到的理论特色。

笔记栏

第一节 外感病因

外感病因是指来自外界，从皮毛肌腠，或从口鼻等体表部位侵入人体，引起外感病的致病因素，也称“外邪”。外感病是指由外感病因引起的一类疾病，一般发病较急，初起多表现为恶寒发热、头痛身痛等表证症状。外感病因主要包括六淫、疠气。

一、六淫

（一）六淫的基本概念

1. 六气 六气，又称六元，是指风、寒、暑、湿、燥、热（火）六种自然界正常的气候变化，是自然界万物生、长、化、收、藏的必要条件。人类在长期的生活实践中已逐步认识到六气的变化规律，并通过自身的调节机制产生一定的适应能力，从而使人体的生理活动与六气的变化相适应。所以，正常的六气一般不易使人发病。

2. 六淫 六淫，是风、寒、暑、湿、燥、火（热）六种外感病邪的统称。六淫之名，首见于《三因极一病证方论·外所因论》：“夫六淫者，寒、暑、燥、湿、风、热是也。”阴阳相移，寒暑更作，气候变化都有一定的规律和限度。如果气候变化异常，即六气发生太过或不及，或非其时而有其气（如春天当温而反寒，冬季当凉而反热），以及气候变化过于急骤，超过了人体的适应能力和调节能力，使机体不能与之相适应，就会导致疾病的发生。此时的六气已对人体有害，成为致病的因素。故将能导致机体发病的六气便称之为“六淫”。当然异常气候变化并非使所有的人发病，正气充足，身体健壮者，能抵抗适应这种异常的气候变化就不发病；而正气不足，身体虚弱者，不能抵抗适应这种异常变化就会发病。即同一异常的气候变化，只是针对后者称之为六淫了。反之，气候变化基本正常，即使在风调雨顺、气候宜人的情况下，也会有人因其适应能力差而生病。这种正常的六气变化对患病机体来说也是“六淫”了。由此可见，六淫无论是在气候异常还是正常的情况下均存在。起决定作用的因素是人们体质的差异、正气的强弱。即只有在人体的正气不足，抵抗力下降时，六气才能成为致病因素，侵犯人体而发病。即六淫是一类因六气变化破坏了人体相对动态平衡状态，能引起外感病的致病因素。故“六淫”又称“六邪”“外感六淫”。

（二）六淫致病的共同特点

1. 外感性 六淫之邪来源于自然界，多从肌表、口鼻侵犯人体而发病，故六淫所致之病为外感病，如风湿伤于皮腠，温邪自口鼻而入等。六淫致病的初起阶段，常以恶寒发热、舌苔薄白、脉浮为主要临床特征，称为表证。

2. 季节性 因六淫本为四时主气的异常，故六淫致病多与季节气候变化密切相关。一般情况是，春季多风病，夏季多暑病，长夏初秋多湿病，秋季多燥病，冬季多寒病等。但因气候变化复杂多变，不同体质对外邪的感受性各异，故同一季节可以有不同性质的外感病发生。

3. 环境性 六淫致病常与生活工作的地域和环境有关。例如西北高原地区多寒病、燥病，东南沿海地区多热病、湿病。例如生活工作环境过于潮湿，使人多患湿病；高温环境作业则易患火、热、燥病。

4. 相兼性 六淫既可单独侵袭人体发病，又可两种以上邪气相兼同时侵犯人体而致病。如风寒感冒、风热感冒、风寒湿痹等。

5. 转化性 六淫致病不仅互相影响，而且在一定条件下其证候的病理性质可发生转化。如寒邪可郁而化热，暑湿日久又可以化燥伤阴，六淫均可化火等。这种转化与体质有关。人的体质有强弱，气有盛衰，脏有寒热，因此，病邪侵入人体，多从其脏气而转化。阴虚体质，最易化燥；阳虚体质，最易化湿。

笔记栏

六淫致病从现代科学角度来看，除气候因素外，还包括病原微生物(如细菌、病毒等)、物理、化学等多种致病因素作用于机体所引起的病理反应。

六淫属外感病的致病因素，称之为外邪，属于病因范畴。在疾病变化过程中，由于脏腑经络、气血阴阳失调所致的类似于风、寒、湿、燥、热(火)致病特点的五种病理变化，虽与风、寒、湿、燥、火邪相似，但不是外来之邪，为病自内生，故称为“内生五邪”，即内风、内寒、内湿、内燥、内火，属于综合性的病机。

(三) 六淫各自的性质及其致病特点

1. 风邪

(1) 风邪的概念：凡致病具有轻扬开泄、善动不居等性质的外邪称为风邪。风为春季的主气，但四时皆有，风为木气而通于肝。故风邪致病，多见于春季，其他季节均可发生。风邪多从皮毛肌腠侵入人体而产生外风病证。

(2) 风邪的性质和致病特点：

1) 风为阳邪，其性开泄，易袭阳位：因风性升散流动、向上向外，故风属阳邪。其性开泄，是指风邪客于肌表，易使皮毛腠理疏通透泄，汗孔开张，津液外泄，而有汗出、恶风、脉浮等症状，即所谓“风伤卫”。易袭阳位，是指风邪易侵犯人体肌表、上部和阳经等部位。阳位是指病位多在头面、外表皮肤、咽喉、腰背等处。即风邪袭表，而见发热恶风、汗出、脉浮等症；或风邪循经上扰头面，则头项强痛、面肌麻痹、口眼㖞斜；风邪犯肺，则鼻塞流涕、咽痒咳嗽等。故《素问·太阴阳明论》说：“伤于风者，上先受之。”

2) 善行数变：善行，指风邪致病有病位不定，发无定处的特点。如风疹、荨麻疹之发无定处，此起彼伏，或风寒湿三气杂至而引起的“痹证”“历节”，其中行痹(风痹)之四肢关节游走性疼痛等，均属风气盛的表现，如《素问·痹论》称：“其风气胜者为行痹”。数变，指风邪致病有发病急骤、变化迅速、症状变化无常的特性。如风疹、荨麻疹之时隐时现，起伏不定，形无常态，变化多端，以及癫痫、中风之猝然昏倒，不省人事，或口眼㖞斜，偏瘫失语，或迅速恶化而死亡，因其病势转化极快，若暴风之疾速而名中风，如《素问·风论》曰：“风者，善行而数变。”总之，以风邪为先导的疾病，无论是外感还是内伤，一般都具有发病急、变化多、传变快等特征。故《六因条辨》曰：“风疾尤速，贻害无穷。”

3) 风性主动：指风邪致病具有动摇不定的特征，故表现为眩晕、震颤、四肢抽搐、角弓反张、直视上吊等症状。如因受外伤再感风邪，出现的四肢抽搐、角弓反张、直视上吊等“破伤风”症状等。外感热病中的“热极生风”，内伤杂病中的“肝阳化风”或“血虚生风”等证，均有风邪动摇的表现。故《素问·阴阳应象大论》曰：“风胜则动。”

4) 风为百病之长：风为六淫之首，为外邪致病的先导，凡寒、湿、燥、热、火等多伴随风邪侵袭人体，故临床上有风寒、风湿、风燥、风火等病。此外，风邪致病的范围非常广泛，种类最为繁多。如《素问·风论》说：“风之伤人也，或为寒热，或为热中，或为寒中，或为疠风，或为偏枯，或为风也.其病各异，其名不同。”由此可见，风邪无处不到，为病最多。故《素问·风论》说：“风者，百病之长也。”所以古人把风邪作为外感致病因素的总称。故《临证指南医案·卷五》曰：“盖六气之中，惟风能全兼五气。如兼寒则风寒，兼暑则曰暑风，兼湿曰风湿，兼燥曰风燥，兼火曰风火。盖因风能鼓荡此五气而伤人，故曰百病之长。其余五气，则不能互相全兼，如寒不能兼暑与火，暑亦不兼寒，湿不兼燥，燥不兼湿，火不兼寒。由此观之，病之因乎风而起者自多也。”

(3) 外风与内风的区别：外风为六淫之首，四季皆能伤人，经口鼻或肌表而入。经口鼻而入者，多先侵肺系；经肌表而入者，多始于经络，正虚邪盛则内传脏腑，此两种途径又可同时兼有。因外风作用部位不同，临床上可有不同的表现。外风为病，多有表证，临床可见发热恶风、汗出、脉浮缓等症状。内风系病机学概念，自内而生，多由脏腑功能失调所致，尤其与肝的关系最为密切。故《素问·至真要大论》曰：“诸风掉眩，皆属于肝。”内风的临床表现以眩晕、肢麻、震颤、抽搐等为主要特征。如热极生风、肝阳化风、阴虚生风等均属于内风的范畴。

笔记栏

2. 寒邪

(1) 寒邪的概念：凡致病具有寒冷、清澈、凝结、收引等特性的外邪称为寒邪。寒为冬季的主气，寒为水气而通于肾，故冬季多寒病，但也可见于其他季节。多因气温骤降，防寒保温不够，或贪凉露宿，饮食过于寒凉、空调制冷等，均为感受外寒的途径。人体因感受寒邪而为病称为外寒病证。外寒致病根据寒邪侵犯部位的深浅而有伤寒、中寒之别。寒邪伤于肌表，郁遏卫阳，称为“伤寒”；寒邪直中于里，伤及脏腑阳气，称为“中寒”。

(2) 寒邪的性质和致病特点：

1) 寒为阴邪，易伤阳气：寒为阴气盛的表现，故寒为阴邪。阳气本可以制约阴寒，但当阴寒偏盛，阳气则无力驱除寒邪，反为阴寒所伤，即“阴盛则寒”“阴盛则阳病”。所以，寒邪最易损伤人体阳气。阳气受损，机体失于温煦气化之功，故全身或局部可出现明显的寒象。如寒邪束表，卫阳郁遏，则有恶寒、发热、无汗等；若寒邪直中，伤及脾胃，则纳运升降失常，以致吐泻清稀、脘腹冷痛；肺脾受寒，则宣降运化失职，表现为咳嗽喘促、痰液清稀或水肿；寒伤脾肾，则温运气化失职，表现为畏寒肢冷、腰脊冷痛、尿清便溏、水肿腹水等；若心肾阳虚，寒邪直中少阴，则可见恶寒嗜卧、手足厥冷、下利清谷、精神萎靡、脉微细等。

2) 寒性清澈：指寒邪致病，临床常见的痰、涎、涕、呕吐物等分泌物和排泄物质地清稀。故《素问·至真要大论》说：“诸病水液，澄澈清冷，皆属于寒”。如鼻流清涕，多为外感风寒；咳吐稀痰，为寒邪犯肺；呕吐清水冷涎，为胃寒；大便稀溏，为肠寒等。

3) 寒性凝滞主痛：凝滞即凝结阻滞，是指寒邪具有凝结、停滞的特性。人身气血津液的运行，赖阳气的温煦推动，才能畅行无阻。寒邪伤人，易使气血凝结阻滞，经脉气血不得阳气温煦，涩滞不通，不通则痛，故疼痛是寒邪致病的重要特征。故《素问·痹论》曰：“痛者，寒气多也，有寒故痛也。”感受寒邪所致疼痛的特点，多为局部冷痛，其痛得温则减，遇寒加重。因得温则气升血散，气血运行通利，故疼痛缓解或减轻。寒胜必痛，但痛非必寒。由于寒邪侵犯的部位不同，所以病状各异。若寒客肌表，凝滞经脉，则头身肢节剧痛；外寒直中肠胃，使肠胃经脉凝滞，则出现腹痛、肠鸣、腹泻；寒邪上乘胸阳之位，使心脉痹阻，则造成胸痹，出现胸背疼痛。若寒邪直中于里，气机阻滞，则胸、脘、腹冷痛或绞痛。

4) 寒性收引：收引，即收缩牵引之意。寒邪伤人，易使气机敛闭，筋脉挛缩、收引拘急之特性。如外寒束表，腠理闭塞，毛窍收缩，卫阳不能外达则出现恶寒、无汗、肢体拘急、身体战栗、脉紧；寒邪犯肺，肺失宣降，则出现咳嗽气急、鼻塞流涕，故《素问·举痛论》说：“寒则腠理闭，气不行，故气收矣。”寒邪侵及经络关节，经脉拘急，则出现肢体挛缩疼痛，关节屈伸不利，冷厥不仁，或转筋；寒邪客犯肝脉，则小腹部拘急痉挛冷痛等。

(3) 外寒和内寒的区别：寒有内外之分。外寒指寒邪外袭，有伤寒、中寒之别。内寒是机体阳气不足，寒从中生，主要是指心、脾、肾的阳气衰微，是病机学概念。其临床表现以面色㿠白、四肢不温、小便清长、大便溏薄、舌淡苔白等为特征。因肾阳为人身诸阳之本，故内寒与肾之关系尤为密切。内寒必见虚象，而且虚象比寒象更为显著。外寒与内寒虽有区别，但两者又是互相联系，互相影响。阳虚内寒之体，容易感受外寒；而外来寒邪侵入人体，积久不散，又能损伤人体阳气，易导致内寒。

3. 暑邪

(1) 暑邪的概念：凡致病具有炎热、升散夹湿等特性的暑季外邪称为暑邪。暑邪独见于夏季，暑邪有明显的季节性，故有“暑属外邪，并无内暑”之说。其主要发生在夏至以后，立秋以前。如《素问·热论》有：“先夏至日者为病温，后夏至日者为病暑。”暑邪致病，有伤暑、中暑及暑厥之别。起病缓慢，病情较轻者为伤暑；发病急骤，病情较重者为中暑；伴有神昏、肢冷、抽搐者为暑厥，是暑病中的危证。多因盛夏之日，气温过高，或烈日暴晒过久，或高温作业所致。

(2) 暑邪的性质和致病特点：

1) 暑为阳邪，其性炎热：暑为夏月炎暑，盛夏之火气，具有酷热之性，火热属阳，故暑属阳邪。

笔记栏

暑邪伤人多表现出一系列阳热症状，如高热、心烦、面赤、烦躁、脉象洪大等。

2）暑性升散，易扰神伤津耗气：升散，即上升发散之意。暑邪具有炎热、升散之性，一是指暑邪为患，易上犯头目，扰及心神，而见头昏目眩，心胸烦闷不宁。二是指暑邪易于发散，故常伤津耗气。即暑邪多直入气分，可致腠理开泄而大汗出。故《素问·举痛论》曰："炅则气泄"。汗多伤津，可见口渴喜饮、唇干舌燥、尿赤短少等。若有大汗淋漓，则气随津泄，而致气虚，故伤于暑者，常可见气短乏力、倦怠懒言，甚则气随津脱，清窍失养而突然昏倒、不省人事。

3）暑多夹湿：暑季炎热，常多暴雨，热蒸湿动，故暑邪为病，多合湿邪而弥漫机体，见暑湿夹杂证候。临床除发热、烦渴等暑热表现外，常兼见四肢困倦、胸闷呕恶、大便溏泄不爽等湿阻症状。如暑季感冒，多因暑邪挟湿，治疗宜"湿去热孤"。

4. 湿邪

(1) 湿邪的概念：凡致病具有重浊、黏滞、趋下等特性的外邪称为湿邪。湿为长夏主气，与脾土相应。夏秋之交，湿热熏蒸，水气上腾，湿气最盛，故在一年之中长夏多湿病。

(2) 湿邪的性质和致病特点：

1）湿为阴邪，易阻遏气机，损伤阳气：湿性类水属阴邪。湿邪伤人，易留滞于脏腑经络，阻遏气机，使气机升降失常，经络阻滞不畅。若湿邪留滞经脉筋骨，气机不利，阻滞不通而有肢节痹痛等症。因湿为弥漫之水，故其致病可弥漫于上、中、下三焦。如湿阻上焦，致清阳不升，湿阻胸膈，气机不畅则头沉闷、胸闷等；湿困中焦，使脾胃纳运失职，升降失常而纳谷不香，不思饮食，脘痞腹胀，便溏不爽；湿停下焦，气机阻滞，肾与膀胱气化不利，则小腹胀满，小便淋涩不畅。又因湿为阴邪，阴胜则阳病，故湿邪为害，易伤阳气。因脾主运化水湿，喜燥而恶湿。故湿邪侵袭人体，必困于脾，使脾阳不振，运化无权，水湿停聚，发为泄泻、水肿、尿少等症。故《素问·六元正记大论》说："湿盛则濡泄，甚则水闭胕肿。"故由湿邪郁遏使阳气不伸者，当用化气利湿通利小便的方法，使气机通畅，水道通调，则湿邪可从小便而去，湿去则阳气自通，故叶桂《温热论·外感温热篇》说："湿胜则阳微""通阳不在温，而在利小便"。

2）湿性重浊：湿为有质之邪。重，即沉重、重着之意。指湿邪致病，其临床症状有沉重的特征。如头重身困、四肢酸楚沉重等。若湿邪外袭肌表，湿浊困遏，清阳不能伸展，故头昏沉重，状如裹束，如《素问·生气通天论》有："因于湿，首如裹"；如湿滞经络关节，发为"着痹（湿痹）"，可见肢体关节疼痛重着不移、肌肤不仁等。所谓"浊"，即秽浊垢腻之意。指湿邪为患，易于出现排泄物和分泌物秽浊不清的症状。如湿浊在上，则面垢、眵多；湿滞大肠，则大便溏泄、下痢脓血黏液；湿浊下注，则小便浑浊涩滞不畅、妇女黄白带下过多；湿邪浸淫肌肤，则可见疮疡、湿疹、脓水秽浊等病证。

3）湿邪黏滞："黏"，即黏腻。"滞"，即停滞。所谓湿邪黏滞是指湿邪致病具有黏腻停滞的特性。这种特性主要表现在两个方面：一是症状的黏滞性。即湿病症状多黏滞而不爽，如大便黏腻不爽，小便涩滞不畅，以及分泌物黏浊和舌苔黏腻等。二是病程的缠绵性。因湿性黏滞，蕴蒸不化，胶着难解，故起病缓慢隐袭，病程较长，往往反复发作或缠绵难愈。如由湿热病邪所引起的外感热病湿温，有起病缓、传变慢、病程长、难速愈的明显特征。又如湿疹、湿痹（着痹）等，亦因其湿而缠绵难愈。故吴瑭《温病条辨·上焦篇》曰："其性氤氲黏腻，非若寒邪之一汗即解，温热之一凉即退，故难速已。"

4）湿性趋下，易袭阴位：湿性类水趋下，其质重浊，故湿邪有下趋之势，易于伤及人体下部。其病多见下部的症状，如水肿、湿疹多以下肢较为明显。又有带下，小便浑浊，泄泻下痢等，亦多由湿邪下注所致。结合湿邪其他特性可知，湿邪浸淫，上下内外，无处不到，非独侵袭人体下部。故《素问·太阴阳明论》说："伤于湿者，下先受之。"其次，寒邪也易伤及人体下部，故《灵枢·百病始生》有："清（寒）湿袭虚，则病起于下。"

(3) 外湿与内湿的区别：湿邪为病，有外湿、内湿之分。外湿多由气候潮湿，或涉水淋雨，久居湿地，或长期水中作业等，致使外在湿邪侵入而成。故湿邪为患，四季均可发病。内湿多由脾失健运，水湿内停而生。外湿和内湿常相互影响，互为因果。感受外湿，湿易困脾，则易生内湿；反之水湿内停，又易感外湿。

笔记栏

5. 燥邪

(1) 燥邪的概念：凡致病具有干燥、收敛等特性的外邪称为燥邪。燥为秋季主气。秋季天气收敛，气候干燥，水分匮乏，故多燥病。燥邪为病，有温燥、凉燥之分。初秋有夏热之余气，燥与热相结合而侵犯人体，故病多温燥。深秋近冬之际，燥与寒相结合而侵犯人体，则病多凉燥。燥与肺气相通。燥邪伤人，多从口鼻而入，首犯肺卫，从而产生外燥病证。

(2) 燥邪的性质和致病特点：

1) 燥性干涩，易伤津液：燥与湿对，湿气去而燥气来。燥为秋季敛肃之气所化，其性干涩枯涸，故《素问·阴阳应象大论》曰"燥胜则干"，《素问玄机原病式·燥类》曰："物润则滑泽，干则滞涩，燥湿相反故也。"燥邪为害，最易耗伤人体的津液，形成阴津亏损的病变，表现出各种干涩的症状和体征，诸如皮肤干涩皲裂，鼻干咽燥，口唇燥裂，毛发干枯不荣，小便短少，大便干燥等。

2) 燥易伤肺：燥为秋令主气，与肺相应。肺为娇脏，喜清肃滋润而恶燥。肺主呼吸，开窍于鼻，直接与自然界的大气相通，外合皮毛，而燥邪伤人，多从口鼻而入，故燥邪最易伤肺。燥邪犯肺，使肺津受损，清肃失职，从而出现干咳少痰，或痰黏难咯，或痰中带血，甚则喘息胸痛等症。

(3) 外燥和内燥的区别：外燥是感受外界燥邪所致，发生于秋季，故称秋燥。外燥有温燥和凉燥之分。燥而偏寒者为凉燥，燥而偏热者为温燥，外燥偏重于肺。内燥多由高热，大汗，剧烈吐泻，或失血过多，或年高体弱，阴血亏损所致，临床上表现出一派津伤阴亏之候，如皮肤干燥，口干咽燥，毛发不荣，肌肉瘦削，尿少，便干等。内燥遍及全身，以肺、胃、大肠多见，伤及血脉，则与肝肾有关。

6. 火(热)邪

(1) 火(热)邪的概念：凡致病具有炎热、升腾等特性的外邪称为火(热)邪。火(热)旺于夏季，热(火)与心气相应。但是火(热)并不像暑那样具有明显的季节性，也不受季节气候的限制。

温、热、火、暑的关系：温、热、火、暑四者性质基本相同，但又有区别。

暑与火热：暑为夏季的主气，乃火热所化，暑即热邪，但暑独见于夏季，纯属外邪，无内暑之说。而火热为病则没有明显的季节性，同时还包括高温、火热煎熬等。

温与火热：热邪，又称温邪、温热之邪。温和热均指病邪而言。温为热之渐，热为温之甚，两者仅程度不同，并无本质区别，故常温热混称。温病学中所说的温邪，泛指一切温热邪气。但温、热、火邪三者仅程度不同，无本质区别，常相提并论或相互包涵，故不予严格区分，如温热之邪、火热之邪等。

火与热：火为热之源，热为火之性。其本质皆为阳盛，故往往火热混称。两者的区别是，热邪多属外感邪气，如风热、暑热、湿热等；热之极则为火，火则常自内生，多由脏腑阴阳气血失调所致，如心火上炎、肝火炽盛等。一般而言，火热为病，病变表现较局部者，习惯用火来描述。病变表现在全身者，习惯用热来表达。

中医学中的火有生理与病理之分。生理的火是一种维持人体正常生命活动所必需的阳气，它谧藏于脏腑之内，具有温煦生化作用。《黄帝内经》中称为"少火"，属于正气范畴。病理的火是指阳盛太过，耗散人体正气的病邪。这种火称之为"壮火"，属邪气范畴。如张介宾的《类经·阴阳类》言："火，天地之阳气也。天非此火，不能生物；人非此火，不能有生。故万物之生皆由阳气。但阳和之气则生物，亢烈之火反害物，故火太过则气反衰，火和平则气乃壮。"

(2) 火(热)邪的性质和致病特点：

1) 火热为阳邪，其性燔灼炎上：燔，即燃烧；灼，即烧烫。燔灼，是指火热邪气具有焚烧而熏灼的特性。故火热之邪侵犯人体表现为一派阳热之象，临床上表现出高热、恶热、脉洪数等热盛之征。火性炎上，指火性升腾向上，其致病多见于人体上部。如风热上扰可见头痛、耳鸣、咽喉红肿疼痛；阳明火盛可见牙痛、齿龈红肿等症状；心火上炎，则见舌尖红赤疼痛、口舌糜烂生疮；肝火上炎，则见头痛如裂、目赤肿痛等症状；胆火旺见耳内肿痛或流脓等。

笔记栏

2) 伤津耗气：火热之邪，因其燔灼蒸腾而消灼煎熬阴津，又逼迫汗液外泄，从而耗伤人体的津液，故火(热)邪致病临床表现除热象显著外，常伴有大汗出、口渴喜饮、咽干舌燥、小便短赤、大便秘结等津伤液耗之症。同时火热阳邪过盛，邪正交争激烈，功能亢奋，还易于销蚀人体正气，故《素问·阴阳应象大论》有“壮火食气”之说；加之火热之邪迫津外泄，可致气随津泄而耗气，因此，临床上还可见倦怠乏力、少气懒言等气虚的症状。总之，火邪为害，或直接伤人体正气，或因津伤而致气伤，终致津伤气耗。

3) 易扰心神：火热之性躁动，与心相应，故火热之邪入于营血，尤易扰乱神明，轻者心神不宁而心烦失眠，重者可扰乱心神，出现狂躁不安、神昏谵语等症。故《素问·至真要大论》曰：“诸热瞀瘛，皆属于火。”“诸躁狂越，皆属于火。”

4) 生风动血：火邪易于引起肝风内动和血液妄行。

火热之邪侵袭人体，燔灼肝经，劫耗津血，使筋脉失养，运动失常，可致肝风内动，称为“热极生风”。血络受火邪逼迫，火极而内风生，风火相煽，症状急迫，临床可见高热、神昏谵语、四肢抽搐、颈项强直、两目上视、角弓反张等。又因血遇寒则凝，得温则行。故火热之邪侵犯血脉，可扩张血脉，加速血行，甚则灼伤脉络，迫血妄行，引起各种出血的病证。如吐血、衄血、便血、尿血、皮肤发斑、妇女月经过多、崩漏等。

5) 易致肿疡：火热之邪入于血分，可聚于局部，腐肉败血，发为痈肿疮疡，故《灵枢·痈疽》曰：“大热不止，热胜则肉腐，肉腐则为脓……故名曰痈。”《医宗金鉴·痈疽总论歌》曰：“痈疽原是火毒生。”可见火热之邪，以及“火毒”、“热毒”，是引起阳性疮疡的主要病因，其临床表现以疮疡局部红肿热痛为主要特征。

(3) 外火与内火的区别：病理的火，有外火、内火之分。外火多由感受温热之邪或风寒暑湿燥五气化火而成，临床上有比较明显的外感病演变过程。内火则为脏腑阴阳气血失调或五志化火而致，通过各脏腑的病理变化反映出来，无明显外感病史。但外火和内火又相互影响。内生之火可招致外火，如平素阴虚火旺或阳热亢盛者，感受六淫之后，内外交迫常致五气从火而化；而外火亦可引动内火，如外火耗伤津血，引动肝阳，化火生风。

二、疠气

(一) 基本概念

疠气，泛指一类具有强烈传染性和致病性的外感病邪，又称为“疫气”“疫疠之气”“戾气”“异气”“杂气”“乖戾之气”等。对疠气的认识，早在《黄帝内经》就指出，此类外感病邪有别于六淫，《素问·刺法论》中曰：“五疫之至，皆相染易，无问大小，病状相似。”明代吴有性《温疫论·原序》更加明确地指出：“夫瘟疫之为病，非风、非寒、非暑、非湿，乃天地间别有一种异气所感。”可见疠气与六淫不同，是一种具有强烈传染性的外感病邪。

疠气可通过空气和接触传染，多从口鼻、皮肤侵入人体，也可随饮食、蚊叮虫咬、血液，或性传播等途径侵入人体致病。因其由外入内，故属外感病因。疠气的发现，是中医病因学说的重大发展，也是对世界医学的伟大贡献。

疠气引起的疾病称为“疫病”“瘟病”“瘟疫病”。疠气所导致的疾病种类很多，如流感、痄腮(腮腺炎)、大头瘟、疫痢、白喉、烂喉丹痧(猩红热)、肠伤寒、天花、霍乱、鼠疫、疫黄(急性传染性肝炎)、流行性出血热、艾滋病(AIDS)、传染性急剧性呼吸道综合征(SARS)、禽流感等，实际上包括了现代临床许多传染病和烈性传染病。

(二) 疠气的性质及致病特点

1. 传染性强，易于流行 疠气具有强烈的传染性和流行性，这是疠气有别于其他病邪的最显著特征。处在疠气流行地区的人群，无论男女老少，体质强弱，只要接触疠气，都可能发生疫病。当然，疠气发病，既可大面积流行，也可散在发生。

笔记栏

2. 发病急骤，病情危笃 疠气多属热毒之邪，且常夹有湿毒秽浊之气，其性疾速迅猛，故其致病具有发病急骤、变化多端、病情险恶的特点,发病过程中常出现热盛、伤津、扰神、动血、生风等病变。某些疫病预后不良,死亡率高,如《温疫论》曰:“缓者朝发夕死,重者顷刻而亡。”

3. 一气一病,症状相似 疠气致病的病位与病种具有很强的特异性,一种疠气只能导致一种疫病发生,所谓“一气致一病”;疠气对机体作用部位具有一定选择性,即具有特异的定位特点,疠气种类不同,所致之病各异。每一种疠气所致之疫病,均有较为相似的临床特征和传变规律。例如痄腮,无论男女老幼患者,都表现为耳下腮部肿胀,故《素问·刺法论》说:“五疫之至,皆相染易,无问大小,病状相似。”

(三) 影响疫疠发生和流行的因素

1. 气候反常 自然气候的反常变化,如久旱、酷热、水灾、湿雾瘴气、地震等,均可滋生疫气而导致疫病发生。

2. 环境污染和饮食不洁 环境污染是疫气形成的重要原因,如水源、空气污染可能滋生疫气。食物污染、饮食不洁也可引起疫病发生,如疫痢、疫黄多半是疫气直接通过饮食进入体内而发病。

3. 预防隔离工作不严格 由于疫气具有强烈的传染性,故预防隔离工作不严格也会使疫病发生或流行。故清代刘松峰《松峰说疫》曰:“凡有疫之家,不得以衣服、饮食、器皿送于无疫之家,而无疫之家亦不得受有疫之家之衣服、饮食、器皿。”

4. 社会因素 社会因素对疫气的发生与疫病的流行也有一定的影响。若战乱不停,社会动荡不安,百姓生活极度贫困,环境恶劣,则疫病就会不断地发生和流行。中华人民共和国成立之前,统治者残酷剥削和压迫劳动人民,人民群众的生活极端贫穷和艰苦,传染病不断地发生和流行。若国家安定,且注意卫生防疫工作,采取一系列积极而有效的防疫和治疗措施,疫病即能得到有效的控制。中华人民共和国成立之后,党和国家十分注意卫生防疫工作。制订“预防为主”的卫生工作方针,采取了一系列积极防疫和治疗措施,使传染病的发病率显著下降,并消灭了鼠疫、天花、霍乱等传染病,其他传染病也得到了控制,其发病率和病死率大大下降,传染病的死因顺位后移。但是,严重威胁我国人民健康的传染病,依然是我国发病率很高的疾病,应加强预防医学的研究,以控制传染病的发生。

第二节 内伤病因

内伤病因,是相对外感病因而言的,因为此类病因直接伤及脏腑,导致脏腑气血阴阳失调而发病,非外邪所致,故称为内伤病因;主要包括七情内伤、饮食失宜、劳逸失度等。由内伤病因所引起的疾病称之为内伤病。

一、七情内伤

(一) 七情的概念

“七情”,是指喜、怒、忧、思、悲、恐、惊七种正常的情志活动,是人的精神意识对客观外界事物的反应,属于正常的精神活动范围,一般不会使人致病。只有突然、强烈或持久的情志刺激,超过了人体所能调节的范围,使人体气机紊乱、脏腑阴阳气血失调,才会导致疾病的发生。七情能否致病,除与情志本身反应强度、方式有关外,还与个体的心理特征、生理状态具有密切的关系。七情致病不同于外感六淫,六淫主要从口鼻或皮毛侵入人体,而七情则直接影响相关的内脏而发病,故又称“七情内伤”,是造成内伤病的主要致病因素之一。七情内伤所导致的疾病与精神刺激有关,多发为情志疾病。

(二) 七情与内脏气血的关系

七情与内脏关系密切。情志活动以五脏精气为物质基础,外界的各种刺激作用于内脏,人体可

笔记栏

能表现出不同的情志反应。七情是五脏正常生理功能活动的产物，是五脏精气活动在神志方面的表现，如《素问·阴阳应象大论》说："人有五藏化五气，以生喜怒悲忧恐。"七情活动与五脏有相应的规律，受五行理论的影响，以喜、怒、悲(忧)、思、恐(惊)为代表，七情分属于五脏，心"在志为喜"、肝"在志为怒"、脾"在志为思"、肺"在志为忧"、肾"在志为恐"。因此，喜、怒、思、悲、恐，又称为"五志"。

七情与气血的功能关系密切。气与血是构成机体和维持人体生命活动的基本物质，也是形成七情的物质基础。气对人体脏腑具有温煦推动作用，血对人体脏腑具有滋润濡养作用，不同情志活动对脏腑气血有不同的影响。而脏腑气血功能失调，也会影响情志的变化。故《素问·调经论》说："血有余则怒，不足则恐。"肝病可出现烦躁易怒，心病可出现哭笑无常等。故《灵枢·本神》说："肝气虚则恐、实则怒。""心气虚则悲、实则笑不休。"脏腑的生理活动必须以气血为物质基础，而精神情志活动又是脏腑生理功能活动的表现，所以说七情与人体脏腑气血关系密切。

(三) 七情内伤的致病特点

1. 直接伤及内脏　七情过激，或持久刺激可直接伤及相应脏腑，影响脏腑功能而产生病理变化。不同的情志刺激伤及不同的脏腑，产生不同的病理变化。故《素问·阴阳应象大论》说："怒伤肝""喜伤心""思伤脾""忧伤肺""恐伤肾"等。过喜伤心，可见心神不宁、心悸、失眠、健忘甚至精神失常等；过怒伤肝，可见两胁胀痛、善太息、咽中异物感、痛经闭经等；过思伤脾，可见食欲不振、脘腹胀满、大便溏泄等；悲忧伤肺，可见咳嗽、胸闷、气短、乏力等；惊恐伤肾可见滑精、二便失禁等。七情过激虽可伤及五脏，但与心肝的关系尤为密切。如《类经》说："情志之伤，虽五脏各有所属，然求其所由，无不从心而发。"心为五脏六腑之大主，心神受损可损及其他脏腑。肝主疏泄，可以调畅气机，调节情志，故肝失疏泄、气机紊乱又是情志性疾病发生的重要因素。另，七情内伤还易于损伤潜病之脏腑而导致病变加重或复发，如曾患胸痹、真心痛、头痛、眩晕等病证的患者，经治疗虽临床症状已经消失，但若遇情志刺激，最易导致原所患病证的复发。

2. 影响脏腑气机　七情内伤致病，主要是通过影响脏腑气机，导致气机失调、气血逆乱而发病。脏腑气机失常的具体表现如《素问·举痛论》说的"怒则气上""喜则气缓""悲则气消""恐则气下""惊则气乱""思则气结"。

所谓气上，即气机逆上之意。怒则气上，指过度愤怒可使肝气疏泄太过而上冲，血随气逆，并走于上；可见面红目赤、头痛头晕、耳鸣，甚者呕血或昏厥猝倒等症，《素问·生气通天论》："大怒则形气绝，而血菀于上，使人薄厥。"除肝气上逆外，临床上常见肝气横逆犯脾，可见腹痛、腹泻等，如《素问·举痛论》言："怒则气逆，甚则呕血及飧泄。"

气缓，即气机涣散之意。喜则气缓，指暴喜过度，可使心气涣散，神不守舍。如《素问·举痛论》说："喜则气和志达，荣卫通利，故气缓矣。"《灵枢·本神》所谓"喜乐者，神惮散而不藏"。临床可见乏力、懈怠、精神不能集中，乃至心悸、失神，甚则狂乱等。

气消，即气的消散或功能减退。悲则气消，指过度悲忧可使肺气耗伤，意志消沉；可见气短胸闷、精神萎靡不振、乏力懒言等症。《素问·举痛论》言："悲则心系急，肺布叶举，而上焦不通，荣卫不散，热气在中，故气消矣。"

气下，即气机下陷。恐则气下，指恐惧过度，可使肾气不固，气泄于下，可见二便失禁；或恐惧不解则伤精，发生骨酸痿厥、遗精等症。如《灵枢·本神》说："恐惧而不解则伤精，精伤则骨疫痿厥，精时自下。"

气乱，即气机紊乱。惊则气乱，指突然受惊，可使心无所倚，神无所归，虑无所定，惊慌失措。可见心悸、失眠、心烦、气短，甚则精神错乱等。如《素问·举痛论》："惊则心无所依，神无所归，虑无所定，故气乱矣。"

气结，即气机郁结不畅。思则气结，指思虑劳神过度，可伤神损脾致气机郁结。古人认为，思发于脾而成于心，故思虑过度不但耗伤心神，也会影响脾气的运化。思虑过度，则伤心脾，暗耗阴血，心神失养，则心悸、健忘、失眠、多梦；气机郁结阻滞，脾的运化无力，胃的受纳腐熟失职，便会出现纳呆、脘腹胀满、便溏，甚至肌肉消瘦等。

笔记栏

3. 影响病势变化　病势变化与情志活动关系密切。情绪积极乐观，七情反应适当，当怒时怒而不过，当悲时悲而不消沉，有利于病情的好转乃至痊愈。反之情绪消沉，悲观失望，或七情异常波动，可使病情加重或急剧恶化。如素有阴虚阳亢、肝阳化风的眩晕患者，若遇事恼怒，肝阳暴涨，气血冲逆于上，眩晕加重，甚至突然昏厥，半身不遂，口眼㖞斜。七情内伤导致肝气失调出现的梅核气、胃脘痛以及腹泻等病，往往会因情志刺激而病势加重；胸痹、真心痛、乳癖、消渴、恶性肿瘤等患者，也常因情志波动使病情加重或迅速恶化。

4. 多发为情志病证　情志病名首见于明代张介宾《类经》，系指发病与情志刺激有关，具有情志异常表现的病证。常见情志病包括：① 因情志刺激而发的病证，如郁证、癫、狂等；② 因情志刺激而诱发的病证，如胸痹、真心痛、眩晕等身心疾病；③ 其他原因所致但具有情志异常表现的病证，如消渴、恶性肿瘤、慢性肝胆疾病等，大多有异常的情志表现，并且其病情也随其情绪变化而有相应的变化。对于情志病证的治疗，心理疏导和情志调摄是必要的治疗手段。

二、饮食失宜

饮食是人体摄取饮食物。合理膳食，是水谷精微化生的前提，有利于气血生成、充养脏腑，是维持生命活动的基本条件。饮食失宜，是导致疾病发生的重要内伤性病因之一。饮食物的消化吸收主要依靠脾胃的功能，胃主受纳和腐熟水谷，脾主运化转输水谷精微。故饮食所伤，常影响脾胃腐熟、运化功能，气机升降失常，引起消化功能障碍；或为宿食积滞，或能聚湿生痰、化热，亦可累及其他脏腑而变生他病。另外，大病之后，余邪未尽，脾胃虚弱，亦可因伤食而复发。饮食失宜而致病，主要表现为饮食不节、饮食不洁、饮食偏嗜三个方面。

(一) 饮食不节

饮食不节即饥饱失常和饮食规律失常。饮食以适量、适时为宜。若过饥、过饱、失其常度，或进食失其规律，均可导致疾病的发生。

1. 饥饱失常　包括过饥和过饱两种情况。

过饥，指摄食不足，如饥而不得食，或有意识地限制饮食，或因脾胃功能虚弱而纳少，或因七情强烈波动而不思饮食，或不能按时饮食等。《灵枢·五味》说："谷不入，半日则气衰，一日则气少矣。"长期摄食不足，营养缺乏，气血化源不足，可致气血亏虚而脏腑组织失养，功能活动衰退，全身虚弱；又可因正气不足，使机体卫外不固，抗邪无力而招致外邪入侵，继发其他疾病。此外，若长期摄食过少，中焦失养，损伤胃气而致胃脘部不适或疼痛等；如果过度节食，还可发展成厌食等较为顽固的身心疾病。儿童时期，如果饮食过少可致营养不良，影响其正常的生长发育。

过饱，指饮食超量，或暴饮暴食，或中气虚弱而强食，以致脾胃难于消化转输而致病。轻者表现为饮食积滞不化，以致病理产物"积食"内停，可见脘腹胀满疼痛、嗳腐吞酸、呕吐、泄泻、厌食、纳呆等，故《素问·痹论》说："饮食自倍，肠胃乃伤。"甚至可因脾胃久伤或营养过剩，而发展为消渴、肥胖、痔疮、心脉痹阻等病证。如《素问·生气通天论》所说："因而饱食，筋脉横解，肠澼为痔""高粱(膏粱)之变，足生大丁(疔)"等。若病理产物"积食"停滞日久，可进一步损伤脾胃功能，致使运化功能久不得复，还可聚湿、化热、生痰而引起其他病变发生。小儿因其脾胃较成人为弱，若食滞日久，可以郁而化热；伤于生冷寒凉，又可以聚湿、生痰。婴幼儿，食滞日久还可以出现手足心热、心烦易哭、脘腹胀满、面黄肌瘦等症，称之为"疳积"。

此外，在大病初愈阶段，若饮食不当，如暴食、过于滋腻，或过早进补等，还可引起疾病复发。故有"食复"之说，如在热性病中，疾病初愈，脾胃尚虚，饮食过量或吃不易消化的食物，常常导致食滞化热，与余热相合，使热邪久羁引起疾病复发，或迁延时日。故《素问·热论》曰："病热少愈，食肉则复，多食则遗。"

笔记栏

2. 饮食无时　人体定时而有规律地进食，是脾胃健运，水谷精微化生的前提。饮食无时，易伤脾胃，变生他疾。

(二) 饮食不洁

饮食不洁是指进食不洁净的食物而导致疾病的发生。多是由于缺乏良好的卫生习惯,进食陈腐变质,或被疫毒、寄生虫等污染的食物所造成。饮食不洁而致的病变以胃肠病为主。如进食腐败变质食物,则胃肠功能紊乱,出现脘腹疼痛、恶心呕吐、肠鸣腹泻或痢疾等。若进食被寄生虫污染的食物,则可导致各种寄生虫病,如蛔虫病、蛲虫病等,常表现有腹痛时作、嗜食异物、面黄肌瘦等。若蛔虫窜入胆道,还可出现上腹部剧痛,时发时止,吐蛔,四肢厥冷的蛔厥证。若进食被疫毒污染的食物,可发生某些传染性疾病。如果进食或误食被毒物污染或有毒性的食物,则会发生食物中毒,轻则脘腹疼痛,呕吐腹泻;重则毒气攻心,甚至昏迷或死亡。

(三) 饮食偏嗜

饮食偏嗜是指特别喜好某些食物或专食某些食物而言。饮食偏嗜主要表现在偏嗜寒热、偏嗜五味、偏嗜种类、偏嗜酒浆等几个方面。

1. 偏嗜寒热 饮食宜寒热适中。《灵枢·师传》:"食饮者,热无灼灼,寒无沧沧,寒温中适,故气将持,乃不致邪僻也。"就是说饮食过冷过热皆不相宜。若偏食生冷寒凉之品,易于损伤脾胃阳气,导致脾胃虚寒,运化功能失常,寒湿内生,可见腹痛、泄泻等。若偏嗜辛温燥热饮食,易使肠胃积热,可见口渴、口臭、腹满腹痛、便秘或痔疮等。

2. 偏嗜五味 五味,指酸、苦、甘、辛、咸。五味与五脏,各有其所喜,如酸先入肝,苦先入心,甘先入脾,辛先入肺,咸先入肾。五味各有不同作用,不可偏废。若五味偏嗜,则致脏气偏盛偏衰,久之可按五脏相克关系传变而发生疾病。如多食咸味,会使血脉凝滞,面色失去光泽;多食苦味,会使皮肤枯槁少津,汗毛脱落;多食辛味,会使筋脉拘急而爪甲枯槁;多食酸味,会使皮肉坚厚皱缩,口唇干薄而掀起;多食甘味,会使骨骼疼痛而头发脱落。由此可见,五味偏嗜,不仅可直接引起本脏病变,还可影响脏腑之间的关系,引发多种疾病。

3. 偏嗜种类 饮食种类合理搭配,膳食结构合理,才能获得充足的营养。人的膳食结构应谷、肉、果、菜齐全,且以谷类为主,肉类为副,蔬菜为充,水果为助,调配合理。若结构不适,调配失宜,有所偏嗜,久则可导致某种营养物质缺少,日久可成为某些疾病发生的原因,如瘿瘤、佝偻、夜盲病等。过食油腻肥甘厚味,可损伤脾胃,内生痰热,阻滞气血,或化热化火,易发消化不良,易患胸痹、肥胖、痈肿疮疡、痔疮下血等病,如《素问·生气通天论》说:"高粱之变,足生大丁。"甚则动风,发为半身偏枯等。

4. 偏嗜酒浆 指长期过量的饮酒。嗜酒成癖,可损伤脾胃,久易聚湿、生痰,化热而致病,甚至变生癥积。李杲在《脾胃论》指出:"大酒者,大热有毒,气味俱阳,乃无形之物""酒性大热,伤元气"。《金匮要略》已载有"酒疸"病证,临床表现为心中懊恼而热,不能食,时欲吐。临床上由于嗜酒过度可形成腹部肿块、消瘦、腹水等,说明过量饮酒不仅伤及脾胃,且可对人体所有脏腑产生较大的危害。

三、劳逸过度

劳动与休息是生命活动的重要组成部分。劳逸得当,有助于气血流通,阴阳平和,有利于身体健康;劳逸失度,可损伤机体而引发疾病。劳逸过度包括过劳和过逸两个方面。

(一) 过劳

过劳,指过度劳累,又称劳伤、劳倦,包括劳力过度、劳神过度和房劳过度三个方面。

1. 劳力过度 又称形劳,指体力劳动负担过重。多因长时间的持续劳作,得不到适当的休息,使身体始终处于疲劳状态,以致积劳成疾;或承受力不能及的持重、受压及超大强度的运动等,都可导致疾病发生而成为致病因素。

劳力过度主要伤气,如《素问·举痛论》说:"劳则气耗",劳力过度,则喘息、汗出,导致气从内出,从外而越,因而损耗人体的精气。形体劳倦日久,亦可损伤脏腑,以脾病为多见,甚至导致虚劳病。常见症状如形体消瘦、精神疲惫、四肢倦怠、声低息微等。此外,站立、行走、端坐等时间过长,亦可损伤筋骨肌肉而成疾患,故《素问·宣明五气》有"久立伤骨""久行伤筋"之说。

笔记栏

2. 劳神过度 又称心劳，劳神过度指脑力劳动负担过重。多因长时间的思考、谋虑、记忆等，劳心伤神，用脑过度；或工作压力大，精神长期处于紧张状态，得不到缓解，以致积劳成疾。劳神过度主要损伤心脾，暗耗心血。损伤脾气则出现心悸、健忘、失眠、多梦及倦怠纳呆、腹胀、便溏等症。亦可影响肝疏泄气机的功能，可见头昏目眩、急躁易怒等症状。

3. 房劳过度 指性生活不节，房事过度而言。肾藏精，为精藏之本，若房事不节，则肾精耗伤，如《素问·生气通天论》说："因而强力，肾气乃伤，高骨乃坏。"可见腰膝酸软、眩晕耳鸣、精神萎靡、性功能减退、男子早泄甚或阳痿、女子月经失调等，故房劳过度又称"肾劳"。此外，房劳过度也是导致早衰的重要原因。

（二）过逸

过逸，指过度安逸，包括体力过逸和脑力过逸两方面。

1. 体力过逸 又称形逸，指因病或生活过于安闲，很少从事各种劳动和运动锻炼。长期形体少动，始则气血运行不畅，筋骨软弱，体弱神倦，发胖臃肿；继则脏腑功能减退，脾胃呆滞，心肺气虚，动则心悸、气喘、汗出乏力等。并可导致其他疾病，例如眩晕、胸痹、中风等。故《素问·宣明五气》云："久卧伤气""久坐伤肉"，《养生类纂·人事部》曰："多睡令人目盲。"

2. 脑力过逸 又称神逸，指长期用脑过少，终日无所事事，无所用心，使人陷入一种精神懒散疲沓的状态。这样不仅会产生空虚失落感，还会因大脑缺乏必要的刺激而变得迟钝、呆滞，日久则心神必然衰退，出现身倦乏力，郁闷烦躁，头晕健忘等。

第三节 病理产物性病因

病理产物性病因，即病理产物性致病因素，是继发于其他病理过程而产生的致病因素，故又称为继发性病因。在疾病过程中，由于其他各种病因的作用，引起气血津液代谢失调、脏腑经络等组织器官功能异常等病理变化，可产生痰饮、瘀血、结石等病理产物。这些病理产物一经产生，又可引发机体更为复杂的病理变化，成为新的致病因素。可见病理产物性致病因素具有既是病理产物、又是致病因素的双重特点。

在疾病发生和发展过程中，原因和结果可以相互交替和相互转化。由原始致病因素所引起的后果，可以在一定条件下转化为另一些变化的原因，成为继发性致病因素。痰饮和瘀血都是在疾病过程中所形成的病理产物。它们滞留体内而不去，又可成为新的致病因素，作用于机体，引起各种新的病理变化，因其常继发于其他病理过程而产生，故又称"继发性病因"。

一、痰饮

（一）痰饮的概念

痰饮是机体水液代谢障碍所形成的病理产物，属于继发性病因。相对而言，稠浊者为痰，清稀者为饮，痰又有"有形之痰""无形之痰"之别。所谓有形之痰，系指视之可见，闻之有声，触之可及有形质的痰液而言，如咳出可见之痰液，喉间可闻之痰鸣，体表可触之瘰疬、痰核等。所谓无形之痰，系指由水液代谢障碍所形成的病理产物及其病理变化和临床表现而言，如梅核气等，虽然无形质可见，但却有征可察，临床上主要通过其所表现的症状和体征来分析，从而确定其因痰所致，采用祛痰的方法治疗能够取得较好效果。饮的性质较清稀，流动性较大，多停留在人体的脏腑组织的间隙或疏松部位，如肠胃、胸胁、肌肤、胸膈等。因停留的部位不同，症状各异，故《金匮要略·痰饮咳嗽病脉证治》有"痰饮""悬饮""溢饮""支饮"等不同病名。痰饮与水湿，皆为水液代谢失常所致，异名而同类，皆为阴邪，但有区别：稠浊者为痰，清稀者为饮，更清者为水，湿则呈弥散状态。湿聚为水，积水成饮，饮凝成痰，四者有着密切的关系。因此，有时水、湿、痰、饮不予严格区分，例如水湿、水饮、痰湿、痰饮等常相提并论。

笔记栏

(二)痰饮的形成

痰饮的形成,多为外感六淫、七情内伤、饮食不节等,导致脏腑功能失调,气化不利,津液代谢障碍,水液停聚而形成。因肺、脾、肾及三焦与水液代谢关系密切,肺主宣降,敷布津液,通调水道;脾主运化水湿;肾阳主水液蒸化,三焦为水液运行之道路。当人体在某些致病因素的作用下,肺、脾、肾三脏的气化功能失调时,则水液不能化生津液,或水湿不能正常气化而排出,则会停留积聚于体内而生成痰饮。如若肺失宣降,水津不能气化输布,则可停聚而成痰饮;脾主运化水湿,若脾虚,中阳不振,运化失职,则水湿不化可聚成痰饮;肾主蒸化水液,若肾阳不足,蒸化无力,水液不得化气,也可停留而成痰饮;三焦乃水与气通行之道路,若三焦失于通调,则水停气滞,水气互结,亦可发为痰饮。故肺、脾、肾及三焦功能失常,均可聚湿而生痰饮。此外,肝主疏泄利于水液输布,膀胱为州都之官,主贮尿和利尿,两者功能失常亦影响水液代谢。痰饮形成后,饮多留积于肠胃,胸胁及肌肤;而痰则随气升降流行,内而脏腑,外而筋骨皮肉,无处不到,进一步形成各种复杂的病理变化。

(三)痰饮的致病特点

1. 阻滞经脉气血运行 痰饮一旦产生可流窜全身,外而经络、肌肤、筋骨;内而脏腑,机体内外无处不到。使经脉阻滞不畅,气血运行不利。若痰饮流注于经络,可见肢体麻木、屈伸不利,甚至半身不遂等。若结聚于局部,则形成瘰疬、痰核,或形成阴疽、流注等。

2. 阻滞气机升降出入 痰饮为水湿所聚,停滞于中,易于阻遏气机,使脏腑气机升降失常。例如,肺以清肃下降为顺,痰饮停肺,使肺失宣肃,可出现胸闷、咳嗽、喘促等。胃气以降为和,痰饮停留于胃,使胃失和降,则出现恶心呕吐等。痰浊痹阻心脉,可见胸闷、心痛等。此外,痰浊随气上逆,蒙蔽清窍,扰乱心神,可出现头晕目眩、精神不振等症,甚至出现神昏谵妄或引起癫、狂等。

3. 影响津液代谢 痰饮为津液代谢失常的病理产物,但痰饮一旦形成之后,又作为一种致病因素而作用于机体,进一步影响肺、脾、肾等脏腑的功能活动,影响津液代谢。如痰湿困脾,可致水湿不运;痰饮阻肺可致宣降失职,水液不布;饮停于下,影响肾阳功能,可致蒸化无力。因此,痰饮致病可影响人体津液的输布与排泄,使津液进一步停留于体内,加重津液代谢障碍。

4. 致病广泛,变化多端 痰饮为病,具有变化多端,病证错综复杂的特点。痰饮随气流行,内而五脏六腑,外而四肢百骸,肌肤腠理,可停滞而致多种疾病。由于其致病面广,发病部位不一,且又易于兼邪致病,因而在临床上形成的病证繁多,症状表现十分复杂,故有"百病多由痰作祟""怪病多痰"之说。如饮逆于上可见眩晕;水注于下,则见足肿。湿在肌表,可见身重;湿停中焦,影响脾胃运化,则见脘胀、纳呆。痰造成的病证更为广泛多变。如痰结咽喉可见"梅核气";痰在于胃则恶心呕吐等;痰浊上扰可引起癫痫等疾病。痰饮可随气流窜全身,产生多种病变,故有"治痰先治气,气行痰自消"之说。

5. 病势缠绵,病程较长 痰饮为体内津液积聚而成,具有重浊黏滞的特性。痰饮致病多表现为病情反复发作,缠绵难愈,病程较长,治疗困难。如痰饮所致咳嗽、眩晕、胸痹、癫痫、中风、痰核瘰疬、阴疽等。特别是一些顽痰伏饮,病程更长。

6. 易于蒙蔽神明,多见滑腻舌苔 痰浊为病,随气上逆,尤易蒙蔽清窍,扰乱心神而出现多种神志异常疾病。痰湿上蒙清窍,可见头昏、头痛、头重、精神不振;痰迷心窍,痰火扰心,则可致失眠、易怒、神昏谵妄或引发癫、狂、痫等。此外,痰饮所致病证多见腻苔、滑苔。

(四)常见的痰饮病证

痰饮为病,从广义上讲,包括了由有形痰饮和无形痰饮所引起的多种病证,因痰饮所在的部位不同,临床表现有别。

1. 常见的痰证 如痰滞在肺,可见咳喘咯痰;痰迷于心,可见胸闷心悸,神昏癫狂;痰停在胃,可见恶心呕吐,痞满不舒;痰在经络筋骨,可致瘰疬痰核,肢体麻木或半身不遂,或阴疽流注;痰饮上犯于头,可使眩晕昏冒;痰气凝结咽喉,可致咽中梗阻,如有异物。

2. 常见的饮证 饮泛肌肤,则成水肿;饮在胸胁,则见胸胁胀痛,咳唾引痛;饮在膈上,常见咳喘不能平卧;饮在肠间,每致肠鸣沥沥有声,腹满食少。

总之,正如《杂病源流犀烛》曰:"痰饮其为物,流动不测,上至巅顶,下至涌泉,随气升降,周身内外皆到，五脏六腑俱有。”故随其病变部位以及寒热虚实性质不同，而各有不同的临床表现。临床辨证只有综合分析各方面的情况才能作出正确的诊断。

二、瘀血

(一) 瘀血的概念

瘀血，指体内有血液停滞而形成的病理产物。包括体内瘀积的离经之血，以及因血液运行不畅，阻滞于经脉或脏腑内的血液。瘀血一旦形成，则又可成为致病因素，进一步阻滞气机，阻碍气血运行，导致脏腑功能进一步失调。因此，瘀血既是病理产物，也是一种重要的致病因素。

严格地讲，瘀血和血瘀的含义有区别。一般认为，瘀血是导致新的病变的病理产物，属于病因学概念；血瘀是指血液运行不畅或瘀滞不通的状态，属于病机学概念。两者互为因果，瘀血阻滞于血脉或脏腑之中，可致血瘀；血液运行不畅，久之发展为瘀血。习惯上讨论病因时称为瘀血；讨论病机时称为血瘀，如气滞血瘀。

(二) 瘀血的形成

凡能引起血液运行不畅，或致血离经脉而瘀积的内外因素，均可导致瘀血的形成。如由于气虚、气滞、血寒及饮食、劳逸等原因，致血行不畅，凝滞郁积于内而成瘀。或因血热、外伤、出血及其他原因导致内出血，不能及时消散或排出而形成瘀血。

1. 气虚致瘀 气为血帅，血为气之母，血液的正常运行靠气的推动和固摄。气虚，推动无力，则血液运行迟滞而成瘀。或气虚，统摄失权，则血溢脉外，凝结不散而成瘀。

2. 气滞致瘀 气行则血行，气滞则血瘀。气机失畅，血液运行亦可因之阻滞而成瘀。

3. 血寒致瘀 血得温则行，得寒则凝。若感受外寒，入于血脉，或阴寒内盛，寒邪凝滞，经脉拘急，血凝不畅，进而形成瘀血。

4. 血热致瘀 热入营血，血热互结，煎灼血中津液，血液黏滞而运行不畅；或热灼脉络，迫血妄行，血溢脉外，积而成瘀。

5. 外伤致瘀 各种外伤，诸如跌打损伤，或负重过度努伤等，外可伤肌肤，内可伤脏腑，使血离经脉不能及时消散而排出，形成瘀血。

6. 出血致瘀 除各种外伤出血外，或脾不统血、肝不藏血而致出血，以及妇女经行不畅、流产等，离经之血未能排出体外或及时消散亦可致瘀。或因出血后，专用收涩止血之品，或过用寒凉，使离经之血凝聚而不散，未离经之血郁滞而不畅，因之形成瘀血。

7. 津亏致瘀 津液亏损不足，血液黏稠，运行不畅而成瘀。

8. 情志内伤或生活失宜致瘀 情志内伤，可使气机郁滞，气郁血滞，久而成瘀。此外，饮食起居失宜也可导致血瘀而发生他病。

9. 痰浊致瘀 痰浊可阻滞气机，阻碍气血的运行，使血液运行迟缓从而导致瘀血，可形成痰瘀胶着的病理状态。

(三) 瘀血的致病特点

瘀血病证虽然繁多，但其临床表现的共同特点可概括为以下几方面。

1. 疼痛 多为刺痛，痛处固定不移，拒按，入夜尤甚。

2. 肿块 固定不移，在体表色青紫肿胀，在体内多为癥积，其质较硬或有压痛。

3. 出血 血色紫暗或夹有瘀块。

4. 紫绀，肌肤甲错 面色紫暗，口唇、爪甲青紫。或见肌肤甲错。

5. 舌象 舌质紫暗，或有瘀点瘀斑，或舌下静脉曲张。

6. 脉象 脉细涩、或结代。

此外，如面色黧黑，皮肤紫斑，及其某些精神症状，如善忘、狂躁、昏迷等亦较多见。

瘀血除具有上述一般致病特点外，由于瘀血内停部位不同，瘀血致病尚有部位特征。瘀阻于心，可见心悸、胸闷、胸痛、神识不清或发狂等；瘀阻于肺，可见胸痛、咳血色暗或夹瘀块等；瘀阻于肝

笔记栏

脾，可见胁痛、痞块、疼痛拒按等；瘀阻子宫，可见小腹疼痛、月经失调、闭经、恶露不净等；瘀阻四肢，可见局部冷痛、青紫等症；瘀阻皮内，可见皮下青紫、血肿等症。

临床上除掌握上述瘀血临床表现特点外，判断是否有瘀血，若发病前有外伤、出血、分娩史者和病程已久，屡治无效者，可考虑瘀血的存在。

三、结石

（一）结石的概念

结石，是指多种原因引起体内某些部位形成并停滞为病的砂石样的病理产物。其形态各异，大小不一，停滞体内，又可成为继发的致病因素，引起一些疾病。

（二）结石的形成

结石形成的原因比较复杂，常与饮食、情志、服药及体内寄生虫等因素有关。

1. 饮食失宜　嗜食辛辣，过食肥甘厚味，或嗜酒太过，酿成湿热，影响肝胆使之疏泄失常，胆汁排泄不利，郁积日久，则蕴结成石，发为肝胆结石。若湿热下注，蕴结下焦，日久煎熬积结则可形成肾或膀胱结石。若空腹进食大量的柿子或黑枣等，特别是未成熟或未去皮的新鲜柿子，其中的某些成分与胃酸作用后，凝结形成团块则为胃石。某些地域的饮水水质中含有过量的矿物质及杂质等，长期饮用此类饮水，某些物质逐渐沉积于体内某些部位，也可能促使结石形成。此外饮食不洁，如寄生虫感染也是结石形成的原因，虫体或虫卵往往成为结石的核心。在我国蛔虫已被公认为引起胆结石的主因，由于蛔虫侵入胆道，不可避免地引起感染及不同程度的梗阻，胆汁疏泄不利，也能促进结石的形成。

2. 情志内伤　情志所伤，气机郁滞，肝失疏泄，胆汁疏泄不利，郁滞化热，煎熬日久，可形成肝胆结石。

3. 服药不当　长期过量服用某些药物，常见有碱性药物，磺胺类药物，钙、镁、铋类药物等，致使脏腑功能失调，或药物及其代谢产物残存体内，可诱发结石形成，例如肾结石、胃结石等。

4. 体质差异　先天禀赋差异，以致某些物质的代谢异常，可形成易患结石病变的体质。

5. 慢性病变　由于某些脏腑的慢性病变，如慢性肝胆病变等，可导致脏腑功能失调，代谢异常，也可形成结石。如慢性肝胆疾病，气机阻滞，胆汁排泄不畅，久之可形成肝胆结石；蛔虫入于胆，虫死之后，日久也可形成结石等。

6. 其他因素　结石的形成，还与年龄、生活习惯有关，随着年龄的增长，脏腑功能逐渐衰退，代谢迟缓，某些代谢产物在体内积聚，也可能是形成某些结石的因素。有人通过流行病学调查，发现年龄是结石发病的危险因素，随着年龄增高，结石患病率也增高。

（三）结石的致病特点

结石致病主要与其所在的部位、形状大小、是否梗阻等因素密切相关。结石较小，表面光滑，所在部位腔隙较大，无梗阻嵌顿，有时不出现任何症状；若结石较大，形状不规则，所在部位腔隙较小，出现梗阻嵌顿，则症状典型。但结石停聚，阻滞气机，影响气血，损伤脏腑，使脏腑气机壅塞不通，而发生疼痛，为其基本特征。

1. 多发于胆、胃、肝、肾、膀胱等脏腑　肝气疏泄，关系着胆汁的生成和排泄；肾的气化，影响尿液的生成和排泄，故肝肾功能失调易生成结石；且肝合胆，肾合膀胱，而胃、胆、膀胱等均为空腔器官，结石易于停留，故结石为病，多为肝、胆结石，肾、膀胱结石和胃结石。也可发生于眼（角膜结石、前房结石）、鼻（鼻石）、耳（耳石）、牙（牙结石）等部位。

2. 易阻气机，损伤脉络　结石为有形实邪，停留体内某些部位，易于阻滞气机，影响气血津液及水谷的运行，可见局部胀闷痛等症，程度不一，时轻时重。结石移动的过程中，易于损伤脉络，导致出血等症状。例如，胃内结石，阻滞气机，影响水谷的腐熟通降；肝胆内结石，影响肝胆气机疏泄，可致胆汁排泄障碍，甚则出现黄疸；肾、膀胱结石，脏腑气化不利，可影响尿液的排泄，甚则损伤脉络，出现血尿。

笔记栏

3. 梗阻通道,导致疼痛 结石引起的疼痛,以阵发性为多,亦呈持续性,或为隐痛、胀痛、绞痛。疼痛的部位常固定不移,亦可随结石的移动而有所变化。结石性疼痛具有间歇性特点,发作时剧痛难忍,而缓减时一如常人。例如胆结石、肾、输尿管结石等。

4. 病程较长,轻重不一 结石多为湿热内蕴,日久煎熬而成,所以大多数结石的形成过程缓慢而漫长。由于结石的大小不等,停留部位不一,故临床症状表现差异较大。一般而言,结石小、病情较轻,甚至无任何症状。结石过大,则病情较重,症状明显,发作频繁。

第四节 其他病因

在中医病因学说中,除了外感病因、七情内伤和病理性致病因素外,还有外伤、寄生虫、药邪、医过、胎传、环境毒邪等。因其与外感、内伤及病理性致病因素有别,故归为其他致病因素。

一、外伤

(一) 外伤的概念

外伤主要指因机械暴力导致的损伤,如跌打损伤、持重努伤、枪弹伤、利器损伤、意外事故,以及化学伤、电击伤、烧烫伤、冻伤、虫兽咬伤等。主要伤及皮肤、肌肉、筋骨等部位。

(二) 外伤的致病特点

1. 跌打损伤、持重努伤、枪弹伤、利器损伤 轻者可引起受损部位皮肤、肌肉、筋骨的损伤,如瘀血肿胀、出血、筋伤、骨折、关节脱位等。重者除损伤皮肤、肌肉、筋骨外,往往伤及内脏,或因出血过多,导致气随血脱、亡阳虚脱等后果,甚至死亡;亦可因创伤后感染,毒邪内攻,造成邪盛正衰、阴阳失调的严重病变。

2. 烧烫伤 即水火烫伤,又称"火烧伤""火疮""火伤"等。主要是高温所引起的灼伤,其中包括高温液体、蒸气、物品等,例如沸水(油)、烈火、电热等作用于人体所造成的损害。

烧烫伤总以火毒为患。机体一旦遭受到烧烫伤害,轻者损伤肌肤,受伤创面红、肿、热、痛,伴见烙痕或起水疱;重者则损伤肌肉筋骨,痛觉消失,创面呈皮革样,或苍白干燥,或蜡黄、焦黄,甚或炭化。严重烧烫伤,除创面较大外,常可因热毒炽盛,伤津脱液,火毒内攻,侵及脏腑,伤及心神,出现躁动不安、发热口渴、尿少尿闭,以及狂乱、谵语等精神症状,甚至亡阴、亡阳而致死亡。

3. 冻伤 是指人体因遭受低温侵袭而引起的局部或全身性损害,以冬季较为常见。寒冷过度是造成冻伤的重要条件。温度越低,受冻时间越长,冻伤程度越重。全身性冻伤,称为"冻僵",阴寒过盛,阳气受损,失于温煦,血行凝滞,则出现寒战、体温逐渐下降、面色苍白、唇舌爪甲青紫、感觉麻木、神疲乏力,或昏睡、呼吸减弱、脉迟细等症,如不救治,可致死亡。局部性冻伤多发生于暴露部位,例如手、足、耳郭、鼻尖、面颊等。寒性收引,经脉挛急,气血运行不畅,初起局部皮肤苍白、冷麻,继则出现紫斑肿胀、水疱,甚或皮肉紫黑、溃破等病变,形成"冻疮"。

4. 虫兽伤 虫兽伤包括毒蛇、猛兽、狂犬及其他家畜、动物咬伤,以及某些昆虫咬(蜇)伤等。虫兽所伤,轻者可引起局部疼痛、肿胀、出血;重者可损伤内脏,导致出血过多,或邪毒内陷,波及全身,出现全身中毒症状,如高热神昏、神志恍惚、肢体抽搐等;更有甚者,可致死亡。常见的虫兽伤有以下几种。

(1) 毒蛇咬伤:毒蛇咬伤后根据其临床表现不同,分为风毒、火毒和风火毒三类。风毒(神经毒)多见银环蛇、金环蛇和海蛇咬伤。局部症状轻微,有时仅有局部麻木感,齿痕小,无渗液。全身表现主要为弛缓性瘫痪、张口困难及吞咽困难、呼吸困难,甚至呼吸运动停止。火毒(血液循环毒)多见蝰蛇、尖吻蝮蛇、青竹蛇和烙铁头蛇咬伤。伤口红肿灼热严重、疼痛剧烈,呈刀割、火燎、针刺样,可形成水疱、血疱和组织坏死,引起淋巴结炎、淋巴管炎,伤口不易愈合。全身表现为寒战发热、多处出血,包括皮肤、黏膜出血、鼻衄、呕血、便血、咯血、血尿,甚至颅内出血。风火毒(混合毒)多见

笔记栏

眼镜蛇、眼镜王蛇咬伤。临床表现有风毒和火毒的症状。

(2) 狂犬咬伤：狂犬咬伤可发狂犬病(又称恐水病)，是由狂犬病毒引起的传染病。初起仅局部疼痛、出血。伤口愈合后，经过一段潜伏期，出现烦躁、惶恐不安、牙关紧闭、抽搐、恐水、恐风等症状。

(3) 昆虫咬(蜇)伤：多见蜈蚣咬伤，蜂、蝎蜇伤等。蜈蚣咬伤，局部红肿灼热、剧痛，可形成水疱及坏死，被咬肢体可形成淋巴管炎及淋巴结炎，也可发生紫癜，严重者可因毒素吸收出现头晕头痛、恶心呕吐、发热，甚至出现昏迷及过敏性休克。蜂、蝎蜇伤，多见于手、足及面部等裸露部位，局部红肿灼痛、麻木或出血，极少数可引起瘀血及组织坏死，一般无全身性症状，如被巨大毒蝎蜇伤，或被许多蜜蜂或黄蜂蜇伤后，可引起全身症状。

5. 化学伤 化学伤是指某些化学物质对人体造成的直接损害。其中包括化学药品(如强酸、强碱)、农药、有毒气体(如工业气体)、军用化学毒剂(如神经性毒剂、糜烂性毒剂、失能性毒剂、刺激性毒剂、窒息性毒剂等)、生活煤气以及其他化学物品等。侵入途径可通过口鼻进入人体，或通过皮肤而吸收。人体一旦受到化学毒物的伤害，即可在相关部位，乃至全身出现相应病证，如局部皮肤黏膜的烧灼伤，或红肿、水疱，甚或糜烂。全身性症状如头痛头晕、恶心呕吐、嗜睡、神昏谵语、抽搐痉挛等，甚至死亡。

6. 电击伤 电击伤是指意外的触电事故、或遭受雷击所造成的损害。在触电部位往往有程度不等的烧伤，血肿，面色青紫或苍白，脉搏细微，暂时或长时间不省人事，或惊厥、痉挛、僵直，甚或心跳呼吸停止，而致死亡。

二、寄生虫

(一) 寄生虫的概念

寄生虫是动物性寄生物的统称，其寄居于人体的肠道、肝脏、血液等处发育繁殖，损害人体，导致疾病。引起原虫病的寄生虫，有阿米巴、疟原虫、弓形虫等；引起蠕虫病的寄生虫，有血吸虫、绦虫、囊虫、蛔虫、钩虫、蛲虫、丝虫等。

(二) 寄生虫的致病特点

中医学早已认识到寄生虫病的发生与饮食不洁等因素有关。寄生虫感染的途径，主要是进食被虫卵污染的水、食物，或皮肤接触寄生虫。中医文献中又有“湿热生虫”之说。所谓“湿热生虫”，是指脾胃湿热为引起肠寄生虫病的内在因素之一，而某些肠寄生虫病亦往往以“脾胃湿热”的症状为主要临床表现。

寄生虫寄居于人体，消耗气血津液等营养物质，损伤脏腑的生理功能，危害人体健康，导致寄生虫病的发生。

1. 血吸虫病 我国流行的是日本血吸虫病，由血吸虫寄生于人体门静脉系统而致病，借皮肤接触含尾蚴的疫水而感染。血吸虫致病主要表现为：急性期可见发热、咳嗽、肝大和肝区疼痛、腹痛腹泻、便血等；慢性期可见腹泻、肝脾肿大；晚期有肝硬化、腹水等；儿童反复感染，可严重影响生长发育，形成“侏儒症”。脑型血吸虫病表现为癫痫等。

2. 蛔虫病 蛔虫寄生于人体肠道引起蛔虫病。蛔虫致病除肠道症状外，有时可引起严重的并发症，如胆道蛔虫病、肠梗阻等。

3. 蛲虫病 蛲虫一般寄生于人体的小肠下端、大肠内。多见于幼童，可在家庭和幼儿园中引起流行。蛲虫致病以肛门周围、会阴部夜间瘙痒为主要症状。病情虽不严重，但可影响儿童健康。

4. 钩虫病 钩虫成虫寄生于人体小肠引起钩虫病。钩虫幼虫侵入肌肤初期，可见手足皮肤局部奇痒。钩虫成虫致病以贫血、营养不良、胃肠功能失调为主要表现，重者可致发育障碍及心功能不全。

5. 囊虫病和绦虫病 绦虫，古称“寸白虫、白虫”。由于摄入食物中附有绦虫虫卵，其发育而成幼虫(囊尾蚴)，可寄生在横纹肌中，或侵犯人体多个脏器，导致囊虫病。其中脑囊虫病最为严重，表现为癫痫、脑膜炎、痴呆等。由于进食生肉或未煮熟的猪肉、牛肉中含有囊尾蚴，其发育为成虫寄生于肠道，

笔记栏

导致绦虫病，以腹痛泄泻、食欲亢进、体重减轻为主要症状，大便中可见色白体扁的虫体节片。

三、药邪

（一）药邪的概念

药邪是指因药物加工不当，或用药不当而导致疾病发生的一类致病因素。药物有四气五味，可以治病，但有大毒、常毒、小毒、无毒之分。如果药物炮制不当，或医生不熟悉药物的性味、功效、常用剂量、毒副反应、配伍禁忌而不合理地使用药物，或患者不遵照医生指导而盲目用药，非但不能疗疾，反而会导致疾病，甚至发生药物中毒。

（二）药邪的形成

1. 用药过量 用药剂量过大，或用药时间过长，均可造成用药过量。使用有毒中药过量，可造成急性药物中毒或蓄积性中毒；即使无毒中药，其所含的生物活性成分除治疗作用外，过量亦有不同的副反应。

2. 炮制不当 含有毒性的药物，经过适当炮制后可中和或减轻毒性。例如，乌头火炮或蜜制，半夏姜制，附子浸漂、水煮，可以减轻毒性。若炮制不当或未经炮制即入药，则可致中毒。

3. 配伍不当 中药使用有配伍原则，不同中药的合理配伍可加强疗效，减低副反应；但某些药物配伍不当、相互合用则会使毒性增加。例如中药的“十八反”“十九畏”就是对药物配伍禁忌的概括。临床上用药配伍不当可致中毒，或导致其他疾病。

4. 用法不当 用药讲究煎煮方法、服用方法、禁忌事项等，用法不当也会致病。

5. 滥用补药 所有药物，包括补益类药物，都有性味归经、阴阳偏性的不同，作用于人体后可能会影响机体阴阳平衡及脏腑气血的功能。用之得当，可以调整阴阳，调补脏腑气血，达到治病的目的。若盲目服用某些补药，如人参、鹿茸之类，反而会引起机体阴阳失调、脏腑功能紊乱，导致疾病的发生。

（三）药邪的致病特点

1. 中毒 用药过量或误服有毒药物易致中毒，中毒症状的轻重与毒性药物的成分、剂量有关。中毒后，轻者头晕、心悸、恶心呕吐、腹痛腹泻、舌麻流涎等；重者嗜睡、或烦躁、黄疸、紫绀、出血、昏迷，甚至死亡。

2. 过敏 药物过敏虽有明显的个体差异和遗传倾向，但发病仍然取决于药邪，轻则出现荨麻疹、湿疹、哮喘、恶心呕吐、腹痛泄泻等症状，重则可见厥脱。

3. 发病或急或缓，轻重不一 药邪致病发病或急或缓，与用药有明显的因果关系。一般轻症停药后即可缓解，重症则病势危笃，多损伤人体重要脏器，如心、肝、肾、胃、脾等。急性发病需及时抢救，否则有死亡之虞。

4. 加重病情，变生他疾 药物使用不当，会助邪伤正，不但可使病情加重，还会导致其他疾病的发生。如药物中毒、过敏等可导致脏器损害；孕妇用药不当还可导致流产、畸胎或死胎等。

四、医过

医过，属“医源性致病因素”，是指由于医生的过失而导致贻误病情或致生他疾的一类致病因素。医过涉及面很广，包括医生接触患者整个过程中的言行举止，均有可能产生正反两方面的效应。《黄帝内经》对此早有认识，并著有《疏五过论》《徵四失论》等专篇进行论述，如《素问·疏五过论》论述了医师诊治上的五种过失，依次为不知患者生活经历的变迁（尝贵后贱或尝富后贫等）；不了解患者饮食起居；不重视诊脉；不重视精神因素；不了解疾病全过程五个方面。《素问·徵四失论》分别从医者工作疏忽大意、精神不集中和学业不精等角度，论述了因医师临床工作中的四种过失所造成的危害。后世医家对此也很重视，唐代孙思邈《备急千金要方·大医精诚》明确告诫说：“凡大医治病，必当安神定志，无欲无求，先发大慈恻隐之心，誓愿普救含灵之苦，若有疾厄来求救者，不得问其贵贱贫富，长幼妍蚩，怨亲善友，华夷愚智，普同一等，皆如至亲之想，亦不得瞻前顾后，

笔记栏

自虑吉凶,护惜身命。见彼苦恼,若己有之,深心凄怆,勿避险巇,昼夜寒暑,饥渴疲劳,一心赴救,无作功夫形迹之心,如此可为苍生大医,反此则是含灵巨贼。"因此,医者必须具有高度的责任感,才能避免医过的产生。

(一) 医过的形成

1. 言行不当 医生言语亲切,行为得体,态度和蔼,可起到辅助治疗的作用,有利于患者病情的缓解。如医生语言不妥,讲话不注意场合、分寸,从而使患者思想负担过重,加重病情,产生不良影响。如把应该为患者或对患者保密的病情,草率地张扬扩散,会给患者造成更大的痛苦,甚至引起严重后果。医生的举止鲁莽,行为不端,也会给患者带来不信任感,甚至不良刺激,有时可因此而加重病情或拒绝治疗。

2. 处方草率 医生所开处方用字不规范或过于潦草难以辨认,使配药人员难以理解,对于危重患者,则易贻误抢救时机;因错用药物,可导致中毒,或变生他疾;故清代唐大烈《吴医汇讲》中专列"书方宜人共识说",他还呼吁医界同道,"凡书方案,字期清爽,药期共晓"。

3. 诊治失误 医生临床辨证不正确或不及时,则会导致误治失治,发生治疗用药或延误病情的错误;或医生在诊治患者过程中粗心大意,动作粗鲁,往往会造成医疗差错或事故,对患者造成不应有的损伤。医生诊察有失,辨证失准,以致用药失误,或手法操作不当,是重要的医源性致病因素。其中,常见的如用药时"虚虚""实实",寒热不辨,补泻误投;针刺时刺伤重要脏器,导致气胸,或断针体内;以及推拿时用力过大或不当,引起筋脉损伤,甚或骨折等。故《备急千金要方·大医精诚》说:"今以至精至微之事,求之于至粗至浅之思,其不殆哉!若盈而益之,虚而损之,通而彻之,塞而壅之,寒而冷之,热而温之,是重加其疾,而望其生,吾见其死矣。"《素问·宝命全形论》有"如临深渊,手如握虎",说明针刺时当专心致志,若有疏忽,往往造成医疗差错。

(二) 医过的致病特点

1. 易致情志异常波动 医生言行不当或诊治草率,极易引起患者的不信任,甚至是情志异常波动,或是患者拒绝治疗,或是导致气血紊乱而使病情更为复杂。

2. 加重病情,变生他疾 医生言行不当,处方草率,或是诊治失误,均可贻误治疗,加重病情,甚至变生他疾。

五、胎传

胎传是指禀赋与疾病由亲代经母体而传及子代的过程。胎传可使胎儿出生之后易于患上某些疾病,成为一种致病因素。胎传引起的疾病称为胎证、胎中病。胎寒、胎热、胎肥、胎弱、胎毒、解颅、五软等,均属胎疾范围。胎传包括胎弱和胎毒两类。

(一) 胎弱

胎弱又称胎怯、胎瘦,为小儿禀赋不足,气血虚弱的泛称。胎儿禀赋的强弱主要取决于父母的体质。

胎弱的表现是多方面的,如皮肤脆薄、毛发不生、形寒肢冷、面黄肌瘦、筋骨不利、腰膝酸软,及五迟、五软、解颅等。胎弱的主要病机为五脏气血阴阳不足。胎儿在母体能否正常生长发育,除与禀受于父母的精气有关外,还与母体的营养状态密切相关。如母体之五脏气血阴阳不足,必然会导致胎儿气血阴阳的不足,而出现五脏系统的病变。如禀肺气为皮毛,肺气不足,则皮薄怯寒,毛发不生;禀心气为血脉,心气不足,则血不华色,面无光彩;受脾气为肉,脾气不足,则肌肉不生,手足如削;受肝气为筋,肝气不足,则筋不束骨,机关不利;受肾气为骨,肾气不足,则骨节软弱,久不能行。

(二) 胎毒

胎毒指婴儿在胎妊期间受自母体毒火,是出生后发生疮疹和遗毒等病的病因。胎毒多由父母恣食肥甘,或多郁怒悲思,或纵情淫欲,或梅疮等毒火蕴藏于精血之中,隐于母胞,传于胎儿而成。

笔记栏

胎毒为病，一指胎寒、胎热、胎黄、胎搐、疮疹等；二指遗毒，又称遗毒烂斑(先天性梅毒)，系胎儿染父母梅疮遗毒所致。

由胎传因素所导致的疾病，大体分两类：遗传性疾病和先天性疾病。遗传性疾病是指亲代生殖细胞或受精卵里的遗传物质在结构或功能上发生了改变，传给子代，从而使新个体罹患的疾病。如某些出血性疾病(血友病)、癫狂痫(精神分裂症、癫痫)、消渴(糖尿病)、多指(趾)症、眩晕和中风(高血压病)、色盲、近视以及过敏性疾病等。此外，由于遗传的影响，可以使机体的抵抗力降低，或代谢的调节发生某种缺陷，或体质，或反应性发生改变，从而使后代易于罹患某些其他的疾病。如糖尿病患者的后代，可能发生痛风或肥胖病。先天性疾病是指胎儿在子宫内发育时期所罹患的疾病。由于妊娠早期母亲患有某些疾病或应用某些药物，或胎儿受到机械性损伤等原因，导致胎儿发育不正常或发生畸形等。如主要表现为形态结构异常，则称为先天性畸形。另如某些心悸(先天性心脏病)、原发性闭经(先天性无子宫、无卵巢等)、兔唇等，都属于先天性疾病。

此外，由于母体患有某种疾病，可由母体传给子代，亦属胎传，如部分病毒性肝炎、艾滋病等。

胎传所导致的疾病，是可以防治的。除早期诊治、早期预防外，注意护胎与孕期卫生，对于保证胎儿正常生长发育，避免发生胎传疾病有重要的意义。

六、环境毒邪

(一) 环境毒邪的概念

环境毒邪是由于环境污染所产生，进而毒害人体的一类病邪，亦可称为环境病邪，或环境污染毒邪，或环境污染病邪。环境污染包括大气污染、水污染、海洋污染、噪声污染、生物污染、辐射污染等。

环境毒邪与六淫、疠气均不同。环境毒邪来源广而杂，致病无明显的季节性，伤及人体，无论人体正气虚弱与否，均可损伤正气。环境毒邪与环境污染有关，多从皮毛、口鼻等官窍侵入人体。

(二) 环境毒邪的致病特点

1. 广泛性 环境因素影响范围、年龄均很广泛。环境因素影响地区广，以城市为主而遍及全球，而且影响人口也多，作用对象包括青壮年及老、弱、病、幼甚至胎儿。环境因素导致病证也很广泛，既有外感病证，又有内伤病证；既可损害人体脏腑、经络、筋骨、肌肤，又可伤及人体阴阳、气血、津液，病证涉及内外妇儿等各科。

2. 复杂性 环境因素种类多、成分复杂，它们对人体的影响，既可以单独发生作用，又可以产生联合作用。多种“环境毒”的联合作用，有时则可以增加其毒性。同时，环境毒的感染途径或由皮毛口鼻而入，或表里同病，或多器官同时受犯，导致人体气血津液、五脏六腑、四肢百骸、五官九窍、皮肉、筋脉等发生复杂的病变。通过口进入体内的主要是水毒、土毒为主；通过鼻进入人体主要是气毒；有的气毒和土毒亦可由皮肤直接进入体内；声毒则主要由耳入。毒物从口、鼻、耳或皮肤等进入机体后，各自侵袭不同的脏腑，而不同类别的毒其侵染性也不同。如饮食中有机氯农药蓄积主要在肌肉脂肪中，而从鼻而入的邪毒，大多先造成对肺的损伤。

3. 多样性 不同种类、成分的环境污染，毒性强弱不等，所以其致病各异，并随不同的毒而有不同的致病特点。

(1) 空气污染：主要是指通过鼻吸入，存在于空气中的各种毒性物质，常见的有飘尘、二氧化硫、氮氧化物、一氧化碳及光化学烟雾等。其致病大多在口、咽、喉、肺等部位，也侵及皮肤、五官九窍，主要与外感、咳嗽、哮喘、肺胀、胸痹、积聚等疾病有关。

(2) 水污染：主要是指通过口入，存在于水中的各种环境毒素，它主要来源于工业废水的排放，农药生产与使用不当以及生活污水排放等。水污染致病大多在脾、胃、大肠、小肠等部位，也可累及其他脏腑器官，主要与痢疾、泄泻、胃痛、腹痛、水肿等病有关。

(3) 土污染：主要是指存在于土壤中，间接地通过饮食进入人体的毒物。主要有粪尿、生活污水、垃圾、工业废物、残农药、化肥等。土污染致病大部分是间接的，即先由土中聚入水谷中，再由口

笔记栏

而入，故其致病较隐蔽。各种土污染致病均有一定的特点。总的来讲，主要与泄泻、霍乱、痢疾、腹痛、虫症，甚则瘕聚等的内伤疾病有关。

(4) 声音污染：是指发生在周围环境中对人的生活和工作有不良影响的各种喧闹声音，如交通工具的发声、机器轰响等各种噪声。优美舒缓的声音，能使人愉悦。反之，则成为毒害，使人体不能协调而引起疾病，常常使人焦躁不安、忧虑、纳呆，甚至心悸、失眠、眩晕、耳鸣、耳聋等。

4. 隐蔽性和强力性　环境污染的产生不能在短时间内被阻止，故环境污染作用于人的时间持续时间较长，这种长时期的作用，对人体的危害是十分厉害的。

一般除少数腐蚀性和激惹性毒物在进入机体后能立即引起损伤外，多数毒物在进入机体后，不会立刻引起明显的病变，但由此而导致对人体的损害却更隐蔽。各种有害因素对人的损害、致病强弱程度，主要与毒的性质和毒量的多少有关。人禀气于自然，环境因素造成对环境破坏的同时，也就造成了对人的损伤。因此，环境毒邪的致病隐袭，对人体损伤强烈，能引起人体阴阳失调，导致疾病的发生。环境毒邪进入体内后，直接消耗正气，降低正气抗邪能力。若正气较强，毒虽伤正而正仍能抗毒，则毒可被排于体外；若毒与人体正气交争，正不胜毒则致正伤毒留，阴阳失衡，或气机不畅，或血运失调，或损及脏腑，甚至又可与人体内生之毒相合，内外之毒胶结而致瘀浊内生，痰浊阻滞而更易耗损正气。

(贺晓慧)

笔记栏

第七章　病　　机

导　学

本章主要介绍病机的概念、发病的基本原理、发病类型，基本病机，内生“五邪”，脏腑病机，经络病机，疾病的传变与转归。

通过学习，掌握发病与病机的概念，发病的基本原理，邪正盛衰、阴阳失调、气血津液失常的基本病机；熟悉内生“五邪”、五脏病机的病机特点及规律；了解发病类型、六腑病机、经络病机、疾病的传变与转归。

病机，是指疾病发生、发展与变化的机制。中医学认为，疾病的发生、发展与变化，与患病机体的体质强弱和致病邪气的性质密切相关。邪气作用于人体，正气奋起而抗邪，正邪相争，破坏人体阴阳的相对平衡，或使脏腑、经络的功能失调，或使气血津液功能紊乱，从而产生一系列的病理变化。

病机学说是阐明疾病发生、发展与变化规律的学说，旨在用中医学理论分析疾病现象，从而揭示疾病的发生、发展与变化、转归的内在本质特点和基本规律，是对疾病进行正确诊断和有效防治的内在依据和理论基础。

中医病机学说坚持用唯物主义思想解释疾病的发生发展的原因，运用整体联系的观念，把研究局部病变与机体整体病变联系起来，从机体与外界环境以及脏腑经络、形体官窍之间的相互联系和相互制约的关系来探讨疾病的发展和传变规律。在疾病的发展和传变上，既注意病理传变的一般规律，又注意疾病传变的特殊情况，充分体现了辩证法思想，从而客观地、深刻地揭示疾病发生发展的病理机制，更好地掌握人体生命活动的变化规律。

本章主要阐述发病、基本病机、内生五邪、脏腑病机、经络病机以及疾病的传变与转归等内容。

第一节　发　　病

疾病是因致病因素所引起的一种病理过程。疾病的发生，称为“发病”。人体内在环境的平衡协调，以及人体与外界环境的整体统一，是人赖以生存的基础。但人体时刻受着内外因素的影响，干扰着这种动态平衡状态。当某种致病因素作用于人体，使得机体内部与外环境之间的相互关系失调，脏腑、组织、器官的功能失常，气血阴阳的平衡协调关系遭到破坏，出现一系列临床症状，发为疾病。发病学说重点在于阐明疾病发生的一般规律和基本机制，包括发病的基本原理、影响发病的因素和发病类型等内容。

一、发病的基本原理

笔记栏

疾病的发生发展是一个复杂的病理过程。邪气对机体的损害与人体正气抗损害的矛盾斗争，始终贯穿于疾病发展的过程，正气与邪气矛盾双方的力量对比，决定着疾病能否发生以及发病后疾病的发展方向、传变及转归。因此，疾病的过程就是邪正斗争的过程。疾病的发生关系到邪气和正气两方面，邪正交争是疾病发生发展的基本规律。

(一) 正邪斗争与发病

疾病的发生发展是一个错综复杂的过程。但主要关系到人体本身的正气和内外邪气两个方面。

1. 正邪的概念 正气,简称正,是指人体的自我调节能力、抗邪防病能力、康复自愈能力等。是人体形质和各种生理功能活动的总括。邪气,简称邪,又称病邪。与正气相对而言,泛指机体内外各种致病因素。如来自外界的六淫、疠气、外伤等;发于内在的七情、痰饮、瘀血、结石等。

正气与邪气是相互对抗的一对矛盾。疾病则是一定条件下邪正双方斗争的表现。对于人体来讲,致病邪气可以说是无处不在,而且邪气总是会乘机侵袭人体,发挥它伤害人体、损伤正气的不良作用;正气时刻与邪抗争,防止邪气入侵人体,起到维护健康的作用。所以,正邪斗争是发病过程中的基本矛盾。正邪之间力量的对比和消长盛衰的变化始终存在于整个疾病的全过程。且其结果直接影响疾病的发展与转归。因此,疾病过程,从根本上讲就是正邪相争的过程。

2. 正邪斗争的发病原理 正气在发病当中占据主导地位,是疾病发生的内在原因,而邪气在发病过程中具有重要作用,是疾病发生的必要条件。

(1) 正气不足是疾病发生的内在原因:在一般情况下,人体正气旺盛或邪气致病力较弱,则邪气不能侵犯人体,或虽有侵袭,也不至于发生疾病。所谓"正气存内,邪不可干"。此时,机体内部阴阳气血、脏腑经络的气化运动,其发展变化仍未超出正常生理活动的范围,即"正能御邪",故不发病。如果人体正气虚弱,抗病能力低下,不足以抗御邪气,或邪气致病力过强,则病邪即可乘虚而入侵,导致机体内脏腑经络阴阳气血的功能失调,即"正不胜邪"而发病。"邪之所凑,其气必虚。"正气虚弱不外两种情况:一是机体脏腑组织功能活动及对疾病的防御、斗争和修复(新生)能力下降;二是由于邪气的致病力过强、超过了正气的抗御能力,使正气表现出相对虚弱。在这两种情况下,都能引起病邪入侵机体,使脏腑经络阴阳气血功能失调而发生疾病。疾病的发生,虽然同时关系到正气与邪气的两方面,但是起到决定作用的仍然是正气。一般情况下,邪气总是因为正气不足才有可能使人致病。因此,人体正气的强弱是疾病能否发生的内在根据。

正气抗邪的作用,表现在以下三个方面:其一,抗御外邪的侵袭;其二,影响发病的证候类型;其三,驱除邪气的机体自愈能力。

正气的防御作用主要表现在三个方面:① 自我调节,以适应内外环境的变化,维持阴阳平衡,脏腑协调,保证机体气化正常;② 抗邪防病,预防疾病发生,或疾病发生后防止邪气侵入,驱邪外出;③ 自我修复,病后或虚弱时自我康复,在一定程度上,恢复机体的形质损害的生理功能。

(2) 邪气侵袭是发病的重要条件:正气虽然在发病中处于主导地位,但是邪气侵袭却是疾病发生的必要条件。而且在一定的条件下,甚至可以起主导的作用,如高热灼伤、金刃损伤、虫兽咬伤以及疠气之邪等,纵然是正气强盛,也难免罹患。所以强调"正气存内,邪不可干"的同时,还要注意"避其毒气"。应当辩证地认识和处理邪正之间的关系。

邪气对机体的损害,主要表现在三个方面:第一,影响机体正常生理功能;第二,造成机体形质损伤;第三,改变原有的体质特征。邪气与发病的关系甚为密切。所感邪气的性质、轻重,以及邪气作用的部位,直接影响疾病的发生、发病机制及表现。

病邪性质影响病证性质:一般来说,感受阳热的邪气,容易导致阳偏盛而出现实热证;感受阴寒邪气,容易招致阴邪偏盛而出现实寒证。如火为阳邪,肝火旺盛,则表现面红目赤、心烦急躁、口干便结、舌红苔黄等实热之证。而寒为阴邪,寒邪直中脾胃,则会出现吐泻清稀、脘腹冷痛、小便清长等阴寒之候。

感邪微甚影响病情的轻重:疾病的轻重,除体质原因外,还受感邪微甚的影响,邪微则病轻,邪甚则病重。例如,同为风邪伤人,因感邪轻重不一,发病则有伤寒和伤风的区别,邪甚而深者为伤寒,邪微而浅者为伤风。

感邪部位影响病机与表现:病邪侵犯人体的部位不同,病理机转与临床表现也大有差异。如寒客肌表经络,则头身四肢疼痛;寒邪犯肺,则咳嗽喘促,痰液稀白等。

就发病而言,既要强调人体正气是疾病发生的内在根据,又不排除致病邪气的重要作用,同时

笔记栏

明确邪气在一定的条件下,也能成为疾病发生的直接原因。这是中医发病学说的基本认识。

正确理解疾病的发生发展规律,目的在于预防和治疗疾病。明白了疾病的发生在于正气虚弱、邪气侵袭,临床预防保健、治疗疾病,就要从增强机体正气和改善外界环境,趋避邪气入手,同时要加强体育锻炼,改变不良的生活习惯和行为方式,增强机体抗病能力。

（二）影响发病的因素

正邪双方是决定疾病能否发生的关键因素,邪正斗争决定着疾病发生发展的过程。正气和邪气以及邪正斗争是受机体内外多种因素影响的。机体的外部环境包括自然环境和社会环境,主要与外邪的性质和量有关。机体的自身因素则包括体质因素、精神状态和遗传因素等,与人体正气密切相关。

1. 外部环境与发病　由于人的居处和工作环境不同,会形成不同的生活习惯,这对于疾病的发生,会产生一定的影响;地域有东、南、西、北、中五方的差异,其气候不同,生活习惯互异,故所发生的疾病也会表现出一定的差异性。一般地说,人长期生活于某一较为稳定的环境中,便会获得对此种环境的适应性,因此,不易生病;若环境突然发生了变化,人在短时间内不能适应这种变化,就会感受外邪而发病。

(1) 自然环境与发病:自然环境包括季节气候、地理特点及生活工作环境等。人与所居处的自然环境息息相关。自然环境因素对疾病的发生有着明显的影响,自然环境的变化既可以直接引发疾病,又可成为引起疾病发生的先导条件。

季节气候与发病:人们总是生活在一定的气候环境中。自然界气候的变化,不仅是六淫、疫气等外来邪气产生的条件,同时又能影响机体的自我调节和适应能力,进而影响正气的盛衰和抗病邪能力。

天人相应,人体阴阳随着季节时令的阴阳消长而产生相应的变化。脏腑、经络之气,在不同的时令也发生相应的旺衰变化。如果人体不能跟随自然变化,则不能很好适应季节气候。同时由于四时季节气候各异,不同的季节就有不同的易感之邪和易患之病。如春易伤风,夏易中暑,秋易伤燥,冬易感寒等。另外,疫疠的暴发或流行,也与季节气候的异常变化密切相关。异常的气候,一方面可以使正气的抗邪能力下降而处于易病状态,另一方面又促成了某些疫疠邪气的滋生与传播,从而易于引起"时行疫气"的发生。

地理特点与发病:地域不同,其气候特点、水土性质、物产等各不相同,各地人们的饮食种类、生活习惯也有差异。这些情况对疾病的发生有着重要影响,甚至会出现地区性的常见病和多发病。一般而言,西北地区,地势高峻,居处干燥,气候寒凉而多风,人之腠理常闭而少开,故多风寒中伤或燥气为病。东南地区,滨海傍水,地势低洼,居处多湿,气候温暖或炎热多雨,人之腠理常开而少闭,饮食多鱼而嗜咸,故多湿邪或湿热为病。而居处远离海边的山区,人们易患瘿瘤等疾病。

工作生活环境与发病:生活居处与劳作环境的不同,也可以成为影响疾病发生或诱发的条件。比如生活居处潮湿、阴冷或从事水湿作业的人员,容易罹患寒湿性质的病证。夏日炎热高温季节,在野外操作,则容易中暑。冬天严寒低温节令,在户外工作,容易感受风寒或被冻伤。渔民水上作业,容易感受水湿之气而发病。矿工在石粉迷雾中劳动,容易被尘毒伤肺而成病等。这些情况可以帮助临床疾病诊断,特别是对于某些职业病或地方病的诊断,具有重要的指导意义。

(2) 社会环境与发病:人们总是生活在一定的社会环境当中,社会环境中的许多因素会对疾病的发生产生影响。一般而言,社会福利好,公共卫生条件良好,则能有效地减少疾病的发生。反之社会福利及公共卫生条件较差,防疫工作不被重视,或者连年战乱、饥荒,都会使疾病发生的概率大幅增加。此外,随着工业化社会的发展,环境污染包括空气污染、噪声污染、土壤污染及水源污染等成了新的威胁人类健康的致病因素,并且已经出现了许多前所未有的疾病,如放射病、噪声病、水俣病等。

2. 自身因素与发病　人体是由脏腑经络、形体官窍等组织结构和精气血津液等精微物质以及它们的功能活动共同构成的。机体通过脏腑经络、气机升降出入等调节机制,保持了自身生理活动

笔记栏

的相对稳定。人体自身的体质状况，精神状态以及遗传因素等情况，会对自身生理活动的稳定性构成一定的影响。进而影响正气抗邪的能力，决定机体对某些病邪或疫病的易感性，而且也决定疾病的发展过程。

(1) 体质因素："人之生也，有刚有柔，有弱有强，有短又长，有阴有阳"(《灵枢·寿夭刚柔》)。人生在世，由于每个人的先天禀赋不同，性格会有强悍、柔弱的区别；体格有强壮和瘦弱的不同；身形有高矮的区分；就体质及生理功能活动而言，则出现偏阴偏阳的差别。人体体质的这种差异性，对于发病存在一定程度的影响。一般来说有三种情况：一是虽然同样感受外邪，但有发病与不发病的区分。二是病邪虽然相同，但由于体质禀赋不同，其发病情况也会有所差异，其病理变化及临床反应也不尽相同，甚至性质相反，如同为风寒之邪侵袭肌表，由于体质差异，有的可发为"中风表虚证"，有的则表现为直中少阳的"少阳伤寒证"，甚至有人会表现为上焦风热证。因此，《医宗金鉴·订正伤寒论注》也说"盖以人之形有厚薄，气有盛衰，脏有寒热，所受之邪，每从其人之脏气而化，故生病各异也。是以或从虚化，或从实化，理固然也"。举例来说明，身体发育或胖瘦的不同，其发病情况、病理变化也出现相应的不同规律。三是个体的体质特征，往往决定其对某些外邪的易感性。肥胖体质多偏阳虚，多湿多痰；消瘦体质多偏阴虚，多火多气。而且，阳虚或阴盛之体，感邪后无论邪气性质，往往易从寒化，即从阴而化寒，多反映为寒性病理变化，或为实寒证，或为虚寒证。阴虚或阳盛之体，感邪后则易从热化，即从阳而化热，多反映为热性病理变化，或为实热证，或为虚热证。再例如，处于不同年龄段，体质会存在明显的差异。因此，年龄段不同，疾病的发生发展过程也会有各自特点。儿童为"稚阴""稚阳"之体，阳气虽萌发初生并不壮盛，但却易动易亢，感受邪气则容易化热、动风，容易津液耗损；青壮年形体壮实，气血旺盛，感受邪气则正邪斗争激烈，所以发病多为实证、热证；年高体弱，气血亏虚，阴阳两衰，发病则多为虚证、寒证、阴阳两虚之证。

(2) 精神因素：精神因素可以直接影响脏腑阴阳气血的气化活动，如果精神活动变化过度剧烈，或某种不良情绪持续过久，就会影响机体正常生理功能而直接发为疾病。此外不良的精神状态，虽未直接引发疾病却可使人体的"正气"产生相对的虚弱。比如长期处于抑郁不畅的精神状态，则可使人寝食俱废，形体衰弱，脏腑功能失调，气血亏虚，经络阻滞，抗邪能力低下，机体容易被各种邪气侵犯。所以，患者要树立信心，保持积极乐观的精神状态，有利于脏腑正常生理功能的发挥，提高机体的抗病能力，从而达到邪退正盛，恢复健康的目的。

(3) 营养和锻炼：适宜的营养和适度的锻炼，是保证人体正气强盛，提高抗邪能力的重要条件。足够质量和数量的饮食，可提供丰富营养，利于脾胃化生气血，气血充足，则正气旺盛，抗病能力正常，可以抗御病邪之侵袭而不发病。如果摄入饮食质量数量不足或饮食偏嗜，则营养不良，脾胃难以生化气血，必然造成气血虚衰，正气不足而无力抗御邪气，容易感邪发病。

坚持劳动和体育锻炼，是流通气血，促进机体气化，增强体质的重要方法，即所谓"流水不腐，户枢不蠹"。反之，缺乏适度的劳作和锻炼，则可致气血郁滞不行，筋骨柔弱，体力日下，正气渐衰，抗病能力下降，而易于感邪发病。

(4) 遗传因素：遗传因素属于先天禀赋。遗传因素从两个方面影响疾病的发生。一是在人类遗传的过程中，亲代所发生的某些疾病也相应地遗传给了子代。由遗传因素直接导致的疾病，称之为"遗传病"。二是由遗传因素而影响体质类型，不同体质类型在后天对不同邪气的承受性和易感性均不同，疾病的发生随之也有差异。

此外，不良的生活习惯，生活无规律，作息无常，以及个人卫生不佳等，都会影响人体正气而使之易于感受邪气。

二、发病类型

笔记栏

由于邪气存在有种类、性质、致病途径及其作用的不同，机体又有体质和正气强弱的区别，正邪相争而发病，发病类型就会有多样。根据临床实际，发病类型大致有卒发、徐发、伏发、继发、合病与并病、复发等几种情况。

(一) 卒发

卒发,又称顿发,指机体感邪之后立即发病,没有明显的潜伏期。主要因为邪气亢盛而正气不能制约病邪所导致,一般多见以下几种情况。

1. 外邪较甚 六淫之邪侵入人体,若邪势较盛,则感邪之后随即发病。一般的时令性外感病,多属于此种发病类型。如外感风寒、风热、燥热、温热、温毒等病邪为病,多数感而即发,随感随发。

2. 情志剧变 剧烈的情志变化和精神刺激,如暴怒、过度悲伤等精神情志波动,均可导致脏腑气血逆乱而致顷刻发病,出现突然昏仆倒地、半身不遂、胸痹心痛、脉绝不至等急危重证。

3. 疫气致病 疫疠邪气伤人,起病急暴,来势凶猛,病情危重,常相“染易”,以致迅速扩散,广为流行。有些疫气,性质毒烈,极易致病,善“染易”流行而发作迅猛,危害甚大,故又称作暴发。

4. 毒物所伤 误服毒物,或被毒蛇、毒虫咬伤,或吸入毒秽之气等,都能使人在短时间内迅速出现中毒现象,发作均很急骤。

5. 急性外伤 如金刃伤、枪弹伤、坠落伤、跌打伤、烧烫伤、冻伤、触电伤等,都可以直接损伤形体组织或脏腑气血而迅速致病,虽然轻重不同,然都属于卒发类型。

(二) 徐发

徐发,又称缓发,指感受邪气后相对卒发而言发病比较缓慢。徐发多与致病邪气的种类、性质及其致病特点有关。同时体质也是感邪徐发的影响因素。从外感寒湿而言,湿邪其性属阴,凝滞、黏腻、重着,所以湿邪伤人起病多缓慢。如湿邪痹阻肌肉筋脉关节而出现肿胀、重着、麻木等症状,即属于徐发的类型。某些高龄患者,气血亏虚,抗邪无力,虽受感外邪,也难卒发,常常徐缓起病,此与机体反应性低下有关。内伤因素致病,如思虑过度、忧郁难解、房劳过度、嗜酒成性、贪食膏粱厚味等,常可引起机体渐进性的病理改变,日积月累,逐渐出现临床症状,发为疾病。

(三) 伏发

伏发,即伏而后发。是指人体感受某些病邪后,并不立即发病而是病邪潜伏于内,经一段时间后,或在一定诱因作用下才发作。如破伤风、狂犬病等,即属于伏而后发之类,外感性疾病中的“伏气温病”也属于这种发病类型。

伏发的形成,主要与两方面的原因有关。一是感受外邪不是太强,或由于未及时正确治疗,使邪气留于体内,或邪气所伏部位特殊不易祛除而潜藏于体内。二是因为人体正气虽然未能将邪气及时祛除,但也并非十分虚弱,邪正虽未相争,却处于僵持状态,一旦气血失调,正气削弱或遇新感诱因即可发病。因而称为伏发。

伏藏于体内而未立即发病的邪气称为伏邪,又称伏气。在温病学中,由伏邪所导致的疾病称作伏气温病。伏气温病,初起发作即不见表证,而直接见里热甚至血分热证。与伏气相对而言的是新感。在温病学上,感受病邪之后,立即发病者,为新感或新感温病。新感温病,随感随发,初起见风热表证。若本有伏邪,由新感触动而发病,称为新感引动伏邪。

(四) 继发

继发,是指在原有疾病的基础之上又发生新的疾病。继发病一般以原发病为前提,两者之间存在着较为密切的病理联系。例如,肝胆湿热所致的黄疸、胁痛等,若失治、误治或久治不愈,日久可继发致生癥积、鼓胀。又如,疟疾长期反复发作,可继发出现“疟母”(脾脏肿大);小儿久泻或虫积,营养不良,日久则变生“疳积”;本有肝阳上亢而致眩晕头痛等证,若遇忧思恼怒,饮食失宜,劳累过度,有的可发为“中风”,出现猝然昏仆、神识昏蒙、口眼㖞斜、半身不遂等症状。

(五) 合病与并病

凡两经或三经同时受邪发病者,称之为合病;若一经病证未罢又伴随出现另一经病证者则称之为并病。合病与并病是依照伤寒六经发病的规律来进行分析和认识的。合病与并病的区别,主要在于发病时间上的差异,即合病为同时并见,并病则为次第出现。合病多出现于病邪较盛之时。由于邪气较盛,可同时侵犯两经,如伤寒之太阳与少阳合病、太阳与阳明合病等,甚则有太阳、阳明与

笔记栏

少阳之三阳合病者。而并病，则指伤寒一经的证候未愈，又出现另一经的证候，如太阳与少阳并病、太阳与阳明并病。例如，先见太阳病的头痛、恶寒、发热、四肢关节微痛，以后又出现呕吐、胁肋满闷的少阳症状。

（六）复发

复发，又称“复病”，是指即将痊愈或已经痊愈的疾病重新发作。复病的临床表现类似于初病，但又不仅是原有病理过程的再现，是由于内外各种原因作用于旧疾宿根，机体遭受到新一次的病理性损伤而旧病复发。复发的次数越多，静止期的恢复就越不完全，预后也就越差，并常可遗留下后遗症。后遗症是指疾病在好转或痊愈过程中未能恢复的机体损害，它与疾病存在着因果关系。

1. 复发的基本条件 疾病复发的基本条件有三：其一，余邪未尽。从病邪角度来讲，疾病初愈，邪气已去大半，然犹未除尽。余邪伏留于体内，为复发提供了必要的准备。余邪未尽是疾病复发的首要条件。其二，正虚未复。因为疾病导致正气受损，疾病初愈时正气尚未完全恢复。气血阴阳虚损，难以应付机体内外的各种变化，稍有不慎就会出现旧病复发。因此，正虚未复成为疾病复发中必不可少的条件。其三，诱因引动。如新感病邪，或劳神、劳力、房劳过度，致使正气受损，邪盛于正，而引起旧疾复发。其他如饮食不慎，情志不调，用药不当，亦可伤正，导致复发。

2. 复发的主要类型 由于病邪性质的差异，人体正气盛衰的不同，复发主要可以分为疾病少愈即复发、休止与复发交替和急性发作与慢性缓解期交替等三种类型。

（1）疾病少愈即复发：这种复发类型易见于较重的外感热病初愈阶段。每因饮食不慎，用药不当，或过早操劳，使正气受损，余邪复燃，引起复发。比如湿温恢复期，患者脉静身凉，疲乏无力，胃纳渐开。如果能安静休养，摄入清淡且易于消化的软烂饮食，则可逐渐康复。如果进食不易消化的偏硬或厚味饮食，致生积滞，则食积与余热相搏，每易引起复发，不但身热再度发生，且常出现腹痛、便血，甚至危及生命。

（2）休止与复发交替：这种复发类型在首次发病时即有宿根伏于体内，虽然经过治疗，症状和体征均已消失，但宿根未除，一旦正气受损，或感新邪引动宿邪，即可旧病复发。例如哮喘病，有痰饮宿根胶着于胸膈，休止时一如常人。每当气候骤变，新感外邪引动宿根，或过度疲劳，正气暂虚，无力制邪之时，痰饮即借机泛起，壅塞气道，阻碍气机，使肺气不畅，呼吸不利，张口抬肩而息，喉中痰鸣如拽锯，哮喘复发。经过正确治疗，痰鸣气喘消除，又与常人无异。但胸膈中宿痰不除，终有复发的可能。

（3）急性发作与慢性缓解交替：这种复发类型实际上是慢性疾病症状较轻的缓解期与症状较重的急性发作期的交替。例如胆石症，胆结石为有形的病理产物，会阻碍气机，而致肝胆气机疏泄不畅。在肝疏泄未明显受阻，胆腑气机通降适度时，患者仅感右胁下偶有不适，或进食后稍觉饱胀，是谓慢性缓解期。若因进食膏粱厚味，土运需木气疏泄力度增大时，肝胆气机失于疏泄，而发作胆绞痛，症见右胁下剧痛，牵引及右侧肩背，甚则因胆道阻塞而见黄疸与高热，是谓急性发作。经过适当治疗，发作渐轻，进入缓解期。由于胆石未除，再次发作的可能仍然存在。当重新发作时为复发。

从上述三种情况看，其一是急性病恢复期正气已虚，余邪未尽，再遇诱因而引起复发。若治疗中注意尽祛邪气，不留祸根，避免诱因，复发是可以防止的。其二、其三均为有宿根而导致复发。宿根的形成，一是正气不足，脏腑功能失调，无力消除病邪；二是病邪之性胶着固涩，常规方法难以清除。因此治疗时，一方面应扶助正气，正气充盛则祛邪有力；另一方面要根据宿邪的性质，采取适当方法予以消除。

无论从何角度考虑，避免诱因是减少复发的重要手段。因此，必须认真掌握引起复发的诱发因素。

3. 复发的诱因 诱因是导致疾病复发或加重的原因。诱发因素，大致有如下几个方面。

笔记栏

（1）复感新邪：疾病初愈或在缓解期，邪气已衰，然正气亦弱，复感新邪势必助邪胜正，使病变再度活跃。这种复感致复多发生于热病初愈之时，即所谓：“瘥后伏热未尽，复感新邪，其病复作。”加强病后调护，慎避风邪，防寒保暖，避免复发。

(2) 食复：疾病初愈，因饮食不节而致复发者，称为“食复”。“病热少愈，食肉则复，多食则遗”(《素问·热论》)。疾病初愈之际，若多食强食，或不注意饮食宜忌，或未保持饮食卫生，可致脾胃受纳、腐熟、运化功能受伤。脾胃既伤，则化生气血乏源，正气难复，余邪得宿食、酒毒、“发物”等之助而复作，以致复发。例如胃脘痛、痢疾、痔疮、淋证等新瘥之后，每可因过食生冷，或食醇酒、辛辣、炙煿之物而诱发。海鲜等发物可致瘾疹及哮喘病的复发等。

(3) 劳复：疾病新瘥，如果劳神、劳力过度，或早犯房事而引起疾病复发的，称为“劳复”。例如，某些外感热病的初愈阶段，可因起居劳作过度而复生余热；慢性水肿，以及痰饮、喘证、胸痹等，均可因劳倦而复发或加重；有些病证，如中风的复中、真心痛的反复发作等，均一次比一次的预后更为凶险。因此，凡病初愈，切忌操劳，宜静养守正，以复其气，防病复发。

(4) 药复：病后应用药物不当，或滥施补剂，而导致复发的，称为“药复”。疾病初愈，为使正气复健，或需继清余邪，可使用药物调理治疗。但应遵循扶正宜平补，勿助邪，祛邪宜缓攻，勿伤正的原则。尤其注意勿滥投补剂，若急于求成，补益太过，反而导致虚不受补，或补而助邪引起疾病的复发，或因药害而酿生他病。

(5) 情志致复：病后因精神情志失调而使疾病复发，可称为“情志致复”。比如眩晕、失眠、脏躁、癫狂，以及某些月经不调病证的复发与加重，多与情志的刺激有关，另如梅核气、胃胀痛等因情志变化而发生的病变，每因情志不遂而复发。

(6) 环境变化而复发：指因自然环境变化所导致的旧病复发。即气候因素、地域因素等均可成为复发的因素。如哮病，以及久病咳喘引起的“肺胀”，多在气候转变的时节或天气寒冷的冬季复发。许多皮肤疾患的复发或症状的加重，也与气候变化有十分密切的关系。初到一个地理环境，水土风俗不同的地方，常可引起旧有荨麻疹、腹痛、腹泻等病的复发，这也属因环境变化而复发的情况。

第二节 基本病机

基本病机，是指机体对于致病因素侵袭所产生的基本病理反应，是病机变化的一般规律。

疾病的发生、发展与变化，与患病机体的体质强弱和致病邪气的性质密切相关。病邪作用于人体，机体的正气奋起抗邪，而形成正邪相争，破坏了人体阴阳的相对平衡，正邪双方力量彼此消长，贯穿于整个疾病过程中。与此同时，正邪相争，必然引起维持脏腑经络组织器官等正常功能活动的物质基础精气血津液等的病变，从而产生全身或局部的多种多样的病理变化。因此，尽管疾病的种类繁多，临床表现错综复杂，千变万化，各种疾病、各个症状都有其各自特殊的病机，但由不同的致病因素所引起的不同的病理变化中，却存在着某些具有共同性的一般规律，即总离不开邪正盛衰、阴阳失调、气血津液失常等病变规律。

一、邪正盛衰

邪正盛衰，是指在疾病过程中，机体的抗病能力与致病邪气之间相互斗争中所发生的盛衰变化。邪气侵犯人体后，正气与邪气即相互发生作用，一方面是邪气对机体的正气起着破坏和损害作用，另一方面正气对邪气的损害起着抗损害及驱除邪气，并消除其不良影响的作用。疾病的发生、变化发展和转归，均取决于邪正双方的力量对比。因此，邪正双方相互斗争的结果，不仅关系着疾病的发生、发展和转归，同时实际上也影响着病理过程的虚实变化。

在疾病的发展变化过程中，正气与邪气的力量对比不是固定不变的，而是在正邪双方的相互斗争过程中，不断发生力量对比的消长盛衰变化。一般来说，正气增长而旺盛，则促使邪气消退；反之，邪气增长而亢盛，则会损耗正气。随着体内邪正的消长，病理过程反映出虚与实的变化。

笔记栏

（一）虚实的基本病机

《素问·通评虚实论》曰:“邪气盛则实,精气夺则虚。”是说邪正双方力量对比的盛衰,决定着机体病证的或虚或实的病机变化,但虚与实是相比较而言的。

1. 实 主要指邪气亢盛,是以邪气盛为矛盾主要方面的一种病理变化。由于邪气亢盛,致病力强,而机体的正气未衰,能积极与邪气抗争,故正邪相搏,斗争剧烈,反应明显,临床表现为一系列病理反应比较剧烈的证候,谓之实证。实证多见于外感六淫,或痰、湿、水饮、食积、气滞、瘀血等病邪滞留体内引起的内伤病证。一般多见于疾病的初期和中期,体质比较壮实者。临床上,外感实证常见壮热、烦躁、声高息粗、疼痛剧烈而拒按、二便不通、脉实有力、舌苔厚腻等症;内伤病实证常表现为痰涎壅盛、水湿泛滥、食积不化、气滞瘀血等各种病理变化。

2. 虚 主要指正气不足,是以正气虚损为矛盾主要方面的一种病理变化。由于机体的气、血、精、津液虚少,脏腑经络等的生理功能减弱,抗病能力低下,机体对于致病邪气的斗争无力,而邪气已退或不明显,故难以出现较剧烈的病理反应,临床表现为一系列虚弱、衰退和不足的证候,谓之虚证。虚证常见于先天禀赋不足,或疾病的后期,以及各种慢性病证;或大汗、吐利、大出血等损耗人体精气血津液和阴阳。临床常出现神疲体倦、面色无华、气短或自汗、盗汗,或疼痛隐隐而喜按,或五心烦热,或畏寒肢冷、脉虚无力等症状。

（二）虚实错杂病机

虚实错杂是指在疾病过程中,虚实同时存在的病理状态。这种情况,大多由于疾病失治、误治,以致病程较长,病邪久留,损伤人体正气;或因体质虚弱,正气本虚,无力驱邪外出;或正虚而又内生痰饮、水湿、瘀血、食积等病理产物的凝结阻滞等,都可形成正虚邪实的虚实错杂病变。根据虚实病理变化的主次关系,虚实错杂一般有虚中夹实和实中夹虚两种情况。

1. 虚中夹实 是指疾病的病理变化以正虚为主,又兼夹实邪的病理状态。多见于正虚邪实自内而生。如脾气虚衰,水湿内聚证。由于脾气不足,健运失司,而致水湿停聚体内。临床上既有脾气虚弱的症状,如肢倦神疲、食少腹胀、大便不实等症状,又兼有湿邪阻滞体内的病变,见胃脘胀满、肢面水肿、口黏苔腻等症状。或因气虚而运血无力,出现气虚血瘀。也可见于素体虚弱复感外邪之人。如气血阴阳亏虚,而又复感外邪。其病机特点是正虚为主,邪实次之。

2. 实中夹虚 是指疾病的病理变化以邪实为主,又兼见正气虚损的病理状态。多见于疾病过程中邪气亢盛,损伤正气。如在外感热病发展过程中,常见邪热炽盛,灼伤气阴证。临床上既有因邪热炽盛而见高热、面红、烦躁、汗出、尿赤、便秘、苔黄、脉数等症,又兼见口渴引饮、口舌干燥、气短乏力等阴气不足之症。也可见于素体虚弱复感外邪之人。其病机特点是以邪实为主,正虚为次。

此外,在虚实错杂病理变化中,由于病邪所处部位层次不同,正气受损的程度不同,又有表里、上下等虚实错杂的证候。如表实里虚、里实表虚、上实下虚、下实上虚、虚多实少、实多虚少之别,在病机分析中又当详辨。

（三）虚实转化的病机

虚实转化是指在疾病过程中,由于邪气损伤正气,或正气不足而致实邪积聚,所发生的由实转虚和因虚致实的病理变化。

1. 由实转虚 是指疾病或病证本来是以邪气盛为矛盾主要方面的实性病理变化,继而转化为以正气虚损为矛盾主要方面的虚性病变的过程,因而疾病的病理变化由实转虚。多因邪气亢盛,损耗正气,或因失治、误治,使病情迁延,虽邪气渐去,但人体正气受到损伤,从而出现由实转虚。例如,外感暑热邪气,热邪迫津外泄,可伤津耗气,若失治、误治,病情进一步发展,可导致阴液亏虚而见阴虚证。

2. 因虚致实 是指疾病或病证本来是以正气亏损为矛盾主要方面的虚性病理变化,由于脏腑生理功能减退,无力驱邪外出,或气化无力,以致全身气血津液等不能正常运行,从而产生气滞、血瘀、痰湿、水饮等实邪停留于体内的病理过程。例如,脾阳虚损,脾失健运,不能运化水液,而内生痰饮水湿等病理产物。临床表现既可见脾阳不足,运化功能减退的虚象,又可见痰饮水湿停留体内的

笔记栏

邪实之象。因虚致实的病理变化,正虚病机仍然存在,只不过实性病机占突出地位而已,实际上属于虚实错杂的病理变化。

(四)虚实真假的病机

虚实真假是指疾病在某些特殊情况下,可出现其现象与本质不完全一致的真实假虚和真虚假实的病理变化。

在一般情况下,疾病表现于外的症状和体征可以反映出疾病的本质,如正虚可见虚象,邪实可见实象,即疾病的现象与本质相一致,可以反映病机的虚或实,但在某些特殊情况下,则可出现与疾病本质不符的假象的病理状态。虽然这些假象也是由疾病的病机所决定的,但它不能更直接地反映病机的虚或实。因此,必须全面地分析临床资料,透过现象来发现本质,从而真正把握疾病的虚实变化。

1. 真虚假实 是指"虚"为病机的本质,而"实"则是表现出的临床假象。又称为"至虚有盛候"。多由于正气虚弱,脏腑经络之气不足,功能低下,运化无力所致。如脾气虚弱患者,临床可见纳食减少、疲乏无力、舌胖嫩苔润、脉虚细无力等正气不足的表现,同时因气运化无力,可见脘腹胀满、腹痛等假实症状。脘腹虽胀满,但有时和缓减轻,不似实证脘腹胀满之持续不减;腹虽痛,但喜按,不似实证腹痛之拒按。

2. 真实假虚 是指"实"为病机的本质,而"虚"则是表现出的临床假象。又称为"大实有羸状"。多由于实邪亢盛结聚于体内,阻滞经络,郁遏气机,致使气血不能外达所致。如热结胃肠之里热炽盛证,一方面可见大便秘结、腹痛硬满拒按、谵语等实热症状,同时因阳气被郁,不能四布,则可见面色苍白、四肢逆冷、精神萎靡、肢体倦怠、大便下利等类似虚寒的假象。虽精神萎靡,但言语多声高气粗,脉数有力;腹虽胀满,但按之痛剧、胀甚。

临床上对真虚假实应当详细观察,认真分析有无因虚致实和虚中夹实的病理情况,对真实假虚,须注意分析有无正气受损的变化。

总之,在疾病的发生、发展过程中,病机的虚和实是相对的。由实转虚、因虚致实和虚实夹杂,常常是疾病发展过程中的必然趋势。因此,在临床上不能以静止的、绝对的观点来对待虚和实的病机变化,而应以动态的、相对的观点来分析虚和实的病机。

二、阴阳失调

阴阳失调,是机体阴阳双方消长失去平衡协调的简称,是指在疾病的发生发展过程中,由于各种致病因素的影响,导致机体的阴阳双方失去相对的平衡协调,从而形成阴阳偏胜、偏衰、互损、格拒、转化、亡失等的病理变化。同时,阴阳失调又是脏腑、经络、气血、营卫等相互关系失调,以及气机升降出入失常的概括。

由于六淫、七情以及饮食、劳倦等各种致病因素作用于人体,都可通过机体内部的阴阳失调而形成疾病,所以,阴阳失调又是疾病发生发展的内在依据。

由于阴阳的概念是相对的,内容所及甚为广泛,因此,阴阳失调的病理变化,是甚为复杂的,但其主要表现在阴阳的偏胜偏衰、阴阳互损、阴阳格拒、阴阳转化,以及阴阳亡失等几方面。

(一)阴阳偏胜

阴阳偏胜,是指阴或阳的偏胜,属于"邪气盛则实"的实证病机。病邪侵入人体,正气奋起抗邪,形成正邪相搏。阳邪侵入人体,可形成阳偏胜;阴邪侵入人体,可形成阴偏胜。《素问·阴阳应象大论》曰:"阳胜则热,阴胜则寒",明确地指出了阳偏胜和阴偏胜病机的临床表现特点。

阴和阳是相互制约的,任何一方偏胜必然会制约另一方而导致其衰弱。阳长则阴消,阴长则阳消。阳偏胜制约阴,可引起阳盛兼阴虚,进而发展为阴虚病变;阴偏胜可制约阳,引起阴盛兼阳虚,进而发展为阳虚病变。所以,《素问·阴阳应象大论》又曰:"阴胜则阳病,阳胜则阴病",则指出了阳偏胜或阴偏胜的必然发展趋势。

1. 阳偏胜 阳偏胜,即是阳盛,是指机体在疾病过程中所出现的一种阳气偏盛,功能亢奋,阳热

笔记栏

过剩的病理状态。一般地说,其病机特点多表现为阳盛而阴未虚的实热证。阳偏胜的形成原因主要有感受温热阳邪,或虽感受阴寒之邪,但从阳化热,或情志内伤,五志过极而化火,或因气滞、血瘀、食积等郁而化热所致。

由于阳是以热、动、燥为其特点,故阳偏胜临床可出现热象及燥、动之象,如发热、烦渴、面红、尿黄、便干、舌红苔黄、脉数等症。“阳胜则热”,是说阳偏胜病机易于出现化热、化火等病理变化,常表现为实性、热性病证。“阳胜则阴病”,即阳盛则阴虚,指出了疾病过程中阳偏胜病机发展的必然趋势是容易损伤人体阴液。邪客于阳而致阳盛,由于阴的相对不足,从而出现实热证。如果病情发展,由于阳热亢盛日久,而明显耗伤机体的阴液,此时病证从实热证转而成为实热兼阴亏证,若阴液大伤,病证可由实转虚而发展为虚热证。所以“阳胜则阴病”从病机上必须区分阴的相对不足还是绝对亏虚。

2. 阴偏胜 阴偏胜,即是阴盛,是指机体在疾病过程中所出现的一种阴气偏盛,功能障碍或减退,热量耗伤过多,病理性代谢产物积聚的病理状态。一般地说,其病机特点多表现为阴盛而阳未虚的实寒证。阴偏胜的形成原因主要有感受寒湿阴邪,或过食生冷,寒邪中阻,遏抑阳气,从而导致阳不制阴而致阴寒内盛。

由于阴是以寒、静、湿为其特点,故阴偏胜临床可出现寒象及静、湿之象,如畏寒、喜暖、肢冷、蜷卧、口淡不渴、舌淡而润、苔白脉迟等症。“阴胜则寒”,是说阴偏胜病机易于导致脏腑组织功能抑制或障碍,温煦气化作用减退,常可出现阴寒内盛,血脉凝滞不通,以及痰湿、水液潴留等病变,常表现为实性、寒性病证。“阴胜则阳病”,即阴盛则阳虚。阴寒内盛,久之必损阳气,形成实寒兼阳虚证,若阳气大伤,病证可发展为虚寒证。从病机变化来说,“阴胜则阳”病虽然也可区分为阳的相对不足和绝对的虚损,但是由于阳主动而易耗散,而且阴寒内盛多因素体阳虚,阳不制阴所致。所以,在阴偏胜时,常同时伴有程度不同的阳气不足,难以明确区分阳的相对不足和绝对的虚损。

(二)阴阳偏衰

阴阳偏衰,是指人体阴或阳的偏衰,属于“精气夺则虚”的虚证病机。所谓的“精气夺”,实质上是指机体的正气不足,包括机体的气、血、精、津液等精微物质的不足及其生理功能的减退,同时也包括了脏腑经络等生理功能的减退和失调。机体的正气,依据其功能不同,可分为阴、阳两类属性。在正常的生理情况下,阴阳之间存在着相互制约、互根互用以及相互转化的关系,维持着相对平衡的状态。如果由于某种原因,出现阴或阳的某一方物质减少或功能减退时,则必然不能制约对方而引起对方的相对亢盛,形成“阳虚则阴盛”“阳虚则寒(虚寒)”“阴虚则阳亢”“阴虚则热(虚热)”的病理变化。

1. 阳偏衰 阳偏衰,即是阳虚,是指机体阳气虚损,功能减退或虚弱,产热不足的病理状态。一般地说,其病机特点多表现为机体阳气不足,温煦、推动功能减退,以及阳不制阴,阴相对偏亢的虚寒证。阳偏衰的形成原因主要有先天禀赋不足,或后天饮食失养,或劳倦内伤,或久病损伤阳气所致。

由于阳气的虚衰,阳虚不能制阴,阳气的温煦、推动功能减退,脏腑经络等组织器官的某些功能活动也因之而减退,机体的反应性低下,血和津液的运行迟缓,水液不化而湿浊留滞,这就是阳虚则寒的主要机制。阳虚则寒,虽也可见到面色苍白、畏寒、肢冷、舌淡、脉迟等寒象,亦可见到喜静蜷卧、神疲、小便清长、下利清谷、脉微细等虚象,以及阳虚气化无力,津液代谢活动障碍或减退,而导致痰饮、水湿留滞体内。所以,阳虚则寒与阴胜则寒,不仅在病机上有所区别,而且在临床表现方面也有所不同:前者是虚而有寒,后者是以寒为主,虚象不甚明显。

阳气不足,可见于五脏六腑,但一般以脾肾之阳虚为主,其中尤以肾阳虚衰最为重要。肾阳为诸阳之根,所以,肾阳虚衰(命门之火不足)在阳偏衰的病机中占有极其重要的地位。

2. 阴偏衰 阴偏衰,即是阴虚,是指机体精、血、津液等物质亏耗,阴不制阳,导致阳相对偏盛,功能虚性亢奋的病理状态。一般地说,其病机特点多表现为阴液不足,滋润、濡养、宁静功能减退,以及阴不制阳,阳气相对偏盛的虚热证。阴偏衰的形成原因主要因阳邪伤阴,或五志过极,化火伤阴,或久病耗伤阴液等所致。

笔记栏

由于阴液不足,不能制约阳气,阳气相对亢盛,从而形成阴虚内热、阴虚火旺和阴虚阳亢等多种病理变化。如五心烦热、骨蒸潮热、颧红、盗汗、消瘦、咽干口燥、舌红少苔、脉细数等,即是阴虚内热的临床表现;阴虚火旺,多见咽干疼痛、牙龈肿痛、颧红等症;阴虚阳亢,多见眩晕、肢体麻木、震颤等症。阴虚则热与阳胜则热的病机不同,其临床表现也有所区别:前者是虚而有热,后者是以热为主,虚象不甚明显。

阴液不足,可见于五脏六腑,但一般以肝肾之阴虚为主,其中尤以肾阴不足最为重要。肾阴为诸阴之本,所以,肾阴不足在阴偏衰的病机中占有极其重要的地位。

(三)阴阳互损

阴阳互损,是指在阴或阳任何一方虚损的前提下,病变发展影响及相对的一方,形成阴阳两虚的病理变化,是阴阳偏衰发展至一定程度时的必然转归。在阴虚的基础上,继而导致阳虚,称为阴损及阳;在阳虚的基础上,继而导致阴虚,称为阳损及阴。阴阳互损是阴阳的互根互用关系失调而出现的病理变化。如唐代王冰注《素问·四气调神大论》曰:"阳气根于阴,阴气根于阳,无阴则阳无以生,无阳则阴无以化。"由于肾藏精气,内寓真阴真阳,为全身阴阳之根本。所以,无论阴虚或阳虚,多在损及肾之阴阳及肾本身阴阳失调的情况下,才易于发生阴损及阳或阳损及阴的阴阳互损的病理变化。阴阳互损,以肾阳虚或肾阴虚最为重要。所以说,阴阳互损的病理变化,最常见于肾阳虚或肾阴虚。

1. 阴损及阳 阴损及阳,是指由于阴液亏损,累及阳气生化不足或无所依附而耗散,从而在阴虚的基础上又导致了阳虚,形成了以阴虚为主的阴阳两虚的病理变化。例如,肝阳上亢证,其病机主要是肾阴不足,水不涵木,肝肾阴虚,阴不制阳所致。若肾阴进一步亏损,则耗伤肾中精气,继而损及肾阳,出现畏寒,肢冷,面色苍白,夜尿清长,下利清谷,脉沉细等肾阳虚症状,从而发展为阴损及阳的阴阳两虚证。

2. 阳损及阴 阳损及阴,是指由于阳气虚损,累及阴液的生化不足,从而在阳虚的基础上又导致了阴虚,形成了以阳虚为主的阴阳两虚的病理变化。阳虚至极,无阳则阴无以生,致使阴液化生不足,从而导致阴虚。例如水肿病证,其病机主要是肾阳不足,气化失司,水液代谢障碍,津液停聚而水湿内生,溢于肌肤所致。若肾阳进一步亏损,导致阴无阳生而亏虚,出现形体消瘦,烦躁,甚则阳升风动而抽搐等肾阴亏虚症状,从而发展为阳损及阴的阴阳两虚证。

(四)阴阳格拒

阴阳格拒,是阴阳失调中比较特殊的一类病机,包括阴盛格阳和阳盛格阴两方面。阴阳盛衰至极是阴阳格拒的本质。阴阳相互格拒产生的机制,在于在疾病过程中由于某些原因使阴或阳的一方偏盛至极,或一方偏衰至极,以致阴阳双方盛衰悬殊,盛者壅遏于内,将另一方排斥格拒于外,迫使阴阳之间不相维系,从而出现真寒假热或真热假寒的复杂的病理变化。

1. 阴盛格阳 阴盛格阳,又称格阳,是指阴寒偏盛至极,壅盛于内,逼迫阳气浮越于外,使阴阳之气不相维系,而相互格拒的一种病理状态。阴寒内盛是疾病的本质,但由于阴盛格阳于外,除可见面色苍白、四肢厥冷、精神萎靡、畏寒蜷卧、脉微欲绝等阴寒过盛之象外,又表现出面色泛红、烦热、口渴、脉大而无根等假热之象。故称其为真寒假热证。

2. 阳盛格阴 阳盛格阴,又称格阴,是指邪热偏盛至极,深伏于里,阳气被遏,郁闭于内,不能外达于肢体而格阴于外的一种病理状态。阳盛于内是疾病的本质,但由于格阴于外,除可见壮热、面红、气粗、烦躁、舌红、脉数大有力等邪热内盛之象外,又可见四肢厥冷、脉象沉伏等假寒之象。故称为真热假寒证。

笔记栏

(五)阴阳转化

阴阳转化,是指阴阳失调的病理变化,在一定的条件下,其病理性质向相反方向转化的病理过程。阴阳转化,包括由阳转阴和由阴转阳。

1. 由阳转阴 由阳转阴,是指疾病原来的病理性质属阳,在一定的条件下,由阳向阴转化的病理过程。如外感温热病,因热毒炽盛,大量耗伤机体津液,损耗阳气,在持续高热的情况下,突然出现面色苍白,四肢厥冷,脉微欲绝等阳气暴脱的危重之象。由阳转阴,是病理属性由实、热向虚、寒转化的病变过程。

2. 由阴转阳 由阴转阳,是指疾病原来的病理性质属阴,在一定的条件下,由阴向阳转化的病理过程。如寒饮中阻,若治疗失误,或因体质等因素,寒饮郁久化热,由阴转阳,是病理属性由虚、寒向实、热转化的病变过程。

(六)阴阳亡失

阴阳的亡失,包括亡阴和亡阳。是指机体的阴液或阳气突然大量地亡失,导致生命垂危的一种病理状态。

1. 亡阳 是指机体的阳气发生突然性大量脱失,而致全身功能突然严重衰竭的一种病理状态。亡阳的形成,多由邪气太盛,正不敌邪,阳气损耗太多;或因素体阳虚,正气不足,劳伤过度等诱发;或由于汗出过多,吐、下过度,阳随阴泄,阳气外脱;亦可因慢性疾病,长期大量耗散阳气,虚阳外越所致。阳亡,则阳气的功能,如温煦、推动、卫外和兴奋等功能衰竭,临床表现出大汗淋漓、面色苍白、四肢逆冷、畏寒蜷卧、精神萎靡、脉微欲绝等危重征象。

2. 亡阴 是指机体的阴液发生突然性的大量消耗或丢失,而致全身功能严重衰竭的一种病理状态。亡阴的形成,多由于邪热炽盛,或邪热久留,大量煎灼津液,或逼迫津液大量外泄所致;或吐泻过度;也可因长期慢性消耗,使阴液逐渐耗竭,日久导致亡阴。阴亡,则阴气的功能,如滋润、濡养、宁静、内守和制约阳气的功能衰竭,临床多表现出气喘、口渴欲饮、烦躁不安、手足虽温但大汗不止、汗热而黏、脉数疾躁动、按之无力等危重征象。

亡阴和亡阳的发生机制是由于属于阴或属于阳的功能突然发生了严重衰竭。由于阴或阳的特点与功能不同,因此亡阴和亡阳的机制与临床征象各有不同,但由于阴阳之间存在着互根互用的关系,阴亡,则阳无所依附而散越;阳亡,则阴无以化生而耗竭。故亡阴可迅速导致亡阳,亡阳也可继而出现亡阴,最终导致"阴阳离决,精气乃绝"。

三、气血津液失常

气血失常,是指气和血的不足或运动失常及其各自生理功能的异常,以及气、血互根互用关系失常等病理变化。

气和血,是人体的脏腑经络等组织器官进行各种生理活动的物质基础。气血生成之后,在体内循行无处不到,以发挥其生理功能。当各种原因使气血的生成、运行、功能等发生异常时,影响及机体的各种生理功能,而导致疾病的发生,故《素问·调经论》曰:"血气不和,百病乃变化而生。"同时,气和血又是脏腑功能活动的产物,因此,在病理上,脏腑发生病变,不但可以引起本脏腑之气血失常,而且也会影响及全身的气血,从而引起全身气血的病理变化。所以气血失常的病机,同邪正盛衰、阴阳失调一样,不仅是脏腑经络等组织器官发生病变机制的基础,而且也是分析和研究各种临床疾病病机的基础。本节着重阐述气、血本身的主要病理变化,关于脏腑、经络病变涉及气血的病理变化部分,在脏腑病机、经络病机中详细论述。

津液的代谢,是津液不断生成、输布和排泄的过程。津液失常,是指津液代谢发生异常,从而导致津液的生成不足、耗散和排泄过多,以致体内的津液不足;或是输布失常、排泄障碍,以致津液在体内环流缓慢,形成水湿滞留、停积、泛滥等病理变化。

津液的代谢,是一个复杂的生理过程,必须由多个脏腑的多种生理功能相互配合协调才能维持正常的代谢平衡。如肺、脾胃、肾、膀胱、三焦及肝等脏腑的生理功能对津液的化生、输布、吸收、排泄等调节功能起着重要作用。因此,如果肺、脾胃、肾、三焦等脏腑中,任何一脏或任何一种生理功能的异常,气的升降出入运动失去平衡,气化功能失常,均能导致津液的代谢失常,形成体内的津液不足,或是在体内滞留,从而内生水湿或痰饮。

笔记栏

(一)气的失常

气的失常,主要包括:一是气的化生不足或耗散太过,而致气虚的病理状态。二是气的某些功能不足及气的运动失常而致气滞、气逆、气陷、气闭或气脱等气机失调的病理状态。

1. 气虚　是指人体之气不足,导致脏腑组织功能衰退,抗病能力下降的病理状态。形成气虚的主要原因有:先天禀赋不足,或后天失养,或肺脾肾的功能失调而致气的生成不足。亦可因劳倦内伤、年老体弱、患慢性消耗性疾病等,使气消耗过多而致。临床表现以声低懒言、精神委顿、倦怠乏力、眩晕、自汗、易于感冒、舌质淡、脉虚无力等症为特点。由于不同的气功能各不相同,所以临床病理表现各有特点。元气虚,可致生长发育迟缓、生殖功能减退;宗气虚,则可见语声低微、呼吸微弱、心悸等症;营气虚,则化生血液、营养全身的功能减退;卫气虚,则温煦、卫外等功能减退。

由于气藏于五脏,气虚必然与该脏的生理功能相互联系。如肺气虚,则肺的主宣降,司呼吸,助心行血,调节水液代谢等功能减退,出现短气,声低懒言,咳喘,胸闷,易感冒,甚则水湿停留体内,见痰多,水肿等症;心气虚,则不能推动血行,藏神功能异常,可见心悸,气短,多汗,神疲体倦,舌质淡,脉虚无力;脾气虚,则运化精微功能衰退,气血生化乏源,以及中气下陷,可见纳食减少,脘腹胀满,倦怠乏力,形体消瘦,大便溏薄,面色萎黄,或内脏下垂;肾气虚,则藏精、气化、封藏、纳气等功能衰退,可见腰膝酸软无力,神疲乏力,眩晕健忘,小便频数,甚者遗尿、尿失禁,白带清稀量多,水肿,呼多吸少等症。

由于肺主一身之气,脾为气血生化之源、后天之本,元气虽由肾中精气所化,但需后天水谷精气的培育,所以临床上气虚时多见脾气虚、肺气虚以及脾肺气虚。

由于气和血、津液的关系极为密切,气虚必然会影响及血和津液,导致血和津液的生成不足、运行迟缓,或流失等多种病理变化。

2. 气机失调　气机失调,是指气的升降出入运动失常而引起的气滞、气逆、气陷、气闭和气脱等病理变化。

升降出入,是气的基本运动形式,是脏腑经络气血津液运动的基本过程。人体脏腑经络的功能活动,气血津液的贮藏、运行、输布和代谢以及它们之间的相互关系,无不依赖于气的升降出入运动维持着相对的平衡。如肺的呼与吸、宣发与肃降;脾的升清与胃的降浊;以及肝气主升,肺气主降等生理功能活动的协调平衡,无不都是气的升降出入运动正常的具体体现。气的升降出入失常,则能影响脏腑经络及气血津液等各种功能的协调平衡,病变可涉及脏腑经络、表里内外、形体官窍等各个方面。一般地说,气机失调可概括为气滞、气逆、气陷、气闭和气脱等几种情况。

(1)气滞:是指气的流通不畅,甚至郁滞不通的病理状态。气滞主要由于情志抑郁,或痰、湿、食积、瘀血等有形之邪的阻滞,以及闪挫劳伤等,影响到气的流通;或因脏腑功能失调,如肝失疏泄、肺失宣肃等,皆可形成局部或全身的气机不畅或郁滞,从而导致某些脏腑、经络的功能障碍。气滞于机体某一局部,可出现相应部位的胀满、疼痛。气滞则血行不畅,津液输布障碍,故气滞甚者可引起血瘀、津停,形成瘀血、痰、饮、水、湿等病理产物。由于肝升肺降、脾升胃降,在调整全身气机中起着极其重要的作用,故脏腑气滞病变,尤以肺气壅滞、肝郁气滞、脾胃气滞为多见。肺气壅滞,可见胸闷,咳喘;肝郁气滞,可见情志抑郁,乳房、胁肋或少腹部胀痛;脾胃气滞,可见脘腹胀痛,大便秘结等症。各种气滞的表现虽然各不相同,但闷、胀、痛则是其共同的表现。

(2)气逆:指气机升降失常,脏腑之气上逆的病理状态。多由于情志内伤,或因饮食不当,或因外邪侵犯,或因痰浊壅阻等所致,亦有因虚而气机上逆者。气逆病变涉及多个脏腑,但临床上以肺、胃、肝等脏腑的气逆较为多见。如肺气,既主宣发,又主肃降,以肃降下行为顺,若肺失肃降,肺气上逆,则表现为咳嗽、喘促、胸闷。胃主受纳腐熟,其气以降为顺,若胃失和降,而胃气上逆,常表现为恶心、呕吐、嗳气、呃逆、吐酸等症。肝主疏泄喜条达,若肝失疏泄,肝气升发太过致肝气上逆,而见头痛头胀、面红目赤、性情急躁等症。肝为刚脏,主升主动,而又为藏血之脏,因此在肝气上逆时,甚则可导致血随气逆,发为咯血、吐血,或壅遏清窍而致昏厥。故《素问·生气通天论》曰:"大怒则形气绝,而血菀于上,使人薄厥。"

笔记栏

一般来说,气逆于上,以实为主,但也有因虚而气逆者。如肺虚而肃降无力,或肾虚而肾不纳气,都可导致肺气上逆;胃虚,胃失和降,亦可致胃气上逆。

(3)气陷:是指在气虚病变的基础上发生的以气的升举无力为主要特征的病理状态。气陷多由气虚病变发展所致。由于气生化于脾,脾气主升,所以气陷尤与脾气的关系最为密切。若素体虚弱,或久病耗伤,或年老体弱,或饮食失节,致脾气不足,可使清阳不升,或中气下陷,从而形成气虚下陷的病理变化。由于脾气虚弱,脾不升清,无力将水谷精微上输于头目,致头目失养,可见头晕、目眩、耳鸣等症。脾虚升举无力,内脏位置维系无力,可致某些内脏下移,形成胃下垂、肾下垂、子宫脱垂、脱肛等病变,同时还可伴见面色无华、疲乏无力、气短声低、脉弱无力,以及腰腹胀满重坠、便意频频等气虚症状。

(4)气闭:主要指浊邪阻滞,或因气郁之极,气机闭塞不通的病理状态。气闭产生的原因,多由情志刺激,或外邪、痰浊等阻滞所致。如因触冒秽浊之气所致的闭厥,突然遭受精神刺激所致的气厥,痰浊闭塞气道之痰厥等,其病机都属于气的运行突然受阻而致气闭不畅。

(5)气脱:是指由于正不敌邪,或慢性病,正气本身因疾病长期的严重消耗而虚弱,以致气不内守而外脱,或因大出血、大汗、大泻等使血液和津液大量损耗时,发生气随血脱或气随津脱的病变,从而出现功能突然衰竭的病理状态。气脱,属气虚病机之一,但为气虚至极。气脱实际上是各种虚脱病变的主要病机。其临床可见面色苍白、四肢厥冷、汗出不止、目闭口开、全身瘫软、手撒、二便失禁、脉微欲绝等症。

(二)血的失常

血的失常,主要表现为血液的生成不足和耗损太过,血的濡养功能减弱而致血虚;血液的运行失常,或血行加速,或出血,或血行迟缓等病理状态。

1. 血虚 是指血液不足,血的濡养功能减退的病理状态。其形成原因多由失血过多,而新血不能及时生成补充;或因饮食营养摄取不足,脾胃虚弱,运化无力,血液化源不足;或因化生血液的功能障碍;或因久病不愈,慢性消耗等因素,而致营血暗耗等所致。因为脾胃为气血生化之源,肾藏精,肾精可以化生血液,故血虚的形成与脾胃、肾的关系较为密切。

全身各脏腑经络等组织器官,均依赖于血的濡养而维持其正常的生理活动。因此,血虚不能营养周身组织器官,出现全身或局部失去荣养,功能活动逐渐衰退等虚弱证候。临床表现常见面色淡白或萎黄,唇、舌、爪甲淡白无华,头目眩晕,神疲乏力,脉细等症状。

由于心主血、肝藏血,所以血虚时多见心血虚和肝血虚。心血虚,可见心悸怔忡,失眠多梦,健忘,面色苍白无华,脉细无力等症状。肝血不足,可见眩晕,目花,两目干涩,视物模糊不清,或手足麻木,肢节屈伸不利等症;妇人冲任空虚,可见月经量少色淡甚者经闭。

2. 血瘀 血瘀,是指血液的运行迟缓,或运行不畅,甚则血液停滞的病理状态。气滞而致血行受阻,或气虚而血运迟缓,或痰浊阻于脉络,或寒邪入血,血寒而凝,或邪热入血,煎熬血液等,均足以形成血瘀,甚则血液瘀结而成瘀血。所以,瘀血是血瘀的病理产物,但在瘀血形成之后,又可妨碍气机,阻滞经脉,导致血行不畅,成为血瘀病变形成的一种原因。

血瘀的病机主要是血行不畅。由于血随经脉周行全身,若血瘀不行,则为病广泛。所以,血瘀可发生于全身,亦可阻滞于脏腑、经络、形体官窍等的某一局部,从而产生不同的临床表现,但均亦见疼痛,痛有定处,得寒温而不减,甚则可形成肿块,位置比较固定,称之为癥积。同时,可伴见面色黧黑,肌肤甲错,唇舌紫暗,以及瘀点、瘀斑,皮肤赤丝、红缕等血行迟缓和血液瘀滞的征象。

血瘀反过来又可加剧气机的阻滞,从而形成气滞导致血瘀、血瘀导致气滞的恶性循环。

3. 血热 血热,是指血分有热,血行加速的病理状态。血热多由于外感温热病邪入于血分,或其他外感病邪入里化热,伤及血分,也可由于情志郁结,五志过极,郁久化热,伤及血分所致。

由于血得温则行,故在血热的情况下,血行加速,脉络扩张,甚则灼伤脉络,迫血妄行,可引起各种出血,如吐血,衄血,尿血,妇人月经周期提前且量多等;血热炽盛既可扰动心神,可见心烦,甚则神昏,谵语等症,又可煎熬血和津液。所以,血热的临床表现,以既有热象,又有耗血、动血、扰神及伤阴为其特征。

4. 血寒 是指血分有寒，血行迟缓或凝滞不通的病理状态。血寒多由外感寒邪，或由阳气亏虚，虚寒内生所致。血寒病变，临床除可见一般的阴寒证候外，常可见血行迟缓，甚则凝滞不通，可见手足、皮肤、唇甲以及舌质发绀，脉紧或迟。气血失于阳气的温煦推动，阻滞不通，常见疼痛症状。因寒邪阻滞的部位不同，临床表现亦各异，主要以肢体手足麻木冷痛，腹痛喜温恶寒，妇女月经不调，或痛经，或闭经为病变特点。

5. 出血 出血，是指由于各种原因，导致血液逸出脉外的一种病理变化。引起出血的原因主要有感受火热邪气，迫血妄行，或虚火内生，灼伤脉络，或脾气虚损，不能摄血，或外伤损伤脉络，或瘀血阻滞等因素，使血不循经而逸出脉外。临床可见鼻衄、齿衄、咳血、吐血、尿血、便血、肌肤出血等症状。因引起出血的原因不同，临床还可伴见发热、面赤、口渴、舌红、苔黄、脉数等实热亢盛之症，或见口干咽燥、潮热、盗汗、五心烦热、舌红少苔甚至无苔、脉细数等阴虚火旺之症，或见纳食减少、气短乏力、头晕眼花、面色萎黄或苍白、舌淡、脉细弱等气虚之症。若出血过多，或反复出血，往往发展为气血亏虚，甚则气随血脱而引起全身功能衰竭的病理变化；离经之血不能及时消散或排出体内，则可形成瘀血。瘀血停留体内，又可引起多种病理变化。

(三) 津液失常

津液失常，主要表现在两方面：一为津液的生成不足、耗散和排泄过多，导致体内的津液不足。二为津液的输布、排泄障碍，从而形成水湿滞留、停积、泛滥等病理变化。

1. 津液不足 津液不足，是指机体津液在数量上的亏少，进而导致内则脏腑，外而孔窍、皮毛，失于濡润滋养，从而产生干燥失润的病理状态。形成津液不足的原因主要有：燥热之邪或五志化火，或发热、多汗、多尿、吐泻、烧伤、失血，或治疗不当过用误用辛温燥热之剂等引起津液耗伤；或饮食失调，损伤脾胃，或体虚久病，脏腑功能减退，引起津液生成不足。

津与液，在性状、分布部位、生理功能等方面均有所不同，因而津液不足的病机及临床表现也存在一定的差异。津较清稀，流动性较大，内则充盈血脉，润泽脏腑，外则达于皮毛、孔窍、肌肉，以滋润作用为主，易于耗散，也易于补充。如炎夏高热多汗，而口渴引饮；气候干燥季节，常见皮肤干裂，口鼻干燥；大吐、大泻、多尿时，可出现目陷、螺瘪、皮肤干涩而失去弹性，甚则转筋等症，均属于伤津为主的临床表现。液较稠厚，流动性较小，主要分布在脏腑、骨髓、脑髓、脊髓和关节之中，是以濡养作用为主，一般不易损耗，一旦亏损则较难恢复。如热病后期或久病伤阴，所见到的舌光红无苔或少苔，唇舌干燥而不引饮，形瘦肉脱，皮肤干燥，肌肤毛发枯槁，甚则肌肉瞤动、手足震颤等，则属于阴液枯涸以及动风的临床表现。

伤津和脱液，在病机和临床表现方面虽有区别亦有联系，津和液本为一体，两者相互补充相互转化，病理上也互有影响。一般而论，伤津不一定兼有伤阴脱液；但在脱液时，必兼有伤津。从病情轻重而言，脱液重于伤津。所以说津伤乃伤阴脱液之渐；液脱乃津液干涸之甚。

2. 津液的输布、排泄障碍 津液的输布和排泄，是津液代谢中的两个重要环节。津液的输布和排泄的功能障碍，虽然各有不同，但其结果均能导致津液在体内不正常的停滞，成为内生水湿痰饮等病理产物的根本原因。

津液的输布障碍，是指津液得不到正常的转输和布散，导致津液在体内环流迟缓，或在体内某一局部发生滞留，因而津液不化，可致水湿内生、酿痰成饮的病理状态。引起津液输布障碍的原因很多，与肺、脾、肾、肝、三焦等有密切关系。若肺失宣发和肃降，津液不能正常布散；脾失健运，脾之转输无权；肝失疏泄，气机不畅；肾之蒸化失职；三焦的水道不利，或以上脏腑功能失调并相互影响，则导致津液停聚而成痰饮水湿。上述的多种成因中，以脾的运化功能障碍最为关键。因脾主运化，对津液的输布起重要作用，上能输津于肺，下能助肾制水，而且在津液的生成方面具有主导作用。故《素问·至真要大论》曰："诸湿肿满，皆属于脾。"

笔记栏

津液的排泄障碍，主要是指津液气化不利，转化为汗液和尿液的功能减退，而致水液潴留，外溢于肌肤而为水肿的病理状态。津液化为汗液，主要依赖肺的宣发功能；津液化为尿液，主要依赖肾的蒸腾气化功能。若肺肾的气化失常，津液之排泄出现紊乱，则形成水湿痰饮，甚则出现水肿病变。

肺和肾的功能减弱，虽然均可引起水液潴留，发为水肿，但肾的蒸腾气化功能失常则起着主导作用。

津液的输布障碍和排泄障碍，常相互影响，互为因果，其结果则导致湿浊困阻、痰饮凝聚、水液潴留等多种病理改变。

（四）气血关系失常

气和血两者之间，无论在生成、生理功能和病理变化等方面，均有着密切的关系。气和血之间具有相互依存、相互为用的关系。气对于血，具有推动、温煦、化生、统摄的作用；血对于气，则具有濡养和运载等作用。气为血帅，血为气母；气非血不和，血非气不运。由于气血的这种关系，所以气的虚衰和升降出入异常，必然影响及血。如气虚则血无以生化，血液因之虚少；气虚则推动、温煦血液的功能减弱，血液因之运行不畅而凝滞；气虚而统摄功能减弱，则血液因之外逸而出血；气滞，则血可因之而瘀阻；气机逆乱，血可随气上逆或下陷，甚者上为吐血、衄血，下为便血、崩漏等症。同样，在血液亏虚和血行失常时，也必然影响及气。如血虚，则气无所养而衰少；血瘀，则气亦随之而郁滞；血脱，则气无所依而随血脱逸。气病日久必及于血，血病日久必及于气，所以临床上除可见单独的气病、血病外，病程久者，多为气血俱病。临床上气血关系失常，主要有气滞血瘀、气虚血瘀、气不摄血、气随血脱以及气血两虚等几方面。

1. 气滞血瘀 气滞血瘀，是气滞与血瘀并存的病理状态。由于气的运行郁滞不畅，导致血液运行障碍，而形成气滞血瘀。气滞可导致血瘀，血瘀必兼气滞。由于气滞和血瘀互为因果，多同时存在，常难以明确区分孰先孰后。如闪挫外伤等因素，可致气滞和血瘀同时形成。在一般情况下，肝主疏泄而藏血，肝的疏泄在气机调畅中起着关键作用，因而气滞血瘀多与肝的生理功能异常密切相关。其次，由于心主血脉而行血，故在心的生理功能失调时，则多先发生血瘀而后导致气滞。气滞血瘀，临床上多见胀满、疼痛、瘀点、瘀斑以及瘕聚、癥积等。

2. 气虚血瘀 气虚血瘀，是指气虚推动无力而致血行瘀滞，气虚与血瘀并存的病理变化。在出现气短，乏力，自汗等气虚症状的同时，还伴有刺痛，面色紫暗，舌质瘀点、瘀斑等血瘀症状。若气虚较甚，无力运血，可导致则肢体经脉、筋肉、皮肤失养，从而产生肢体筋肉等运动失常或感觉异常的病理变化，可见肢体麻木或运动不便，甚则瘫软不用，或萎缩；肌肤干燥、瘙痒、欠温，甚者肌肤甲错等气血不荣经脉的具体表现。

3. 气不摄血 气不摄血，是指由于气的不足，统摄血液的功能减弱，血不循经，逸出脉外，而导致咯血、吐血、衄血、发斑、便血、尿血、崩漏等各种出血的病理状态。其中，因脾气虚损，中气不足，气虚下陷而导致血从下逸，易见崩漏、便血、尿血等病证，多伴有面色不华，疲乏倦怠，脉虚无力，舌淡等气虚的表现。

4. 气随血脱 气随血脱，是指在大量出血的同时，气也随着血液的流失而散脱，从而形成气血两虚或气血并脱的病理状态。常由外伤失血，呕血，便血，或妇女崩中，产后大出血等因素所致。气与血相依相成，血为气之母，血以养气，血还为气之载体，血液脱失则气失去依附，故气亦随之散脱而亡失，出现四肢厥冷，精神萎靡，或晕厥，脉微细或芤。

5. 气血两虚 气血两虚，即气虚和血虚同时存在的病理状态。多由于久病耗伤，气血两亏所致；或先有失血，气随血耗；或先因气虚，血液化生障碍而日渐亏少，从而形成气血两虚。由于气血俱虚，则脏腑经络、形体官窍等组织器官，既失温煦，又失濡养，临床上可同时见到面色淡白萎黄，少气懒言，疲乏无力，形体瘦怯，心悸失眠，肌肤干燥，肢体麻木，甚则感觉障碍、肢体痿废不用等气血不足之症。

（五）津液与气血的关系失常

津液与气血之间有着密切联系，三者功能协调，乃是保证人体生理活动正常的重要方面。一旦津液与气、血失其协调关系，则可出现津停气阻、气随津脱、津枯血燥、津亏血瘀等病理变化。

笔记栏

1. 津停气阻 津停气阻，主要指津液代谢障碍，水湿痰饮停留导致气机阻滞的病理状态。水湿痰饮皆为有形之邪，停留体内则阻碍气的运行，故水停则气阻。其临床表现因水液停留的部位不同而异。如水饮阻肺，肺气壅滞，失于宣降，可见胸满咳嗽，喘促不能平卧；水饮凌心，阻遏心气，则可见心悸，心痛；水饮停滞中焦，阻遏脾胃气机，则可致清气不升，浊气不降，而见头晕困倦，脘腹胀满，纳化呆滞等症；水饮停于四肢，则可使经脉气血阻滞，故除见浮肿外，尚可见肢体沉重胀痛等临床表现。

2. 气随津脱 气随津脱，主要指由于津液大量丢失，气失其依附而随津液外泄，出现暴脱亡失的病理状态。多由高热、大汗伤津脱液，或严重吐泻耗伤津液等所致。由于津能化气，又能载气，若津液突然大量丧失，则气随津液外脱，形成气液两脱。表现为舌干唇焦，口渴，伴面色苍白，气短，甚或冷汗淋漓，肢冷，脉微细欲绝等症。如《伤寒论·辨阳明病脉证并治》曰："发汗多，若重发汗者，亡其阳。"就是因汗出过多又重发汗，阳气随津液亡失的严重病理变化。频繁剧烈地呕吐、泄泻，也可使津液大量丧失而致气随津液脱失。如《景岳全书·泄泻》曰："若关门不固，则气随泻去，气去则阳衰。"

3. 津枯血燥 津枯血燥，主要指津液匮乏枯竭，导致血燥虚热内生，或血燥生风的病理状态。津液是血液的重要组成部分，津血又同源于后天的水谷精微，津液和血可相互渗透，相互转化。津液耗伤过多，如高热伤津，或烧伤而使津液大亏，或阴虚痨热，津液暗耗，可致津枯血燥。反之，若失血、亡血，亦可导致津液不足，出现津枯血燥，见心烦，鼻咽干燥，口渴喜饮，肌肉消瘦，或五心烦热，皮肤干燥，或肌肤甲错，甚则皮肤瘙痒或落皮屑，舌红少津，脉细数等临床表现。

4. 津亏血瘀 津亏血瘀，主要指津液亏损导致血行不畅的病理状态。津液充足则血行通利。若因高热、烧伤，或吐泻、大汗出等因素，所致津液大量耗损，则血亦亏虚，使血液循行滞涩不畅，从而发生血瘀之病变。如周学海《读医随笔》曰："夫血犹舟也，津液水也，医者于此，当知增水行舟之意。"临床表现除可见原有津液不足的表现外，又见舌质紫绛，或有瘀点、瘀斑等症。

第三节 内生"五邪"

内生"五邪"，是指在疾病的发展过程中，由于精气血津液和脏腑经络等生理功能的异常，而产生的类似风、寒、湿、燥、火六淫外邪致病的病理变化。由于病起于内，故分别称为"内风""内寒""内湿""内燥"和"内火"，统称为内生"五邪"。因此，所谓内生"五邪"并不是致病因素，而是由于精气血津液、脏腑等功能失调所引起的病机变化。

内生"五邪"与外感六淫，是有一定区别的，内生"五邪"属于病机的范畴，而外感六淫属于外感病的致病因素。内生"五邪"病理所出现的临床表现，多为里证、虚证或虚实夹杂证。外感六淫邪气侵犯机体后所导致的病理变化，其临床表现，多为表证、实证。可见，内生"五邪"与外感六淫有病因和病机变化本质的区别，其发病过程和证候表现上均有不同，故以"外""内"别之。内生"五邪"与外感六淫，在发病过程中常相互影响，外感六淫侵入人体，由表入里，伤及脏腑，则易产生内生"五邪"。脏腑功能失调，则又易感受外感六淫。

一、风气内动

风气内动，即"内风"。主要是体内阳气亢逆变动而形成的一种病理状态。由于"内风"与肝的关系较为密切，故又称肝风内动或肝风。因为肝阳易亢易动，肝又藏血、主筋、开窍于目，故风气内动的具体临床表现，多与肝的这些功能失调有关。《素问·至真要大论》曰："诸暴强直，皆属于风""诸风掉眩，皆属于肝"。即指明了内风的临床表现，不仅与风邪为病相类似，而且指出了与肝的关系密切。

笔记栏

风气内动，其病机主要有肝阳化风、热极生风、阴虚风动、血虚生风等几方面。

1. 肝阳化风 肝阳化风，多由于情志所伤，或肝气郁结，日久化火而亢逆，或暴怒伤肝，肝气亢逆，或操劳过度，耗伤肝肾之阴，阴虚不能制阳，水不涵木，肝阳因浮动不潜，久之则阳愈浮而阴愈亏,终至阴不制阳,升而无制,便亢而化风,形成风气内动。临床上除可见肝阳上亢的表现外,还可见,轻者筋惕肉瞤,肢麻震颤,眩晕欲仆,甚则口眼㖞斜,半身不遂。更甚者,则血随气逆而发猝然仆倒,或为闭厥,或为脱厥。

2. 热极生风　热极生风,又称热甚动风。多见于热性病的极期,由于邪热炽盛,劫灼津液,伤及营血,燔灼肝经,使筋脉失养,而拘急收引,遂成热极生风病变。临床可见抽搐、痉厥、鼻翼煽动、两目上视等症,并常伴有高热、神昏、谵语等症。

3. 阴虚风动　阴虚风动,多见于热病末期,阴津大量亏损,或大汗、大吐、大泻、失血,或由于久病耗伤,阴液大亏所致。主要病机是津液枯竭,阴气大伤,无以濡养筋脉,筋脉失养,则变生内风。此属虚风内动。临床可见筋挛肉瞤,手足蠕动等动风症状,并见五心烦热,唇焦口燥,舌绛少苔等阴液枯竭表现。

4. 血虚生风　血虚生风,多因生血不足或失血过多,或久病耗伤营血,肝血不足,筋脉失养,血不荣络,则虚风内动。临床可见肢体麻木,筋肉跳动,甚则手足拘挛不伸等症,同时伴见血虚之象。

此外,尚有血燥生风。多由久病、大病耗损津血,或年老精血亏少,或感受温热燥邪,耗伤津血,或长期营养缺乏,生血不足,或瘀血内结,新血生化障碍所致。其病机是津枯血少,失润化燥,肌肤失于濡养,经脉气血失于和调,血燥而化风。临床表现仅见于肌表,如可见皮肤干燥或肌肤甲错,并有皮肤瘙痒或落屑等症状,一般无抽搐痉挛等症状。

外风与内风关系密切,可互为因果。外风可引动内风,如素体阳气偏亢,外感风邪,可引致阳升无制,肝风内动;素有内风者,也易感外风。如血虚生风者,复感外风,常引起皮肤急性瘙痒发作。

二、寒从中生

寒从中生,又称"内寒",是指机体阳气虚衰,温煦气化功能减退,虚寒内生,或阴寒之邪弥漫的病理状态。内寒多因先天禀赋不足,阳气素虚,或久病伤阳,过食生冷,药过寒凉,损伤阳气所致。

阳气虚衰,寒从内生其病机主要有如下几方面。

阳虚则阴盛,阴盛则内寒,从而表现为阳热不足,温煦失职,虚寒内生,可见面色苍白,形寒肢冷等症;或阳虚不能温煦血脉,血脉收缩,血行迟缓,而见筋脉拘挛,肢节痹痛等症。内寒的病机主要与脾肾阳虚有关。脾为后天之本,为气血生化之源,脾阳能达于肌肉四肢。肾阳为人身阳气之根,能温煦全身脏腑组织。故脾肾阳气虚衰,则温煦失职,最易表现虚寒之象,而尤以肾阳虚衰为关键。故《素问·至真要大论》曰:"诸寒收引,皆属于肾。"

阳气虚衰,则气化功能减退或失司,水液代谢障碍,从而导致阴寒性病理产物的积聚或停滞,形成水湿、痰饮等。故《素问·至真要大论》曰:"诸病水液,澄澈清冷,皆属于寒。"临床常见尿频清长,涕唾痰涎稀薄清冷,或大便泄泻,白带清稀量多,或水肿等。

阳虚阴盛之寒从中生,与外感寒邪或恣食生冷所引起的寒证,即"内寒"与"外寒"之间,不仅有所区别,而且常相互联系和彼此影响。其区别是:"内寒"的临床特点主要是虚而有寒,以虚为主;"外寒"的临床特点是以寒为主,亦可因寒邪伤阳而兼虚象,但仍以寒为主。两者之间的主要联系是寒邪侵犯人体,积久不散,必然会损伤机体阳气,最终导致阳虚,而生内寒;而阳气素虚之体,则又因抗御外邪能力低下,易于外感寒邪而致病。

三、湿浊内生

湿浊内生,又称"内湿",是指由于脾的运化功能和输布津液的功能障碍,从而引起水湿痰浊停聚的病理状态。由于内生之湿多由脾虚引起,故又称之为脾虚生湿。

内湿的产生,多因过食肥甘,恣食生冷,嗜好烟酒,内伤脾胃,致使脾失健运不能为胃行其津液,或素体肥胖,喜静少动,痰湿内盛所致。水谷精微失于输布,于是聚而成湿,甚至积而成水。因此,脾的运化失职是湿浊内生的关键。故《素问·至真要大论》曰:"诸湿肿满,皆属于脾。"

脾主运化有赖于肾阳的温煦气化。因此,在肾阳虚衰时,气化失司,亦必然影响及脾之运化而

笔记栏

导致湿浊内生。反之，由于湿为阴邪，湿盛则可损伤阳气，故湿浊内困，久之必损及脾阳肾阳，而致阳虚湿盛之证。

湿性重浊黏滞，易阻遏阳气，故其临床表现常可随湿邪阻滞部位的不同而异。如湿邪留滞经脉之间，则见头重如裹，肢体重着或屈伸不利；湿犯上焦，则心肺受损而胸闷咳嗽、痰多，时见心悸；湿阻中焦，困脾干胃，则脘腹胀满、食欲不振、干呕、飧泄、口腻或口甜、舌苔厚腻；湿滞下焦，则腹胀便溏、小便不利；水湿泛溢于肌肤，则发为水肿。湿浊虽可阻滞机体上、中、下三焦的任何部位，但以湿阻中焦脾胃为多，因此脾虚湿困常是必见之证。

此外，外感湿邪与内生湿浊，在其形成方面虽有所区别，但两者常相互影响。外感湿邪发病，湿邪久留，每易困遏或损伤脾阳，致脾失健运，水谷精微不得布散，则湿浊内生；而脾阳虚，健运失司，水湿不化，或内湿素盛之体，易外感湿邪而发病。如《金匮要略心典·痉湿暍病脉证治》曰："中湿者，亦必先有内湿而后感外湿"，是说湿气为病，多为外湿内湿合邪发病。

四、津伤化燥

津伤化燥，又称"内燥"。是指机体津液不足，人体各组织器官和孔窍失其濡润，从而出现干燥枯涩失润的病理状态。多因久病伤阴耗液，或素禀阴虚，或大汗、大吐、大下，或亡血失精导致阴亏津少，以及某些热性病过程中的热邪伤阴耗津等所致。此外，阳气虚亏，阴寒中生，津液无以化生，且阳虚致津液不能蒸腾以布养全身上下，内燥因此而生。由于津液亏少，不足以内溉脏腑，外润肌肤孔窍，从而燥热便由内而生，故临床多见干燥不润等病变。故《素问·阴阳应象大论》曰："燥胜则干。"

内燥病变可发生于各脏腑组织器官，以肺、胃、大肠为多见。内燥病变临床多见津液枯涸和阴虚内热之证。津液枯涸则阴气化生无源而虚衰，阴虚则生内热，故内燥常伴虚热证的表现。临床常见肌肤干燥不泽，起皮脱屑，甚则皲裂，口燥咽干唇焦，舌上无津，甚或光红龟裂，鼻干目涩，爪甲脆折，大便燥结，小便短赤等症。如以肺燥为主，则兼见干咳无痰，甚则咯血，胸痛；以胃燥为主时，可见舌光红无苔，胃痛，胃胀；若系肠燥，肠道失润，则兼见便秘等症。故刘完素《素问玄机原病式·六气为病》曰："诸涩枯涸，干劲皴揭，皆属于燥。"

外燥与内燥虽有区别，但两者在临床表现上有共同的特点，且外燥侵袭日久，可伤及津液精血，形成内燥；若素禀阴虚或血虚内燥者，于秋季每易感受外燥之邪。

五、火热内生

火热内生，又称"内火"或"内热"。是指由于阳盛有余，或阴虚阳亢，或由于气血的郁滞，或由于病邪的郁结，而产生的火热内扰，功能亢奋的病理状态。

火与热同类，均属于阳，故有"火为热之极，热为火之渐"之说。因此，火与热在病机与临床表现上基本是一致的，惟在程度上有差别。火热内生有虚实之分，其病机主要有如下几方面。

1. 阳气过盛化火 人身之阳气，在正常情况下有温煦脏腑经络组织，运行气血，蒸津化液等作用，为生发之根本，以维持生命，中医学称为"少火"。但在病理情况下，脏腑阳气过盛，功能亢奋，以致伤阴耗液，脏腑功能失调，此种病理性的阳气过亢，则称为"壮火"，中医学又称为"气有余便是火"。此火能损伤耗损人体正气，进一步引起相应病理变化，谓之"壮火食气"。

2. 邪郁化火 包括两方面的内容：一是外感风、寒、燥、湿等六淫病邪，在病理过程中，皆可郁滞而从阳化热化火，如寒郁化热，湿郁化火等。二是体内的病理性代谢产物(如痰、瘀血、结石等)和食积、虫积等，亦均能郁而化火。邪郁化火的主要机制，实质上是由于这些因素导致人体阳气郁滞，气郁则生热化火。

笔记栏

3. 五志过极化火 又称为"五志之火"。多指由于精神情志的刺激，影响了机体脏腑精气阴阳的协调平衡，造成气机郁结，气郁日久则可化热，因之火热内生。如情志内伤，抑郁不畅，则常能导致肝郁气滞，气郁化火，发为肝火。

4. 阴虚火旺 多由于精亏血少，阴液大伤，阴虚不能制阳，阳气相对亢盛，阳亢化热化火，则虚热虚火内生。一般来说，阴虚内热多见全身性的虚热征象，如五心烦热，骨蒸潮热，面部烘热，消瘦，盗汗，舌红少苔，脉细数无力等；而阴虚火旺，其临床所见火热征象，多集中于机体的某一部位，如虚火上炎所致的牙痛，齿衄，咽痛，颧红等。

此外，还有脏腑之火，主要有心火、肝火、相火（肾火）、胃火等，多由于脏腑阴阳失调所致，由于功能各不相同，因此，会出现不同的病变和证候。具体内容详见于脏腑病机。

外火和内火可相互影响，内生之火可招致外火，如素体阴虚火旺或阳热亢盛者，亦易复感温热之邪；而外火亦可引动内火，如外感温热之邪，入里可灼伤阴血，以致火热内炽。

第四节 脏 腑 病 机

脏腑病机，是指疾病在其发生、发展变化的过程中，脏腑的正常生理功能产生失调的内在机制。任何疾病的发生，无论是感受外邪，还是由内伤所导致，都势必造成脏腑的生理功能紊乱及其阴阳、气血的失调。因此，脏腑失调的病机，在中医病机制论中占有极其重要的地位。

中医学对脏腑病变机制的认识起源较早，首见于《素问·至真要大论》病机十九条，为脏腑辨证的建立和发展奠定了基础。东汉张仲景以脏腑经络为依据，来分类和归纳临床病证，开创了根据脏腑病机进行辨证论治的先河，其在《金匮要略》中提出的“见肝之病，知肝传脾，当先实脾”的著名论点，论述了脏腑疾病的传变规律。以后随着脏腑辨证的发展，临床医疗经验的积累，经过历代医家的补充和发挥，脏腑病机的理论日臻完善和系统，成为临床辨证论治的主要理论依据。

本节主要阐述五脏病机、六腑病机，着重论述脏腑本身的阴阳、气血失调。

一、五脏病机

五脏病机的基本病理变化是五脏阴阳气血失调。五脏的阴阳、气血，是全身阴阳、气血的重要组成部分。脏腑的阴阳，代表着各脏腑的生理活动的功能状态，脏腑的气血，是各脏腑生理活动的物质基础。由于五脏的生理功能各有特点，因此在发生阴、阳、气、血病变时，五脏各有所侧重。

五脏之阴阳，皆以肾阴肾阳为根本，因此，五脏阴阳失调，久必及肾；五脏之气血，均化生于水谷精微，因此，五脏的气血虚亏，与脾胃气血生化之源关系密切。

（一）心的病机

心位居上焦，开窍于舌，在体为脉，其华在面，与小肠相表里。心为五脏六腑之大主，生之本，神之变，且主全身之血脉。心的阴阳和调，气血充足，则血运全身，营养各脏腑组织器官，从而维持人体的正常生命活动，心神得到血液的濡养，则神志活动正常。心的主要生理功能是主血脉和主神志。因此，血脉的运行异常和精神情志的改变，均是心的阴阳、气血失调的结果，因此，心的阴阳、气血失调是心脏病变的内在基础。

由于阴和阳、气和血对于心主血脉和心主神志等生理功能的作用不同，因而，心的阴阳气血失调等不同的病机，可出现不同的病理表现。

1. 心气、心阳的失调 主要表现为心的阳气偏盛和心的阳气偏衰两个方面。

（1）心的阳气偏盛：即心火亢盛，又称心火。主要由内伤情志，五志过极化火，或火热之邪内侵，或过食辛热、温补之品，或脏腑功能失调而生内火所致。心火亢盛亦可挟痰。心火亢盛引起的病理变化主要表现在以下几个方面。

扰乱心神：心火亢盛，心神被扰，神明不安，则见心悸，心烦，失眠，多梦，甚则神志不清、狂躁谵语等精神情态失常的病理表现。

血热而血液运行异常：心火亢盛，热盛动血，血行加速，则脉流薄疾，可见心悸，面赤，舌质红绛，苔黄，脉数等症，甚则灼伤脉络，迫血妄行，而见各种出血的病理表现。

笔记栏

心火上炎与下移：火性炎上，心开窍于舌，心火循经上炎，可见口苦唇热，舌红，口舌生疮、糜烂，及舌肿、舌衄等病理表现。心与小肠相表里，若心火沿经脉下移至小肠，则可见小便黄赤，尿道灼热疼痛等病理表现。

热象明显：阳盛则热，心阳亢盛，多见实热征象，如身热，面赤，咽干口渴，溲黄，便秘，苔黄，脉数等症。

痰火扰心：以神志异常为主要临床表现。多因心火亢盛煎熬津液为痰，痰浊素盛，或素体阴虚阳亢，又受七情刺激郁久化火而成，或外感热邪，炼津为痰所致。痰火互结，上扰心神，轻则可见心烦，惊悸，失眠，多梦，神志恍惚，面赤，口渴，喉间痰鸣，甚则语无伦次，打人毁物，狂躁妄动，或神昏谵语，舌质红，苔黄腻，脉滑数等。

(2) 心的阳气偏衰：主要表现为心气虚和心阳虚。

心气虚：多由久病不愈，或年老体弱，或汗下太过耗伤气血等所致。心气虚可直接影响到心主血脉和心主神明的功能活动。其病理变化主要表现为在气虚的基础上，出现运血无力和心神失养等的病理变化。心气不足，血液鼓动无力，血脉失充，可见脉虚细沉迟或细弱无力，或出现结代脉；心气不足，心神失养，可见精神疲乏，反应迟钝，懒言声低等症；心气虚弱，心失所养，常见心悸，气短等症，心气虚弱，则血液不能充于舌体，故舌常淡嫩。

心阳虚：多由心气虚弱发展而来。其病理变化主要表现为在心气虚的基础上，出现虚寒内生，血行不畅，心神失于温养等的病理变化。心阳不足，阴寒内盛，温煦失职，则虚寒内生，故临床可见形寒肢冷，多可发生手足不温甚或厥冷、面色苍白等虚寒之象；心阳虚，心神失于温养，则精神、意识、思维活动减弱，易抑制而不易兴奋。临床可见神倦欲寐，表情淡漠，反应迟钝等病理表现；血得温则行，得寒则凝。心阳不足，寒从中生，不能温通血脉，血行不畅而致血瘀，甚则凝聚而阻遏心脉，导致心脉瘀阻，可见心悸怔忡，面色晦暗青紫，胸口憋闷刺痛，脉涩无力或结代等症。肾阳为心阳之本，心阳不足，日久及肾，成为心肾阳虚。若心阳虚极，或汗下太过，或痰瘀闭阻心窍，均可致心阳暴脱，而出现亡阳虚脱病变。

2. 心血、心阴的失调 主要表现为心血亏损、心阴不足和心血瘀阻等方面。

(1) 心血亏损：多由于失血，或血液生化不足，或久病失养，或情志内伤，耗损心血所致。心血亏损的基本病理变化为：心血不足，则血脉空虚而心无所主，可见脉细无力；血虚不能滋养心神，则神不守舍，神思难以集中专一，甚则神志恍惚，或心烦，失眠，多梦易惊，健忘；心血不足，心体失养可引起心悸，怔忡；血虚不能上荣于面，可见面色苍白无华，眩晕，舌淡等病理表现。

(2) 心阴不足：即心阴虚。多由劳心过度，久病失养，耗伤心阴；或七情内伤，营阴暗耗；或心肝火旺，灼伤心阴等所致。心阴不足的基本病理变化为：心阴虚，阴不制阳，心阳偏亢，阴虚阳盛，则虚火内生，而见阴虚内热甚或阴虚火旺之象，如五心烦热，潮热，盗汗，口干咽燥，舌红，脉细数等症；心阴不足，虚热内扰，影响心神，而见心烦，神志不宁，或虚烦不得眠。影响心主血脉的功能，血行加速，可见脉细数，舌质红。

(3) 心血瘀阻：又称心脉痹阻，是指血液运行不畅，痹阻心脉的病变。阳气不足，血脉寒滞，可引起心脉不通，瘀血阻滞；或痰浊凝聚，血脉瘀阻不畅，亦可导致心脉瘀阻；劳倦感寒，情志刺激，常可诱发或加重。阳气虚，则无以温运血脉，故血液运行滞涩而不畅，多见心悸怔忡，手足逆冷。瘀血痹阻于心脉，心脉气血运行不畅，可见心胸憋闷疼痛，甚则暴痛欲绝等。

(二) 肺的病机

肺位于胸中，其位最高，为五脏六腑之华盖，上连气道、喉咙，开窍于鼻，在体为皮，其华在毛，与大肠相表里。肺是体内外气体交换的场所，它的主要生理功能是主气司呼吸，主宣发肃降，通调水道，朝百脉以助心行血。因此，肺的阴阳、气血失调，导致的病理变化主要表现为呼吸功能的异常、水液代谢的障碍，以及气的生成、血液的运行障碍等。

但是，肺在病理上有其一定的特殊性，肺的阴阳、气血失调，主要侧重于肺气和肺阴失调两个方面。

笔记栏

1. 肺气的失调 由于肺主一身之气而司呼吸,肺气的宣发和肃降又调节着全身的气机和水液代谢,因此,肺气的失调主要表现在肺失宣肃和肺气虚损两个方面。

(1) 肺失宣肃:肺气的宣发和肃降,是肺气升降出入运动的两个方面,两者虽有区别,又常相互影响。肺气有宣有降,才能使肺的生理功能正常。肺气宣发和肃降失常,多由外邪袭表犯肺,或因痰浊内阻肺络,或因肝升太过,气火上逆犯肺所致;也可由于肺气不足,或肺阴虚等因素而形成。

肺气失宣:又称肺气不宣。肺的宣发功能异常,病变常见于肺卫。肺气不宣则肺主呼吸的生理功能受到影响,气机不利,呼吸不畅,可见鼻塞、喷嚏、喉痒、咳嗽等症;肺气不宣,亦可致卫气壅滞,腠理固密,汗孔闭塞,而见恶寒、发热、无汗等症。

肺失清肃:肺居上焦,以清肃下降为顺。肺失清肃则肺气下降和清洁呼吸道功能减退,可见咳逆上气,痰多喘满等症。

肺气失宣或肺失清肃,均可导致肺气上逆,而见咳逆、气喘;通调水道功能失职,而出现尿少、水肿等症。其进一步发展,亦均能损耗肺气和肺阴,导致肺气虚损或肺阴不足。

(2) 肺气虚损:多因肺失宣肃,日久不复,或因久病气虚,或劳伤过度,耗损肺气所致。肺气不足,则呼吸功能减退,体内外气体交换不足,使呼吸失利,可出现咳嗽,气短,语声低微,遇劳则剧,甚则喘促、呼吸困难等症。肺气虚通调水道功能失职,影响津液的输布代谢,则聚痰成饮,甚至产生水肿。肺气虚损,则卫表不固,腠理疏松,防御功能减退,易反复感冒。肺卫气虚,表虚不固,则常自汗或多汗。因表阳不足,则常见畏寒症状。

2. 肺阴的失调 肺阴失调,是指肺的阴津亏损和阴虚火旺的病理变化。多因燥热之邪灼肺,或痰火内郁伤肺,或五志过极化火灼肺,以及久咳耗伤肺阴,或过服刚燥之剂,嗜食炙煿之品等所致。阴津亏损,肺燥失润,气机升降失司,或阴虚而内热自生,虚火灼伤肺络而出血,可出现一系列干燥失润及虚热见症,如鼻燥口干,咽喉干燥,干咳少痰,咳痰不爽,或无痰,气短,潮热,盗汗,颧红颊赤,五心烦热,甚则痰中带血等。肺的阴津亏损和阴虚火旺是互为因果的。肺阴虚津亏,若迁延失治,常可损及于肾,而致肺肾阴虚。

(三) 脾的病机

脾位居中焦,主肌肉四肢,开窍于口,其华在唇,与胃相表里。脾主运化,为气血生化之源,为后天之本,能统摄血液的运行,主升清。因此,脾的阴阳、气血失调,导致的病理变化主要表现为饮食水谷的消化、吸收功能减退,血液的生成和运行障碍,以及水液代谢失调等。

脾的运化功能,是以脾的阳气为主,故脾的运化功能障碍,主要是由于脾的阳气虚损,失于升清,失于运化所致。脾的统血功能,实际上是脾的阳气固摄作用的体现。故脾的病理变化主要是脾的阳气失调。

1. 脾阳、脾气的失调 脾的阳气失调,主要表现为脾气虚损,脾阳虚衰及水湿中阻等方面。

(1) 脾气虚损:即脾气虚,又称中气不足。常由饮食不节,或情志失调,思虑太过,或禀赋素虚,或久病耗伤,或劳倦过度损伤所致。脾气虚,失于健运,消化吸收功能减退,可见食欲不振,纳食不化,口淡无味;脾之升清功能减弱,影响胃的降浊,而致升清降浊失司,可见头目眩晕,脘腹胀满,呕恶便溏等;脾气虚弱,吸收运化水谷精微功能降低,气血生化无源,遂致全身气血亏虚,五脏六腑、肌肉四肢和口唇失养,表现为面色不华,口唇淡白,四肢肌肉痿软无力等;脾气虚,统摄血液无权,脾不统血而见出血,临床表现以出血为主,且多兼见脾气虚弱之象;脾气虚,升举无力,甚至中气下陷,可见内脏下垂,如胃下垂、久泄脱肛等症。

(2) 脾阳虚衰:又称脾阳虚、脾阳不振。多由脾气虚发展而来,或因命门火衰,脾失温煦,或嗜食生冷,损伤脾阳所致。脾阳虚衰,除可见到脾气虚弱的病理表现外,由于寒从中生,水谷失于温化,常见脘腹冷痛,喜温喜按,下利清谷,五更泄泻等虚寒症状;脾阳虚衰,温化水液无权,则水湿停聚,形成痰饮,甚至泛溢肌肤而为水肿。水湿下注,则出现白带清稀量多,少腹作痛,腰酸沉重等症。脾阳虚衰日久,累及肾阳,形成脾肾阳虚。

(3) 水湿中阻:是由于脾的阳气不足,运化失司,水谷不化精微,或津液代谢障碍,致使水湿内

笔记栏

停。脾虚湿困，是脾虚导致内湿阻滞的病理变化。脾阳不足为本，湿困水停为标。临床表现除可见脾阳不足的表现外，还可见痰、饮、水、湿等停留体内引起的病理变化，临床常见脘腹胀满，纳食减少，口淡不渴，或见呕恶，便溏，身重酸痛，舌苔白腻，甚则水湿泛溢肌肤为肿为胀，见肢体浮肿，小便不利等症。湿浊阻滞，又会使脾阳受困，进一步阻碍脾之运化功能。湿邪内蕴，有湿从寒化和湿从热化两种倾向。若素体阳虚阴盛，每易从阴化寒，导致寒湿困脾；素体阳盛，每易从阳化热，或寒湿郁久化热，导致湿热蕴脾。

由于脾阳虚，运化水湿能力下降，又易于感受外湿，外感湿邪每易困伤脾阳，内外合邪，交阻中焦，形成虚实夹杂之证。

2. 脾阴的失调 脾阴失调，一般是指脾阴不足。脾阴不足，又称脾阴虚，多由过食辛辣燥热、酗酒，或长期过用辛燥之剂，致使燥伤阴津，胃阴不足，或因他脏阴伤，虚火内灼，均可致脾阴不足。脾阴不足，既可使脾的运化功能减弱，又可使阴虚不能制阳，导致虚热内生。表现为饥不欲食，口干舌燥，大便秘结，肌肉消瘦，舌红少苔等症。脾阴虚常兼有胃阴虚，从而形成脾胃阴虚之证。

（四）肝的病机

肝位居右胁下，在体为筋，开窍于目，其华在爪，在志为怒，与胆相表里。肝主疏泄，喜条达而恶抑郁，肝气疏泄条达，对血液的运行、津液的代谢、脾胃气机的调节、胆汁的分泌排泄、调畅精神情志等具有重要作用。肝的生理特点是主升、主动而为刚脏，体阴而用阳，以血为体，以气为用。肝气、肝阳常有余，肝阴、肝血常不足，是肝的阴阳、气血失调的病机特点。

1. 肝气、肝阳的失调 以肝气、肝阳的亢盛有余为多见。肝阳上亢，多为肝阴不足，阴不制阳，肝阳相对亢盛所致，故肝阳上亢在肝阴、肝血失调之中阐述。因此，肝气、肝阳失调的病机，主要表现在肝气郁结和肝火上炎等方面。

（1）肝气郁结：肝气郁结，又称肝郁。多因精神刺激，情志抑郁不畅，肝失疏泄，导致气机郁滞。肝气郁结，病理变化主要为肝失疏泄，气机失调，以及精神情志异常。临床常表现为气机郁滞部位的胀满疼痛，如胸胁、乳房、少腹胀痛，情志不舒，郁郁寡欢，善太息，嗳气则舒等症。肝郁气滞，久病不愈，可由气及血，形成气滞血瘀，可见胁肋刺痛，癥积肿块，若导致冲任不调，出现妇女痛经，或经血有块，甚则闭经等。气滞不舒，气郁津凝，可导致痰气郁结，阻于咽喉，则为梅核气；聚于颈部则为瘿瘤。肝气抑郁日久，可横逆脾胃，出现嗳气、吞酸、恶心、呕吐，甚则脘痛等肝气犯胃和腹胀、腹痛、泄泻等肝气犯脾的病理变化。肝气郁结，久而化火，可形成肝火上炎。

（2）肝火上炎：又称肝火。多因情志抑郁，郁而化火，气火上逆而致；或暴怒伤肝，肝气暴张，引发肝火上升；或他脏火盛，累及肝所致。肝火上炎，为肝之阳气升发太过，由于火性炎上，上攻头面多出现头面部热象明显的特点，故可见头胀头痛，面红目赤，急躁易怒，耳暴鸣或暴聋等。肝的阳气升动太过，郁火内灼，极易耗伤阴血，而致阴虚火旺；肝火灼伤肺胃脉络，则可出现咳血、吐血、衄血；气火上逆之极，则血菀于上，发为薄厥。

2. 肝阴、肝血的失调 以肝阴、肝血不足为其特点。由于阴虚则阳亢，则为肝阳上亢；阳气升动无制而生风，则为肝风内动。因此，肝阳上亢、肝风内动，亦多与肝之阴血不足有关。故肝阴、肝血失调的病机，主要表现在肝血亏虚、肝阴不足、肝阳上亢及肝风内动等方面。

（1）肝血亏虚：多因失血过多，或久病耗伤，或脾胃虚弱，生化气血功能减退所致。由于肝为藏血之脏，肝血虚亏，以其所属系统失去阴血濡养的病变最为突出。临床可见面色无华，头晕目眩，两目干涩，视物模糊或雀盲，肢体麻木不仁，关节屈伸不利，爪甲不荣等症状。肝血不足，导致冲任不足，血海空虚，可见妇女月经量少甚或闭经。血虚又易化燥生风，而致虚风内动，可见皮肤瘙痒，或筋挛、肉瞤、瘈疭等。

（2）肝阴不足：又称肝阴虚。多因肾阴不足，水不涵木，或因气郁化火，内耗阴血，或热病后期，耗伤肝阴所致。肝阴不足，临床常见头晕目眩，两目干涩，胁肋隐痛，潮热盗汗，口燥咽干，五心烦热等。因肝肾同源，故肝阴不足常常与肾阴不足合并出现，形成肝肾阴虚。肝阴不足，阴不涵阳而致肝阳偏亢，阴愈虚而阳愈亢，阳亢而无制引起虚风内动。

笔记栏

(3) 肝阳上亢：多由肝阴不足，阴不制阳，肝之阳气升浮亢逆所致；或因情志失调，气郁化火，耗伤肝阴，而发展为阴虚阳亢。由于肝肾同源，故肾阴不足，水不涵木，常易导致肝阳上亢。肝阳上亢多属于阴虚阳亢，本虚标实，上盛下虚病变。肝的阳气亢逆，偏盛于上，可见眩晕耳鸣，头痛目胀，面红目赤，急躁易怒等症状；同时，由于肝肾之阴不足，阴血亏竭于下，则引起腰膝酸软，两足软弱无力等症状。肝阳上亢，进一步发展，阴愈虚而阳愈亢，阳亢而无制引起虚风内动。

(4) 肝风内动：又称肝风，属于内风范畴。多为肝阴不足所致，主要表现为眩晕，震颤，抽搐等筋脉失养的病证。肝风内动的具体病理变化有热极生风、肝阳化风、阴虚风动、血虚生风等。如邪热炽盛，劫灼肝阴，筋脉失养而拘急收引，遂成热极生风病变；肝阳升腾无制，则阳化为风；肝之阴血耗损太过，筋脉失于濡养，引起虚风内动。以肝肾阴虚，不能制约阳气，肝的阳气升动太过者为多见。临床可见手足震颤、抽搐，或为筋惕肉瞤，或见手足蠕动等症状，甚则可见突然昏仆，不省人事，痉厥抽搐等症。

(五) 肾的病机

肾位于腰部，内寓真阴真阳，为先天之本。肾在体为骨，开窍于耳及前后二阴，其华在发，在志为恐，与膀胱相表里。肾的主要生理功能是主藏精、主水、主纳气，其中以藏精功能为根本。故肾精充足，则骨强，齿坚，髓充，脑灵，耳聪，目明，生殖功能正常；肾气由肾精化生，肾精充足，则纳气和固摄、调节水液代谢的功能正常。因此肾的阴阳气血失调，则必然影响肾的藏精功能，导致机体的生长、发育和生殖功能异常，出现脑、髓、骨、发、听觉的病变；若影响肾的主水功能，则可导致全身的水液代谢障碍，出现尿少，或水肿，或多尿、小便清长等。若影响肾的纳气功能，则可导致呼吸的异常，出现动则气喘，呼多吸少等症。

肾中精气是肾阴肾阳之本，肾阴肾阳又是全身阴阳之根。肾中精气只宜秘藏，不宜泄露。因此，肾的阴阳气血失调，往往只言肾中精气之不足，而无气血之失调。故肾的阴阳气血失调的病理变化从肾的精气之不足和肾的阴阳失调两方面阐述。

1. 肾的精气不足 肾中精气可分为肾精和肾气，以精气分阴阳，则精属于阴，气属于阳，但肾精、肾气决不能与肾阴、肾阳等同。因为肾中精气，是互生互化，共同组成肾的生理活动的物质基础；而肾阴与肾阳，则是肾的生理活动中两类相互制约的功能活动和状态。肾的精气不足，包括肾精亏虚和肾气不固两个方面。

(1) 肾精亏虚：又称肾精不足。多因老年精亏或先天禀赋不足，或因久病失养，或房劳过多，耗伤精气所致。肾精不足的病理变化主要涉及机体的生长发育生殖及血液的化生。肾精不足，在婴儿时可影响生长发育，出现小儿的发育不良或迟缓，如立、行、发、齿、语等发育迟缓，囟门迟闭等；在青年时期可影响“天癸”的产生，而阻碍生殖功能的发育成熟；在壮年时期，则可导致早衰，生殖功能减退，出现腰膝酸软，发脱齿摇，神思迟钝，男子精少不育、滑泄、阳痿，女子经闭不孕等。肾精不足，精不生髓而致脑髓空虚时，可见智力减退，动作迟钝，头晕健忘，两足痿弱等。

(2) 肾气不固：又称下元不固，是肾气亏虚，封藏失职的一种病理变化。多因幼年肾中精气不充，或因老年肾中精气衰退，或因早婚、恣情纵欲，而耗伤肾中精气，或因久病耗伤肾气，肾虚失于固摄所致。肾气不固，封藏失职，精关不固，则可致遗精，滑泄等病变；肾气虚弱，则下元不固，膀胱失约，可致小便清长，频数，或尿后余沥，或失禁，遗尿等病变；肾气虚衰，冲任不固，可致月经淋漓不尽，崩漏，滑胎小产，带下清稀量多等；大肠失于固摄，则可见大便滑脱，或失禁等；影响肾的纳气功能，则吸入之气不能归纳于肾，可见动则气喘，呼多吸少等。

2. 肾的阴阳失调 肾阴和肾阳，是全身阴阳之根本。肾阴，又称真阴、元阴，即是命门之水，是机体阴液的根本，对各脏腑组织起着滋润、濡养的作用；肾阳，又称真阳、元阳，即是命门之火，是人体阳气的根本，对各脏腑组织起着温煦、生化的作用。肾阴和肾阳，分别代表肾的生理功能活动中的宁静、滋润、濡养和推动、温煦、生化等对立的状态，两者相互制约、相互协调，才能维持肾的生理功能活动的正常进行。肾阴和肾阳的功能协调，对全身的阴阳平衡，起着重要的作用。肾的阴阳失调，主要表现在肾阴亏虚和肾阳不足两个方面。

笔记栏

(1) 肾阴亏虚：又称肾阴虚、肾阴不足。多由久病伤阴，或五脏之火、五志过极化火、邪热久留化火，不仅可损耗各脏之阴，日久及肾，使阴精耗伤而导致肾阴亏虚，也可由于失血、耗液，或过服温燥壮阳之品，或房事不节，耗损肾阴所致。肾阴亏虚，引起的病理变化主要有，阴液精血亏少，机体脏腑失去滋养，而见腰膝酸软，形体消瘦，眩晕，耳鸣眼花，女子经少、经闭等症状；肾阴亏虚，阴不制阳，则肾阳失制，相火亢盛，可致阴虚内热、阴虚火旺，可见五心烦热，骨蒸潮热，口干咽燥，颧红，盗汗，舌红少苔，脉虚细而数，相火亢盛，则可见男子遗精、女子梦交、崩漏等症状。

(2) 肾阳不足：又称肾阳虚、命门火衰。多因先天禀赋不足，或心、脾阳虚，累及肾，损耗肾阳，或久病不愈，房劳过度，损耗肾阳所致。肾阳不足对肾的生理功能的影响，主要表现在：阳虚则阴寒内生，因而有明显的寒象，可见形寒肢冷；肾阳虚则命门火衰，可导致生殖功能减退，而见阳痿、精冷不育、女子宫冷不孕等病理表现；肾阳虚衰，则肾的气化功能减弱，导致水液代谢功能障碍，不能温化水液，则见小便清长，或遗尿、小便失禁，或见尿少、水肿；阳虚火衰，无以温煦脾阳，脾肾阳虚，则水谷精微运化功能减退，可见下利清谷、五更泄泻等症状。

二、六腑病机

(一) 胆的病机

胆附于肝，与肝相表里，为清净之腑。胆的主要生理功能是贮藏、排泄胆汁和主决断。胆汁生成于肝之余气；胆汁的分泌和排泄，受肝的疏泄功能控制调节；胆还与精神情志活动有关。故胆的病理变化主要表现在胆汁的贮藏、排泄障碍以及精神情志活动的异常。

胆汁的分泌、排泄障碍：可由情志所伤，肝失疏泄直接引起，或因中焦湿热熏蒸，阻遏肝胆气机，胆失疏泄，则出现胆汁的分泌、排泄异常。胆汁的排泄障碍，可进一步加剧肝气郁滞，阻碍脾胃运化功能的正常进行，可见胁下胀满疼痛，食欲减退，厌食油腻，腹胀，便溏等症状；胆汁上逆，则可见口苦，呕吐黄绿苦水；胆汁的排泄障碍，还可导致胆汁外溢于肌肤，而发生黄疸。

此外，胆经郁热挟痰，痰热互结，上扰心神，则可见心烦，失眠，多梦易惊等病理表现。

(二) 胃的病机

胃位居中焦，与脾相表里，为水谷之海，喜润恶燥，以通为用，以降为顺，主受纳饮食物和腐熟水谷。因此，胃的功能失调，主要表现为受纳和腐熟水谷功能的异常，以及胃失和降、胃气上逆。

胃的病理变化，主要有胃气虚、胃阴虚、胃寒、胃热等几分面。

1. 胃气虚　多由饮食不节，损伤胃气，或劳倦，或素体虚弱，或久病、大病内伤胃气等所致。胃气虚弱，则受纳饮食物和腐熟水谷的功能减退，受纳衰减，可见胃纳不佳，饮食无味，甚则不思饮食等；腐熟功能低下，则见食入不化，胃失和降的病变，而见胃脘满闷，嘈杂，隐痛等，甚至胃气上逆，而见嗳气，恶心，呕吐，呃逆等。

2. 胃阴虚　主要是指胃的阴液亏虚而引起的胃的功能失调的病理变化。多因燥热之邪，耗伤胃中津液，或过食辛辣温燥之品，耗伤胃阴，或胃热(火)消灼津液，或久病不复，消烁阴液所致。胃阴虚，胃的受纳饮食物和腐熟水谷的功能减退，则可见不思饮食，食后饱胀，或饥不欲食；胃阴不足，失却濡润，虚热内生，则可见口干咽燥，大便秘结，舌质光红而干，甚则舌如镜面，脉细数等；胃失和降，则可见胃脘胀满不舒，泛恶干呕等。

3. 胃寒　多因饮食不节，过食生冷，或过用寒凉克伐药物，损伤胃阳，或素禀阳虚，或外感寒邪，伤损胃阳等所致。胃寒，则腐熟水谷的功能明显减退，水谷不得温化和腐熟，多见食入不化，如口泛清水，腹泻清稀等病理表现；胃寒，则寒凝气滞，失于温通，血行减缓而瘀滞，不通则痛，寒主收引，收引脉络而致脉络细急，多见胃脘冷痛，痛势较剧，得温则减等。

4. 胃热(胃火)　多由邪热犯胃，或嗜食辛辣厚味，嗜酒，助火生热，或由气滞、痰湿、瘀血、食积等郁久化热、化火等所致。胃热炽盛、胃火亢盛，则均能引起胃的腐熟水谷功能亢进，热能消谷，胃火亢盛，多出现胃脘灼热疼痛，胃中嘈杂，消谷善饥等。火热炽盛，可致胃气上逆，而见恶心、呕吐酸苦黄水等；劫灼胃中津液，而致燥热内结，胃失和降，可见口苦，口渴喜冷饮，大便秘结等；甚则伤阴

笔记栏

耗液而致胃阴虚。胃火循经上炎,可见齿龈肿痛,或衄血。火热灼伤胃络,则见呕血。

(三) 小肠的病机

小肠位于腹中,与心相表里,主要的生理功能是受盛、化物和泌别清浊。小肠的功能失调,主要表现为泌别清浊功能失常。小肠失于受盛,可见食入腹痛,泄泻,或呕吐等;失于化物,则可见食入腹胀,完谷不化等;清浊混淆,可见腹痛肠鸣,上吐下泻等。

另外,湿热下注,或心火旺盛,循经移热于小肠,可导致小肠实热,影响泌别清浊功能,常出现小便频数,或淋浊,或赤涩,或茎中刺痛等。若饮食不节,损伤肠胃,或寒邪内侵,损伤中阳,均可导致小肠虚寒,出现水谷失于温化和泌别清浊功能的异常,多见腹痛喜温喜按,肠鸣泄泻等。

(四) 大肠的病机

大肠位于腹中,与肺相表里,为传导之官,主要的生理功能是传化糟粕。因此,大肠的病理变化主要表现为传导功能失常而大便异常。

大肠的传化失司,可因胃失通降、肺失肃降、肝失疏泄、燥热内结、肠液枯涸、阳虚不运、气虚而推动无力等因素导致腑气郁滞和津液不足,而见大便不畅,或秘结等。若因饮食所伤,食滞不化;寒湿或湿热下注等因素引起,可见泄泻、便溏等。若湿热和大肠气血相搏,则可见痢下赤白,里急后重等。若因脾肾阳气不足,肾气不固,中气下陷,从而水谷失于温化,则可见久泄、滑脱失禁、脱肛等。

(五) 膀胱的病机

膀胱与肾相表里,主要生理功能是贮存尿液和排泄尿液。膀胱的病理变化主要表现为气化失常而出现小便的异常。

膀胱的贮存尿液和排泄尿液的功能,全赖于肾的气化作用。膀胱的功能失调,实际上也是由于气化失常所致。气化失常,既可见膀胱排尿的功能障碍,而导致小便不通,艰涩不畅,甚则成为癃闭等气化不利的病变;亦可见小便频数,遗尿,或小便失禁等膀胱失约的病变。若因湿热蕴结膀胱,可致气化不利,出现尿频,尿急,尿道涩痛,甚则尿血等。若肾阳不足,既可致膀胱气化不利,出现尿有余沥,排尿无力,甚或尿闭等;亦可致膀胱虚寒,贮藏和约束尿液的功能减弱,出现小便频数,遗尿,或小便失禁等。所以《素问·宣明五气》曰:"膀胱不利为癃,不约为遗溺。"

(六) 三焦的病机

三焦作为六腑之一,是上焦、中焦和下焦的合称。三焦的主要生理功能是元气和津液运行之通路,其功能实际上概括了全身的气化作用,即上焦心肺的输布作用;中焦脾胃的运化转输作用;下焦肝、肾、肠、膀胱的疏泄和气化作用。

三焦的病理变化主要反映上、中、下三焦所包括脏腑的病理变化。三焦的气化功能失司,具体表现在两个方面:一是表现为心和肺、脾和胃肠、肝和胆、肾和膀胱的气机不利,气的升降出入异常,从而导致其生理功能失调。如心的行血障碍,肺的呼吸异常和宣发肃降失职,脾和胃肠的运化、升降失职,肝胆的疏泄失调,肾和膀胱的蒸腾气化和泄浊等生理功能失司。上述这些脏腑的生理功能异常,可归结于三焦的气化功能失司。

另一方面,由于三焦是元气和津液运行的通道,又是气化活动的场所,因而三焦的气化功能,概括了肺、脾、肾等脏腑调节津液代谢的生理功能。所以,肺、脾、肾等脏腑调节津液代谢功能失常,如肺的通调水道失职,脾的运化转输失常,肾的气化失司等,反映上、中、下三焦气化失常。三焦气化失司,又可导致全身水液代谢功能障碍。将肺失通调,归结于上焦气化失司;将脾胃的运化水液、输布精微、升清降浊等功能的失调,归结于中焦气化失司;将肾和膀胱的蒸腾气化、升清泄浊,肠的传化糟粕等功能失常,归结于下焦气化失司。

第五节　经络病机

笔记栏

经络作为人体组织结构的重要组成部分,遍布全身,具有运行气血、联络脏腑官窍、四肢百骸、调节各脏腑组织生理功能等的作用。经络病机，主要是指致病因素直接或间接作用于经络系统而引起的经络中气血盛衰及运行异常等病理变化。由于经络是联系人体表里上下内外的通路，通过经络把人体联结成一个有机的整体，因此，经络为病可以累及脏腑，脏腑病变也可以从经络反映出来。经络的病理变化与各经脉所络属的脏腑的病理变化有关，亦与各经络的循行路径和经脉气血盛衰及运行通畅与否有关。经络病机，主要包括经络气血偏盛偏衰、经络气血逆乱、经络气血运行不畅、经络气血衰竭等方面。

一、经络气血偏盛偏衰

经络气血偏盛，是指经络中气血相对壅盛，可引起与其络属的脏腑组织、器官的功能过亢，破坏各经络、脏腑的生理功能的协调平衡而发病。经络的气血偏衰，是指经络中气血不足，不能濡养所联结的肢体皮肉，又能引起与其络属的脏腑组织、器官的生理功能减退而发病。如《灵枢·经脉》论述足阳明胃经的病变，其经气盛则“身以前皆热，其有余于胃，则消谷善饥，溺色黄”。其经气虚则“身以前皆寒栗，胃中寒则胀满”。又说：“足阳明之别……实则狂癫，虚则足不收，胫枯。”这是足阳明胃经气血或实或虚引起的病变。因此，经络的气血盛衰，可直接影响着与其相络属脏腑的气血盛衰。

二、经络气血逆乱

经络气血逆乱，主要是由于经气的升降逆乱，当升不升，当降不降，或应升反降，应降反升，从而影响气血的正常运行，导致气血的上逆或下陷而形成的病机变化。反之，气血的运行失常，亦必然导致经气的逆乱，两者常互为因果。

经络气血逆乱，多引起人体阴阳之气不相顺接，而发为厥逆。如足太阳膀胱经脉起于目内眦，上额交巅入络脑，其下行支脉合腘窝中，向下通过腓肠肌，出外踝后方。故足太阳经的经气逆乱，则气血循经上涌而致头重而胀。其经气上逆则下虚，故足不能行走，甚则发为眩晕欲仆，昏不知人。如《素问·厥论》曰：“巨阳之厥，则肿首头重，足不能行，发为眴仆。”

经络气血逆乱，又可导致与其络属的脏腑生理功能紊乱。如足太阴经的经气逆乱，可以导致脾胃升降失常，以致清气不升，浊气不降，表现为胃脘痛、呕恶、纳食减少、腹胀、便溏等，甚者清浊混淆，发为霍乱吐泻，如《灵枢·经脉》曰：“足太阴之别……厥气上逆则霍乱。”

另外，经气的逆乱，又是导致出血的原因之一。如气火上逆所致的咯血、吐血、衄血，实际上也与经气上逆有关。再如肝火犯肺所致的咯血，实际上就是通过肝经的火热引发经气逆乱，上犯于肺所致。经络的气血突然逆乱，还可导致神志异常，出现昏仆、不省人事等症。如《素问·调经论》曰：“血之与气，并走于上，则为大厥。”

三、经络气血运行不畅

经络气血运行不畅，是指由于经气不利，影响及气血的运行。可因外感六淫邪气，或内伤七情引起，常可累及所属络之脏腑以及经络循行部位的生理功能。例如，风寒外束，手太阴肺经受邪，气机郁滞不畅，则出现咳嗽、气喘、无汗或自汗出、发热、恶寒等症状，因其开窍于鼻，同时可发生鼻塞、流涕、喷嚏等症状。情志抑郁伤肝，使足厥阴肝经的经气不利，则出现胁痛、瘿瘤、梅核气、乳房结块等。经气不利，经络的气血运行不畅，又是某一经络气滞、血瘀的主要成因。在经络病变中，最早出现的是经气不利，气血运行不畅，然后才会导致血瘀等病变。

四、经络气血衰竭

笔记栏

经络气血衰竭，是指疾病发展到危重阶段，由于经气的衰败而至终绝，气血也随之衰竭而出现生命垂危的一种病理变化。由于各经循行部位的不同，所属脏腑的功能各异，故各经的气血衰竭时所出现的证候亦各有特点。如《素问·诊要经终论》曰：“太阳之脉，其终也，戴眼，反折，瘛疭，其色白,绝汗乃出,出则死矣。"因为足太阳膀胱经起于目,循行于背,其气血外荣一身之表,故足太阳膀胱经气血极度衰竭,则目失其系而戴眼,筋失其养而拘挛抽搐,卫外不固而绝汗乃出。由于十二经脉之经气是相互衔接的,所以一经中气血衰竭,十二经之气血亦随之而绝。临床上通过观察经络气血衰竭的证候,可以判断病机的发展演变和疾病的预后。

第六节　疾病的传变与转归

一、传变的含义

传变是指疾病在机体脏腑经络组织之间的感传和疾病性质的变化。作为一个有机的整体,人体上下内外脏腑组织之间,有经络气血相互沟通联系。某一部分或某一脏腑的病变,可以在某种条件下向其他部位或其他脏腑感传,从而引起疾病发展变化。传变是疾病本身发展过程中一种阶段性的表现,是人体脏腑经络功能失常、气血津液代谢不调等病理过程的复杂联系和变化的反映。疾病传变是疾病的传变规律和过程。疾病传变的理论,不但能指导临床辨证论治,更重要的是对于疾病的早期治疗,控制疾病的发展,推测疾病的预后等,都有非常积极的意义。

二、传变的形式

传变包括病位传变和病性转化两大方面。病位传变形式多种多样,但就外感病和内伤杂病而言,外感疾病的传变主要为表里传变,具体又有六经传变、卫气营血传变和三焦传变的不同。内伤疾病的传变主要为脏腑之间传变、经络之间传变,以及经络脏腑之间传变等。病性的转化,主要概括为寒热转化和虚实转化两个方面。

(一) 病位传变

病位,指疾病发生的部位。人体是一个有机的整体,机体的表里之间、脏腑之间,都有经络相互联系沟通。所以,某一部位的病变,在一定条件下,可以借助经络等的联系向其他部位波及扩散,引起该部位发生病变,这就是病位的传变。

一般认为,病位传变包括表里之间和脏腑之间传变两个方面。外感病发于表,发展过程是由表而里,自浅入深的传变。所以,外感病虽然表现为多种特殊的传变形式,但总不离开最基本的表里之间的传变。内伤病起于脏腑,发展过程是由病变脏腑波及影响其他脏器,所以,内伤病的基本传变形式是脏腑经络之间的传变。

1. 表里之间的传变

(1) 表邪入里:是指外邪侵入人体,首先侵犯肌表,然后向内感传入里、侵及脏腑的病理传变过程。多表现在外感疾病的早期或中期,是疾病进一步发展的反应。比如外感寒邪,最早见到恶寒、发热、无汗或有汗、脉浮紧或浮缓等寒邪犯表的症状,若正气虚弱,或失治、误治,则在表之邪不解,而向里传变,影响肺、胃脏腑气化,出现高热、汗出、口渴、喘咳、腹满便结等症,从而由表证转化为里证,同时寒热病性也发生了变化。又如温病起在卫分,进而病及气分,甚至深入营分、血分,也体现病邪由表入里的传变过程。

(2) 里病出表:是指疾病本先发于脏腑等较深的部位,而后由于正气尚足或正气来复驱邪外出,邪气由里向外透达的病理传变过程。如伤寒病,由三阴病转化为三阳病变;温热病内热炽盛,出现汗出热解,或斑疹透发于外等,都属于里病出表的病理过程。

表里传变的发展趋势,主要取决于邪正双方力量的对比。一般而言,表邪入里,多为邪气较盛,机体正气不足以抗邪的结果,或是失治、误治所致,表示病情加重,甚至趋向恶化;里病出表,则是机体正气尚足,或治疗养护得当,抗邪有力,驱使邪气外出的反映,表明邪有出路,病情减轻,趋向好转。

笔记栏

(3) 表里病位传变的经典形式:主要有伤寒的六经传变、温病的卫气营血和三焦传变。

六经传变规律:六经之中,三阳主表,三阴主里;三阳之中,太阳为一身之藩篱,主表,阳明主里,少阳主半表半里;三阴之中,太阴居表,依次为少阴、厥阴。外邪循六经传变,由表入里,渐次深入,即太阳→阳明→少阳→太阴→少阴→厥阴,称为"循经传"。此外,六经传变还有一些特殊的传变形式,如越经传、直中、合病、并病等。

卫气营血传变规律:温病学中,卫气营血的传变规律有顺逆之分。顺传:是指病邪由卫传气,由气传营,由营传血。这种传变规律,反映了温热病由表入里,由外而内,由浅入深,由轻而重的疾病演变过程,揭示了病变的不同程度和阶段。一般来说,病在卫分为病势较轻浅,病位在皮毛和肺,以发热恶寒为其临床特点。病在气分为邪已传里,病势较重,病位在肺、胸膈、胆、胃肠、脾,以但热不恶寒为其临床特点。病在营分为邪已深入,病势更重,病位在心和心包,以舌质红绛、心烦不寐为其临床特点。病在血分为邪更深入一层,最为严重,病位在心、肝、肾,以舌质红绛及耗血、动血、阴伤、动风为其临床特点。由于病邪性质、感邪轻重和体质不同,温病在传变过程中,亦有不出现卫气营血全程传变者:有初起邪在卫分,治后即愈,不复传里的;有起病不从卫分而直中气分或营血的;还有卫气同病、营卫合邪、气血两燔的;更有病邪先入营血,后传出气分,但未得清解,又复入营血等。如春温、暑温、伏暑等,卫气营血传变过程的阶段性表现很不明显。至于湿温,湿多热多,化热化燥,传变无定。逆传:在卫气营血传变中,肺卫病邪,邪不外解,不传气分,由肺而径直内陷心包,称为"逆传"。其病剧变,病势凶险。

三焦传变规律:一般多由上焦手太阴肺开始,由此而传入中焦为顺传,如由肺而传入心包则为逆传。中焦病不愈,多传入下焦肝肾。故温病由口鼻而入,鼻气通于肺,口气通于胃,肺病逆传则为心包。上焦病不治,则传中焦脾胃。中焦病不治,即传下焦肝肾。始于上焦,终于下焦。三焦传变规律并不是固定不变的,在传变过程中,有上焦证未罢而又见中焦证的,亦有中焦证未除又出现下焦证的等。

2. 内伤疾病的传变 内伤疾病的传变主要为脏腑之间传变、经络之间传变,以及经络脏腑之间传变。

(1)脏与脏传变:指病位传变发生在五脏范围之内。五脏之间的传变,除按照五行生克制化规律发生之外,也与其生理功能的相互联系有关。在此主要依照五行生克规律为基础论述乘侮传变与母子传变两种形式:① 乘侮传变,是指脏腑病变以相克太过或反克关系为基础的病位传变。多由一脏功能太过而影响存在相克关系的脏腑,从而使其功能失调。例如肝气亢逆,易于侵犯脾土,而使脾的运化功能失常,出现纳呆,腹痛,泄泻等症,临床上称之为"肝气犯脾";肝火上炎,易伤肺金,致使肺的宣降功能失调,出现咳嗽、咳喘、胸闷等症,临床上称之为"肝火犯肺"。前者为相乘传变,其病情较深重;而后者为相侮传变,其病情相对较轻浅。② 母子传变,是指发生在相生两脏之间的病位传变。母子传变有三种表现形式:其一,某脏功能太过而影响相关脏腑,从而促使其功能偏亢。例如肝气旺盛,郁而化火,引发心火亢盛,出现心烦,失眠等症,临床上称之为"肝火引动心火",或称"心肝火旺"。其二,某脏功能不足而影响相关脏腑,从而引起其功能失调或不足。例如脾气虚损,导致肺气不利,宣降失常,甚则肺气虚弱,出现气喘,语声低弱,咳嗽,咳痰等症,临床上称之为"脾虚及肺"或"土不生金"。其三,某脏功能不足,制约他脏能力减退,从而使他脏功能偏亢。主要见于肾肝两脏之间,如肾阴不足,肾精不能滋养肝阴,肝肾阴亏,不能制约肝阳,出现眩晕,耳鸣,抽搐,震颤等肝阳化风上扰证候,临床上则称之为"阴虚肝旺",即"水不涵木""肝风内动"。

(2)脏与腑的传变:是指病位传变发生在脏与腑之间,或脏病及腑,或腑病及脏。该传变形式主要发生在具有表里关系的脏腑之间。如肺失宣肃,可致大肠腑气通降失和而发生便秘或泄泻;反之,大肠传导失职,积滞不通,同样影响肺气的宣降,而出现气逆喘咳。脾运化升清失职,影响胃的和降,可出现纳少腹胀、恶心呕吐;食滞于胃,胃气不降,亦可致脾失升清,而出现腹满、泄泻等,均为表里相传的疾病传变。此外,非表里相合关系亦可传变,如肝气横逆犯胃等。

笔记栏

(3)腑与腑的传变:是指病变传变发生在六腑之间,主要与其结构和功能联系有关。如胃、小肠、大肠、胆等之间,在结构上是相连的,又共同参与饮食物的受纳、消化、传导和排泄,所以若一腑发生病变,必然影响其他腑。如果胃病腐熟功能失职,常易影响小肠的化物和泌别清浊的功能;大肠传导功能失司，腑气不通，常致胃气不降，甚至上逆；胆汁排泄受阻，可影响胃与小肠的腐熟和泌别清浊的功能。上述情况也可以出现反向影响，凡此种种，尽属腑腑相传。

(4) 脏腑与经络之间的传变：其一，由经脉传至脏腑。此种传变邪气侵犯肌表之后，并不发为表证，而是滞留不去，渐传入络脉，在络脉久留不去，进一步入侵经脉，邪气在经脉久留不去，继而内传于脏腑。这是邪气由浅入深，由经脉而脏腑传变的规律，与一般表证入里又有区别。如风寒之邪犯及手太阴肺经，内舍于肺而致肺失宣肃，发生咳嗽、喘促等。又如，足部受凉，出现腿脚不适，继而发生腹痛，脉浮，亦是由经络传脏腑。过食寒凉而伤胃，通过手太阴经脉上行于肺，从而引起肺寒，邪气客留于肺，肺气上逆则可致肺咳。其二，由脏腑传至经脉。如饮食过度，胃中积滞，会通过其所属经络的循行部位而反映出来，出现前额部位的胀痛不适。

(5) 经络之间的传变：人体经脉之间阴阳相贯，如环无端，是一个有机整体。所以，一经有病可传至他经，或影响相联系的其他各经。由于经脉本身沟通表里，经脉相传变，有异于表里相传或脏腑相传。如足厥阴肝之经脉，布胸胁，注肺中，故肝气郁结，郁而化火，肝火循经上犯，灼伤手太阴肺经，即所谓木火刑金，而出现肝肺两经的病变。或直接影响表里相合之经，如手少阴心经与手太阳小肠经互为表里，心火炽盛，可移热于小肠而致小肠实热，出现小便短赤或尿血、尿道灼热、疼痛等表现。

内伤病相互传变与否，与机体的正气和脏腑的功能状态有关。脏腑正气虚弱，则易受邪而发生传变；脏腑正气充实，则不易受邪传变。此外，病邪的强弱、病证的性质、治疗是否及时得当等，都是影响脏腑传变的因素。

(二) 病性变化

病性，是指病变的性质。一切疾病及病变各阶段的证候，主要有寒、热、虚、实四种性质。这四种病证性质，是由邪正盛衰和阴阳失调的基本病机所决定的。

疾病在发展过程中，可以出现两种情况：一是病变始终保持发病时原有的性质，只是发生程度的改变，这不属于病性转化；二是改变了发病之初疾病的性质，转化为相反的性质，这种病性转化包括虚实转化和寒热转化两类。

1. 寒热转化 寒与热是阴阳失调而造成的两种性质相反的病变反应。疾病的寒热性质，既可由寒热邪气引起的阴阳偏盛所导致，也可因机体的阴虚或阳虚而变生。在疾病过程中，阴阳依于一定的条件是不断发生消长变化的。当阴阳消长超过一定限度之后，病证的性质就可以发生转化，或由寒化热，或由热转寒，即所谓“寒极生热”“热极生寒”，“重阴必阳”“重阳必阴”。

(1) 由寒化热：指病证的性质本来属寒，进而又转化为热性病变的病理过程。如风寒表证，疾病初起恶寒重、发热轻、无汗、脉浮紧，如果邪气太盛或失治、误治，在表之邪不解，可入里化热，成为里热证，而见高热、不恶寒、反恶热、汗出、脉洪大等。又如寒邪犯肺，初期咳痰清稀，日久化热，可见咳痰黄稠、喘促等症，说明病性已经发生变化。

(2) 由热转寒：指病证的性质本来属热，进而又转化为寒性病变的病理过程。如外感热病，高热不退，热伤津液，出现大汗淋漓，阳气随汗液外泄，而出现体温骤降、面色苍白、四肢厥冷、脉微欲绝等，此是由实热证转变为亡阳虚脱的危证，为急性转化过程。再如便血患者，初起便血鲜红、肛门灼热、口燥舌干、大便干结，小便短赤。若迁延不愈，日久血去正伤，阳气亏虚，可见血色暗淡或紫暗、脘腹隐痛、喜温喜按、畏寒肢冷、大便稀薄、脉沉迟无力等症，则表明病变性质已由实热转变为虚寒，此为慢性转化过程。

病性的寒热是否转化，与患者的体质、邪气侵犯部位以及治疗合理与否有关。总的来讲，阳盛阴虚体质容易热化，阴盛阳虚体质易于寒化；受邪脏腑属阳者，多从阳化热，受邪脏腑属阴者，多从阴化寒；误治伤阳则从寒化，误治伤阴多从热化。此外，还与所感邪气的轻重有一定的关系。

2. 虚实转化 病证的虚实，取决于邪正的盛衰。在疾病发展过程中，邪正双方的力量对比经常发生变化，当邪正双方力量的消长变化由一方强盛转为另一方强盛的时候，则病变的虚实性质，也会发生根本的转变，或由实而转虚，或由虚而致实。

笔记栏

(1) 由实转虚：是指本为实性病变，由于病变发展至后期，正气长期消耗，或因失治、误治等因素，使病程迁延，虽然邪气已除，但正气虚弱难复，因而逐渐转化为虚性病变。如热病日久伤阴，就会出现阴虚病证，这是疾病持续发生一段时间后，经常会出现的病理变化。

(2) 由虚致实：是指本为虚性病变，由于脏腑功能衰退，精气津血亏虚，而产生气滞、痰饮、内湿、瘀血、食积等病理变化或病理性产物，或因正虚抗邪无力而复感外邪，形成虚实并存、以实为主的病理变化，如脾虚酿湿生痰，肾虚水饮泛滥等。因虚致实并不表示正气来复，反而多提示病证性质由原来的单纯正虚，又增加了邪实病机，是病情更为复杂、更严重的反映。

三、转归的概念

疾病的转归，是指疾病终末阶段的变化状态和结局。在疾病的发生发展过程中，在各种条件影响下，邪正斗争使正邪双方随时产生消长盛衰的变化，这种盛衰变化，决定疾病发展的方向和最终转归。

如果正气胜而邪气退，疾病向愈。正胜邪退是在邪正消长盛衰发展过程中，疾病向好转和痊愈方面转归的一种结局，也是大多数疾病中最常见的一种转归。一般多是由于患者的正气相对旺盛，抗御邪气的能力较强，或因得到及时合理的治疗，邪气难以进一步发展，进而促使病邪对机体的不良作用消失及至终止，机体形质功能等方面的病理性损伤逐渐得以修复；精、气、血、津液等生命物质的耗损也逐渐得到补充，机体的阴阳五行自控机制在新的基础上又获得了相对平衡，疾病即告痊愈。例如风寒外感致病，邪气从皮毛或口鼻等侵入人体，若机体正气虚弱不甚，抗御病邪的能力较强，则可以延缓病情向更深一步的发展，使病变局限在肌表或经络，同时可在机体正气抗御病邪的作用下，驱邪外出。或者在药物帮助下，发汗解表，则邪气得去，正气得存，营卫和调，疾病痊愈。

如果邪气盛而正气衰，则疾病恶化。邪胜正衰，是在邪正消长盛衰发展过程中，疾病向恶化甚至死亡方面转归的一种不良结局。这是由于机体的正气虚衰，或者病邪太盛，又或者治疗失当，机体抗御邪气的能力日渐下降，不能控制邪气的致病作用，致使邪气得以深入，机体受到的病理性损伤日渐严重，病情因而恶化和加剧。如果正气虚弱至极，邪气独盛于内，则气血、脏腑、经络等生理功能衰竭，阴阳离决，机体的生理活动亦告终竭而生命死亡。例如，在外感热病过程中，“亡阴”“亡阳”等证候的出现，就是正虚不能胜邪，邪独盛于内的典型表现。

此外，如果在邪正消长盛衰的过程中，邪正双方的力量对比相差无几，则会出现邪正相持或正虚邪恋，或者邪气虽去但正气不复等情况，这种情况导致许多疾病由急性转为慢性，或留下某些后遗症，或慢性病持久不愈。

四、转归的形式

疾病的转归是正邪双方在各种内外条件作用下，矛盾斗争的结果。在疾病的发生发展及其转归的过程中，邪正的盛衰，不是一成不变的。多数情况下，由于正气未衰，具有较强抗御病邪的能力，能逐渐驱除邪气，疾病可得以好转或痊愈；另外一些情况下出现正气抗御病邪的能力不足，或正气未能及时来复，邪气失制而愈盛，疾病日益恶化，甚则导致死亡。大体来讲，疾病的转归，可分为痊愈、缠绵、后遗、死亡等。

(一) 痊愈

痊愈即病愈，是指在机体脏腑经络的阴阳气血紊乱疾病状态的状况消失，形质的损伤得以修复，功能恢复正常，阴阳五行重新处于稳定状态。痊愈是疾病转归中最好的结局。疾病是否可以痊愈与痊愈的早晚，除取决于患者的基础健康情况、抗邪能力外，及时、正确、有度地治疗是非常必要的。例如，六淫邪气外感，邪气从皮毛或口鼻侵入人体，若机体正气相对充盛，抗御病邪的能力较强，则不仅能阻止邪气向机体内部侵入，使病变局限在肌表，而且正气可以蓄势驱邪外出，使疾病痊愈。若使用发汗解表或其他相应对治方法，祛邪外出，可对疾病的痊愈过程起加速作用。

在疾病痊愈过程中，体内会发生两方面的变化：一是病邪逐渐衰退，对机体的损害消除或终止；

笔记栏

二是正气来复，表现为受消耗的气血津液逐渐得到补充，受伤的形质得以修复，脏腑经络等组织器官的功能恢复正常。因此，疾病的症状、体征全部消失，患者的社会行为包括劳动力也逐渐得以恢复，疾病即告痊愈。

（二）缠绵

缠绵，是指久病迁延不愈的一种病理状态。邪正双方势力均等，处于彼此难见胜负的正虚邪恋状态。常常见于疾病后期，是病理变化过程转为慢性或迁延性的反映。

病势缠绵的基本病机是正虚邪恋。在疾病发生发展的邪正斗争过程中，正气虽未至衰竭，但也因邪气的耗伤而现虚弱不足；同时邪气在正气的奋力抗争之下，也逐渐衰弱。所以，邪正双方力量相当，难分伯仲，处于一种相持不下的非剧烈对抗病理状态。在此种状态下，正气不能完全驱邪外出，邪气也无力再进行深入传变，从而使病变局限并处于相对稳定状态，表现出症状体征不甚剧烈，但是持久不愈的特点。

疾病处于缠绵状态，在内外多种因素影响下，可以出现三种不同的发展变化：一是虽暂时处于缠绵状态，但病势稳定，经过积极地治疗和调理，可以促使正气日渐增强，驱邪至尽，实现疾病好转或痊愈；二是疾病缠绵而病势不稳定，且反复发作，逐渐加重，或因治疗和护理不当，病势加重，病情恶化，甚至死亡；三是因病邪性质缠绵，盘踞不去，正气受制不能尽复，难以尽除邪气，邪气长期留恋不去，疾病转为慢性迁延性病证，或留下后遗症。

（三）后遗

后遗，又称后遗症，是指疾病的病理过程基本结束，或病因的致病作用基本终止，而只遗留原有疾病所造成的机体形质损伤或功能的障碍，且不可自复。后遗和缠绵区别明显，后遗症是疾病病理过程的结果，是疾病的一种结局。而缠绵则是疾病的迁延或慢性过程，还可能出现进一步的发展转变。

疾病后遗症所包括的形态或功能异常多样，比如外在的有肢体震颤、身体畸形、失语、痴呆、偏瘫，内在的功能异常包括脏腑、经络功能障碍和精神情志障碍等。这些形态和功能的异常，均是不可逆的。

此外，还有一种伤残，其主要指外伤所造成的人体某种组织结构难以恢复的损伤或残缺。如金刃、跌仆、枪弹、虫兽等给形体、脏腑造成的变形、缺失等，属伤残范围，不属于疾病转归的内容。

（四）死亡

死亡，是机体生命活动的终止。是机体阴阳离决，整个生理功能永久终止的病理过程或结局。死亡，可分为生理性死亡和病理性死亡两类。作为疾病转归来谈的是病理性死亡，其又分因病而亡和意外死亡。因病而亡，是各种疾病损伤，使机体功能衰竭，阴阳衰极而离决。意外死亡是指外伤、跌打、车祸、中毒等各种意外损伤所造成的死亡。死亡的过程大致可以分为三个阶段。第一阶段是临终期，又称濒死状态。这时体内各脏腑功能发生严重障碍或衰竭，阴阳已现相互脱离的趋势，临床可见意识模糊或消失、呼吸微弱、反应迟钝、或已循衣摸床、无法自控、语言错乱、或声低微、脉微欲绝等。第二阶段是临床死亡期，又称可逆性死亡阶段。此期体内的阴阳已经相互脱离，脏腑精气已经衰竭，只是脑及部分脏腑组织残存着极其微弱功能活动，心跳、呼吸、脉搏等生命体征已经停止。此时若能及时有效地进行抢救治疗，部分患者尚可重获生机。第三阶段是生物学死亡期，又称不可逆死亡阶段。此时人的脑及各器官功能已完全消失，阴阳之气已外脱而散，不可再复。临床表现为目睛混浊，神志、呼吸、心跳、体温、脉搏全无，躯体僵冷，或见尸斑等。

（王 莹）

笔记栏

第八章　防 治 原 则

导　学

本章主要介绍预防、治则、治法的基本概念，预防的原则及方法，基本治则。

通过学习，掌握预防、治则、治法的基本概念，未病先防、既病防变的预防原则，治病求本、正治与反治、治标与治本、扶正与祛邪、调整阴阳的概念、适应证和方法；熟悉调整脏腑功能、调理精气血津液、三因制宜的概念；了解调整脏腑功能、调理精气血津液、三因制宜的方法。

防治原则，是指预防疾病发生和治疗疾病以阻断其发展并使之好转或痊愈所应遵循的基本原则。它是中医学理论体系的重要组成部分，是在整体观念和辨证论治指导下对中医预防和治疗学规律及其特色的理论认识，也是研究和发展中医学的最终目标和归宿。由于中医学防治疾病的方法很多，范围十分广泛，故本章仅阐释疾病预防和治疗的基本原则。

第一节　预　　防

预防，就是采取一定措施防止疾病的发生与发展。中医学历来注重预防，早在《黄帝内经》就提出了“治未病”的预防思想。《素问・四气调神大论》指出：“夫四时阴阳者，万物之根本也，所以圣人春夏养阳，秋冬养阴，以从其根……是故圣人不治已病治未病，不治已乱治未乱，此之谓也。夫病已成而后药之，乱已成而后治之，譬犹渴而穿井，斗而铸锥，不亦晚乎？”《灵枢・逆顺》也说：“上工刺其未生者也；其次，刺其未胜者也；其次，刺其已衰者也……故曰上工治未病不治已病。”就是说在疾病未发生之前，根据天人相应以摄生固本或以针刺来预防疾病的发生，体现了《黄帝内经》摄生防病的预防思想，即主张未病先防、既病防变，防患于未然，救弊于萌芽。因此，预防对于健康人来说，可增强体质，防止疾病的发生；对于患者而言，则可防止疾病的发展与传变。预防的原则，主要包括未病先防和既病防变两个方面。

一、未病先防

未病先防是指在未病之前采取各种措施防止疾病的发生。而邪正盛衰关系到疾病的发生与否，其中正气不足是疾病发生的内在因素，而邪气是发病的重要条件。因此，未病先防则应从增强人体正气和防止病邪侵害两个方面入手。

（一）提高正气的抗邪能力

一般地说，人体禀赋及体质强盛者，正气也较充盛，抗病能力也较旺盛，因此不易罹病，故《素问・刺法论》说：“正气存内，邪不可干”；而人体禀赋及体质较弱者，正气多虚弱，抗病能力也多低下，因此易于罹病，故《素问・评热病论》说：“邪之所凑，其气必虚”。当然，后天调摄，增强体质，也是提高正气抗邪能力的关键，如《景岳全书・杂证谟》所说：“凡先天之有不足者，但得后天培养之力，则补天之功，亦可居其强半。”那么，怎样才能增强体质，提高正气的抗邪能力呢？调摄精神情志、注意锻炼身体、注意饮食起居和人工预防免疫等，则是增强体质、提高正气抗邪能力的有效措施。

笔记栏

1. 调摄精神 中医认为，精神情志活动对人体生理功能和病理变化的影响十分密切。突然强烈的精神刺激，或反复、持续的精神刺激，可使人体气机逆乱，气血阴阳失调而发病。这种情志刺激不仅可导致正气内虚，容易招致外邪致病；而且情志的波动还可能使原有疾病出现恶化。因此，保持心情舒畅，气血和平，则有利于恢复健康。正如《素问·上古天真论》说："恬惔虚无，真气从之，精神内守，病安从来。"这就是说，思想上注意清心寡欲，安定清静，不贪欲妄想，使真气和顺，精神内守，病从哪里来呢？所以，调摄精神，一是要注意避免来自内外环境的不良刺激，二是要提高人体自身心理的调摄能力，只有这样，才可能增强正气的抗邪能力，从而预防疾病的发生。

2. 加强锻炼 《吕氏春秋·达郁》以"流水不腐，户枢不蠹，动也"为例，阐释了"形气亦然，形不动则精不流，精不流则气郁"的道理，可见，锻炼身体，增强体质，还可防止或减少某些疾病的发生。汉代医家华佗则根据"流水不腐，户枢不蠹"的"恒动"观，创造了"五禽戏"，即模仿虎、鹿、熊、猿、鸟五种动物的动作来锻炼身体，以促使血脉流通，气机调畅，从而增强体质，防治疾病。此外，后世不断演变的太极拳、八段锦、易筋经等多种健身方法，不仅能够增强体质，提高健康水平，预防疾病的发生，而且还对多种慢性病具有一定治疗作用，这些锻炼方法流传至今，仍不失为较好的健身运动方法。当然，锻炼身体的要点有三：一是运动量要适度，因人而宜，做到"形劳而不倦"；二是要循序渐进，运动量由小到大；三是要持之以恒。

3. 食居有常 《素问·上古天真论》说："其知道者，法于阴阳，和于术数，食饮有节，起居有常，不妄作劳，故能形与神俱，而尽终其天年，度百岁乃去。"意思是说，要保持身体健康，精力充沛，益寿延年，就应该懂得自然变化规律，适应自然环境的变化，对饮食起居、劳逸等有适当的节制和安排。不要"以酒为浆，以妄为常，醉以入房，以欲竭其精，以耗散其真，不知持满，不时御神，务快其心，逆于生乐，起居无节"。其中，饮食调摄应遵循定时、定量和膳食结构合理的基本原则。

"起居有常，不妄作劳"也是《黄帝内经》中十分重要的预防思想。起居，主要指作息，也包括平常对各种生活细节的安排在内。常，不变也，即根据四季气候制订规律而不变的作息时间，按时起床，按时工作、活动，有针对性地娱乐、锻炼与休息等，使之制度化，便于长期实行；与此同时，还要注意劳逸适度、戒除不良习惯等。

4. 人工免疫 人工预防免疫，也是增强人体正气，提高免疫能力，预防传染病的重要手段。我国16世纪就发明了人痘接种术预防天花，并在17世纪流传到俄罗斯、日本、朝鲜及欧美诸国，开创了人工免疫之先河，并为后世预防接种免疫学的发展作出了极大贡献。如今，人工免疫技术得到了飞速发展，人们接种疫苗、菌苗、类毒素等，可使人体产生主动免疫，提高抗邪能力，从而预防某些疾病的发生。如在婴幼儿和儿童时期，接种乙型肝炎疫苗、卡介苗、脊灰疫苗、流脑疫苗、乙脑减毒疫苗等各种疫苗，这对于预防乙型病毒性肝炎、结核病、脊髓灰质炎、流行性脑脊髓膜炎、流行性乙型脑炎等疾病的发生发挥了关键作用。

（二）防止病邪的侵害

未病先防，除了增强体质，提高正气的抗病能力外，还要采取避其邪气、药物预防等方法，从而防止病邪对人体的侵害。

1. 避其邪气 《素问·上古天真论》说："虚邪贼风，避之有时"，就是说要谨慎躲避外邪的侵害。其中包括顺应四时，注意气候的变化，防六淫之邪的侵害，如夏天防暑、秋天防燥、冬天防寒等；避疫毒，注意患者的消毒隔离，防疠气之染易；注意治理三废，搞好环境及个人卫生，防止空气、水源的污染，防止病从口入。此外，还应注意防止外伤与虫兽伤等。

2. 药物预防 事先服食某些药物，可提高机体的免疫功能，能有效地防止病邪的侵袭，从而达到预防疾病的目的。这在预防疠气的流行方面尤为重要。对此，古代医家积累了很多成功经验，如《素问·刺法论》有"小金丹……服十粒，无疫干也"的记载。近年来，在中医学理论指导下，用中草药预防疾病也取得了良好效果，如用板蓝根、大青叶预防流感、腮腺炎，用茵陈、贯众预防肝炎，用马齿苋预防菌痢等，都是用之有效、简便易行的方法。

笔记栏

二、既病防变

未病先防的卫生工作，是积极防止疾病发生和传播的有效方法。但是对于已经发病的患者，则宜采取既病防变的措施。既病防变，就是在疾病发生的初始阶段，力求做到早期诊断，早期治疗，以防止疾病的发展及传变。

（一）早期诊治

在疾病过程中，由于邪正斗争的消长，疾病的发展，可能会出现由浅入深、由轻到重、由单纯到复杂的发展变化。而对于疾病的诊治，中医学非常强调早期诊断和早期治疗。因在疾病的初期，病位较浅，病情多轻，正气未衰，如早期诊治，病较易治疗，且传变也较少。故《素问·阴阳应象大论》说："故邪风之至，疾如风雨，故善治者治皮毛，其次治肌肤，其次治筋脉，其次治六腑，其次治五藏。治五藏者，半死半生也。"说明诊治越早，疗效越好，如不及时诊治，病邪就有可能步步深入，使病情愈趋复杂、深重，从而造成治疗上的困难，恢复健康也不容易。当然，早期诊治的时机在于掌握好不同疾病的发生、发展变化过程及其传变规律，若病初起能及时做出正确诊断，便可进行及时有效和彻底地治疗。

（二）防止传变

防止传变，是指在掌握疾病发生发展规律及其传变途径的基础上，早期诊断与治疗以防止疾病的进一步发展。而防止传变主要包括阻截病传途径与先安未受邪之地两个方面。

1. 阻截病传途径　疾病一般都有其一定的传变规律和途径。如伤寒病的六经传变，病初多在肌表太阳经，病变发展则易传变至他经，因此，太阳病阶段就是伤寒病早期诊治的关键，在此阶段的正确有效治疗则是防止伤寒病病势发展的最好措施；又如温病多始于卫分证，因此卫分证阶段就是温病早期诊治的关键。据此可知，邪气侵犯人体后，根据其传变规律，早期诊治，阻截其病传途径，便可防止疾病的深化与恶化。

2. 先安未受邪之地　先安未受邪之地，可以五行的生克乘侮规律、五脏的整体规律、经络相传规律等为指导。如脏腑有病，可因病变性质的差异而有及子、犯母、乘、侮等传变。因此，根据不同病变的传变规律，实施预见性治疗，当可控制其病理传变，从而杜绝疾病的进一步发展。

《难经·七十七难》说："上工治未病，中工治已病者，何谓也？然，所谓治未病者，见肝之病，则知肝当传之于脾，故先实其脾气，无令得肝之邪，故曰治未病焉。中工者，见肝之病，不晓相传，但一心治肝，故曰治已病也。"因肝属木，脾属土，生理情况下肝木克脾土，而在病理情况下，肝木有病则易乘脾土。《金匮要略·脏腑经络先后病脉证》也说："见肝之病，知肝传脾，当先实脾。"故临床上治疗肝病的同时，常配以调理脾胃的药物，使脾气旺盛而不受邪，确可收到良效。又如温热病伤及胃阴时，其病变发展趋势将耗及肾阴，清代叶桂据此传变规律提出了"务必先安未受邪之地"的防治原则，主张在甘寒以养胃阴的方药中加入咸寒滋养肾阴的药物，以防止肾阴的耗损。这些都是既病防变原则的有效应用。由此可见，根据疾病传变规律，先安未受邪之地，是杜绝疾病发展和传变的有效途径和方法。

第二节　治　　则

治则和治法是在整体观念和辨证论治精神指导下制订的治疗疾病之准绳，对临床处方用药具有普遍指导意义。

笔记栏

一、治则与治法的基本概念

治则，是指治疗疾病时所必须遵循的基本原则。治法则是在一定治则指导下制订的针对疾病与证候的具体治疗大法、治疗方法和治疗措施。其中治疗大法是针对一类相同病机的证候而确立的，如汗、吐、下、和、温、清、消、补八法，其适应范围相对较广，是治法中的较高层次。而治疗方法却是在治疗大法限定范围之内，针对某一具体证候所确立的具体治疗方法，如辛凉解表、止咳化痰、健脾除湿等，它可以决定选择何种治疗措施。治疗措施则是在治疗方法指导下对病证进行治疗的具体技术、方式与途径，包括药治、针灸、按摩、导引、熏洗等。

治则与治法两者既有区别，又有联系。治则是治疗疾病时指导治法的总原则，具有原则性和普遍性意义；而治法则是从属于一定治则的具体治疗大法、治疗方法及治疗措施，其针对性及可操作性较强，较为具体而灵活。如从邪正关系来探讨疾病，则不外乎邪正盛衰，因而扶正祛邪就成了治疗的基本原则。在这一总原则指导下，根据不同虚证而采取的益气、养血、滋阴、壮阳等治法及相应的治疗手段就是扶正这一治则的具体体现；而在不同的实证中，发汗、清热、活血、涌吐、泻下等治法及采取的相应治疗手段就是祛邪这一治则的具体体现。可见，由于治则统摄了具体的治法，而多种治法又从属于一定治则，体现了治疗上的高度原则性、可操作性与灵活性。

二、基本治则

治病求本，是指在治疗疾病时辨析出疾病的病因病机，抓住疾病的本质进行治疗。它是中医学治疗疾病的主导思想，也是辨证论治的一个基本原则，故《素问·阴阳应象大论》说："治病必求于本。"

标和本是一个相对概念，有多种含义，可用以说明病变过程中各种矛盾的主次关系。如从邪正双方来说，正气为本，邪气为标；从病因与症状来说，病因为本，症状为标；从疾病先后来说，旧病、原发病为本，新病、继发病为标；就病位而言，脏腑精气病为本，肌表经络病为标。因此，标本关系常用来概括说明事物的现象与本质，在中医学中常用来概括病变过程中矛盾的主次先后关系。

疾病的发生、发展一般总是通过若干症状显示出来的。但这些症状只是疾病的现象，还不是疾病的本质。只有充分地搜集、了解疾病的各个方面，包括症状在内的全部情况，在中医学理论指导下进行综合分析，才能透过现象发现本质，找出疾病的根本原因，从而确立恰当的治疗方法。如头痛，既有因感受六淫邪气，如风寒、风热、风湿、风燥、暑湿等所致者，又有因机体自身代谢失调而产生气虚、血虚、瘀血、痰浊、肝阳上亢、肝火上炎等病理变化而发者。外感性头痛，辨清了病因，则能确立证候而施治，如风寒者以辛温散之，风热者以辛凉解之，风湿者用辛燥之品，风燥者宜辛润之药，暑湿者当芳香化湿。而内伤性头痛，一般难以找到确切病因，因而必须辨明病机，根据病机确立证候，然后论治，属气虚者当补气，血虚者当补血，瘀血者当活血，痰浊者宜化痰，肝阳上亢者当平肝潜阳，肝火上炎者宜清肝泻火。这就是"治病必求于本"的意义所在。

当然，疾病的外在表现与其内在本质一般是统一的，但有时候是不完全一致的，因而必须透过临床表现探求疾病的本质，即抓住病因病机，方能"治病必求于本"。而正治与反治、治标与治本、扶正与祛邪、调整阴阳、调整脏腑功能、调理精气血津液、三因制宜等，都是受此主导思想支配和指导的治疗原则。

（一）正治与反治

正治与反治，是指所用药物性质的寒热、补泻效用与疾病的本质、现象之间的从逆关系而言。即《素问·至真要大论》所谓："逆者正治，从者反治。"

1. 正治　是指采用与病证性质相反的方药进行治疗的一种治疗原则。由于采用的方药与病证性质相逆，如寒证用热药，故又称"逆治"。正治适用于疾病征象与其本质相一致的病证。实际上，临床上大多数疾病的外在征象与其病变本质是一致的，如热证见热象、寒证见寒象等，故正治是临床最常用的治疗原则。常用的正治法主要有以下四种。

(1) 寒者热之：是指寒性病证出现寒象，要用温热方药来治疗。如表寒证用辛温解表方药，里寒证用辛热温里的方药等。

(2) 热者寒之：是指热性病证出现热象，要用寒凉方药来治疗。如表热证用辛凉解表方药，里热证用苦寒清里的方药等。

(3) 虚则补之：是指虚损性病证出现虚象，要用具有补益作用的方药来治疗。如阳虚证用壮阳

笔记栏

方药，阴虚证用滋阴方药，气虚证用补气方药，血虚用养血方药等。

（4）实则泻之：是指实性病证出现实象，要用攻逐邪实的方药来治疗。如食积证用消食导滞的方药，水饮内停证用逐水的方药，血瘀证用活血化瘀的方药，湿阻证用祛湿的方药等。

2. 反治 是指顺从病证外在假象而治的一种治疗原则。由于采用的方药性质与病证中假象的性质相同，故又称为“从治”。反治适用于疾病征象与其本质不完全吻合的病证。由于这类情况较少见，故反治的应用相对也较少。究其实质，用药虽然是顺从疾病的假象，实质上也是逆其病证本质，故仍然是在治病求本思想指导下针对疾病本质而进行的治疗。常用的反治法主要有以下四种。

（1）热因热用：即以热治热，是指用热性药物治疗具有假热征象的病证。适用于阴盛格阳的真寒假热证。如《伤寒论・辨少阴病脉证并治》：“少阴病下利清谷，里寒外热，手足厥逆，脉微欲绝，身反不恶寒，其人面色赤……通脉四逆汤主之”，就是热因热用的范例。由于阳虚寒盛是其本质，故仍用温热药治其真寒，而假热就自然会消失。

（2）寒因寒用：即以寒治寒，是指用寒性药物治疗具有假寒征象的病证。适用于阳盛格阴的真热假寒证。如热厥证中，由于里热盛极，阳气郁阻于内，不能外达于肢体起温煦作用，并格阴于外而见手足厥冷、脉沉伏之假寒之象。但细究之，患者手足虽冷，但躯干部却壮热而欲掀衣揭被，或见恶热、烦渴饮冷、小便短赤、舌红绛、苔黄等里有真热的征象。这是阳热内盛，深伏于里所致。其外在寒象是假，里热盛极才是病之本质，故须用寒凉药清其真热，而假象方能消失。

（3）塞因塞用：即以补开塞，是指用补益药物治疗具有闭塞不通症状的虚证。适用于因体质虚弱、脏腑精气功能减退而出现闭塞症状的真虚假实证。如血虚致闭经者，因血源不足，故当补益气血以充其源，而无须用通药则经自来。又如肾阳虚衰，推动蒸化无力而致尿少癃闭，当温补肾阳，温煦推动尿液的生成和排泄，则小便自然通利。再如脾气虚弱，出现纳呆、脘腹胀满、大便不畅时，乃因脾气虚衰无力运化所致，当采用健脾益气的方药治疗，使其恢复正常运化及气机升降，则诸症自减。因此，以补开塞，主要是针对病证虚损不足的本质来治疗的。

（4）通因通用：即以通治通，是指用通利药物治疗具有通泻症状的实证。适用于因实邪内阻出现通泄症状的真实假虚证。一般情况下，泄泻、崩漏、尿频等病证，多用止泻、固冲、缩尿等法。但这些通泄症状如果出现在实性病证之中，则当以通治通。如食滞内停，阻滞胃肠所致的腹痛泄泻，当泻下物臭如败卵时，不仅不能止泄，相反还应消食导滞以攻下，推荡积滞，使食积去而泄自止。又如瘀血内阻，血不循经所致的崩漏，如使用止血药，则瘀阻更甚，血更难循其经而见出血难止，此时当活血化瘀，瘀去则血归经后而出血自止。再如湿热下注所致的淋证，见尿频、尿急、尿痛等症，以利尿通淋而清其湿热，则诸症自消。这些都是针对邪实的本质来治疗的。

总之，正治与反治相同之处，都是针对疾病本质而治，故同属于治病求本的范畴；其不同之处在于，正治适用于病变本质与其外在表现相一致的病证，而反治则适用于病变本质与临床征象不完全一致的病证。

此外，还有一种“反佐”法，在前人著作中亦常把它列为“反治”范围，但究其内容，实为制方、服药的具体方法，将在方剂学里讨论，这里不予详述。

（二）治标与治本

在复杂多变的病证中，常有标本主次的不同，因而在治疗上就有先后缓急之别。标本治法的临床应用，在某些情况下，标病甚急，如不及时解决，可危及患者生命或影响疾病的治疗，则应采取“急则治其标，缓则治其本”的法则，先治其标病，后治本病。若标本并重，则应标本兼顾或标本同治。

1. 急则治其标 《素问・标本病传论》说：“先热而后生中满者，治其标”“先病而后生中满者，治其标”“小大不利，治其标”。中满、大小便不利，都是较急重的症状，故当先治疗。如水臌患者，当腹水大量增加，腹部胀满，呼吸喘促，大小便不利的时候，应先治疗标病的腹水。大小便不利，可用利水、逐水法，待腹水减轻，病情稳定后，再调理肝脾治其本病。又如大出血患者，无论属于何种出血，均应采取应急措施，先止血以治标，待血止而病情缓和后再治本病。再如某些慢性病患者，原有宿疾又复感外邪，当新病较急之时，亦应先治外感以治其标，待新病愈后再治宿疾以治其本。另外，在先病为本、后病为标的关系中，有时标病虽不危急，但若不先治则将影响本病的整个治疗方案实施时，也当先治其标病，如心脏病患者患了轻微感冒，应先将后病的感冒治好，方可使先病即心脏病的治疗方案得以进一步实施。

2. 缓则治其本 多用在病情缓和，病势迁延，暂无急重病状的情况下，这对慢性病或急性病恢复期的治疗具有十分重要的指导意义，因标病产生于本病，本病得治，标病自然也会随之而去。如肺痨咳嗽，其本多为肺肾阴虚，故治疗不能单纯使用一般的止咳法治其标，而应滋养肺肾之阴以治其本，本病得愈，咳嗽也自然消除。再如气虚自汗，因气虚不摄为本，出汗为标，单用止汗一般难以奏效，此时应补气以治其本，气足则自能收摄汗液。另外，先病宿疾为本，后病新感为标，新感已愈而转治宿疾，也属缓则治本。以上所述都是缓则治本的具体应用。

3. 标本兼治 当标本并重或标本均不太急时，当标本兼治。如在热性病过程中，热盛伤津耗阴后，临床可见身热、腹硬满痛、大便燥结、口干渴、舌燥苔焦黄等，此属邪热里结为本，阴液受伤为标，标本俱急，治当标本兼顾，可用增液承气汤治之。因泻下与滋阴同用，泻其实热可以存阴，滋阴润燥则有利于通下，标本同治方可收到相辅相成之功。又如脾气虚衰，运化失职，水湿内停，此时脾气虚衰为本，水湿内停为标，治可补脾与祛湿同用。再如素体气虚，抗病力低下，反复感冒，如单补气则易留邪，纯发汗解表则易伤正，此时治当益气解表，益气为治本，解表是治标。又如表证未解，里证又现，则应表里双解，亦属标本同治之范畴。

总之，病证变化有轻重缓急、先后主次的不同，因而标本治法运用也就有先后与缓急、单用或兼用的区别，这是中医治疗原则性与灵活性有机结合的体现。因此，区分标病与本病的缓急主次，有利于从复杂病变中抓住关键，做到“治病必求于本”。

（三）扶正与祛邪

正邪相搏中双方的盛衰消长决定着疾病的发生、发展与转归，正能胜邪则病退，邪能胜正则病进。因此，治疗疾病的一个基本原则就是扶助正气，祛除邪气、改变邪正双方力量的对比，从而使疾病早日向好转、痊愈的方向转化。

1. 扶正与祛邪的概念 扶正，即扶助正气，增强体质，提高机体的抗邪及康复能力。适用于各种虚证，即所谓“虚则补之”。而益气、养血、滋阴、壮阳、填精、补津以及补养各脏的精气阴阳等，均是扶正治则下确立的具体治疗方法。在具体治疗手段方面，除内服汤药外，还有针灸、推拿、气功、食疗、形体锻炼等。

祛邪，即祛除邪气，消除病邪的侵袭和损害，并抑制亢奋有余的病理反应。适用于各种实证，即所谓“实则泻之”。而发汗、涌吐、攻下、消导、化痰、活血、散寒、清热、祛湿等，均是祛邪治则下确立的具体治疗方法。其具体使用的手段也同样是丰富多样的。

2. 扶正祛邪的运用 扶正与祛邪，其方法虽然不同，但两者相互为用，相辅相成。扶正使正气加强，有助于机体抗御和祛除病邪，即所谓“正胜邪自去”；祛邪能够排除病邪的侵害和干扰，则有利于正气的保存和恢复，即所谓“邪去正自安”。扶正祛邪在运用上必须掌握好以下原则：攻补应用合理，即扶正用于虚证，祛邪用于实证；把握先后主次，对虚实错杂证，应根据虚实的主次与缓急，决定扶正祛邪运用的先后与主次。扶正祛邪应遵循的原则是：扶正不留邪，祛邪不伤正。具体运用如下。

(1) 单独运用：扶正，适用于虚证或真虚假实证。扶正的运用，当分清虚证所在的脏腑经络等部位及其精气血津液阴阳中的何种虚衰，还应掌握用药的峻缓量度，而虚证一般宜缓图，少用峻补，免成药害。祛邪，适用于实证或真实假虚证。祛邪的运用，当辨清病邪性质、强弱、所在病位而采用相应的治法，还应注意中病则止，以免用药太过而伤正。

(2) 同时运用：扶正与祛邪的同时使用，即攻补兼施，适用于虚实夹杂的病证。由于虚实有主次之分，因而攻补兼施亦有主次之别。

扶正兼祛邪：即扶正为主，辅以祛邪。适用于以正虚为主的虚实夹杂证。

祛邪兼扶正：即祛邪为主，辅以扶正。适用于以邪实为主的虚实夹杂证。

笔记栏

（3）先后运用：扶正与祛邪的先后运用，也适用于虚实夹杂证。主要是根据虚实的轻重缓急而变通使用。

先扶正后祛邪：即先补后攻。适应于正虚为主，机体不能耐受攻伐者。此时兼顾祛邪反而更伤正气，故当先扶正以助正气，正气能耐受攻伐时再予以祛邪，可免“贼去城空”之虞。如某些虫积患者，因正气太虚弱，不宜驱虫，应先健脾以扶正，使正气得到一定恢复后再驱虫消积。

先祛邪后扶正：即先攻后补。适应于以下两种情况：一是邪盛为主，兼扶正反会助邪；二是正虚不甚，邪势方张，正气尚能耐攻者。此时先行祛邪，邪气速去则正亦易复，再补虚以收全功。如瘀血所致的崩漏证，瘀血不去，则崩漏难止，故应先用活血祛瘀法，然后再补血。

总之，扶正祛邪的应用应知常达变，灵活运用，根据具体情况而选择不同的用法。

（四）调整阴阳

疾病的发生，从根本上说就是阴阳相对平衡遭到破坏，出现偏盛偏衰的结果。对于阴阳的偏盛偏衰，《素问·至真要大论》指出应：“谨察阴阳所在而调之，以平为期。”因此，调整阴阳，损其有余、补其不足，恢复阴阳的相对平衡，乃是临床治疗的根本法则之一。

1. 损其有余 即“实则泻之”，适用于人体阴阳中任何一方偏盛有余的实证。如阳热亢盛的实热证，应用“热者寒之”的方法以清泻其阳热，且因“阳胜则阴病”，每易导致阴气亏减，此时不宜单纯地清其阳热，还须兼顾阴气的不足，即在清热的同时配以滋阴之品，即祛邪为主兼以扶正。而阴寒内盛的寒实证，则用“寒者热之”的方法以温散其阴寒，且因“阴胜则阳病”，每易导致阳气不足，此时不宜单纯地温散其寒，还须兼顾阳气的不足，即在散寒的同时配以扶阳之品，同样是祛邪为主兼以扶正之法的运用。

2. 补其不足 即“虚则补之”，适用于人体阴阳中任何一方虚损不足的病证。调补阴阳，又有据阴阳相互制约原理的阴阳互制的调补阴阳，及据阴阳互根原理的阴阳互济的调补阴阳。阴阳两虚者则宜阴阳并补。

（1）阴阳互制之调补阴阳：当阴虚不足以制阳而致阳气相对偏亢的虚热证时，治宜滋阴以抑阳，即唐代王冰所谓“壮水之主，以制阳光”（《〈素问·至真要大论〉注》语），《素问·阴阳应象大论》则称为“阳病治阴”。这里的“阳病”指的是阴虚则阳气相对偏亢，治阴即补阴之意。当阳虚不足以制阴而致阴气相对偏盛的虚寒证时，治宜扶阳以抑阴，即王冰所谓“益火之源，以消阴翳”（《〈素问·至真要大论〉注》语），《素问·阴阳应象大论》则称为“阴病治阳”。这里的“阴病”指的是阳虚则阴气相对偏盛，治阳即补阳之意。

（2）阴阳互济之调补阴阳：对于阴阳偏衰的虚热及虚寒证的治疗，明代张介宾还提出了阴中求阳与阳中求阴的治法，他说：“善补阳者，必于阴中求阳，则阳得阴助而生化无穷；善补阴者，必于阳中求阴，则阴得阳升而泉源不竭”（《景岳全书·新方八阵》）。此即阴阳互济的方法。即据阴阳互根的原理，补阳时适当佐以补阴药谓之阴中求阳，补阴时适当佐以补阳药谓之阳中求阴。其意是使阴阳互生互济，不但能增强疗效，同时亦能限制纯补阳或纯补阴时药物的偏性及副反应。如肾阴虚衰引起的虚热证，可用滋阴降火的知柏地黄丸少佐温热的肉桂以阳中求阴，引火归原，即是其例。

（3）阴阳并补：对阴阳两虚则可采用阴阳并补之法治疗。但须分清主次而用，阳损及阴者，则应在补阳的基础上辅以滋阴之品；阴损及阳者，则应在滋阴的基础上辅以补阳之品。

应当指出，阴阳互济之调补和阴阳并补两法，虽然用药上都是滋阴、补阳并用，但主次分寸不同，且适应的证候有别。

（4）回阳救阴：此法适用于阴阳亡失者。亡阳者，当回阳以固脱；亡阴者，当救阴以固脱。由于亡阳与亡阴实际上都是一身之气突然大量脱失，故治疗时都要兼以峻剂益气，常用人参等药。

此外，对于阴阳格拒的治疗，则以寒因寒用、热因热用之法治之。阳盛格阴所致的真热假寒证，其本质是实热证，治宜清泻阳热，即寒因寒用；阴盛格阳所致的真寒假热证，本质是寒盛阳虚，治宜温阳散寒，即热因热用。

总之，运用阴阳学说指导治疗原则，其最终目的在于选择有针对性调整阴阳的措施，以使阴阳失调的异常情况复归于协调平衡的正常状态。

笔记栏

（五）调整脏腑功能

人体是一个有机整体，脏与脏、脏与腑、腑与腑之间在生理上是相互协调、相互促进的，而在病理上则是相互影响的。当某一脏腑发生病变时，往往会影响其他脏腑的功能。故在治疗脏腑病变时，不能单纯考虑一个脏腑，而应注意调整各脏腑之间的关系。

肺的病变，既可因本脏受邪而发病，亦可因心、肝、脾、肾及大肠的病变所引起。如因心气不足、心脉瘀阻而致肺气失降的喘咳，应以温心阳为主；因肝火亢盛、气火上逆所致的咯血，则应以泻肝火为主；因脾虚湿聚生痰，痰湿壅肺，以致肺失宣肃的咳嗽痰多，应以健脾燥湿为主；因肾阴虚不能滋肺，肺失津润而致干咳、口咽干燥，则应滋肾润肺；因肾虚不能纳气，肺气上逆的气喘，则应以温肾纳气为主；若因大肠热结，肺气不降而致的气喘，则宜通腑以泻大肠实热。又如脾脏病变，除本脏病变外，亦可由肝、肾及胃等病变引起。肝失疏泄而致脾失健运者，应以疏肝为主；脾土虚则肝木乘之，则治宜扶土抑木；命火不足，火不生土，应补火生土；胃失和降，以致脾失健运，则应着重和胃，以促进脾胃升降功能的协调。同样，其他脏腑的病变，也要根据各脏腑生理上相互联系、病理上相互影响的道理，注意调整各脏腑之间的关系，使其功能协调，才能收到较好的治疗效果。

（六）调理精、气、血、津液

精气血津液是脏腑经络功能活动的物质基础，生理上各有不同功用，彼此之间又相互为用。因此，病理上就有精、气、血、津液各自的失调及互用关系的失调。而调理精、气、血、津液则是针对以上失调而设的治疗原则。

1. 调精

（1）填精：填精补髓主要用于肾精亏虚证，此精包括先天之精和后天水谷之精。而精之病多以亏虚为主，主要表现为生长发育迟缓，生殖功能低下或不育不孕，以及气血神的生化不足等。

（2）固精：固精之法用于滑精、遗精、早泄，甚至精泄不止的精脱之候。其总的病机均为肾气不固，故治当补益肾气以固精。

（3）疏利精气：精之病尚见于阴器脉络阻塞，以致败精、浊精郁结滞留，难以排出；或肝失疏泄，气机郁滞而致男子不排精之候，治当疏利精气，通络散结。

2. 调气

（1）益气：用于气虚证。由于气的生成与肺、脾胃、肾的关系最为密切，因此，益气尤以补益肺、脾胃、肾之气为要。

（2）调理气机：用于气机失调的病证。气机失调主要有气滞、气逆、气陷、气闭、气脱等。气滞者宜行气，气逆者宜降气，气陷者宜益气升提，气闭者宜顺气开窍通闭，气脱者则宜益气固脱。总之，调理气机时还须注意顺应脏腑气机的升降规律，如脾气主升，肝气疏泄升发，常宜畅其升发之性；胃气主通降，肺气主肃降，多宜顺其下降之性。

3. 调血

（1）补血：用于血虚证。由于血源于水谷精微，与脾胃、心、肝、肾等脏腑关系密切。因此补血时，应注意调治这些脏腑的功能，其中又因“脾胃为后天之本”“气血生化之源”，故补血尤应重视脾胃的调养。

（2）调理血运：血运失常的病变主要有血瘀、出血等，而血寒是血瘀的主要病机，血热、气虚、瘀血是出血的主要病机。治疗时，血瘀者宜活血化瘀，因血寒而瘀者宜温经散寒行血；出血者宜止血，且须根据出血的不同病机施以清热、益气、活血等法。

4. 调津液

（1）滋养津液：用于津液不足证。其中实热伤津者，则宜清热生津。

（2）祛痰除湿：用于水湿痰饮证。其中湿盛者宜祛湿、化湿或利湿；水肿或水臌者，宜利水消肿；痰饮为患者，宜化痰逐饮。因水液代谢障碍多责之肺、脾、肾三脏，故水湿痰饮也多从肺、脾、肾三脏入手进行治疗。

笔记栏

5. 调理精、气、血、津液的关系

（1）调理气与血的关系：由于气血之间有着互根互用的关系，故病理上常相互影响而有气病及血或血病及气的病变，结果是气血同病，故需调理两者的关系。气虚生血不足而致血虚者，宜益气为主辅以补血，或气血双补；气虚行血无力而致血瘀者，宜益气为主辅以活血化瘀；气滞而致血瘀者，宜行气为主辅以活血化瘀；气虚不能摄血者，宜益气为主辅以收涩或温经止血。血虚不足以养气而致气虚者，宜补血为主辅以益气；但气随血脱者，因“有形之血不能速生，无形之气所当急固”，故应先益气固脱以止血，待病势缓和后再进补血之品。

（2）调理气与津液的关系：气与津液生理上同样存在互根互用的关系，故病理上也常相互影响，因而治疗上也需调理两者关系的失常。气虚而致津液化生不足者，宜益气生津；气不行津而成水湿痰饮者，宜益气、行气以行津；气不摄津而致体内津液丢失者，宜益气以摄津。而津停而致气阻者，在治水湿痰饮的同时应辅以行气导滞；气随津脱者，则宜益气以固脱，辅以补津。

（3）调理气与精关系：生理上气能疏利以行精，精与气又可互相化生。病理上气滞可致精阻而排出障碍，治宜疏利精气；精亏不化气则可致气虚，气虚不化精则可致精亏，因此，治宜益气填精并用。

（4）调理精、血、津液的关系：因“精血同源”，故血虚者在补血的同时也可填精补髓；精亏者在填精补髓的同时也可补血；又因“津血同源”，病理上常有津血同病而见津血亏少或津枯血燥，治当补血养津或养血润燥。

（七）三因制宜

三因制宜，是指治疗疾病时根据季节气候、地域环境以及人体的体质、性别、年龄等的不同而制订适宜的治疗原则，即所谓因时、因地和因人制宜。这也是治疗疾病所必须遵循的一个基本原则。由于疾病的发生、发展与转归，受多方面因素的影响，如时令气候、地理环境等，尤其是患者个体的体质因素对疾病的影响更大。因此，在治疗疾病时，必须考虑这些因素，具体情况具体分析，区别对待，从而制订出适宜的治疗原则和方法。

1. 因时制宜 根据时令季节气候特点制订出适宜的治疗原则，称为“因时制宜”。《灵枢·岁露论》说：“人与天地相参也，与日月相应也”，因而年月季节、昼夜晨昏等时间因素，既可影响自然界不同的气候特点和物候特点，同时对人体的生理活动与病理变化也带来一定影响，因此，就要注意在不同的天时气候及时间节律条件下的治疗宜忌。

一般来说，春夏季节，气候由温渐热，阳气升发，人体腠理疏松开泄，即使患外感风寒，也不宜过用辛温发散药物，以免开泄太过，耗伤气阴；而秋冬季节，气候由凉变寒，阴盛阳衰，人体腠理致密，阳气内敛，此时若非大热之证，当慎用寒凉药物，以防伤阳。《素问·六元正纪大论》说：“用凉远凉，用热远热，用寒远寒，用温远温，食宜同法”，正是这个道理。暑邪致病有明显的季节性，且暑多兼湿，故暑季治病要注意解暑化湿；秋天气候干燥，外感秋燥，则宜辛凉润燥，此与春季风温、冬季风寒外感用药亦不甚相同，风温宜辛凉解表，风寒应辛温解表，所以治疗用药必须因时制宜。

此外，《素问·八正神明论》说：“月始生，则血气始精，卫气始行；月郭满，则血气实，肌肉坚；月郭空，则肌肉减，经络虚，卫气去，形独居”，并据此而提出“月生无泻，月满无补，月郭空无治，是谓得时而调之”的治疗原则，即提示治疗疾病时还需根据月令考虑每月的月相盈亏圆缺变化规律，这在针灸及妇科的月经病治疗中较为常用。而某些病证如阴虚的午后潮热，湿温的身热不扬而午后加重，脾肾阳虚之五更泄泻等，还具有日夜的时相特征，亦当考虑在不同的时间实施治疗。此外，针灸中的“子午流注针法”，即根据不同时辰而有取经与取穴的相对特异性，则是择时治疗的最好体现。

2. 因地制宜 根据不同的地域环境特点制订适宜的治疗原则，称为“因地制宜”。不同地区，由于地势高低、气候条件及生活习惯各异，人的生理活动和病变特点也不尽相同，所以治疗用药应根据当地环境及生活习惯而有所变化。如我国西北高原地区，气候寒冷，干燥少雨，其民依山陵而居，经常处在风寒环境之中，多食鲜美酥酪骨肉和牛羊乳汁，体质较壮，故外邪不易侵犯，其病多为内伤。东南地区，滨海傍水，平原沼泽较多，地势低洼，温热多雨，其民食鱼而嗜咸，大多皮肤色黑，腠

笔记栏

理疏松，病多痈疡，或较易外感。《素问·五常政大论》说：“地有高下，气有温凉，高者气寒，下者气热。”西北方天气寒冷，其病多外寒而里热，应散其外寒，而凉其里热；东南方天气温热，因阳气外泄，故生内寒，所以应收敛其外泄的阳气，而温其内寒。此即《素问·五常政大论》所说：“西北之气，散而寒之，东南之气，收而温之。所谓同病异治也”。同病而治法各不相同，都能治好，就是因为地势不同，而治法各有所宜的缘故。故《素问·异法方宜论》说：“一病而治各不同，皆愈何也？岐伯对曰：地势使然也。”如外感风寒证，西北严寒地区用辛温解表药量较重，常用麻桂；东南温热地区，用辛温解表药量较轻，多用荆防，这也是地理气候不同的缘故，所以治病须因地制宜。此外，也有一些疾病的发生与不同地域的地质水土状况密切相关，如地方性甲状腺肿、大骨节病、克山病等地方性疾病，治疗这些疾病时也必须依据不同地域背景而实施适宜的治疗方法与手段。

3. 因人制宜　根据患者年龄、性别、体质、生活习惯等不同特点来制订适宜的治疗原则，称为“因人制宜”。如清代徐大椿《医学源流论》指出：“天下有同此一病，而治此则效，治彼则不效，且不惟无效，而及有大害者，何也？则以病同人异也。”

(1) 年龄：不同年龄则生理状况和气血盈亏不同，治疗用药也应有所区别。老年人生机减退，气血亏虚，患病多虚证，或虚实夹杂，治疗虚证宜补，有实邪的攻邪要慎重，用药量应比青壮年较轻，中病即止。小儿生机旺盛，但脏腑娇嫩，气血未充，易寒易热，易虚易实，病情变化较快，故治小儿病，忌投峻攻，少用补益，用药量宜轻。而青壮年则气血旺盛，脏腑充实，病发则由于邪正相争剧烈而多表现为实证，可侧重于攻邪泻实，药量亦可稍重。《温疫论·老少异治论》说：“凡年高之人，最忌剥削。设投承气，以一当十；设用参术，十不抵一。盖老年荣卫枯涩，几微之元气易耗而难复也。不比少年气血生机其捷，其气勃然，但得邪气一除，正气随复。所以老年慎泻，少年慎补，何况误用也。亦有年高禀厚，年少赋薄者，又当从权，勿以常论。”

(2) 性别：男女性别不同，各有其生理、病理特点，治疗用药亦当有别。妇女生理上以血为本，以肝为先天，病理上有经、带、胎、产诸疾及乳房、胞宫之病。月经期、妊娠期用药时当慎用或禁用峻下、破血、重坠、开窍、滑利、走窜及有毒药物；而带下病以祛湿为主；产后诸疾则应考虑是否有恶露不尽或气血亏虚，从而采用适宜的治法。男子生理上则以精气为主，以肾为先天，病理上精气易亏而有精室疾患及男性功能障碍等特有病证，如阳痿、阳强、早泄、遗精、滑精以及精液异常等，宜在调肾的基础上结合具体病机而治。

(3) 体质：因先天禀赋与后天生活环境不同，个体体质存在着一定的差异。一方面，不同体质有着不同的病邪易感性；另一方面，患病之后由于机体的体质差异与反应性不同，病证就有寒热虚实之别或“从化”的倾向。因而治法方药也应有所不同：偏阳盛或阴虚之体，当慎用温热之剂；偏阴盛或阳虚之体，则当慎用寒凉之品；体质壮实者，攻伐之药量可稍重；体质偏弱者，则应采用补益之剂。《灵枢·论痛》说：“胃厚，色黑，大骨及肥者皆胜毒，故其瘦而薄胃者，皆不胜毒也”；《素问·五常政大论》说：“能毒者以厚药，不胜毒者以薄药。”说明体质不同，用药也常不相同。此外，有的患者素有某些慢性疾病或职业病，以及受情志因素、生活习惯等的影响，诊治时也应引起高度重视。

三因制宜的原则，是中医治疗的一大特色，体现了整体观念和辨证论治在中医治疗上的原则性与灵活性，只有把疾病与天时气候、地域环境、患者个体诸因素等有机结合起来，并加以全面考虑，才能使治疗效果得到进一步提高。

（黄学宽）

笔记栏

第九章 养生与康复

导 学

本章主要介绍养生与康复的概念、基本原则及主要方法。

通过学习，掌握养生与康复的概念、基本原则；了解养生与康复的主要方法。

第一节 养 生

养生一词最早见于《庄子·内篇》，养生又名摄生、道生、保生等，“养”有保养、调养、养护、补养之意；“生”有生命、生长、生机、生存之意。养生即保养生命，是依据生命发展规律，采用各种方法来保养身体、增强体质、预防疾病、延缓衰老的行为总称。

中医养生学是中医学的重要组成部分，是在中医学理论指导下，研究人类的生命运动规律，探索衰老的机制，寻找增强生命活力、预防疾病、延年益寿的原则和方法的系统理论。其目的在于防病健身，延缓衰老，其主要服务对象是健康、亚健康人和某些慢性病患者。在长期的摄生保健实践中，中医养生学建立了保养生命的基本原则，在这些原则的指导下并总结出一套行之有效的养生方法。养生对于增强体质、预防疾病、延缓衰老和保护人类健康等都具有重要意义。

一、基本原则

（一）顺应自然

天人相应或称天人合一的整体观，是中医效法自然、顺时养生的理论依据。《素问·宝命全形论》曰：“人以天地之气生，四时之法成。”人生于天地之间，依赖于自然而生存，也必然受自然规律的支配和制约，正如《素问·至真要大论》曰：“天地之大纪，人神之通应也。”即人与天地相参，与日月相应。表明人体五脏功能活动系统与自然界的阴阳消长变化是密切联系的。因此，顺法天地，效法自然，依照自然规律摄养生命，是中医养生的基本原则。

顺应自然养生，具体而言是指按照四时、昼夜晨昏、月之盈亏等所反映的天地阴阳变化规律来养生。人的阴阳气血随四季阴阳的变化而发生相应的变化，如《素问·八正神明论》说：“天温日明，则人血淖液而卫气浮，故血易泻，气易行，天寒日阴，则人血凝泣而卫气沉。”昼夜变化比之于四时，有类似四时变化的规律，如《灵枢·顺气一日分为四时》说：“以一日分为四时，朝则为春、日中为夏、日入为秋、夜半为冬。”《素问·生气通天论》说：“阳气者，一日而主外，平旦人气生，日中而阳气隆，日西而阳气已虚，气门乃闭。”白昼阳气主事，入夜阴气主事；四时与昼夜的阴阳变化，人亦应之。所以，生活起居，要顺应四时昼夜的变化，动静和宜，衣着适当，饮食调配合理，体现春夏养阳、秋冬养阴的原则。人体的气血盛衰变化，亦受月亮盈亏的影响。如《素问·八正神明论》说：“月始生，则血气始精，卫气始行；月郭满，则血气实，肌肉坚；月郭空，则肌肉减，经络虚，卫气去，形独居。”故在虚实调补养生中应注意顺应月之盈亏变化，采取相应的养生方法，如《素问·八正神明论》提出“月生无泻，月满无补，月郭空无治”的原则，既可指导针灸补泻，也可指导养生防病。根据月之盈亏摄生，实质上是顺时养生的具体体现之一。

笔记栏

人不仅有自然属性，更重要的还有社会属性，人不能脱离社会而生存，人与外界环境是一个统一整体。外界环境包括自然环境和社会环境，因此，中医学认为"上知天文，下知地理，中知人事，可以长久"。社会环境一方面供给人类所需要的物质生活资料，满足人们的生理需要，另一方面又形成和制约着人的心理活动。随着医学模式的变化，社会医学、心身医学均取得了长足的进步，日益显示出重视社会因素与心理保健对人类健康长寿的重要性：社会因素可以通过对人的精神状态和身体素质的影响而影响人的健康。所以除必须适应四时昼夜来摄生外，也必须适应社会因素的变化而采取相应的摄生措施，才能健康长寿。故《灵枢·本神》曰："智者之养生也，必顺四时而适寒暑，和喜怒而安居处，节阴阳而调刚柔，如是则僻邪不至，长生久视。"

（二）形神共养

所谓形神共养，是指不仅要注意形体的保养，而且还要注意精神的摄生，使形体强健，精力充沛，身体和精神得到协调发展，才能保持生命的健康长寿。形神共养是在形神合一的理论基础上建立的养生原则。形神合一，又称形与神俱，形神相因，是中医学的生命观。形为生命的基础，神是生命的主宰；神本于形而生，形依于神而存；无形则神无以生，无神则形不可活；形与神俱，方能尽终天年；养护生命，形神不可独养，要相互为助，互为依托。养形不忘神，养神不离形。因此，养生只有做到形神共养，才能保持生命的健康长寿。

中医养生学的养生方法很多，但从本质上看，统而言之，不外"养神"与"养形"两端，即所谓"守神全形"和"保形全神"。形神共养，神为首务，神明则形安，正如《灵枢·本藏》曰："志意和则精神专直，魂魄不散，悔怒不起，五藏不受邪矣。"神为生命的主宰，宜于清静内守，而不宜躁动妄耗。故中医养生观以调神为第一要义，守神以全形。通过清静养神、四气调神、积精养神、修性怡神、气功练神等，以保持神气的清静，增强心身健康，达到调神和强身的统一。

形体是人体生命的基础，神依附于形而存在，有了形体，才有生命，有了生命方能产生精神活动和具有生理功能。形盛则神旺，形衰则神衰，形谢则神灭。形体的动静盛衰，关系着精、气、神的衰旺存亡。中医养生学主张动以养形，以形劳而不倦为度，用劳动、舞蹈、散步、导引、按摩等，以运动形体，调和气血，疏通经络，通利九窍，防病健身。静以养神，动以养形，动静结合，刚柔相济，以动静适宜为度。形神共养，动静互涵，才符合生命运动的客观规律，有益于强身防病。

（三）保精护肾

保精护肾是指利用各种手段和方法来调养肾精，使精气充足，体健神旺，从而达到延年益寿的目的。精是构成人体和促进人体生长发育的基本物质，精气神是人身"三宝"，精化气，气生神，神御形，精是气形神的基础，为健康长寿的根本。《类经·摄生类》曰："善摄生者，必保其精。精盈则气盛，气盛则神全，神全则身健，身健则病少，神气坚强，老而益壮，皆本乎精也。"精禀于先天，养于水谷而藏于五脏。五脏安和，精自得养。五脏之中，肾为先天，主藏精，故保精重在保养肾精，《黄帝内经》指出了肾中精气的盛衰决定着人体生命的寿夭，肾精亏虚是衰老的最根本原因。肾精充足，则精力充沛，身体强健，寿命延长；肾精衰少，则精神疲惫，体弱多病，寿命缩短。保精护肾是增强体质、保持健康、防止早衰的重要环节。中医养生学强调节欲以保精，使精盈充盛，有利于心身健康。若纵情泄欲，则精液枯竭，真气耗散而未老先衰。节欲并非绝欲，乃房事有节之谓。保养肾精之法甚多，除节欲保精外，尚有运动保健、导引补肾、按摩益肾、食疗补肾和药物调养等。

（四）调养脾胃

脾胃为后天之本，气血生化之源，五脏六腑、四肢百骸无不依赖脾之运化而来的水谷精微的充养，故脾胃强弱是生命活动的重要保证，也是决定人之寿夭的重要因素。历代医家十分重视调养脾胃在养生中的重要作用，李杲在《脾胃论》中指出："内伤脾胃，百病由生。"明代张介宾在《景岳全书·脾胃》说："土气为万物之源，胃气为养生之主。胃强则强，胃弱则弱，有胃则生，无胃则死，是以养生家当以脾胃为先。"脾胃健旺，水谷精微化源充盛，则精气充足，脏腑功能强盛，神自健旺。脾胃为气机升降之枢纽，脾胃协调，可促进和调节机体新陈代谢，保证生命活动的正常进行。因此，中医养生学十分重视调养脾胃，通过饮食调节、药物调节、精神调节、针灸按摩、气功调节、起居劳逸等调

笔记栏

摄，以达到健运脾胃，调养后天，延年益寿的目的。

肾为先天之本，五脏精气皆根于肾；脾为后天之本，气血生化的源头，五脏气血皆赖于脾；先天生后天，后天养先天，两者相互促进，相得益彰。要保证人体正气充盛，必有赖于脾肾功能的健旺，故调补脾肾是培补正气之大法，也是全身形而防早衰的重要途径。

二、主要方法

(一) 精神养生

人体生理功能与精神活动密切相关，精神因素可以直接影响脏腑阴阳气血的功能活动。中医学强调精神调摄对维持健康的重要意义。《素问·上古天真论》就提出："恬淡虚无，真气从之，精神内守，病安从来?"认为精神愉悦，则有利于阴阳平和，气血顺畅，脏腑协调，健康长寿。反之，不良的精神状态，可使脏腑功能失和，气血运行失畅，进而易于导致各种疾病。

1. 少思寡欲，悦纳自己 "少思寡欲"就是摒除纷杂的思想念头，正确对待个人的欲望得失。节制欲望，适度追求，力争克服低级趣味，追求高尚情操，维护身心的相互和谐，尽享生命中的乐趣。古人一直倡导少思宁静淡泊的养神之道，《素问·上古天真论》说："是以志闲而少欲，心安而不惧，形劳而不倦，气从以顺，各从其欲，皆得所愿。故美其食，任其服，乐其俗，高下不相慕，其民故曰朴""是以嗜欲不能劳其目，淫邪不能惑其心，愚智贤不肖，不惧于物，故合于道"。

寡欲的关键在于悦纳自己，悦纳自己就是要接纳自己既有的身形样貌、才智能力、家境身世等。只有纳悦自己，才能减少对众多物欲的盲目追求，才能控制思绪，减轻思想负担，有利于思想清静。也只有悦纳自己，安于本位，不妄奢求，少思寡欲，才能体会生命本身的丰富意义，享受最为自然、健康的生活。要学会体悟生命，放下执著，顺其自然，不以外物悲喜，不以己心忧欢。开阔心胸，坦荡襟怀，知足常乐，达观处世，减轻没有必要的负担，避免没有必要的纷争，少思寡欲，纳悦自己，调养心神，必有益于生命的健康。

2. 正念凝神，有张有弛 刘完素说："心乱则百病生，心静则万病悉去。"强调清静心神对健康的重要意义。清静心神并非要让人过分压抑思想，无所事事，也不是让你头脑空空，毫无精神寄托，而是要求内心拥有正念，不为私欲杂念所扰，强调安定而宁静。把个人的心力都集中在正念上来，把工作、学习的方向放在与自然发展、社会进步相一致的方向来。工作学习之时，用心专一，心无旁骛，着眼于工作、学习本身，而不计较其所带来的名利得失。凝情专一则可使神用得以充分发挥，烦恼忧愁自然抛于脑后，心身愉悦，精神慰藉。生活中把精力放在提高个人修养上来，或纵情于山水之间，或留意于花草鱼虫，或吟诗作对，或赋情笔墨，放松心情，不必刻意用神，挥洒之际，人我两忘，怡然自得。调养精神，贵在适度，既要平息欲念，放下自我，又要将精神集中在有益于身心健康的工作或活动之中，使心神平和，健康得助。

3. 七情有度，勿抑勿过 七情是人的正常情志活动，是人的精神意识对客观事物的反应。但情志的表达要有适度，不可过抑，也不可不加节制，要与人体整体功能活动保持协调统一。七情有度，勿抑勿过，保持良好的情绪状态，有利于阴阳气血和谐畅达，脏腑功能协调适度，人体可健康长寿。调摄七情的具体方法有疏泄法、节制法、转移法、情志制约法等。

疏泄法：面临巨大情感压力的时候，适当宣泄或疏导，可以缓解心理对生理所造成的紧张状态，维持机体内在代谢过程的稳定性。因此。喜怒思忧当发则发，如果隐耐于内，不得宣泄，时日稍长，就会导致机体气机升降失衡，脏腑功能协调失常，气血凝滞，阴阳失和，而发为病痛。临床实践当中，因嘱咐患者以适当的方式来宣泄情绪，往往可以收到良好的效果，故七情有度，当泄则泄，不可过抑。

节制法：七情的宣泄要有度，防止七情过极。恶性情志如不加限制、不适度调节，会使人长期处于不良心态之中，难以自拔，愈演愈重。故七情的表达，也要有所限度，否则过则为害，同样会损及脏腑阴阳气血的正常运行而为病，故明代名医龚廷贤说："悲哀喜乐，勿令过情，可以延年。"

笔记栏

转移法：当受到不良情绪干扰时，可通过运动、听音乐等多种方式移情易性，转移注意力，以恢复心理的平衡。

情志制约法：即情志相胜法、以情胜情法。对影响心身健康的不良情绪的调节，可根据中医学的“情志相胜”之理，运用“以情胜情法”来调节太过的七情变化。《素问·阴阳应象大论》：“怒伤肝，悲胜怒”“喜伤心，恐胜喜”“思伤脾，怒胜思”“忧伤肺，喜胜忧”“恐伤肾，思胜恐”。通过有目的激发某种性质的情志变化，可选择性地矫正太过情志所造成的气机紊乱，使即将被破坏的机体平衡得以恢复，以防患于未然。

（二）饮食养生

饮食养生，是指按照中医学理论，调整饮食，注意饮食宜忌，合理地摄取食物，以增进健康，益寿延年的养生方法。饮食养生的目的在于通过合理而适度地补充营养，以补益精气，并通过饮食调配，纠正脏腑阴阳之偏颇，从而增进机体健康、抗衰延寿。由于饮食为人所必需，而饮食不当，又最易影响健康，故饮食养生是中医养生学中的重要组成部分。饮食养生必须遵循一定的原则和法度，概括而言有以下五个方面。

1. 饮食调和　即指饮食要合理调配，不可偏嗜，合理配膳，调和五味，精细结合，荤素搭配，寒热适宜，全面营养。《素问·藏气法时论》中就指出：“五谷为养，五果为助，五畜为益，五菜为充，气味合而服之，以补精益气”，《素问·五常政大论》也说：“谷、肉、果、菜，食养尽之”，全面概述了饮食的主要组成内容。其中，以谷类为主食品，肉类为副食品，用蔬菜来充实，以水果为辅助。人们必须根据需要，兼而取之。这样调配饮食，才会供给人体需求的大部分营养，有益于人体健康。除合理调配食物种类外，合理调配五味，也有利于健康，如《素问·生气通天论》指出：“阴之所生，本在五味，用之五宫，伤在五味”“是以谨和五味，骨正筋柔，气血以流，腠理以密，如是则骨气以精，谨道如法，长有天命”。说明饮食调配得当，五味和谐，则有助于机体消化吸收，滋养脏腑、筋骨、气血，因而有利于健康长寿。《素问·五藏生成》指出：“多食咸，则脉凝泣而变色；多食苦，则皮槁而毛拔；多食辛，则筋急而爪枯；多食酸，则肉胝䐢而唇揭；多食甘，则骨痛而发落，此五味之所伤也。”可见食味太偏有损健康。

2. 饮食有节　就是饮食要有节制，即进食要定时、定量，不可过饥，也不可过饱。定量、定时是保护消化功能的调养方法，也是饮食养生的一个重要原则，历代养生家都十分重视饮食要节制，如孙思邈在《备急千金要方》中指出：“食欲数而少，不欲顿而多”，即指进食要适度。一日之内，人体的阴阳气血的昼夜变化而盛衰各有不同。白天阳气盛，故新陈代谢旺盛，需要的营养供给也必然多，故饮食量可略大；夜晚阳衰而阴盛，多为静息入寝，故需要的营养供给也相对少些，饮食量可略少，这也有利于胃肠的消化功能。因此，自古以来就有“早饭宜好，午饭宜饱，晚饭宜少”之说。

3. 饮食卫生　即指要注意饮食卫生，防止病从口入；自古以来，饮食卫生一直为人们所重视，把注意饮食卫生看成是养生防病的重要内容之一。饮食物要保证新鲜、清洁，腐败不洁的食物、变质的食物不宜食用，食之有害。大部分食品不宜生吃，需要经过烹调加热后变成熟食，方可食用，其目的在于使食物更容易被机体消化吸收。同时也使食物在加工变热的过程中，得到清洁、消毒，除掉一些致病因素。

4. 因人而宜　是指要根据不同的年龄、体质、个性、习惯等方面的差异，采取不同的配膳营养。如胃酸偏多的人，宜适当多食碱性食物；而胃酸缺乏的人宜适当选择偏于酸性的食品，以保证食物的酸碱适度。体胖之人，多有痰湿，故饮食宜清淡，而肥甘油腻则不宜多食；体瘦之人，多阴虚内热，故在饮食上宜多吃甘润生津的食品，而辛辣燥烈之品则不宜多食。阳虚之人，不宜多食生冷寒凉食物，宜多食温热性食物。小儿“稚阴稚阳”之体，虽然需要扶持补益，但其“脾常不足”，因此，一般不宜滋补，尤其不宜大量服食滋补药食，以免造成脾胃负担过重，功能下降，反而影响营养物质的正常消化吸收。老年人脏腑功能日渐衰退，脾胃受纳运化之力均有减弱，对饮食物的消化吸收能力逐步减退，因此，宜多食清淡、温热、熟软的食物，如果一味蛮补，则易生他疾。

5. 因时而宜　随四时气候的变化而调节饮食，是饮食养生的原则之一，对于保证机体健康是有重要的作用。元代忽思慧所著的《饮膳正要》一书中说：“春气温，宜食麦以凉之；夏气热，宜食菽以

笔记栏

寒之;秋气燥,宜食麻以润其燥;冬气寒,宜食黍以热性治其寒”,概括地指明了饮食四时宜忌的原则。生、长、化、收、藏,四时天地阴阳变化状态各有不同,人体亦对应之,饮食入胃,亦对人体气血阴阳状态有明显影响,故而不同季节人的食物应由所变化以适应天地变化,对人体带来的影响,比如春气多升发,则应多食助生长升发之性的食物,如韭菜、豆芽菜等苗叶类食物。冬季阳气沉降内敛,应多食降气收敛的食物,如根茎果实种子类食物,以利于阳气内敛而固密等。

(三)起居养生

起居养生是指对日常生活中各个方面进行科学安排和采取一系列保健措施,以达到生活愉快、身心健康、益寿延年的作用。

1. 起居有常　是指制作一套符合生理要求的作息制度,并养成按时作息的良好习惯。人们的寿命长短与能否合理安排起居作息有着密切的关系。《素问·上古天真论》曰:“食饮有节,起居有常,不妄作劳,故能形与神俱,而尽终其天年,度百岁乃去。”“起居无节,故半百而衰也”。人们只有起居有常、合理作息,方能保养神气、精力充沛、益寿延年。即起居有常,养其神也,不妄作劳,养其精也。

人生活在自然界中,与之息息相关。人的起居只有与自然界阴阳消长的变化规律相适应,才能有益于健康。《素问·生气通天论》说:“阳气者,一日而主外,平旦人气生,日中而阳气隆,日西而阳气已虚,气门乃闭。是故暮而收拒,无扰筋骨,无见雾露,反此三时,形乃困薄。”平旦之时阳气从阴始生,到日中之时,则阳气最盛,黄昏时分则阳气渐虚而阴气渐长,深夜之时则阴气最为隆盛。人们应在白昼阳气隆盛之时从事日常活动,而到夜晚阳气衰微的时候,就要安卧休息,就是古人所说的“日出而作,日入而息”,这样可以使阴阳运动保持平衡协调,有利于健康长寿。可见,制订符合生理要求的作息制度并养成习惯,对于延年益寿有重要意义。

合理睡眠也是起居有常的重要内容之一。睡眠是人的正常生理需要,足够的睡眠是保持生命健康的必要条件。正常合理的睡眠可以起到解除疲劳、放松精神、恢复体力、促进生长发育等作用。睡眠养生,就是以自然与人体昼夜阴阳变化规律为依据,使用恰当的方法或手段,通过保证睡眠的时间和质量,来消除疲劳,扶助正气,恢复精神,达到预防疾病、延缓衰老的目的。《灵枢·口问》云:“阳气尽,阴气盛,则目瞑;阴气尽,而阳气盛,则寤矣。”目瞑即眠,寤即醒。因此,人体阴阳平衡与否是决定能否正常睡眠的关键所在。所以,昼夜阴阳消长变化,营卫气血的运行,五脏六腑阴阳的协调与否均对人的睡眠产生一定的影响。其中,由于心主藏神,神静则寐,神动则寤,故而,心神对睡眠的影响是首先要考虑的。常规来讲,成年人应该不晚于每夜11时(即子时)上床睡觉,不早于凌晨5时起床。这样有利于顺应昼夜阴阳消长规律,利于人体正气的恢复。睡眠时长,就健康成人而言,一般以能保证每日8小时为适宜。

另外,在睡眠时间里面最好包括子午两个时辰。子午之时,阴阳交接转化,极盛乃衰,人体气血阴阳相对不平衡,最宜静卧,以候气复。故子午觉利于身体健康,对老年人更为有益。

2. 劳逸适度　劳和逸之间具有一种相互对立、相互协调的辩证统一关系,两者都是人体的生理需要。适当休息可消除疲劳、恢复体力和精力,是调节身心必不可少的方法;适当劳作有利于活动筋骨,通畅气血,强健体魄,增强体质。人们在生活中,必须动静结合,有劳有逸,劳逸适度,才能起到养生防病的作用。孙思邈《备急千金要方·道林养性》说:“养生之道,常欲小劳,但莫大疲及强所不能堪耳。”古人主张劳逸“中和”,有常有节。长期以来的实践证明,劳逸适度对人体养生保健起着重要作用。

3. 房事有节　中医房事养生主张节欲保精,既不是禁欲也不是纵欲,而是要求不恣意行房耗损肾精。节欲保精是抗衰防老的重要一环。肾为先天之本,肾精充足,五脏六腑皆旺,抗病能力强,身体强壮,则健康长寿。反之,肾精匮乏,则五脏衰虚,多病早夭。正如《素问·上古天真论》说:“以欲竭其精,以耗散其真……故半百而衰也。”

笔记栏

(四)运动养生

运动养生,又称传统运动养生法或传统健身术。运动养生多运用按跷、导引、吐纳等方法,通过调息、意守、动形,以舒畅经络、流通气血、活动筋骨、协调脏腑,进而达到增强体质、延年益寿的目的。如气功就是着眼于“形、气、神”进行锻炼的一种健身方法，它通过调身、调息、调心方法来实现精、气、神的和谐统一，达到祛病强身、益寿延年的目的。

常用传统运动养生法种类繁多，比如太极拳、放松功、保健功、八段锦、易筋经、五禽戏、六字诀等。无论何种功法，通过合理的运动，都可以起到强壮身体、通经活络、安神益智、美容养颜、预防衰老、益寿延年等作用。运动养生需要注意几条原则：外在形体的运动与内在心神的安宁相结合；适度锻炼与合理休养并重；循序渐进，由易入难；持之以恒，由微至著。同时要根据自己的疾病特点、体质状况来选择适宜的功法，避免盲目跟风，适得其反。

（五）针药养生

1. 针灸按摩养生法　是指在中医经络理论的指导下，使用针刺、艾灸、按摩、刮痧、拔罐、贴敷等方法，通过刺激腧穴、调节经气，达到调和脏腑气血阴阳、防病强身的一种养生方法。

针刺养生，就是用以毫针为主的各种针具，刺激人体具有强壮功效的穴位，如足三里、气海、关元、三阴交等，运用适宜的针刺手法激发经气，达到保健强身的目的。灸法养生，是运用艾绒或艾条施灸某些具有强壮功能的穴位，如足三里、关元，以达到温通经络、行气活血、扶正祛邪的目的。按摩是用手指、掌或辅助按摩器械对人体的经络、腧穴、肢体、关节等处，施以各种手法，以舒通经络气血、增强体质、保健强身的方法。如长期按摩足三里、涌泉、三阴交、太冲、气海、关元、中脘等穴位有良好的强身健体作用。上述三种方法各有所长，针刺有补有泻；灸法长于温补温通，善补阳气、祛寒邪；按摩可自我操作，简便易行，易于长期坚持。在中医养生实践中，三者常可配合使用，并可结合刮痧、拔罐、贴敷等方法。

针灸按摩养生所采用的穴位以具有强壮功能的腧穴为主。针灸按摩养生要选择合适的时机，对于某些特殊情况，如过饥、过饱、大怒、大惊、酒醉、劳累过度等时，或孕妇、身体极度虚弱者，则不宜针刺、刮痧，按摩也须注意适度。对伴有某些疾病，如高烧、高血压危象、肺结核晚期、大量咯血、呕吐、严重贫血、急性传染性疾病、皮肤痈疽疮疖并有发热者，均不宜使用艾灸或拔罐等疗法。

2. 药物养生　是指应用适当的药物，主要是运用具有延年益寿作用的中药，促使人体气血旺盛、脏腑功能和调，以增强体质、防衰延年的养生方法。根据每个人的年龄、性别、体质及气候变化，使用恰当的药物，例如补益类人参、黄芪、山药、茯苓、大枣、莲肉、玉竹、枸杞子、百合、薏苡仁、芡实、龙眼、胡桃肉、当归等，或补气血，或调阴阳，或祛湿，或化瘀等，可用配方，也可单味服用，目的在于调和阴阳、补益气血、祛湿化瘀，保持机体处于经络畅通、气血旺盛、阴阳平衡的状态。因此，无论运用何种药物，均以平为期，不可过偏反成其害。

（六）环境养生

环境养生是中医养生学中的一个重要组成部分，它体现了“天人相应”“形神合一”的中医养生学基本理论，强调人与自然的和谐相处。养生环境主要包括自然环境、居住环境、室内环境。洁净而充足的水源，新鲜的空气，充沛的阳光，良好的植被以及幽静秀丽的景观等是人类适宜的自然环境。相反，大气污染、水源污染以及不良的地理条件则造成某些疾病的患病率和死亡率升高。居住的环境也常直接影响人类的身心健康，如何从实际出发因地制宜地选择住宅和建造房屋，创造一个科学合理、舒适清净的居住环境，对保障身体健康、延年益寿是非常重要的。居室内环境，特别是卧室，保持自然通风、光线充足、温度和湿度适宜，可保证良好的睡眠质量以及工作学习的正常进行，有利于人的健康长寿。反之不良的生活环境不仅损害人的健康，还会危及子孙后代。

除以上养生方法之外，尚有音乐养生、色彩养生、娱乐养生、沐浴养生、香熏养生等，以及根据年龄、性别、职业、体质、时节等情况确定的各种养生方法，在实际生活当中根据具体情况选择使用。

第二节　康　　复

笔记栏

有关中医康复的内容可追溯到春秋战国时期，但“康复”一词的中医文献记载是宋以后。“康”，

《尔雅·释诂》:"康,安也",康即健康;"复",《尔雅·释言》:"复,返也",复即恢复。康复,即恢复健康之意。

中医康复学是研究中医传统康复理论、方法和应用的科学,是应用中医学的理论和康复方法以及有关的科学技术,使功能障碍者的潜在能力和残存功能得到充分发挥,最大限度地减轻功能障碍、提高生活质量的综合性学科。其目标在于减轻或消除因病残带来的身心障碍,以恢复功能,重返社会。功能康复是中医康复医学的立足点,康复的对象主要是伤残者、慢性疑难病、老年病等有各种功能障碍的患者。中医康复学是中医学的重要组成部分。

中医康复与中医养生,有着许多共同的理论基础,运用的方法和手段均有很大的相似之处,可以相互借鉴为用,如顺应自然、形神共养等。但养生学主要服务于健康人或亚健康人,而康复学主要服务于伤残及各种疾病带来的功能障碍者,因此,在具体的指导原则和方法手段上,中医康复学又具有自己的特点。

一、基本原则

(一)整体康复原则

整体康复是指从整体观念出发,在充分考虑人体自身的统一性、完整性以及自然、社会环境密切相关的基础上,制订康复治疗措施。整体康复要求必须顺应自然,适应社会,形神共养,全面调治。整体康复原则是中医康复学的重要特点,也是中医整体观念在中医康复学中的具体体现。"天人合一""形神合一"的整体观念是整体康复的理论基础。中医学认为人体是由脏腑、经络、形体官窍所构成的有机整体,任何一个脏腑组织器官都不是孤立存在的,脏腑之间、经络之间、脏腑经络与形体官窍之间,无论在结构上,还是在生理功能上都存在着密切的联系,这就使人体各部分形成一个完整统一的有机体,以维持正常而协调的生理活动。其特点是以五脏为中心,配合六腑,联系五体、五官九窍等组织器官。肢体、官窍局部的功能障碍,常与人体其他部位甚至全身的脏腑功能状态有关,因此,在康复过程中,对局部的功能障碍也应从整体出发,采取全面的康复措施。

人体的形体和精神、人与自然、人与社会都是密切联系、相互影响的。整体康复就是利用这种相互联系,通过顺应自然、适应社会、形神兼顾、整体调治等手段来达到整体康复的目的。具体要做到人体各部分相统一、形神康复相统一、人体康复与自然环境相统一、人体康复与社会环境相统一。

(二)辨证康复原则

辨证康复是建立在中医学辨证施治基础之上的康复原则,是中医辨证理论在康复临床上的运用。辨证康复是辨证论治在康复中的具体体现,根据辨证的结果,确定相应的康复治疗原则,并选择适当的康复方法,促使患者康复。

中医治疗疾病时离不开辨证论治,在中医康复学中,这些方法多数同样适用于功能障碍的改善,因此,辨证是康复的前提和依据。在中医康复临床过程中,辨证包含有对内在生理功能障碍的辨识,而生理功能障碍的改善与外在形体及行为障碍的改善有因果关系。因此,通过辨证论治改善造成各种功能障碍的内在原因,体现了中医学"治病求本"和整体康复的原则,这是中医康复学的又一特色。

(三)功能康复原则

中医康复学以功能障碍为作用对象,因此,功能康复是其主要治疗目的,可见功能康复是中医康复学的重要原则之一。功能康复的目标是最大限度恢复受损功能、发掘潜在功能、利用残存功能、补偿缺损功能,以恢复生活和职业能力。功能康复亦强调形神统一,中医学认为神是生命活动的主宰,形神合一构成了人的生命。《淮南子·原道训》曰:"夫形者生之舍也,气者生之充也,神者生之制也。"功能康复即是训练"神"对"形"的支配作用。如导引、运动训练、气功等方法,即是形与神俱的康复方法。如偏瘫运动功能的丧失,就是神对肢体的主宰作用的丧失,强调主动运动训练的重要性,与现代康复学的运动再学习的指导思想完全相同。

笔记栏

（四）综合康复原则

综合康复，即《素问·异法方宜论》中提出的"杂合以治"，是中医康复治疗的基本原则之一，即以中医辨证论治为基础，针对不同的病情，采取综合性的康复治疗手段。"杂合以治"有利于整体康复。

中医学在漫长的发展过程中，经过历代医家的发展和完善，由简单到复杂，创造了多种多样的治疗和养生康复的方法。各种方法均具有不同的治疗范围和优势。将这些办法综合起来，或形神结合，或内外合治，或药食并举，发挥各自的优势，以取得最好的疗效。中医康复学治疗的对象是残疾者、老年人、慢性病者等，单一的治疗方法难以取得好的疗效，因此，在康复过程中主张采用《素问·异法方宜论》提倡的："圣人杂合以治，各得其所宜，故治所以异而病皆愈。""杂合以治"的综合康复是促进患者全面康复，回归社会的重要原则。

随着医疗事业的发展，人的平均寿命不断延长，由慢性病、老年病等导致的功能障碍逐年增加。因此，康复医学的治疗对象也不断发生变化，愈来愈趋于慢性化、老年化。病情亦趋于多样化、复杂化，常常表现为多因素致病、多病理改变、多层次受累、多功能障碍。因而越来越显示出中医"杂合以治"的优势。

（五）康复预防原则

康复预防，又称残疾预防，是指在中医学理论指导下，从预防观点出发，通过研究人类健康与病残发生、发展和预后的规律，探索并采取积极有效的综合措施，以预防可能导致残疾的各种伤病的发生和永久性残疾、残障的发生。康复预防以中医学的"治未病"思想为基础，也包括"未病先防""既病防变""瘥后防复"三个方面的内容。所以康复预防不仅要预防先天胎病致残，也要防止后天因病致残和防止残势发展及再次致残等。康复预防不同于一般意义上的疾病预防，其着眼点在于预防可导致残疾疾病的发生以及将残疾降低到最低限度。与导致残疾无关的疾病预防不属于康复预防。

二、主要方法

在长期的医疗实践中，中医康复学积累了许多独特的、行之有效的康复治疗方法，且已逐步应用于现代康复医学临床，显示出中医康复的优势，其中常用的康复方法有调摄情志法、运动疗法、熏洗疗法、针灸疗法、推拿疗法、饮食疗法、天然药物疗法，气功疗法等。

1. 调摄情志法　主要是使用各种适宜方法，帮助患者转移包括沮丧、焦虑、烦恼、郁闷、不满、躁扰等在内的不良情绪，保持良好的心境。积极乐观向上的精神状态，可以避免病情恶化，有利于康复。

2. 运动疗法　是指利用器械、徒手或患者自身力量，通过某些运动方式(主动或被动运动等)，使患者获得全身或局部运动功能、感觉功能恢复的训练方法。康复医学所要解决的最常见问题是运动功能障碍，因此，运动疗法已成为康复治疗的核心治疗手段。传统运动疗法有武术、五禽戏，易筋经、太极拳、八段锦、钓鱼等。

3. 熏洗疗法　是利用药物煎汤趁热在皮肤或患处进行熏蒸、淋洗的治疗方法。一般先用药汤蒸气熏，待药液温时再洗。此疗法是借助药力和热力，通过皮肤、黏膜作用于肌体，促使腠理疏通、脉络调和、气血流畅，从而达到功能康复的目的。

4. 针灸疗法　是一种传统的理学疗法，既安全可靠，又方便灵活，最容易被患者接受而坚持长期治疗，因此，在康复医学中越来越受到重视。据有关调查证明，在日本约有20%以上的神经痛、风湿性关节炎、肩关节周围炎、腰痛等患者，接受针灸治疗，成为日本现代康复医学的重要组成部分。近年来，随着现代科学技术的发展，电针、电灸、微波针、穴位磁疗、超声波针、红外线针等相继问世，大大丰富了针灸疗法的内容。可以预见，随着康复医学的不断发展和针灸治疗作用研究的不断深入，针灸疗法将会成为未来康复医学的重要治疗手段。

5. 推拿疗法　传统的推拿疗法是以藏象经络为基础，结合现代医学理论，运用推拿手法作用于

笔记栏

人体特定的部位和穴位，以达到康复目的的一种治疗方法。近年来，随着中西医结合的发展，利用现代神经生理学和解剖学的原理，创造出许多新的手法，广泛应用于康复医学的治疗。

6. 饮食疗法　是通过特定的饮食实现康复治疗目的的一种方法。中医学认为，任何饮食物都有一定的性味、归经，从而决定了这些饮食物的功效特点，即所谓“食之入口，等于药之治病，同为一理”。因此，以辨证论治为基础，有目的地选择某些饮食物，可补偏救弊，调整阴阳，促进病残的康复。

7. 天然药物疗法　即利用自然界广泛存在着的植物、动物和矿物质等天然药物治疗疾病的方法。最适宜于慢性病残、老年病残者的治疗。特别在现代医学对脑中风后遗偏瘫、老年骨质疏松症、退行性病变引起的腰腿痛、颈肩痛等病症尚缺乏有效防治剂的今天，重视研究和制作天然药物的康复治疗剂，显得更有意义。

8. 气功疗法　主要是患者通过自身的努力，根据一定的固定程式经过长期反复的锻炼，调意、调身和调息，达到自我入静、放松，从而调节体内的生理功能，对于某些慢性病残的康复，具有一定的疗效。

（麻晓慧　李　亮）

笔记栏

主要参考书目

迟华基.中医基础学.北京：北京科学技术出版社，2005.

高思华.中医基础理论.北京：高等教育出版社，2009.

郭霞珍.中医基础理论.上海：上海科学技术出版社，2006.

何裕民.中医学导论.北京：中国协和医科大学出版社，2004.

胡幼平.中医康复学.上海：上海科学技术出版社，2008.

李德新.中医基础理论.北京：中国中医药出版社，2000.

李德新.中医基础理论.第2版.北京：人民卫生出版社，2001.

刘绍纯，郭海英.中医康复学.北京：中国中医药出版社，2009.

刘燕池，雷顺群.中医基础理论.北京：学苑出版社，2004.

南京中医学院.难经校释.北京：人民卫生出版社，1979.

石学敏.针灸学.北京：中国中医药出版社，2005.

孙广仁.中医基础理论.北京：中国中医药出版社，2004.

童瑶.中医基础理论.北京：中国中医药出版社，1999.

王冰.重广补注黄帝内经素问.北京：人民卫生出版社，1979.

王健.中医基础理论.北京：中国中医药出版社，2010.

王琦.中医藏象学.北京：人民卫生出版社，1998.

王琦.中医体质学.北京：人民卫生出版社，2005.

王新华.中医基础理论.北京：人民卫生出版社，2001.

吴敦序.中医基础理论.上海：上海科学技术出版社，1995.

印会河.中医基础理论.上海：上海科学技术出版社，1984.

张珍玉.中医学基础.北京：中国中医药出版社，1993.

笔记栏